交通企业内部控制机制与体系构建

曹晓峰　王春生　著

科学出版社

北京

内 容 简 介

　　本书在系统阐述内部控制——整体框架和企业风险管理——整体框架的基础上，通过对广东省交通领域的企业进行大面积问卷调查和专家访谈，对我国交通领域企业内部控制和风险管理的现状、存在的问题进行了研究。在此基础上建立相关的定量分析模型，提出交通企业内部控制体系构建的路径和方法，同时以某个公司为研究平台给出这种体系构建的具体案例。

　　本书可作为普通高等院校交通工程和管理工程类专业的本科、研究生的参考教材，也可作为交通领域企事业单位、科研院所、工程技术人员参考资料。

图书在版编目（CIP）数据

　　交通企业内部控制机制与体系构建/曹晓峰，王春生著. —北京：科学出版社，2017.6
　　ISBN 978-7-03-053650-1

　　Ⅰ. ①交⋯　Ⅱ. ①曹⋯　②王⋯　Ⅲ. ①交通企业-企业内部管理-中国　Ⅳ. ①F512.6

　　中国版本图书馆 CIP 数据核字（2017）第 137728 号

责任编辑：方小丽　李　莉/责任校对：贾伟娟
责任印制：徐晓晨/封面设计：无极书装

科学出版社 出版

北京东黄城根北街 16 号
邮政编码：100717
http://www.sciencep.com

北京京华虎彩印刷有限公司 印刷
科学出版社发行　各地新华书店经销

*

2017 年 6 月第 一 版　开本：720×1000 1/16
2017 年 6 月第一次印刷　印张：27
字数：550000

定价：189.00 元
（如有印装质量问题，我社负责调换）

作者简介

曹晓峰（1965—），男，浙江金华人，路桥专业高级工程师，EMBA，长期供职于广东省高速公路领域，从事工程设计、投资、建设、营运、物流领域的管理和研究，出版专著 3 部，发表论文 20 余篇。

王春生（1966—），男，河南焦作人，路桥专业高级工程师（教授级），EMBA，在广东省高速公路领域从事工程设计、工程管理和研究工作近 30 年，出版专著 3 部，发表论文 30 余篇。

序

加强内部控制（internal control，IC），有效防范风险，既属于企业经营管理的一个重要内容，也构成企业要努力达到的一个重要目标。虽然从主观上，管理者都能认识到这一重要性，但是在认识上，人们对什么是内部控制，什么是内部控制体系，内部控制与风险管理（risk management，RM）的关系如何，如何在企业的经营管理实践中开展，却有一个曲折和艰难的过程，理论领域是这样，实践领域更是这样。以至于关于内部控制以及风险管理的每一个认识上的发展，都建立在深刻的教训之上。

西方国家尤其在美国，企业根植于市场经济的土壤，各类行业性专业组织，如美国注册会计师协会（American Institute of Certified Public Accountants，AICPA）、美国会计学会、内部审计师协会等，在内部控制和风险管理的理论研究和实践中起到至关重要的作用。半个多世纪以来，这些协会发布和推行的一系列规范、准则不断拓展和深化企业内部控制与风险管理的理论认识及实践活动，像美国反虚假财务报告委员会（Treadway 委员会）下属的"发起组织委员会"（Committee of Sponsoring Organizations of the Treadway Commission，COSO）先后推出的《内部控制——整合框架》（*Internal Control：Integrated Framework*，IC-IF）（1992 年）、《企业风险管理——整合框架》（*Enterprise Risk Management：Integrated Framework*，ERM-IF）（2004 年），都属于里程碑式的行业规范，这些规范既是对以往企业实践经验教训和理论研究的总结，反过来也影响企业管理者、各级政府监管机构部门的行为。在政府监管机构—行业专业协会组织—企业不同层面逐渐形成了对内部控制和风险管理认知和管理行为变革上相互促进的一个交互过程。

但是尽管如此，企业的舞弊事件在西方国家仍时有发生，给股东、社会造成无法挽回的损失，如 2001 年安然公司（Enron）事件、2002 年世通公司（WorldCom）事件等，这说明内部控制和风险管理远非易事，无论是理论研究还是企业实践，依然任重道远。

改革开放以来，中国的企业随着经济的快速发展而成长，在规模上，很多中国的企业都已经成长为世界级的巨头。但是，企业内部控制体系是否也同步健全起来？企业内部控制和风险管理的方法、技能与有效性能否做到与企业的发展同步？可以肯定的是，很多企业并没有做到。因为这方面的教训比比皆是。

难道加强内部控制、有效防范风险一定要等到教训发生？更有甚者，当教训发生后，当事者尚不知为教训。没有健全内部控制体系的企业，何异于裸行在市场风险的刀丛中。

读了曹晓峰、王春生两位作者的这部专著，我感触良深，深觉这是一本难得的好书，归纳为如下几点。

首先，理论性阐述系统深入。该书是一本理论著作，对内部控制和风险管理的理论与实践发展沿革做了系统的阐述，并在文献梳理的基础上进行了专门性的理论研究。例如，对广东省交通领域各类企业开展了大面积问卷调研，发放问卷量超 500 份，仅数据收集整理本身就是一项繁重的工作。该书基于调研对内部控制能力评价、风险诱发传导因素等开展了定量模型研究，目前在国内尚没发现同类研究。该书是基于作者所掌握的原始数据开展的，体现了其独特的理论价值，也显示出两位作者在内部控制和风险管理领域的扎实的理论功底。

其次，理论与实践密切结合。该书关注于一个特定的领域，即交通领域。众所周知，交通领域属于基础设施建设，这一领域投资规模巨大、产业链长、产业前后的关联性密切，这必然导致交通领域企业的内部控制和风险管理既有其他领域企业共性的特点，也有其特殊性，两位作者都长期供职于广东省交通领域，从事高速公路技术、投资、建设、经营和物流管理，对交通企业内部控制和风险管理的特点与难点有系统的理性认知，也积累了丰富的经验。该书中的很多案例都是作者亲身实践的总结。尤其是该书还在研究的基础上，有针对性地给出了一个完整的内部控制体系构建的实践案例，不仅真实，而且具有很强的实践性和示范性。这种真实性、实践性和示范性不是一般的理论书籍所能展示的。

客观地说，中国的企业要真正做到具有健全的内部控制体系且能有效维持，同时能在全球市场竞争的风浪中进退自如，还有很长的路要走。但如何努力去实践、去提升，坚实地迈出每一步，却是很现实的问题。两位作者的理论研究和实践应用已经给出了很好的回答。

相信该书的出版会给在该领域理论学习和研究的人们增添一份参考，给企业界的实践者带来一个参照，有鉴于此，我非常愿意为广大读者推荐。

香港理工大学 建设与环境学院
博士、讲座教授、副院长
2017 年 4 月 8 日

前　言

　　交通运输属于基础行业，也是国民经济支柱产业，具体就其中的高速公路产业而言，自 1988 年第一条高速公路建成通车以来，我国高速公路事业发展迅速。1999 年我国高速公路总里程突破 1 万千米，2003 年底超过 2.9 万千米，位居世界第二，2014 年底超过 11 万千米，位居世界第一。而到了 2016 年底，我国高速公路总里程已经突破 13 万千米。尤其是 21 世纪初开始加快发展，每一次实现万千米跨越都只用两三年时间。

　　高速公路工程建设是一个特殊的工程事业，如其投资规模大和生命周期长，项目边界宽广，需兼顾经济效益和社会效益，项目建设对区域社会发展和生态平衡的介入与波及力度大，对自然和人文环境的破坏冲击衰减时间长，项目客体的类别多，项目主体的价值和利益诉求多层化与多样化，风险敞口的机会、环节和规模大，项目组织管理和协同的难度大，等等。也可以说，处于高速公路事业各个产业链条上的企业，如设计、施工、营运、养护和公路交通运输等交通类企业，任重道远。

　　交通运输高速发展的今天，建立一套完整的交通企业内部控制机制和体系，对于交通企业有效控制发展过程中潜在的战略、营运、财务、法律和市场等各方面的风险问题在理论上和实践中都意义重大。然而，在内部控制和风险管理发展到整体框架的今天，我国大部分的交通企业现有通行的内部控制模式仍然在沿用依靠单线条的、注重底层的业务控制，缺乏系统性，使这种模式显得传统和滞后。

　　当前，国内对这一产业领域的内部控制和风险管理的研究也相对薄弱，国内还没有一部可供借鉴参考的相应书籍。尤其是 2006 年国务院国有资产监督管理委员会（以下简称国资委）发布了《中央企业全面风险管理指引》，2008 年财政部、中国证券监督管理委员会（以下简称中国证监会）、审计署、中国银行业监督管理委员会（以下简称中国银监会）、中国保险监督管理委员会（以下简称中国保监会）五部委联合并发布了《企业内部控制基本规范》，2010 年财政部、中国证监会、审计署、中国银监会、中国保监会五部委联合并发布了《企业内部控制配套指引》等一系列规范、指引，更是凸显了实践上的紧迫性和重要性。因此，结合内部控制和企业风险管理的最新理论，探索交通企业内部控制机制和体系的任务迫在眉睫。本书作者正是基于这一现实情况，利用广东省一家高速公路建设营运事业快速发展的契机，在实践中摸索适合我国国情的交通企业内部控制机制与体系，以期为国内公路交通发展贡献一份力量。

本书属于应用研究，直接面向广东省交通集团所属交通企业内部控制和风险管理严峻的客观现实。研究目的也很直接，就是通过研究来引导、帮助这些企业发现问题；通过应用实践探索，帮助这些企业开展内部控制体系的建设；并以广东省一家高速公路建设和营运企业为案例，较完整地展示交通类企业内部控制体系建设的全过程。

本书主要是在分析综述国内外内部控制和风险管理相关理论发展的基础上，基于对我国交通企业内部控制和风险管理现状的分析，提出我国建立交通企业内部控制体系的基本思路。首先，对交通企业的内部控制关键成功因素、风险传导、内部控制能力测评、财务危机预警等问题进行分析；其次，提出资产管理内部控制体系、工程管理内部控制体系、信息与沟通（information and communication）内部控制体系建设的方案，并以实业投资内部控制体系建设为例进行检验。基于上述研究内容，撰写一本兼具理论性和实践性，且适合我国交通企业作为理论指导的专业性读物，是本书的写作宗旨。

本书的特色主要体现在以下几个方面。

第一，内容"新"，是对我国交通企业发展过程中内部控制体系建设的探索性研究。目前，我国关于企业内部控制建设还处在学习西方的理论和模式的阶段，对于实践的指导也相对零散。全面风险管理机制并未健全。本书作为交通运输业发达地区的实践成果，其探索思路比较新颖。本书的基础数据都是作者通过对广东省交通领域的企业的大面积问卷调查和专家访谈获取，属于原始数据，以前鲜见类似的研究成果。

第二，内容全面，逻辑清晰。本书内容上呈现三级递进式的关系：第一步，对西方内部控制体系和模式进行介绍，同时对我国内部控制管理和发展现状进行解读，在广东省交通企业内部控制和风险管理水平落后的现实情况下，提出构建内部控制机制和体系的必要性。第二步，从多角度分析内部控制体系建设过程中的重要因素及可行性。第三步，结合调查数据，从多层面尝试构建交通企业内部控制体系，并辅以案例来说明其可行性效果。

第三，注重理论联系实际。首先，本书的第一部分，即第1章至第4章，着重进行理论铺垫，为后续章节开展实证研究以及内部控制体系建设奠定坚实的基础；其次，在第5章至第12章的因素分析和体系建设部分，也不乏大量的理论和文献支撑，从最新的研究成果中汲取养料。

本书是在广东省交通运输厅的大力资助下进行立项研究的基础上撰写整理的，在研究过程中，因需要开展两次大面积问卷调查、构建多个模型、需要开展实业投资内部控制体系广义系统的构建和检验，因此原设定的时间不够，交通运输厅也给予了及时的延展，确保了课题研究的质量。

本书在研究撰写过程中，始终得到了广东省交通集团有限公司（以下简称广东省交通集团）、广东省交通实业投资有限公司（以下简称实业投资）、广东省路桥建设发展有限公司（以下简称路桥公司）、广东省高速公路有限公司（以下简称省高公司）、广东省高速公路股份有限公司（以下简称粤高速）、广东省公路建设有限公司（以下简称省建设公司）、广东粤运交通股份有限公司、广东省长大公路工程有限公司（以下简称省长大公司）等企业的配合和支持，得以顺利完成两次问卷调查，获取了高质量的原始数据，保障了研究得以顺利完成。

除本书两位作者外，实业投资的骨干成员全过程地参与了内部控制系统（interior control system，ICS）的建设，有力地支持了本课题研究的实践检验和完善。

本书的撰写得到了陈楚宣（广东省交通集团高级会计师）、文忭、吴一平（实业投资高级会计师）、汤英海（广东粤运交通股份有限公司高级会计师）、梁鑫（路桥公司高级会计师）、张彩江（华南理工大学经济与贸易学院教授）等专家学者的热心指导和帮助。尤其是陈楚宣、汤英海和梁鑫三位同志，他们作为内部控制领域的知名专家，对交通企业的内部控制都有深入的研究和实践经验，在本书的撰写过程中，多次帮助审核并提出宝贵建议。

在问卷调研、模型分析方面，华南理工大学硕士研究生张靖、宋伟伟、张晓风、龙燕琳、夏华箐等同学也参与其中。本书初稿完成后，又得到了华南理工大学博士研究生周宇亮、陈璐等同学对全书的校核、梳理，在此一并表示感谢。

为反映研究的真实性、数据的原始性，问卷调研所涵盖的企业在书中都保留了其真实的名称，调研的数据也仅仅局限于学术研究的范畴，客观地说，在实践中，这些企业在内部控制和风险管理领域都付出了艰巨的努力，在广东交通事业几十年的发展过程中起到骨干作用，成效有目共睹。也正因为如此，也勇于展示目前仍存在的一些不足，这也是这些企业未来发展和改善的目标之一。

本书在编写过程中，检索了大量国内外相关论文、著作、文件和网站资料等，引用了其中诸多观点和数据等资料，在此一并向所有作者和单位表示感谢。但受篇幅所限，可能没有做到一一注明，遗漏之处，向相关作者与单位表示抱歉！囿于编者的水平，书中的不足之处，还望读者不吝指正。

曹晓峰　王春生

2017 年 4 月 20 日

目　录

第1章 绪 论

1.1 构建内部控制体系的目的和意义

1.1.1 内部控制系统的发展背景

交通运输是国家的经济命脉,交通事业的发展是国家经济发展的重要前提和推动力,改革开放 30 多年来,我国已经建立了航空、公路、铁路和水路多种类与多层次的交通运输体系。

在交通运输体系中,无论是客运还是货运,公路交通运输占据绝对的地位。以广东省为例,2015 年,各种运输方式完成货运量达 37.60 亿吨,客运量为 20.73 亿人次,其中公路运输量分别为 28.00 亿吨和 16.80 亿人次,分别约占 74.5%和81.0%。其中高速公路交通运输异军突起,成为我国干线公路交通运输的主体。

公路交通运输事业的发展,有赖于我国高速公路基础建设事业的发展。据交通部统计,截至 2009 年底,我国已建成的高速公路已达到 7.5 万千米,到 2015 年底,更增加到 12 万千米。尤其是 20 世纪 90 年代中后期开始加快发展,每一次实现万千米的跨越都只用两三年时间。

我国高速公路建设事业在沿海发达经济地区发展尤为迅速,如 2009 年底广东省高速公路通车营运里程超过 4 100 千米,根据广东省交通运输厅提供的信息,2015 年广东省高速公路通车里程达到 6 880 千米。

高速公路是一个特殊的产业,在其整个生命周期的各个环节,即建设、营运和管养的各个环节,有相应的高速公路建设营运公司负责。由于投资体制、资金来源、产品的社会化性质等因素,我国的高速公路事业主要是由国有大中型企业承担的。例如,就广东省来说,在高速公路建设营运里程中,广东省交通集团属下的企业承担的份额超过 67.9%,说明省属国有企业在高速公路建设营运领域占据了极为重要的地位和作用。

高速公路的特点是投资巨大、生命周期长、环节多、利益相关者多元化、成本控制难、资本筹措和运作的专业性强、对运作的信息化协同要求高、风险暴露的机会多、环节和规模大，这些特点也恰恰是建设营运企业管理的难点，作为高速公路建设营运企业需要具备相应的核心能力。

目前，广东省高速公路的建设营运已经全面推行项目法人化的市场管理模式，在这种模式下，如何有效提升现有高速公路建设营运的绩效？除了在高速公路线路线网规划、建设工程技术、质量体系等"硬"的工程技术领域开展科技攻关外，努力提升这些建设营运企业的综合管控业务素质、控制风险、培育和提升企业核心能力也非常关键，并由此做到可持续。

从近几年广东省高速公路发展的沿革来看，广东省在注重高速公路本体建设营运的技术研发、质量控制和工程施工等各项"硬"的环节卓有成效，但是，对高速公路建设营运的主体，即企业综合素质、能力培养和提升这一"软"的环节却有待研究与提升。

波特（2005）认为，企业的核心能力并不体现在一个企业的技术、设备和规模这些"硬"指标的量的成长，而在于自身管控综合能力这些"软"实力的提升方面，即综合竞争优势和核心能力。很难说，广东省高速公路建设营运企业具备了与其经营对象规模相适应的核心能力。

这些年来，广东省高速公路建设营运领域相继暴露了不少问题。例如，除不良资产的积累和一些路线的政策性亏损外，经营管理性亏损在增加，企业的绩效没能与社会经济的发展同步，经营环节的各种风险不断暴露，合同诈骗事件时有发生，相似的风险重复发生并且屡屡造成损失，等等。

虽然广东省交通集团下属的几个骨干业主公司在企业规范化管理、提升建设营运绩效方面做了各自不同的努力，但是缺乏系统性和可比性，并且也难以作为行业的经验推行。这些都不利于系统提升这类企业的建设营运综合素质和能力。

就系统提升这类企业的建设营运综合素质和能力来说，单靠企业业务层面的经验教训积累是不够的，其本质上属于公司治理（corporate governance，CG）的范畴，是一个系统性的管理引导问题，如企业内部控制系统的构建和优化。

企业的经营绩效当然取决于各种因素。但是在市场经济体制下，交通企业经营管理的绩效与内部控制和风险管理息息相关，建立完善的内部控制是公司制企业开展科学管理的客观需求，其着眼点是能对面临的各种风险进行持续有效的防范和控制。没有完善的内部控制体系，企业风险管理就难见成效，企业的经营管理绩效就很难得到保障。

本书将从公司治理层面出发，从企业内部控制系统的构建和优化途径入手，并基于广东省交通集团下属几个业主单位的经营实际，归纳经验，探讨内部控制系统的构建模式，寻求控制优化，尤其是提升风险管理能力的可行途径。

在实践中，我国企业对内部控制系统的构建认识不足，一般多是从财务审计和低层作业层面的管理流程的层面来看待的，在关键岗位的职责设置中往往缺乏内部控制的职责表述，这种认识不但狭隘，而且会误导内部控制的实践活动。美国反虚假财务报告委员会（Treadway 委员会）下属的 COSO 委员会对内部控制进行了系统的研究，它对企业内部控制的定义是"内部控制由董事会、管理层和员工共同设计并实施，旨在为实现组织目标提供合理保证的过程"。可见，这不是一个底层的管理方法问题，本质上是公司治理层面的问题。

国资委和财政部、中国证监会、审计署、中国银监会、中国保监会五部委又分别于 2006 年和 2010 年先后发布了《中央企业全面风险管理指引》《企业内部控制配套指引》，以引导我国央企和省属国有企业开展内部控制与风险管理体系的建设，但是目前仍然处于起步阶段。

截至目前，我国国有企业，包括大中型企业很少能够按照 COSO 的框架概念建立起自身的内部控制系统，极少数的国内企业也因为在美国上市，需要根据美国联邦法律构建相应的内部控制系统，而且几乎都是在国外咨询机构参与下建立起来的。

广东省交通企业也不例外，目前尚没有一家能够建立起完整的内部控制系统，以至于风险处于潜在阶段时，难以预警和辨识，当风险来临时，又缺乏有效的防范手段。这些都直接对企业的生存发展带来严重的危害。

以实业投资为例，实业投资是广东省交通集团下属全资二级子公司，同时是广东省高速公路投资、建设和运营骨干企业，下属高速公路项目涉及不同类型和区域，资产规模大，经营环节多，风险管控压力大。

近几年来，实业投资积极地外谋市场、内强管理，企业的经营规模和范围快速发展，而且它深刻认识到，要能够做到可持续发展，必须提升自身的管理能力，这其中就包括风险管控能力。因此，如何基于国外先进的内部控制理念和管理机制，分析、建设自己的内部控制系统显得尤为迫切。

但是，开展内部控制系统建设困难重重，系统内部没有经验可循，如何分析、建设内部控制系统需要开展研究。

广东省交通集团下属其他兄弟单位也都面临相似的情境，开展交通领域企业的内部控制和风险管理是共性的需求。

1.1.2 目的和意义

1. 构建内部控制体系的目的

从公司治理层面出发，探索高速公路技术营运企业综合能力培育的一个具体领域，即企业内部控制问题，并基于广东省下属五大业主单位的经营实际，尤其是投资公司的经验管理实际，探讨内部控制系统的建设模式，寻求优化的可行途径。

2. 构建内部控制体系的意义

从理论层面来说具有如下理论意义：本书将企业底层基于财务审计的内部稽核和控制机制的传统方式提升为基于公司治理层面的内部控制系统的新模式，改变企业内部控制系统的陈旧理念，并探索这种新模式的内涵，从而指导交通企业尤其是实业投资的创新管理具体途径。

从实践层面来说具有如下现实意义：广东省高速公路建设营运企业尚缺乏管理创新的手段，在内部控制系统的建设、优化方面有迫切的需要。通过研究，分析一个新的基于公司治理的内部控制系统的建设方式和途径，以实业投资为基础开展探索，条件成熟时，将其应用到广东省交通集团下属高速公路建设营运企业的创新管理中，帮助企业完善现有的内部控制系统，加强企业风险控制，提升综合管控绩效，并以此对企业培育核心能力提供支持平台。

1.2 内部控制发展现状

1.2.1 内部控制系统思维及其模式的发展沿革

控制（control）是指按照一定的标准对组织活动进行管理、指挥、引导和调节（adjustment），以纠正所发生的偏差，确保组织计划目标的实现。内部控制属于控制的一个重要方面。所谓内部控制，是指企业为了提高管理水平与经营效率，充分有效地使用各种管理策略和控制措施达到既定的管理目标，使企业能够有计划地通过程序管理，稳步推进企业健康可持续发展并使各个经营环节充分发挥其互相制约、相互调节作用的一种管理方法。

内部控制一词，最早出现在 1936 年美国会计协会（America Accounting Association，AAA）（AICPA 的前身）发布的《注册会计师对财务报表的审查》中，该报告认为其含义是保护现金和其他资产，检查账簿记录准确性，而在公司内部采用的各种手段和方法。

按照比较普遍的一种归纳，内部控制理论的发展大致经历了四个阶段：20 世纪 40 年代以前的内部牵制（internal check）阶段；40 年代末至 70 年代末的内部控制阶段；80~90 年代的内部控制结构（internal control structure）阶段；90 年代以后的内部控制整体框架（internal control integrated framework）阶段。

有关内部控制概念的内涵比较丰富，不同的国家和企业理解上有所差异，目前国际上得到公司董事会、投资者、债权人、审计人员及专家学者普遍认可，且较为权威的内部控制的概念是 1992 年美国 COSO 发布的 IC-IF 中提出了内部控制成分概念，它们给出的内部控制定义如下："是由董事会、管理层和员工共同设计并实施的，旨在为实现组织目标（主要包括经营的效率与效果、财务报告的可靠性、法律法规的遵循性等）提供合理保证的过程，可分为控制环境（control environment）、风险评估（risk assessment）、控制活动（control activities）、信息与沟通和监控（monitoring）五个要素。"

内部控制是渗透企业各个领域，覆盖企业各个方面，融合企业人、财、物管理的系统工程。通过实施内部控制，完善治理结构，规范权力运行，强化监督约束，可以有力地促进企业实现战略目标、提升营运效率、提高信息质量、保证资产安全。

内部控制是衡量现代企业管理成熟度的重要标志，成功的企业由于内部控制有效而得以扩张；而内部控制失败必将使企业蒙受重大损失，甚至破产。

美国忠诚与保证公司的调查结论如下：70%的公司破产是内部控制不力导致的。"得控则强、失控则弱、无控则乱"，加强和完善企业内部控制制度已成为当前理论界和实务界最为关注的话题之一。完善企业内部控制制度，保证会计信息的质量，对完善公司治理结构和信息披露制度，以及保护投资者的合法权益并保证资本市场的有效运行有非常重要的意义。

构建有效的内部控制系统，是公司制企业规范化管理的一个基石，也是企业提升综合素质、培育核心竞争能力的关键途径，无论是国外的理论界还是国内的理论界，它们对此均表示认同，此外，相关部门亦通过颁布一些行业性的规范、准则来促进这种系统的构建和完善。

对内部控制的研究和应用，国外发达国家走在前面，尤其是美国。这是因为美国企业在风险管控领域有惨痛的教训，而且美国联邦政府保护投资者利益的意识比较强烈。在美国的大学公司金融类教材的阐述中，公司的目标非常明确，即股东利益最大化。

早在 1992 年，美国 COSO 委员会就正式提出了 IC-IF，2004 年 9 月，COSO 委员会又发布了 ERM-IF。2002 年，美国国会出台了《萨班斯-奥克斯利法案》（*Sarbanes-Oxley Act*）（以下简称 SOX 法案）。而这几年，恰恰是美国上市公司丑闻频发的时期，这些规范、法规的颁布可以说是对教训的吸取。

2008 年，财政部、中国证监会、审计署、中国银监会和中国保监会联合颁布了《企业内部控制基本规范》（财会〔2008〕7 号），并自 2009 年 7 月 1 日起实施。这是中国第一部企业内部控制规范。该基本规范的推出，意味着中国企业内部控制规范体系建设的要求提升了，促使企业向国际标准靠拢。

这里特别值得关注的是 COSO 的 ERM-IF：2004 年 9 月，COSO 委员会颁布了 ERM-IF 的新报告。新报告涵盖内部控制框架的内容，其范围和内容比内部控制框架的范围更广泛。新报告给出了企业风险管理的明确定义：企业风险管理是一个过程，该过程由企业董事会、管理层和其他员工共同参与，应用于战略制定，贯穿于企业各层级和部门，为识别影响企业的潜在事项和潜在风险偏好范围内管理风险而设计，为企业目标的实现提供合理保证。

ERM-IF 提出了内部环境（internal environment）、目标制定、事项识别（event identification）、风险评估、风险反应、控制活动、信息与沟通、监控八个相互联系的要素。企业风险管理并不是一个严格的顺次过程，一个构成要素并不是仅仅影响接下来的那个构成要素。它是一个多方向的、反复的过程，在这个过程中几乎每一个构成要素都能够而且也的确会影响其他构成要素。

ERM-IF 定位在企业整体层面，即公司治理层面，这种理念的提出颠覆了长期以来企业界对内部控制的固有认识和做法，即基于作业层面的面向财务审计和稽核的控制模式。具体来说，同以往的内部控制理论及研究成果相比，新报告提出了许多新的、有价值的观点。

（1）清晰的风险管理流程：ERM-IF 报告首次提出了清晰的风险管理流程，即目标制定—事项识别—风险评估—风险反应—控制活动。

（2）将风险管理扩展到战略层面，并将战略与风险偏好保持一致：ERM-IF 报告除了以往内部控制框架中设定的经营目标、财务报告目标和合法性目标的三个企业目标外，又增加了战略目标，战略目标的层次高于其他三类目标。企业风险管理应用于实现这四类目标的过程中，应用于企业战略制定阶段，所以风险管理范围与内容扩展到战略高度。这是 ERM-IF 报告与其他风险管理的重要区别。

（3）风险组合观（an entity level portfolio view of risk）：ERM-IF 报告提出了总体层面上的风险组合观，要求企业管理者以风险组合的观点看待风险，采取措施使企业所承担的风险在风险偏好范围之内。

（4）从公司治理的层面看，董事会对风险管理负有总体责任：与内部控制框架相比，企业风险管理框架要求董事会在风险管理方面扮演更加重要的角色——负总体责任，且变得更加机警。董事会需要批准企业的风险偏好，复核企业的风险组合观并与企业的风险偏好相比较，评估企业最重要的风险并评估管理者的风险反应是否适当。

（5）明确企业负责人的风险管理职责：决策者必须确定目标和战略方案，并将其分为战略目标、经营目标、报告目标和遵循目标。目标设定后，管理层就需要识别风险和影响风险的事项，评估风险，采取控制措施。

（6）明确内部审计人员的风险管理监控责任：内部审计人员要在企业风险管理监控中发挥重要作用。他们对管理层风险管理过程的充分性和有效性进行检查、评价、报告并提出改进建议，协助管理层和董事会履行职责。

1.2.2　中国企业内部控制管理的实际概况

我国企业内部控制制度理论起源于 20 世纪 80 年代，但到目前为止，尚未正式提出权威性的内部控制标准体系，上文提到的《企业内部控制基本规范》仅仅是政府层面的一个指导性文件，与 COSO 委员会的框架不可同日而语。无论是我国理论界还是企业界，二者对内部控制的完整性、合理性及有效性均缺乏一个公认的标准体系。国外是行业推动、行业自律，有深厚的市场土壤，国内依然以行政手段推行，缺乏市场动力和约束机制。

中国有关内部控制制度的指导原则、指引和规范则出自不同的政府部门，这是企业的管理体制造成的。国资委管理国有大中型企业；中国证监会管理上市公司的信息披露；财政部管理中国所有企业的财务与会计工作，并负责会计准则与制度的制定。

然而，内部控制指导原则、指引或规范由各政府部门分别制定，有许多弊病。

首先，各部门各自研究与颁布内部控制的相关指导原则或指引，不利于内部控制制度的统一与协调。财政部制定并发布的是内部会计控制系统（internal accounting control system）规范，截至目前已经发布了十多个。而其他政府部门则仅制定了内部控制的指导原则、指引，但是对企业各项业务内部控制流程的设计与制定缺乏具体的指导。

其次，关于内部控制的定义、范围和目标等不一致，内部控制要素、内部控制内容以及内部控制方法的解释也不一致。

最后，缺乏统一的推进机构，不利于企业内部控制制度的贯彻与实施。各部门颁布的内部控制指导原则、指导意见或指引在实务中并未得到有效的贯彻执行。上市公司、银行、证券公司和未上市国有企业的频繁出事便是佐证。

客观地讲，近几年我国对内部控制的研究主要是以会计控制（accounting control）和审计评价为主线的，可将之简称为"会计导向"和"审计导向"。例如，每年工商管理部门要求的年度审计报告，这是目前企业内部控制的一种主要方式。从我国目前已发布的内部控制法律法规来看，它们是以内部会计控制为核心的，基本上没有涉及管理控制（administration control）等非会计控制领域，甚至没有包括审计方面的内容。审计导向下的内部控制研究则主要集中于审计程序与方法的应用、审计成本的节约、审计效率的提高和审计风险的控制等。

1.2.3 国内理论界/企业界对内部控制的研究和实践现状

我国内部控制理论研究起步较晚，直至 20 世纪 80 年代学术界才开始进行研究，2000 年 7 月我国首次以法律的形式将内部会计控制写入《中华人民共和国会计法》（以下简称会计法），近年来，包括高速公路领域的一些企业，也试图构建内部控制制度，但整体上讲，无论是理论认识还是实践，仍然十分落后。师巍（2016）对我国内部控制的研究状况曾做过比较系统深入的分析和述评。他认为可以从六个角度来认识我国学者对内部控制的研究情况：①结合 COSO 报告的内部控制研究；②以会计控制为主线的内部控制研究；③以审计为目标导向的内部控制研究；④基于公司治理的内部控制研究；⑤基于其他相关学科的内部控制研究；⑥一些新的研究视角。

在内部控制的发展沿革方面，谢晓燕等（2009）对国外内部控制理论与实践的发展做了系统的论述，他们认为从内部牵制论发展为内部控制系统论并随着审计行业对其应用先后提出内部控制两点论、三点论、五点论到八点论等。也就是存在内部需求、自发开展到行业规范推行的脉络。那么如何认识规范的本源？

邱奇彦（2009）讨论了内部控制规范本原问题。为什么需要规范？他认为，在内部控制的不同阶段，管理控制方法表现不同，而套用控制规范可以降低控制成本。但是现实中，却存在现行内部控制规范偏离本原的问题。

在理论上，吴水澎等（2000a）较早地介绍了 COSO 报告的研究成果及其 10 个创新特点，他们认为企业经营失败、会计信息失真及不守法经营在很大程度上都可归结为企业内部控制的缺失或失效。同时提出可以从完善企业的控制环境、进行全面的风险评估、设立良好的控制活动、加强信息流动与沟通、加强企业的内部监督等几个方面构建我国企业内部控制综合框架。吴水澎等（2000b）运用 COSO 报告的标准与评价方法，从内部控制五个要素对亚细亚集团内部控制失败案例进行系统分析。从而引发改进我国企业内部控制的几点思考，即由权威部门制定内部控制的标准体系，并对企业内部控制的审计做出强制性的安排，做到二者并举。

朱荣恩（2002）对 COSO 委员会关于内部控制的最新研究成果——企业风险管理框架进行了介绍，讨论了其与内部控制框架的区别及其主要内容，强调内部控制框架的建立应与企业的风险管理相结合。

金彧昉等（2005）借鉴最新的 COSO 报告，从风险管理八个要素的角度，逐步剖析了中航油事件发生的根源与过程。他们认为近年来发生的失败案例或重大事件，或多或少都与企业风险管理缺失有关，关注企业风险比关注企业细节控制更为重要，执行 ERM-IF 框架比设计内部控制框架更为重要，同时要注意 ERM-IF 框架中的新要素，即内部环境、目标设定（objective setting）及事件设别。

李晓丹和黄秋冬（2007）探讨了美国内部控制审计最新发展以及对中国的启示，分析了 PCAOB 就内部审计准则变化的内容。

陈胜蓝（2009）探讨了美国内部控制经验研究进展及其对我国的启示，并专门谈到美国 SOX 法案实施后的情况。

王造鸿和吴国萍（2010）也研究了美国内部控制评价制度及其对我国的启示，认为美国内部控制评价经历了从自愿性到强制性披露的过程，相关法规和制度丰富、完善，各项制度协调一致，相互配合。我国内部控制评价制度存在披露形式化、简单化，以及制度并未得到有效执行等问题。

韩晓燕（2009）对我国《企业内部控制基本规范》与美国 SOX 法案、COSO 报告进行了比较。

近些年来，我国众多学者对内部控制的研究是以内部会计控制为主线的，主要涉及提高会计信息质量和保障财产安全等会计控制领域。

阎达五和杨有红（2001）认为保证资产安全和会计信息真实是内部控制发展的主线，会计控制（含财务控制）是企业内部控制的核心。

宋建波和周华（2001）借鉴国内外内部控制的理论和实践，认为我国应设计以企业内部会计控制为核心的内部控制理论框架，并构建以内部会计控制为核心的企业内部控制系统。

张俊民（2001）在将内部会计控制目标分为所有者目标和经营者目标两大类目标群的基础上，按照公司治理结构层次和企业内部会计控制目标的层次对企业内部会计控制具体目标进行层次划分及其设计。

杜滨和李若山（2000）认为应规定企业管理层对内部控制的有效性负责，这样有利于企业对会计信息失真现象进行彻底的根治。企业高层管理人员的态度以及他们对内部控制制度的管理，事实上决定了公司会计信息的质量。

朱荣恩等（2004）结合《内部会计控制规范》提出内部会计控制的八种方法，从财务报告信息失真与内部控制的关系入手，通过问卷调查对我国企业内部会计控制的现状进行研究，建议应加强政府对内部控制框架建设的推动作用，增强企业自身设计并实施内部会计控制的积极性，建立有效的监督反馈机制从而提高内部会计控制的有效性。

刘志勇（2009）对货币资金内部控制制度的设计问题进行了研究。

【评价】会计控制永远是内部控制的核心和手段，COSO 的内部控制整体框架并不否认这一点，问题是会计控制往往被理解为业务层面的控制，如年度的社会审计、企业内部设置的内部控制或财务审计部门/岗位，没有从公司中上层引起对内部控制的关注，单纯的会计控制本身往往会被操纵，如我国媒体频繁曝光的企业会计造假丑闻，美国世通公司事件、安然事件也是会计信息造假，可见，会计控制本身不能代替内部控制。

也有的学者基于审计目标导向的思维对内部控制进行了研究，我国的内部控制理论研究是随着我国审计事业的发展而逐步发展起来的。因此，很多学者以审计评价为导向对内部控制进行研究。这些研究主要集中于审计程序与方法的应用、审计成本的节约、审计效率的提高和审计风险的控制等方面。

石本仁（2002）认为内部审计主要是通过检查和评价内部控制是否严密，从而保证企业资产的使用效率和经营目标的实现，因而，内部控制成为衡量企业内部管理效率的一个重要方面。

方红星（2002）把内部控制与审计结合起来，从考察内部控制的产生和演进轨迹入手，探寻内部控制与审计之间的逻辑联系，认为内部控制是在审计目标定位主导下发展起来的，而内部控制和审计的逻辑联系，完全可以从"组织效率"角度做出科学的分析和解释，并引入简化的组织效率函数，以便在企业组织的框架内定位出内部控制和审计的性质与功能。

曹伟和桂友泉（2002）认为内部审计在企业内部天然的监督作用使其自然而然地成为内部控制方式之一，同时是对内部控制执行情况的一种监督形式，是对内部控制的控制。内部审计在内部控制中可以发挥评价内部控制，参与重大控制程序（control procedures）的制定与修订，监督内部控制的运行以及提供管理咨询等方面的作用。

朱荣恩（2002）认为内部控制评审是现代审计的基础，同时介绍了文字概述、编织系统流程图、填制内部控制调查表三种常见的描述被审计单位内部控制的基本方法，从询问、审阅证据、实地观察、重复执行和计算机辅助审计技术等方面进行内部控制，并将控制风险的评估与财务报表的认定联系起来。

辛旭（2009a）对企业内部审计与内部控制的关系进行了分析，认为企业内部审计是内部控制的一种特殊形式，企业内部审计与内部控制有相互促进性和依赖性。

储安全（2009）试图从西方的审计独立性角度分析企业内部控制制度的完善性和提升模式，认为审计的独立性分为"精神独立"和"形式独立"，形式独立导致了各种规范的产生和实施。

童才亮和路军（2010a）基于内部控制与风险管理的视角对内部审计进行了分析。

【评价】将会计控制与审计程序联系起来，并加强对内部审计程序的监控，哲学学者已经看到，单纯地追求结果导向的会计控制无助于提升内部控制水平，程序正确有效是做好内部控制的重要一环，这种认识是一种进步，但是谁能保证审计程序的正确？如何保证审计程序的正确？发现问题又如何纠正？这些显然不是审计程序本身能解决的。

值得关注的是，也有些学者开始注意到内部控制的公司治理层面。

阎达五和杨有红（2001）认为内部控制框架与公司治理机制的关系是内部管理监控系统和制度环境的关系，内部控制目标随公司治理机制的完善呈多元化趋势，内部控制外延的拓宽正是公司治理机制变化所致。他们建议采取双管齐下和分两步走的战略建立内部控制框架，认为在组织结构设置与人员配备方面做到董事长和总经理分设、董事会和总经理班子分设，特别强调董事会在公司管理中的核心地位以及董事会应该对公司内部控制的建立、完善和有效运行负责。

李连华（2005）认为内部控制与公司治理结构具有紧密的内在联系，但是将二者的关系概括为主体与环境的关系，即"内部控制框架与公司治理机制的关系是内部管理监控系统与制度环境的关系"，既不符合实际，也降低了它们彼此之间的依赖性和对方所具有的重要意义，从而导致在内部控制建设中忽视公司治理结构的影响或者在构建公司治理结构时忽视内部控制的重要性。他认为两者的关系应描述为嵌合关系，指出公司治理结构与内部控制制度关联的共时结构是提高内部控制效果的根本路径。

潘秀丽（2001）认为为了改善企业内部控制普遍薄弱的现状，应该在规范公司治理结构的同时规范公司的内部控制，并明确管理当局对企业内部控制应承担的责任，使其真正意识到内部控制的重要性，而不是仅仅为了达到上市筹集资金或维持上市资格所做的一种形式上的包装。

胡凯和赵息（2003）认为在公司制企业的基本制度中，会计控制系统起着重要的基础性作用，其控制目标的实现与企业治理目标具有内在的不可分割的辩证关系。公司控制权矛盾的变迁是引发公司会计控制目标偏离的基本原因，公司权利的和谐配置是会计控制目标实现的基础条件。

杨有红和胡燕（2004）认为内部控制系统局限性的克服不仅依靠系统本身的完善，还依赖于公司治理与内部控制两者间的无缝对接。公司治理与内部控制都产生于委托代理（agency by agreement）问题，但两者委托代理的层次是不同的。两者思想同源性与产生背景的差异性是对接的基础，公司治理规范的创新是实施对接的途径。

朱海珅和闫贤贤（2010）从董事会治理结构的角度对企业内部控制的影响进行了实证研究，指出公司治理、规章制度和企业文化等都是影响与决定内部控制的力量，而作为公司治理核心的董事会治理结构是影响企业内部控制的重要因素。

杨福强（2006）对内部控制与公司治理的关系进行了比较研究，提出了基于公司治理的内部控制系统的设计思路。

刘国红（2009）指出内部控制由内部环境、风险评估、控制程序、信息与沟通和内部监督五大要素组成，只有当这五大要素都存在且有效时，才能判断企业的内部控制是有效的。由此构建了有效性判别的内部控制目标：要素百分比评价方法，主要是以内部控制的五大目标为宗旨，以内部控制的五大要素为界面，形成 125 个交叉环节，构架内部控制评价网络，按评价节点的权重赋分，以百分制量化内部控制评价控制的方法。

陈志军（2000）对内部控制与风险管理之间的管理关系进行了辨识，如两个概念各自的范围，两个概念之间是相互联系的平行概念，是内部控制涵盖了风险管理，还是风险管理涵盖了内部控制等进行了厘定。

程新生（2004）以委托代理理论（principal-agent theory）和组织学理论解释公司治理、内部控制与组织结构之间的关系，提出以科学决策和效率经营为核心，以决策机制、激励机制和监督约束机制为纽带，建立治理型内部控制，指出对治理效率和经营效率的共同追求推动了内部控制演进。

杨福强（2006）研究了基于公司治理的内部控制系统，指出我国很多公司以COSO 为框架的内部控制体系局限在会计控制的层面，对公司高层管理人员的伙同舞弊缺乏健全、有效的约束，这一问题其实是与公司治理尤其与公司内部治理有密切的关系。

吴炎太等（2009）从生命周期理论出发，提出了以信息系统生命周期为基础，根据信息系统不同阶段的风险特征进行信息系统风险控制的思路。

李永强（2010）研究了基于受托责任的内部控制问题，认为内部控制本质上是对受托责任履行风险的控制，并初步建立了一个基于受托责任的内部控制框架。

刘自敏（2010）在相关概念界定的基础上，分析了董事责任与内部控制系统的关系，提出了明晰董事责任。

朱海珅和闫贤贤（2010）对内部控制与董事会治理结构关系做了实证研究，得出良好的董事会治理结构将有助于建立健全内部控制，而内部控制制度的合理设计与有效执行也将促进董事会治理结构的完善。最终得出两者是相辅相成，相互促进的结论。

【评价】从底层的作业层面上升到公司治理层面，这正是 IC-IF 的核心，强调了内部控制的层次性和整体性，没有基于公司治理层面的、由企业中层参与和主导的内部控制谈不上整体性，没有将企业战略目标和内部控制目标相结合的内部控制将是无效的内部控制。但是如何将内部控制整体化？如何在公司治理层面开展内部控制？我国学者似乎还没有开展深入的探讨，仅仅停留在对 IC-IF 这类国外规范、准则的解读上面，不足以指导我国企业有效建立相应的内部控制体系的实践活动。

其他学者基于经济学、委托代理理论和产权理论等相关学科进行了研究。例如，刘明辉和张宜霞（2002）借鉴系统论与新制度经济学等有关理论，对内部控制的内涵、控制权的分配及优化、内部控制的外部效应、内部控制与资本市场的关系等问题进行了深入的探讨。

邓春华（2003）认为从经济学角度讲，为实现企业经营目标服务的管理制度、企业内部的决策管理制度、防范经营风险的管理制度和企业内部监督控制制度，都应以内部控制制度为核心；根据新制度经济学关于人的假设，人有"利益最大化"、"有限理性"和"机会主义倾向"等几方面的本质属性，这对建立、健全内部控制制度有直接的借鉴作用；从博弈论"纳什均衡"的基本思想来看，内部控制制度的设计、实施要使遵守的人得到的收益大于破坏内部控制制度的人得到的收益；根据信息不对称理论，应强化审计监督，以健全、完善内部控制制度。

潘爱玲和吴有红（2004）对企业集团内部控制的主体、客体及控制关系三大要素进行了分析，界定了企业集团内部控制的内涵和外延，从纵向和横向两个层次对企业集团内部控制的产权关系进行了分析，指出资本控制和信息控制是集团内部控制的关键。

在企业风险与内部控制的关系方面，陈志军（2000）对风险管理与内部控制的关系进行了分析，认为风险是内部控制产生和发展的主要动力，内部控制是风险管理的重要手段。

王桂莲和任建武（2008）也对企业风险管理与内部控制的关系进行了比较，提出了包含、被包含和并列三种不同的看法。

吴炎太等（2009）提出了基于生命周期的信息系统内部控制风险管理方法，他们认为如何加强企业信息系统的内部控制，以及降低信息系统风险及企业经营风险，对提高企业经济效益、实现企业的业务目标和战略目标具有重要的现实意义。

杨克智和索玲玲（2009）讨论了企业战略、风险与内部控制的关系，认为战略与内部控制的有机结合是其发展的必然趋势。战略与内部控制整合的基础是风险，为此，他们提出了一个战略导向内部控制模型。

近年来，许多学者对我国内部控制管理的现实性问题高度关注，包括建设路径、内部控制评审的程序和方法、如何评价其有效性等。

陈新环（2008）提出了构建国有企业内部控制规范路径模式：第一，建立内部控制机制，包括设立审计委员会、合理设置企业内部管理机构、建立反舞弊机制；第二，确立内部控制策略，包括职责分离控制、授权审批控制、分析与报告控制等。

如何开展内部控制的评审？耿广英（2007）分析了内部控制评审及其程序与方法，认为应遵循如下的程序和方法：①调查内部控制；②评价其健全性；③内部控制的初步评价；④测试内部控制；⑤评价其有效性；⑥内部控制再评价和测评结果的运用等。

刘国红（2009）认为如何评价一个企业内部控制是否有效是一个现实的课题，并试图构建一个基于内部控制目标的要素评价体系。

也有一些学者开展了实质性观测，如龙志伟（2003）对中国上市公司内部控制建设的情况进行了观测，指出从2001年开始，国内上市公司的年报中每年均有50%以上的公司在其年报中提出加强内部控制制度。

张川等（2009）对我国房地产企业内部控制有效性与企业绩效之间的关系进行了实证研究。

我国学者对高速公路领域的企业内部控制研究很少，王桂莲和任建武（2008）对交通企业内部控制系统与交通企业风险管理现状及问题进行了分析，提出提升交通企业内部控制水平需要创新机制。

目前，陈楚宣（2006）在这方面开展了系统的研究，该研究基于COSO风险管理整体框架，分析了企业内部控制的环境因素、内部控制设置与公司治理的内在关系，以及组织架构调整和企业风险管理的过程组织等，并结合具体案例，给出了企业风险的预警系统架构。但是该研究主要是针对高速公路的施工环节展开的。在其相关研究中还结合内部控制框架，对企业的全面预算管理风险审计和施工企业资金管理模式进行了探讨（陈楚宣，2005a，2005b）。陈楚宣长期在广东省高速公路建设经营领域开展工程技术和财务管理研究工作，对广东省高速公路领域有比较深入和理性的认识，他的《施工企业内部控制系统研究》一文，基于原始工作材料，分门别类地对交通企业财务、招投标和施工管理等各个业务领域的内部控制开展了具体的研究，针对性强，并且很有启发和实践指导价值，本书将借鉴他的研究成果。

1.3 构建内部控制体系的价值

（1）从整体上讲，我国理论界对内部控制的研究主要停留在理论层面，实践应用水平较低。从文献上看，我国学者对内部控制的研究主要还是偏重内部稽核的机制方面，注重的是作业层面的相互牵掣机制，国内的企业界在内部控制系统的建设上普遍处于较低水平。相比而言，国外理论界的视野非常宽泛，所立论的前提主要是从企业的整体性出发，并且美国政府从保护投资人利益的角度，强制要求上市公司建立完整的内部控制系统，造成了美国企业整体应用内部控制系统的水平高。

（2）国外非常注重内部控制系统的实践应用。这些充分体现在 COSO 委员会制定的 IC-IF 中，这是一个面向问题解决的准则，而非单纯的学术文本。

（3）我国学术界对 IC-IF 等的研究起步不久。我国企业界没有对 IC-IF 引起足够的关注，说明我国企业现行的内部控制理念和实践滞后于西方发达国家，企业内部控制体系的构建没有有效借鉴国外的先进经验和研究成果。

（4）理论界的研究没有充分关注到我国企业的实际状况，对高速公路领域企业的内部控制建设关注度不够。如何从我国企业的内部控制实际需求出发，找出我国企业在内部控制建立和实践方面的不足与缺陷，从根源上分析其原因，并提出具有可操作性的建议和对策。

（5）我国理论界的研究没有关注到企业经营性质的差别性。尤其像高速公路建设营运这类企业，如何从公司治理的层面，构建和完善一套有效的内部控制体系，无论在理论上，还是在实践上，仍然是空白。

正因为上述研究背景，本书结合广东省高速公路建设营运管理的实践，从公司治理层面，系统总结适合我国尤其是广东省高速公路建设营运企业内部控制系统的可行模式，以实业投资为基础和实践平台，提炼出一些内部控制创新管理的理论和导入方法。并开展应用这些方法，目的是有效促进广东省省属高速公路建设营运企业管理水平的提升。

1.4　内部控制体系和构建思路

1.4.1　内部控制体系

为开展本书的相关研究，特设定如下五个递进的研究内容。

1. COSO 委员会 IC-IF 框架和 ERM-IF 框架与我国相关内部控制制度的解读和比较

IC-IF 框架以及稍后的 ERM-IF 框架是在总结西方国家企业内部控制管理丰富实践的基础上提出来的，能准确反映企业内部控制规范化和科学化方面的客观需求，两个框架还给出了企业内部控制体系和风险控制体系的内涵与层次，是指导企业开展内部控制和风险管理的权威规范，前者提出了五要素层次结构，后者扩展到八要素，基本上是前者的拓展。

近些年我国也相继出台了一些涉及企业内部控制管理要求的相关文件，如会计法和一系列会计准则的修改，财政部、中国证监会、审计署、中国银监会、中国保监会联合颁布的内部控制规范和配套指引等，这些在上文的文献综述中已经提到。国内外在企业内部控制系统内涵和架构上的异同点有哪些？通过比较研究和需求差距，从而为开展后续的研究奠定理论基础。

2. 中国企业现有的内部控制系统构建现状及其局限性分析

与国外企业界相比，我国企业界有无建立相应的内部控制体系，尤其是与高速公路建设营运相关企业的内部控制体系？如果有，是否系统完整？相关事务是否是按照上述的规范建立起来的？实际效果如何？其局限性有哪些？内部控制系统构建的难点和制约其有效实施的阻力有哪些？企业是如何克服的？通过分析归纳，得出规律性的结论。相关研究主要结合广东省交通集团下属高速公路建设营运企业现有的内部控制系统构建建设状况开展分析。

广东省交通集团下属高速公路建设营运企业目前有五家，包括省高公司、省建设公司、路桥公司、实业投资，以及跨施工、营运领域的省长大公司，这些公司经营的高速公路占广东高速公路的84%以上。这一阶段主要开展调研，收集这些企业现有的各种内部控制系统建设状况，并将它们进行横向比较，分析各自的内容和侧重点。在这一阶段，调研、分析、比较的主要内容如下：①内部控制系统的环境；②内部控制系统的人员素质要求与改进；③内部控制系统的制度建设；④内部控制系统的事前预测机制；⑤内部控制系统的过程管理；⑥内部控制系统的关键链管理；⑦内部控制系统的信息沟通渠道管理；⑧内部控制系统的财务管理；⑨内部控制系统的内部审计职能发挥；⑩内部控制系统的授权批准机制；⑪内部控制系统的风险识别与预警机制；⑫内部控制系统的现有绩效分析；⑬公司治理与内部控制职能的关系分析。

必须指出的是，上述13个方面的内容是按照 IC-IF 和 ERM-IF 的规范要求展开调研分析的。

通过对13个方面进行分析比较，找出现有企业内部控制系统建设的缺陷和不足。

3. 广东省交通集团下属高速公路建设营运企业公司治理层面对内部控制的新需求分析

这部分的研究重点是分析高速公路建设营运企业现有的公司治理方法，以及内部控制系统与公司治理的关系，分析内部控制系统如何支撑企业的公司治理，从而形成一个交互协同机制。相关研究从需求分析开始，为下阶段开展新系统的内涵做准备。

4. 新内部控制系统的内涵研究

这部分的研究主要参照 COSO 委员会 IC-IF 的内部控制框架的五要素结构，着重从控制环境、风险评估、控制活动、控制监督及信息沟通建设五个方面对新内部控制系统的内涵进行研究，这方面的研究还要结合和 ERM-IF 的八要素展开，强化风险过程管控的内涵分析。此外还要结合广东省交通集团下属高速公路建设营运企业公司现有的上述内部控制系统中 13 个方面的现状开展。新的内涵包含创新内容。

5. 新内部控制系统的整体框架应用初步研究

由于时间限制和投入限制，本书未能建立一个完整的企业内部控制系统。

本书主要开展整体框架在高速公路建设营运企业应用的初步研究，为以后条件成熟时建设真正的内部控制体系奠定基础。

新的内部控制系统是交互和协同的，交互是指不同层面的控制系统的衔接和制约机制，从整体层面的公司治理到底层的作业过程。协同是指整个内部控制系统构成了有机整体，尽量减少控制、监督之间的扯皮和矛盾。因此新内部控制内容要相容，构成一个整体框架。

在上文研究的基础上，如果条件容许，还计划开展基于自我评估（control self-assessment，CSA）的新内部控制系统绩效增进 AHP/DEA[①]测评模型构建，用于评估企业现有内部控制管理的水平和对新内部控制系统实施可能带来的绩效增进。

1.4.2 拟解决的关键问题

本书拟解决以下三个关键问题。

1. 在开展内部控制体系的设计过程中，如何与国际接轨的问题

我国企业传统的内部控制管理停留在底层的作业层面，思维狭隘，因此本书要突破，必须寻求创新，具体来说就是将国外发达国家在这一领域的成功实践运用到高速公路建设营运管理领域，这方面的代表是美国 COSO 委员会制定的 IC-IF 框架。我国企业尤其是高速公路建设营运企业还没有借鉴实施 ERM-IF 框架的先例。

---

① AHP：analytic hierarchy process，层次分析法；DEA：data envelope analyse，数据包络分析。

2. 探索出一个面向公司治理层面的高速公路建设营运企业交叉协同式内部控制系统的内涵和概念框架

COSO 委员会制定的 IC-IF 是高度抽象性的，每一个企业的经营管理具有独特性，对内部控制系统的要求也呈现具体性，因此，如何以实业投资为案例，开展基于实业投资现状的内部控制系统需求分析，探索其具体的内涵是关键问题。例如，这种新型的系统的内涵是什么？包含哪些子系统（sub-systems）？每个子系统的要素是什么？与传统的底层作业环节基于财务数据的内控管理相比，新系统的控制环境、控制流程、控制活动、风险的识别和预警机制、组织实施的新内涵是什么？如何体现公司治理的需求和实现途径？其整体概念框架如何构建？要达到一个怎样的目的？如何测评新系统的改进绩效？这些都是本书研究要解决的关键问题，在这方面需要创新。

3. 探索出新内部控制系统的实施方法和途径

本书的研究是基于广东省高速公路建设营运企业的管理需求立项的，因此研究不能只停留在理论层面，本书就是通过研究，为实业投资后续开展内部控制系统的建设奠定基础，主要解决如下问题：实业投资如何基于上面的需求分析、内涵厘定，然后根据国际规范，真正建立起有效的内部控制系统，并给出一个规范化的、结构化的实施方法。可以说，这是本书所面临的最关键的一个问题，也是本书最后的研究目的。

1.4.3 构建内部控制体系的思路

本书拟按照以下思路来构建交通企业内部控制体系：

（1）开展比较研究，主要用于文献分析、广东省交通集团下属五家高速公路建设营运企业的现有内部控制系统现状和缺陷分析。

（2）开展实证研究，基于问题导向、模型驱动的研究思维，通过构建模型开展测评分析。

（3）开展专题研究，本书属于应用研究，因此，通过选点，如可以选择实业投资为试点，研究构建的新内部控制系统如何导入广东省交通集团下属高速公路建设营运企业中，这属于专题研究。

本书的思路架构如图 1-1 所示。

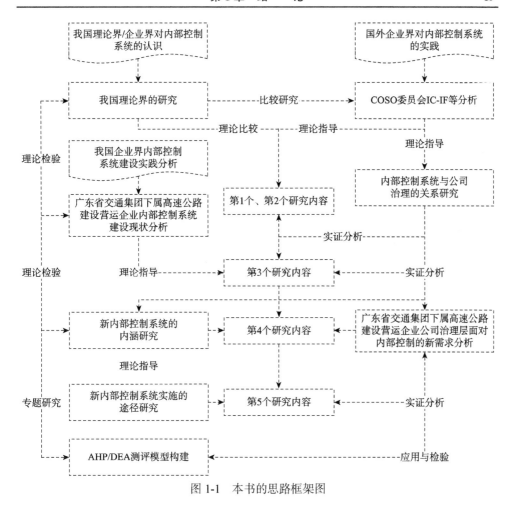

图 1-1　本书的思路框架图

第2章 内部控制、风险管理与公司治理

2.1 内部控制的内涵及其演变：来自国外的理论和实践

2.1.1 内部控制的基本含义

内部控制有两个关键词：一个是"内部"（internal），一个是"控制"。理解内部控制可以从这两个关键词入手。

"控制"一词来自自然科学的自动化领域，是指对一个输入-输出（input-output）系统，预先设定系统输出的目标值（target）的范围，然后通过对系统输入、系统本身相关的功能参数的调节，系统的输出被限定在预设的目标值范围内，如图 2-1 所示。

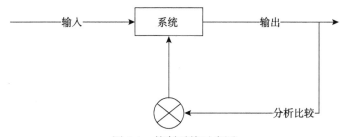

图 2-1 控制系统示意图

根据控制执行机构的工作方式，可以分为手动控制和自动控制。手动控制是在人工干预下进行偏差纠正；而自动控制则是系统自身带有偏差纠正的机构和功能。

根据对输出结果矫正的提前量不同，按控制方式分类，包括前馈控制（feedforward control，又称为事先控制）、过程控制（process control，又称为现场控制）和反馈控制（feedback control，又称为事后控制）。事先控制是指通过对输入、系统的功能参数的预先控制的方式控制系统的输出；事后控制是在系统输出出现偏差后，再采取纠偏措施。

根据控制的效果可以将系统分为稳定系统（stable system）和不稳定系统（unstable system），如图 2-2 所示。

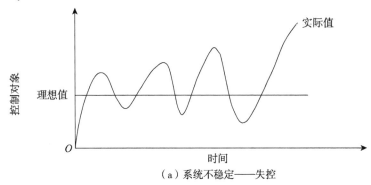

（a）系统不稳定——失控

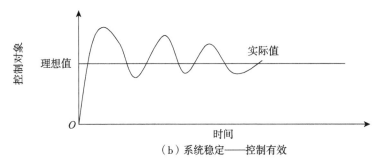

（b）系统稳定——控制有效

图 2-2　稳定系统与不稳定系统：系统的控制效果

显然当对系统不加控制或虽然施加控制，但是系统的输出仍然越来越偏离系统的目标输出值的范围时，这种系统是不稳定系统，或者说施加的控制是无效的。反之系统是稳定系统，施加的控制是有效的。一个好的控制系统可以保证系统的稳定；相反，一个不完善的控制系统有可能导致系统不稳定，甚至运作失败。

根据系统控制的控制参数取样和纠偏措施实施的数量与层级不同，控制可分为一次性控制和递阶控制（hierarchical control），如图 2-3 所示。

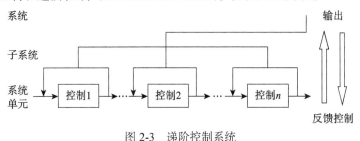

图 2-3　递阶控制系统

显然，一个具有递阶控制功能的系统，内部不同环节都具有自我纠偏的功能。对于大型复杂系统而言，可以采取递阶控制方法，即将大型复杂系统按层次逐层分解成相对独立、相对简单的子系统的控制方法。每个子系统都具有自我纠偏的功能。

另一个关键词为"内部"，内部是相对"外部"（external）而言的，即系统的纠偏机构和功能是否属于系统本身。

对系统（system）的概念稍加分析，根据一般系统理论奠基人冯·贝塔朗菲（von Betalanffy）的定义，"系统"是"有两个及其以上相互关联的要素的集合"。系统具有结构性、功能性、整体性、矛盾性、目标性和演化性的属性，一个系统有明确的边界（boundary），边界之外是系统的环境（environment）。

因此，当来自外部环境的力量对系统进行干预、调整时，这种干预和调整是外部性的，或者说是外生的（exogenous）；反之，当对系统的调整的力量来自系统内部的机构和功能时，这种干预和调整是内部性，或者内生的（endogenous）。

因此，可以认为："内部控制"是系统本身具有的一种功能，能够对系统进行自我调节。

企业作为社会的细胞，都是一个个系统，是社会系统中的子系统。企业系统同样具有结构性、功能性、整体性、矛盾性、目标性和演化性等这些系统的一般属性。为保障企业的输出（产出）符合企业主体的目标需求，有必要对企业系统进行控制，无论这种控制是来自外部还是内部。

2.1.2　内部控制实践的沿革和内涵变迁

随着企业管理实践的发展，人们对内部控制的认识也不断深入，内部控制的内涵也在不断变迁。

谢晓燕等（2009）对国外内部控制理论与实践的发展做了系统的论述。宋建波（2012）、李晓慧和何玉润（2012）、张长胜等（2012）也对内部控制的发展沿革进行了阐述。

按照学术界比较认同的分类，内部控制的发展沿革可以大致分为内部牵制、内部控制制度、内部控制结构、内部控制整体框架以及内部控制与风险管理框架五个阶段。

1. 内部牵制阶段

人们具有内部控制的思想在历史上早就有记录，企业内部控制的发展与世界经济的发展以及人们对企业组织管理理论认识的发展密切相关：一方面，经济的发展和市场经济的刺激导致大量各类企业组织的产生与发展；另一方面，泰勒的

《科学管理理论》、法约尔的《一般管理理论》等企业管理理论的问世，使人们对企业组织形式和管理方法的认识逐步深入。这些都促使企业内部控制理论和方法的产生。

一般认为，内部控制的最初理论是内部牵制，1912 年 R. H. Montgomerie 在《审计：理论与实践》中第一次提出了内部牵制的概念。他指出：内部牵制是指一个人不能完全支配账户，另一个人也不能独立地加以控制的制度。因此，员工之间应该相互牵制、相互稽核和监督。

内部牵制的目的是"查错防弊"，以职位分离和账目核对为手段，以钱、财、物等会计事项为主要控制对象，其特点是以账户核对和职务分工为主要内容，从而实现交叉检查或者交叉控制。内部牵制一般可以分为以下几类。

1）实物牵制

由两人或两人以上的人员共同掌管重要的实物，共同完成一定程序的牵制，如保险柜的钥匙由两人或两人以上人员掌管，只有同时使用两把或两把以上的钥匙才能打开。

2）机械牵制

按照相互制约的原则对业务活动进行程序安排，员工只有根据事先设定的流程才能开展相关业务活动，如业务人员到财务部门领取现金，必须经过本人所在的部门负责人、财务部负责人甚至更高级别的主管签字审批，否则出纳拒绝办理。

3）制度牵制

通过建立合理的企业组织结构，以及不同岗位之间岗位职权、职责的合理配置，明确各岗位的权限范围，从而形成岗位之间的相互牵制和相互约束。这些是事先通过企业制度明确下来的，按章办事。例如，一项合同的签署必须经过多个部门的审核签字，最后才能得到批准。

4）簿记牵制

通过合理设置不同簿记之间的勾稽关系，达到相互牵制的目的，如原始凭证与记账凭证、总账与分类账之间的记录有密切关联，必须定期核对，以确保账簿记录真实。

内部牵制的基本思想是基于以下内容而给出的基本假设：首先，两个或两个以上的人或部门无意识地犯同样的错误的概率是很小的；其次，两个或两个以上的人或部门有意识地串谋舞弊的可能性会低于单独一个人或部门实施舞弊的可能性。

内控牵制在实践中被证明是有效的，内部牵制的思想在现代企业组织建设中的职务分离和职责配置上起重要作用，企业内部稽核和内部牵扯制度构成了现代企业管理制度的主要内容，内部牵制至今仍是企业内部控制具体实施的主要手段。

2. 内部控制制度阶段

1938 年，美国麦克森·罗宾斯（Mckesson Robbins）公司的倒闭在企业内部控制发展史的早期有重要影响，也可以说是一个转折点。该事件直接促成了各种行业协会、注册会计师等职业界对企业内部控制的关注。

麦克森·罗宾斯公司舞弊事件后，引起社会强烈反响。美国证券交易监督委员会（U.S. Securities and Exchange Commission，SEC）为此成立了专门委员会进行调查，并发布了《审计程序的扩展》的调查报告。该报告认为，内部牵扯（internal interaction）不能仅限制于会计职能范围，而应该扩大到交易进行的方式和过程，除了公司内部管理层对内部牵扯负有建立和执行的责任外，外部注册会计师也有责任对公司的内部牵制有效性进行评估，对公司的内部牵扯和控制系统需要加以全面了解，以改变公司所设的相关流程被公司会计人员随意对待的状况。

为此，《审计程序的扩展》对审计程序的完善从以下四方面提出了更加具体的要求：①对存货检查，通过实地盘存确认存货数量，并将之作为必需的审计程序；②对应收账款检查，应积极采用函询法，对债务人直接询证；③对审计报告的格式及内容加以规范，将其分为范围段和意见段；④通过董事会任命或股东大会投票选举独立注册会计师等。

《审计程序的扩展》的结论成为 1939 年美国 SEC 审计程序公告(Audit proceedings bulletin statement on auditing practice SAP No.1) 第一号审计程序准则的基础。该报告还指出，对内部牵制制度的审核不仅仅是公司内部的事，也是外部注册会计师的职责。

实际上，早在麦克森·罗宾斯公司舞弊事件以前，一系列公司舞弊案件已经引起美国政府和行业界的关注，为此，相关部门先后起草和颁布了一些法规与行业规范，具体如下。

美国《证券交易法（1934）》(Securities Exchange Act of 1934) 首次提出了内部会计控制的概念，并指出证券发行人应设计并维护一套能为下列目的提供合理保证的内部会计控制系统：①交易依据管理部门的一般和特殊授权执行；②交易的记录必须满足一般公认会计原则（general accepted accounting principle，GAAP）或其他适当标准编制财务报表和落实资产责任的需要；③接触资产必须经过管理部门的一般和特殊授权；④按适当时间间隔，将财产的账面记录与实物资产进行对比，并对差异采取适当的补救措施。

1936 年，AICPA 的前身——美国会计协会发布《注册会计师对财务报表的审查》(Examination of Financial Statements by Independent Public Accountant) 报告，指出审计师在制定审计程序时，应该考虑的一个重要因素是审查企业的内部牵扯和控制，企业的会计制度和内部控制越好，财务报告需要测试的范围越小，并且首次提出了"内部控制"的概念，即为了保护公司现金和其他财产的安全以及检查账簿记录的准确性，而在公司内部采用的各种手段和方法，但这一概念具有模糊性。

1949 年，AICPA 所属审计程序委员会（Committee on Auditing Procedure，CAP）经过两年的研究，发布了《内部控制：协调体系的要素及其对于管理层和独立公共会计师的重要性》（*Internal Control Elements of Coordinated System and Its Importance to Management and the Independent Public Accountants*）的专题报告，该报告首次对内部控制做出了权威性的定义：内部控制包括组织机构的设计和企业内部采取的所有相互协调的方法与措施，目的是保证资产完整、检查会计数据的准确性和可靠性、提高运营效率、促进管理政策的贯彻和实施。该定义的内部控制制度包括预算管理、标准成本、定期业务报告、统计分析及运用职业培训计划等。

该定义对内部控制提出了四个目标，即合法性、合规性、效率性和完整性。从定义以及对内部控制制度涵盖的范围要求可以看出，对内部控制的理解是基于企业管理的视野，已经突破了传统的局限于会计和财务部门的职能范围，同时意味着对外部注册会计师审计范围的要求也提升了。职业界认为，这也不合理地扩大了注册会计师的责任，不利于指导注册会计师的审计工作。

不合理的产生在于上述内部控制范围的定义过于宽泛，为了规范内部控制检查和审核评价的范围，减少注册会计师的责任范围，1953 年，AICPA 下属审计准则委员会（Auditing Standards Board，ASB）颁布了第 19 号审计程序文件《审计程序说明》（SAP No.19），对内部控制做如下划分，"广义地说，内部控制按其特点可以划分为会计控制和管理控制：①会计控制由组织计划和所有保护资产、保护会计记录可靠性或与此有关的方法和程序构成；会计控制包括授权与批准制度；记账、编制财务报表、保管财务资产等职务的分离；财产的实物控制以及内部审计等控制。②管理控制由组织计划和所有为提高经营效率、保证管理部门所制定的各项政策得到贯彻执行或与此直接有关的方法和程序构成。管理控制的方法和程序通常只与财务记录发生间接的关系，包括统计分析、时动研究、经营报告、雇员培训计划和质量控制等"。

上述条款对内部控制的范围重新进行了定义，也可以看做对 1949 年内部控制定义的第一次修订。显然，会计控制对应保护资产和保证会计资料可靠性与准确性有关的控制目标，而管理控制对应高经营效率、保证管理部门所制定的各项政策得到贯彻有关的控制目标。第一次修正后的定义大大缩小了注册会计师的责任范围。

到 1958 年，CAP 发表了第 29 号审计程序文件——《独立审计人员评价内部控制的范围》（SAP No.29），明确将内部控制划分为内部会计控制和内部管理控制。这也是人们所理解的内部控制二分法。

到 1963 年，CAP 在其颁布的第 33 号审计程序文件——《审计程序公告第 33号》（SAP No.33）中进一步明确将内部控制做了划分，表述为会计控制和管理控制，前者旨在保护企业资产完整，检查会计信息的可靠性；后者在于促使有关人员遵守既定的管理政策，提高经营的有效性。

根据 SAP No.33，"注册会计师主要关注与会计相关的控制"，"会计控制通常直接地、主要地考察财务数据的可靠性，并要求审计师做出评估"。"管理控制一般间接地与财务记录有关，因此无须评估"，"如果独立审计人员认为某些管理控制可能对财务记录可靠性有影响，确信特定的管理控制与财务记录的可靠性之间有重要关联，可以考虑评价管理控制，并对其进行评估。例如，在特定的情况下，有可能会要求对生产、销售或其他运营部门保存的统计数据进行评估"。可见作为注册会计师，这一阶段仍然以内部会计控制的审核为主。而对内部管理控制因为过于宽泛实际上审计的力度和效果难以如意。

人们对内部控制的内涵和范围仍然随着认识的进步而不断完善，鉴于上述内部控制的概念依然比较宽泛、实际审计中难以遵循的缺陷，如会计控制中"保护"的含义，对其的解释可能会使人们产生这样一种印象："决策过程中的任何程序和记录都可以包括在会计控制的保护资产概念中。"为了避免这种宽泛的解释，1972年 AICPA 对会计控制又提出并通过了一个较为严格的定义，"会计控制是组织计划和所有与下面直接有关的方法及程序：①保护资产，即在业务处理和资产处置过程中，保护资产避免过失错误、故意致错或舞弊造成的损失。②保证对外界报告的财务资料的可靠性"。这种重新定义可视为对定义的第二次修正。

美国审计准则委员会是《审计准则公告》的制定者，循着《证券交易法》的路线进行研究和讨论，在第 1 号公告（Statement on Auditing Standards, SAS No.1）中，对管理控制和会计控制提出并通过了今天广为人知的定义，"会计控制"包括组织的计划，以及与保证资产安全、财务数据的可靠性有关的记录和程序。会计控制的目的在于合理保证下列内容：首先，业务的处理要在管理层的一般授权或特别授权下进行。其次，业务数据必须记录。一是以备用来根据公认会计原则或其他适用原则编制财务报表；二是保留对资产的受托责任。再次，只有在得到管理层授权的情况下才可以接近资产。最后，定期对资产进行账实核对，对任何差异应采取适当的措施。

"管理控制"包括（但不限于）以下内容：组织的计划，以及与那些业务管理授权的决策过程有关的程序和记录，直接与管理部门执行该组织的经营目标密切相关，并且是建立会计业务控制的出发点。

上述对管理控制和会计控制的重新定义可视为定义的第三次修正。

一般来说，管理控制与会计控制并不一定具有双向排他性，用于会计控制的程序和记录在有些情况下也会因服从管理目的而成为管理控制的一部分。

从内部控制实践的沿革来看，1977 年美国颁布的《海外反腐败法》(*Foreign Corrupt Practices Act*，FCPA)也被认为是内部控制发展史上的重要事件，该法案规定：禁止美国公司向外国政府公职人员行贿及不道德交易行为。

FCPA 的立法背景之一是"水门事件"，随着调研的深入，美国越来越多的贿赂事件被曝光，民众越来越强烈地要求厘清美国公司与外国政府之间的"暧昧关系"。而导火索则来自于美国 SEC 的一份报告。在该报告中，有 400 多家公司承认有过可疑或非法支付的行为，贿赂款项高达 30 亿美元。其中，有 100 多家居行业 500 强之列。许多不道德的交易被高层隐瞒、记录簿被篡改，一些管理流程被绕过，说明公司的内部控制存在缺陷。贿赂外国官员显然是不道德的行为，有违美国公众的期望和价值观；此外，这种行为也极大地降低了美国一直引以为自豪的市场体系的效率。1977 年，美国国会以绝对优势通过 FCPA，旨在遏止对外国官僚行贿，重建公众对美国商业系统的信心。

FCPA 规定：外国政府官员指的是任何履行公共职能的人员，而不论其官阶的大小。所谓贿赂指的是向外国官员支付财物，以达到获得或保留业务的目的。为防止行贿人脱法，行贿不限于直接行为，通过第三人行贿也由 FCPA 来调整，只要所涉人员或公司有理由知道该行为。就法律后果而言，被确认违反法案的公司罚款最高可达 100 万美元，个人处罚的额度为 1 万美元的罚款，或最高 5 年的监禁。

在 FCPA 制定之前，美国联邦政府对美国公司的对外行贿行为也有相关法律规定，最典型的如下：1934 年美国证券交易法规定，上市公司要对投资者负责，不能利用贿赂政府官员的行为，提高业绩，误导投资者；国内税收法 (internal revenue code)禁止公司报税时从会计账目中扣减对外国官方的非法支付；虚假陈述法 (false statements act)，对于向美国官方或官方代理人做出虚假陈述的任何自然人和公司处以刑事处罚。

FCPA 的另一个目的在于保持有效的内部会计控制。在定义内部控制时，FCPA 采用了 SAS No.1 的定义。到 1979 年，SEC 还试图要求上市公司在年报中增加管理层报告，披露内部控制，同时要求管理层在年报中报告公司内部会计控制是否为 FCPA 中所定义的内部控制目标提供合理保证，要求注册会计师应审查管理层的报告，并对管理层报告是否与公司内部会计控制一致发表意见，因客观原因，这种要求没有付诸实践。

由上述回顾可知，从 1949 年内部控制的概念提出以来，在实践中经过不断修正，业界对内部控制概念的把握逐渐明晰化，内部控制及相关的审计也有赖于此而得到普遍的认可和采用，并逐步以制度形式融入企业的管理制度体系中，形成了比较完整的内部控制制度体系。

另外，外部审计机构的作用也越来越重要，承担的责任也越来越多，但是问题依然存在，那就是基于审计角度开展的内部控制评审与企业管理者期望的内部控制目标之间存在差距。

3. 内部控制结构阶段

20 世纪 60 年代以来，一方面，世界经济高速发展，企业的规模越来越大、经营范围不断扩大、经营模式越来越趋于灵活多样化，业务活动越来越复杂，许多企业都开展了跨国化经营，一系列新的风险相继产生。这在客观上要求企业健全内部控制制度，防范各种潜在的风险。另一方面，随着市场经济的深入化发展，一些公司纷纷倒闭或者陷入财务危机，投资者开始寻找"替罪羊"为自己的损失买单。注册会计师纷纷被送上被告席，审计风险大为增加，形成所谓的"诉讼爆炸"。

事实上，在审计实践中，为减轻注册会计师审计时评价内部控制的责任，职业界将内部控制的定义主要限制在内部会计控制领域，这虽然减轻了注册会计师的审计责任和工作量，但实际上客观地增加了审计风险。

企业破产、陷入财务危机固然存在各种原因，如宽松的管理环境、过度的投机行为、激烈的市场竞争、效率低下的管理和各种舞弊等。1985 年，由 AICPA、财务执行官协会（Financial Executives Institute，FEI）、国际内部审计师协会（Institute of Internal Auditors，IIA）和美国管理会计师协会（The Institute of Management Accountants，IMA）联合成立了反虚假财务报告委员会（National on Fraudulent Financial Reporting，NFFR，又被称为 Treadway 委员会），旨在探讨财务报告中舞弊产生的原因，考察财务报告舞弊在多大程度上削弱了财务报告的有效性，并出具相关调查报告。

报告不仅考虑了注册会计师的责任，也考虑了涉及内部控制的其他方面，如公司高管的作风、内部会计制度和内部审计的作用、审计委员会及监督机构的作用等。调查发现，涉及的舞弊财务报告中，一半左右是内部控制失效引起的。调查报告还发现，现有的各种公告和研究对内部控制的不同定义与解释导致了公司管理层、内部审计人员、注册会计师对内部控制的充分性看法的差异性。由此，Treadway 委员会敦促各职业团体一起合作发展关于内部审计的统一概念。

事实上，企业经营的系统性和复杂性导致内部会计控制与内部管理控制难以决然分清界限，并且后者对前者有深刻的影响。开展审计时，如果忽略内部管理控制部分，将直接导致审计结论的不全面和偏失。

基于上述背景，1988 年，AICPA 发布了第 55 号审计准则公告，即《财务报表审计中内部控制结构的考虑》（SAS No.55），以取代 1973 年的 SAS No.1。在 SAS No.55 文件中，首次提出了"内部控制结构"的概念。由此，内部控制也从

"制度二分法"迈向了"结构分析法"的阶段。

所谓内部控制结构，是指"为提供取得企业既定目标的合理保证而建立的各种政策和程序"，包括"控制环境、会计系统（accountings system）和控制程序"三个要素。

（1）控制环境，是指对建立、加强或削弱特定政策和程序效率发生影响的各种因素，包括以下内容：①管理思想和经营作风；②组织结构；③董事会及审计委员会的职能；④人事政策和程序；⑤确定职权和责任的方法；⑥管理者监控和检查工作时所用的控制方法，如经营计划、预算、预测、利润计划、责任会计和内部审计等。

（2）会计系统，是指规定各项经济业务的确认、归集、分类、分析、登记和编报方法，明确各项资产和负债经营管理的责任，包括下列内容：①鉴定和登记一切合法的经济业务；②对各项经济业务适当进行分类，作为编制报表的依据；③计量经济业务的价值以使其货币价值能在财务报表中记录；④确定经济业务发生的时间，以确保它记录在适当的会计期间；⑤在财务报表中恰当地表述经济业务以及有关的揭示内容。

（3）控制程序，是指管理者所制定的用以保证达到一定目的的方针和程序。它包括下列内容：①经济业务和经济活动的批准权；②明确各个人员的职责分工，防止有关人员对正常业务图谋不轨的隐藏错弊，职责分工包括指派不同人员分别承担批准业务、记录业务和保管财产的职责；③充分的凭证和账单设置与使用，应保证业务和活动得到正确的记载；④对财产及其记录的接触和使用要有保护措施；⑤对已登记的业务及其计价进行的独立性复核。

从内部控制结构的概念内涵来看，这一定义是站在系统的角度重新审视内部控制的内容和要求。

首先，引入环境因素，企业环境不属于企业系统本身，但是对企业的经营管理产生直接或间接的影响。因此，内部控制必然也存在内部环境，并对企业组织内部控制各项活动的展开产生影响，考察内部控制必须关注内部控制环境的因素。

其次，不再提内部会计控制和内部管理控制，而是基于系统的思维将内部控制要素和要素之间的联系分开，前者对应会计系统，明确各种业务活动开展的方法，后者对应控制程序或者控制流程，明确这些方法如何得到合适的执行。

内部控制结构概念提出以后，迅速得到业界的认同，如 1981 年国际会计师联盟（International Federation of Accountants，IFAC）发布的第 6 号国际审计准则，即《风险评估与内部控制》（ISA No.6），提出内部控制是为实现组织管理目标而制订的组织计划以及所采取的方法和程序。显然该准则明显受 SAS No.55 的影响。内部控制结构概念的提出，使人们对内部控制的认识从"制度二分法"走向了"系统结构三要素"的阶段，反映了 20 世纪 70 年代后期以来内部控制实务操作和理论认识上的一个新动向。

4. 内部控制整体框架阶段

20世纪70年代末以来，世界经济尤其是美国经济在经历了30年的高速发展后进入滞胀阶段，世界经济的格局也因新的经济增长极的出现而发生变化，在激烈的竞争冲击或利益诱惑下，企业财务舞弊事件依然层出不穷，股东、公众利益受到极大的损害。1977年美国出台FCPA就是这一现象的侧面反映。1987美国反虚假财务报告委员会发布的研究报告中，呼吁所有公众公司的董事会、最高管理层、独立公共审计师、相关职业团体、学术界、SEC及其他监管机构共同致力于重塑财务报告过程。反虚假财务报告委员会本身也积极开展反舞弊之道的研究和探索，并在内部成立了一个"内部控制专门研究委员会发起机构委员会"（COSO），致力于企业内部控制研究。该委员会就是后来赫赫有名的COSO委员会。

1992年，COSO委员会发布了IC-IF，指出："内部控制是由企业董事会、管理层和其他员工制定和实施的，旨在为经营的效果和效率、财务报告的可靠性以及相关法律法规的遵循性等目标提供合理保证的过程。"该报告进一步归纳了内部控制的"五大要素"：①控制环境；②风险评估；③控制活动；④信息与沟通；⑤监控。

（1）控制环境，是指董事会与管理层对内部控制的态度、认知度和行动，包括组织人员的诚实、伦理价值和能力，管理层哲学和经营模式，管理层分配权限和责任、组织、发展员工的方式，以及董事会提供的关注和方向。控制环境影响员工的管理意识，是其他部分的基础。

（2）风险评估，是管理层识别并采取相应行动管理对经营、财务报告、符合性目标有影响的内部或外部风险，包括风险识别和风险分析。它要求确认和分析实现目标过程中的相关风险，形成管理何种风险的依据。这种依据随经济、行业、监管和经营条件而不断变化，应建立一套机制识别和处理相应的风险。

（3）控制活动，是指确保管理层的指令得到实施的政策和程序。贯穿整个组织、各种层次和功能，包括各种活动，如批准、授权、证实、调整、绩效评价、资产保护和职责分离等。

（4）信息与沟通，是指为了使职员能执行其职责，企业必须识别、捕捉、交流内外部信息。信息系统产生各种报告，包括决策、财务和执行规则等方面，使控制成为可能。所有人员都要理解自己在控制系统中所处的位置，以及相互之间的关系；必须认真对待控制赋予自己的责任，也必须同外部进行有效的沟通。

（5）监控，是指评价内部控制质量的进程，包括持续监控、独立评价或两者结合的方式。通过对正常的管理和控制活动以及员工执行职责过程中的活动进行监控，评价系统运作的质量。不同评价的范围和步骤取决于风险的评估与执行中监控程序的有效性。对内部控制的缺陷及时向上级报告，严重的问题报告到管理层高层和董事会。

上述五个要素相互关联，共同对企业组织的目标产生影响。IC-IF 将内部控制的内容通过五个要素、三个目标整合起来，首次把内部控制从原来的平面结构发展为立体框架模式。从"系统结构三要素"发展到"框架五要素"阶段。由此，将人们对内部控制的认识推向了新的高度：

（1）明确了内部控制的"责任"问题。IC-IF 明确了内部控制不但是企业董事会、管理者和审计者的责任，也是组织中每一个人员的责任。内部控制体系的建立和运行需要全体人员的参与。

（2）关注了内部控制的环境。内部控制不但要关注内部控制本身，也要关注内部控制的环境问题。

（3）明确内部控制的目标。不但要保障财务报告的可靠性，也要保障企业组织经营的效果和效率，更要确保相关法律法规的遵循性目标。

（4）强调内部控制是一个动态过程，是对企业整个经营管理活动进行监督和控制的过程，是一个发现问题、分析问题和解决问题的循环过程，而不只是一项制度或规定。

（5）强调内部控制是企业经营管理的有机组成部分。内部控制不再是游离于企业经营管理之外的活动，不再局限于满足外界的需要，而是企业组织内部各单位、部门开展经营管理活动的一部分，是为了企业组织自身的健康发展。

COSO 报告提出后，又经过两年的修改，1994 年 COSO 委员会提出对公众社会的修改篇，扩大了内部控制涵盖范围，增加了与保障资产安全有关的控制，得到了美国审计署（General Accounting Office，GAO）的认可。可以认为：IC-IF 的提出是内部控制实践中的一个里程碑，对世界各国都产生了深远的影响，成为国际内部控制的权威标准，被国际和许多国家的审计准则制定机构、企业界与金融监管机构采纳。

1995 年，AICPA 发布了《审计准则公告第 78 号》（SAS No.78），全面接受了COSO 报告的观点，并自 1997 年 1 月起实施，以代替 SAS No.55。

5. 内部控制与风险管理框架阶段

21 世纪的最初几年，美国掀起了几大公司舞弊丑闻事件，其中以 2001 年安然公司、2002 年世通公司的财务丑闻为代表，并直接导致了当年全球第五大会计师事务所安达信的倒闭。这些事件给投资者造成了惨重的财产损失，更有甚者，很多依靠养老金生活的人们因投资损失而失去暮年的生活依靠，所谓老无所依。相关资料如表 2-1 所示。

表 2-1　安达信与被审计公司的合谋给投资者造成的损失

客户	审计失败原因	投资者损失/亿美元	失业人数/人
世通公司	夸大利润，重编报表涉及 38 亿美元	1 793.0	17 000
安然公司	不同手段增加利润 5.86 亿美元，导致重编报表和破产	664.0	6 100
环球电讯	收购美国本土电话公司"美国西部公司"失败，巨额债务，股价跳水	266.0	8 700
韦斯特管理公司	1992~1996 年高估利润 11 亿美元	205.0	11 000
阳光公司	高估 1997 年利润 7 110 万美元，濒临破产	44.0	1 700
亚利桑那州 Baptist 基金	在假账案中破产的最大的非营利组织	5.7	165

以安然公司、世通公司为代表的企业财务舞弊案再次暴露了公司内部控制存在的缺陷及其产生的严重后果，重创了美国经济，"彻底打击了（美国）投资者对（美国）资本市场的信心"（Congress Report，2002 年），并引起了社会的公愤，要求严惩肇事者。

为保护投资者利益，加大打击公司舞弊的力度，2002 年，美国国会和政府加速通过了《2002 年公众公司会计改革和投资者保护法案》，该法案由参议院银行委员会主席 P. 萨班斯（Paul Sarbanes）和众议院金融服务委员会（Committee on Financial Services）主席 M. 奥克斯利（Mike Oxley）联合提出，又被称作 SOX 法案。该法案对美国《1933 年证券法》《1934 年证券交易法》做出大幅修订，在公司治理、会计职业监管和证券市场监管等方面做出了许多新的规定。

SOX 法案强调了公众公司对内部控制有效性的规定。其中，第 404 条款（SOX 404）为内部控制的管理评估。法案明确了管理层对与财务报表以及与其相关的内部控制制度有效性的责任，并要求管理层对此发表书面声明，旨在通过加大控制力度来加重上市公司决策人的责任。美国政府已强制性地要求所有公开交易公司必须于 2005 年底满足本部分的要求，与财务报告一起提供内部控制的年度管理报告［首席执行官（chief executive officer，CEO）和首席财务官（chief financial officer，CFO）必须签署书面声明］，这其中包括下列内容：①记录控制设计效力测试的结果，对公司建立和维持足够的财务报告内部控制负有责任；②披露主要缺陷；③获取外部审计公司审核以证明相关报告。

SOX 法案加大了对舞弊当事者的惩罚力度，如管理者将因虚假证明而面临 100 万美元的处罚，"明知"犯罪最高判 10 年监禁，"自愿"犯罪最高判 25 年监禁，最高 500 万美元的罚款等（第 906 节）。

尽管 SOX 法案已于 2002 年通过，但是随着 SEC 设定了一致性截止期限并公布了相关的要求和一致性规则，该法案将继续扩展。根据先进材料研究公司（Advanced Materials Research，AMR）的调查，大约有 85% 的上市公司计划改变其 IT 系统，以作为遵守该法案的部分努力。AMR 还做出估计，在 2003 年，企业在遵从 SOX 法案的工作中就需花费 25 亿美元。

SOX 法案最初用于解决账外交易（灰色交易）之类的特殊情况。法案提出时，安全并不是首要考虑的问题。SOX 法案包含这样一项规定，即要求 CEO 和 CFO 必须证明其公司拥有适当的内部控制。

法律专家指出，如果维护财务数据的体系确系不安全的系统，则高层管理人员很难担保数据的有效性，也很难担保其内部控制的可靠性。因此，内部控制已不再属于"最佳实践"的范畴，而转移至法律需求的范畴。SOX 法案在许多重要的方面改变了财务信息的本质特征。尽管人们对审查一致性的审计员在安全性方面的关注程度仍存在争议，但是正如 Forrester Research 公司的 Mike Rasmussen 所说，"如果没有适当的安全控制机能，高层管理人员实际上无法签名证明财务报表的准确性"。

根据 AMR 对 60 家财富 1 000 强公司的调查，大多数公司已实施 SOX 法案第一批要求中提出的变更，现在开始进一步改进流程文档。AMR 还发现，接受调查的公司已将 SOX 法案项目的范围扩大到"包括流程和控制的记录、设计和实施，远远超出了财务报告流程"。从上文的介绍可知开展此举的原因。

那么，使用什么策略可以解决 SOX 法案的问题？先看一下 SOX 法案的主要条款以及为达到一致性而推荐的措施。

第 302 条："公司对财务报表的责任"从 2002 年开始生效。该条款要求 CEO 和 CFO 亲自确认公司的财务结果。第 302 条还简要说明了如果高层管理人员在知情的情况下或故意发布虚假财务报表将受到何种刑事处罚。显然，大多数公司无须大幅度更改其基础系统，便可与 SOX 法规的第 302 条保持一致。

第 404 条："内部控制评估的管理"提出了最严峻的一致性挑战。这一条款要求审计人员验证公司用以报告财务结果的基本控制和流程。声明包括对控制的评估以及对评估所用的框架的认证。正如 Gartner 所说，第 302 条要求财务报表必须完整且准确，而第 404 条则要求用于生成报表的流程必须准确并符合公认的行业标准（COSO 标准就是一个例子，这一标准是在 20 世纪 80 年代的储蓄和借贷危机后产生的）。第 404 条还要求每季度报告一次实际的流程变更。

第 409 条："发布人实时披露信息"这一条款将带来最大的一致性挑战。这一条款要求对影响公司财务业绩的重要事件进行实时报告。尽管 SEC 没有对"实时"进行定义，但许多公司都将其理解为 48 小时。行业分析师指出，重要的系统集成以及实时通知和事件驱动警报的实施都必须遵从第 409 条。

定义针对财务报表的内部控制是遵从 SOX 法案的基础。相关专家认为，这些控制包括用以维护精确记录的策略，确保正确记录并报告交易的策略以及防止数据被非法使用的策略。

此外，许多有助于确保良好企业管理的"最佳实践"方法，都适用于 SOX 法案，如基于策略的安全评估和管理程序包、托管安全服务、入侵防护产品，以及早期预警系统。

目前，许多公司正在计划或已经启动了有关 SOX 法案遵从项目的工作。理想情况下，应该依次执行以下事件。

（1）定义，该流程（建立遵从委员会之后）的第一步是进行审计，以确定哪些地方需要变更。应当为具有适当流程和控制的公司确定预期的理想状态以确保达到一致性的目标。

（2）评估，审计完成以后，公司便可提出以下问题：我们与 SOX 法案要求相差多远？通过"差距分析"可以得出完整的需求列表，以达到一致性目标。

（3）修改和/或实施，必须主动升级与该法律不一致的系统和流程。

（4）衡量，实施了期望的一致性状态之后，便需要在一段时间内对所有流程的质量以及一致性控制要求的情况进行定期评估。

（5）报告/传达，完成了最终审计后，便需要将状态通报给适当的管理层。

可以认为，SOX 法案是对上市公司影响最广泛的法律之一，旨在保护在美国证券交易所开展股票交易的公司股东，并加大对这些公司决策人的可查力度。法案的第一句话就是"遵守证券法律以提高公司披露的准确性和可靠性，从而保护投资者及其他目的"。正如美国前总统布什在签署 SOX 法案的新闻发布会上称："这是自罗斯福总统以来美国商业界影响最为深远的改革法案。"

SOX 法案将内部控制从原本行业规范性质的"最佳实践"提升到法律角度，除了明确企业内部 CEO/CFO 对内部控制所负的直接责任以及加大法律处罚外，也明确了外部审计和监管的新要求，使企业和职业界对内部控制的重要性与内容有了新的认识。客观上促进了内部控制研究和实践的进一步发展。

2003 年 7 月，美国 COSO 委员会根据 SOX 法案的相关要求，颁布了"企业风险管理整合框架"的讨论稿（draft），该讨论稿是在 IC-IF 的基础上进行扩展得到的。2004 年 9 月，COSO 委员会正式颁布了 ERM-IF。COSO 在该报告中给出了企业风险管理的定义，"企业风险管理是一个过程，由企业董事会、管理层和其他员工实施，应用于战略制定并贯穿于企业之中，旨在识别可能会影响企业的潜在事项和管理风险以使其在该企业的风险可容忍范围之内，并为企业目标的实现提供合理的保证"。

ERM-IF 框架是一个指导性的理论框架，为公司的董事会提供了有关企业所面临的重要风险，以及如何进行风险管理方面的重要信息。企业风险管理本身是一个由企业董事会、管理层和其他员工共同参与的，应用于企业战略制定和企业内部各个层次与部门，用于识别可能对企业造成潜在影响的事项并在其风险偏好范围内进行多层面、流程化的企业风险管理过程，它为企业目标实现提供合理保证。

在体系架构上，ERM-IF 在 IC-IF 五个要素的基础上，提出了企业风险管理的四项目标和八大要素。四项目标是战略目标、经营目标、报告目标和合法目标。八大要素如下：①内部环境是指公司的组织文化以及其他影响员工风险意识的综合因素，包括员工对风险的看法、管理层风险管理理念和风险偏好、职业道德规范和工作氛围、董事会和监事会对风险的关注与指导等；②目标设定是指董事会和管理层根据公司的风险偏好设定战略目标；③事项识别是指董事会和管理层确认影响公司目标实现的内部与外部风险因素；④风险评估是指董事会和管理层根据风险因素发生的可能性与影响确定管理风险的方法；⑤风险应对（risk response）是指董事会和管理层根据公司风险承受能力与风险偏好选择风险管理策略；⑥控制活动是指为确保风险管理策略有效执行而制定的制度和程序，包括核准、授权、验证、调整、复核、定期盘点、记录核对、职能分工、资产保全和绩效考核等；⑦信息与沟通是指产生服务于规划、执行和监督等管理活动的信息并适时向使用者提供的过程；⑧监控是指公司自行检查和监督内部控制运行情况的过程。上述八个要素相互关联，贯穿于企业风险管理的过程中。

COSO 委员会对"企业风险管理"的界定重点强调七个属性和理念：①企业风险管理是一个过程，它持续存在于企业之内；②企业风险管理是由组织中各个层级的人员来实施的；③企业风险管理应用于战略制定过程中；④企业风险管理贯穿企业整体，在各个层级和单元应用，还包括采取企业整体层级的风险组合观；⑤企业风险管理旨在识别那些一旦发生将会影响企业的潜在事项，并把风险控制在风险容量以内；⑥企业风险管理能够向一个企业的管理当局和董事会提供合理保证；⑦企业风险管理力求实现一个或多个不同类型但相互交叉的目标。

按照 COSO 的观点，内部控制已经包含在企业风险管理当中，是企业风险管理的一个组成部分，企业风险管理比内部控制更为宽泛，是在内部控制基础上的拓展和精心设计，以形成一个更加充分关注风险且更加充实的概念体系。

按照 COSO 的计划，并没有用企业风险管理框架取代内部控制框架，而是将内部控制框架纳入其中，公司不仅可以借助这个企业风险管理框架来满足它们内部控制的需要，还可以借此转向一个更加全面的风险管理过程。内部控制已由过去面向实际过程的控制转为面向将来过程不确定的控制；由原来局限于审计领域的限制转向企业管理和公司治理的全方位领域；由业务层面的监控提升到企业发展战略层面的目标实现。这构成了内部控制理论认知和实践活动发展的轨迹。

2.2 风险管理：理论与实践的发展

2.2.1 对风险概念的一些认识

1. 风险的概念

"风险"（risk）一般就是实际结果与预期结果的偏离（divergence），并由此带来损失的不确定性。风险的定义有三个关键因素，即预期结果、偏离和损失。

风险的概念最早由美国学者海恩斯于 1895 年在 *Risk as An Economic Factor* 中提出，他认为："分析意味着损害或者损失的可能性，偶然的因素是划分风险的本质特征。某种行为能否产生有害的后果应该以其不确定性而确定，如果某种行为具有不确定性，那么该行为就具有风险。"

此后，不同的学者从不同的视角陆续给出了风险的不同定义，现做如下简述。

有的学者从风险与未来结果的不确定性关系来定义风险，如将风险定义为"可测定的不确定性"；有的学者将风险定义为在给定的条件和某一特定的时期，未来结果的变动；有的学者认为风险是事物可能出现的结果的不确定性，可由收益分布的方差测度；有的学者认为风险是公司收入流的不确定性；有的学者将证券投资的风险定义为该证券资产的各种可能收益率的变动程度，并用收益率的方差度量证券投资的风险，通过量化风险的概念改变了投资大众对风险的认识。由于方差计算的方便性，风险的这种定义在实际中得到了广泛的应用；有的学者从风险与损失发生的概率关系定义风险；有的学者将风险定义为损失的不确定性，认为风险意味着未来损失的不确定性；有的学者将风险定义为不利事件或事件集发生的机会；有的学者直接将风险定义为"是有关损失的不确定性"，"是在一定条件下财务损失的不确定"；等等。关于概率关系的观点又分为主观学说和客观学说两类。主观学说认为不确定性是主观的、个人的和心理上的一种观念，是个人对客观事物的主观估计，而不能以客观的尺度予以衡量，不确定性的范围包括发生与否的不确定性

关于概率关系的观点又分为主观学说和客观学说两类。主观学说认为不确定性是主观的、个人的和心理上的一种观念，是个人对客观事物的主观估计，而不能以客观的尺度予以衡量，不确定性的范围包括发生与否的不确定性、发生时间的不确定性、发生状况的不确定性以及发生结果严重程度的不确定性。客观学说则以风险客观存在为前提，以风险事故观察为基础，以数学和统计学观点加以定

义，认为风险可用客观的尺度来度量。例如，佩费尔认为风险是可测度的客观概率的大小。

一些国际专业机构出于管理实践的需要也对风险进行了定义。例如，2001 年，国际内部审计师协会将风险定义为可能对目标的实现产生影响的不确定性，并指出风险衡量标准的后果与可能性；2002 年，英国风险管理协会（Institute of Risk Management，IRM）、保险和风险管理师协会（Association of Insurance and Risk Management，AIRMIC）、公共部门风险管理协会（The Association of Local Authority Risk Managers，ALARM）共同发布了风险管理标准，将风险定义为事件及其后果的可能性的结合。

在实践中，人们往往用不同的术语表述分析。常用风险术语如下：①risk，可能遭遇的风险；②hazard，表示风险的一般用语，没有大小的概念；③peril，比较紧急、大的风险；等等。

2. 风险的特征

一般来说，风险有如下特征：①风险是客观存在的；②风险具有不确定性；③风险具有主观不确定性，不确定性受人的认知水平和态度的影响；④风险具有客观不确定性，不依赖人的意识而存在；⑤风险具有可测性。

3. 风险的分类

在经济管理中，可依据不同的划分标准对风险的类别进行分类，如根据是否有经济损失，可分为以下两类：一是经济风险（financial risk），有经济损失的风险。经济风险主要是指个人或组织财产或预期收入的损失或损害，包括三个要素：①后果承担的个人或组织；②财产或收入；③引起该损失的原因。二是非经济风险（nonfinancial risk），没有经济损失的风险。

依据风险产生的环境，可分为以下两类：①静态风险（static risk），在经济环境没有发生变化时可能发生损失的风险，主要是自然力不规则变化或者人们的过失行为产生风险，静态风险对社会无益，不过更有规律和可预测性，更适合用保险的手段加以管理。②动态风险（dynamic risk），由于宏观经济环境的变化而带来的风险。动态风险具有不可控性，可分为两类：一类是经济、产业、竞争及客户外部环境变化；另一类来自企业内部，如决策的因素。动态风险是对资源配置不当所产生的调整，对社会有益，但是难以预测。

依据风险的后果，可分为以下两类：①重大风险（fundamental risk），风险所涉及的损失在起因与后果方面都是非个人和单独的，属于团体风险，大部分是由经济、巨大自然灾害、社会和政治原因引起的，影响到相当多的人，甚至全社会；②特定风险（particular risk），在损失的起因与后果方面都是个人和单位的，可以是静态风险，也可以是动态风险。

依据风险的损失特征，可分为以下两类：①纯粹风险（pure risk），只有损失机会的风险，此时最好的结果是什么都不发生；②投机风险（speculative risk），既有损失的可能性，也有盈利的可能性，如购买股票。一般来说，纯粹风险具有可保性，而投机风险没有。

依据风险的对象性质，可分为以下两类：①当风险的对象是公司或者组织时，可分为财产风险、人力资产风险和责任风险；②当风险的对象为个人或者家庭时，可分为财产风险、人身风险和责任风险。

依据有形无形分为实质资产风险（physical asset risk）和财务资产风险（financial asset risk）。此外，还有一些其他的分类，具体如下：①将企业风险分为灾害风险、生产过程风险、市场风险、非正常社会行为导致风险以及无法利用知识分散风险五类；②将企业风险粗略地分为投机风险和纯粹风险两类；③将风险分为市场风险、财务风险、资源管理风险和环境风险四类；④将风险分为行为风险、自然可确定分布风险及自然随机风险三类；等等。

上述风险的分类如图2-4所示。

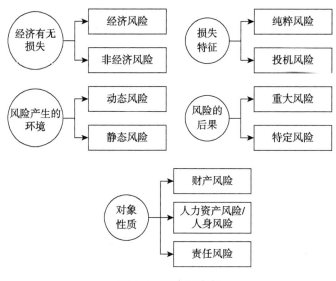

图2-4　风险的分类

4. 企业风险的认识

根据企业经营管理的内容和特点，可以将企业的分析做如下的大致分类（表2-2）。

表 2-2　企业风险与风险管理的分类

项目	企业风险				风险管理	
运营风险	操作风险	结算准确性、法律风险和管理过程失误等		风险控制		运营风险管理
	非操作风险	可保风险	意外事故、火灾盗窃等	风险融资		
		不可保风险	罢工、战乱等	危机管理		
财务风险	流动性风险			资产负债管理		财务风险管理
	信用风险、投资风险			分散化		
	可对冲价格风险、利率风险、汇率风险			对冲		
战略风险	宏观经济、竞争对手风险、并购风险、政策风险、技术进步、新产品开发风险、不可对冲价格风险和社会文化变更等					战略风险管理

5. 风险的构成要素

风险的构成要素包括风险因素、风险事故和风险损失等，如图 2-5 所示。

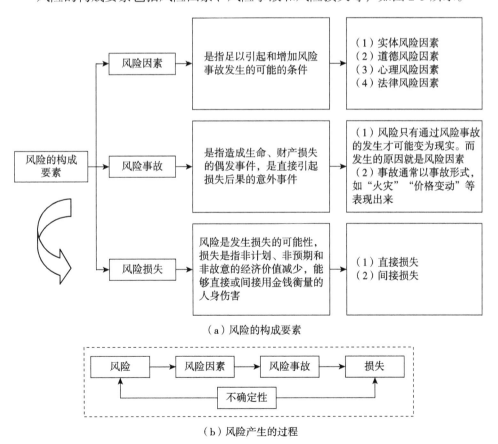

（a）风险的构成要素

（b）风险产生的过程

图 2-5　风险的构成要素

2.2.2　风险管理：含义及其演变

所谓风险管理,是指社会组织或者个人用以降低风险的消极结果的决策过程,通过风险识别、风险估测和风险评价,并在此基础上选择与优化组合各种风险管理技术,对风险实施有效控制和妥善处理风险所致损失的后果,从而以最小的成本收获最大的安全保障。风险管理含义的具体内容如下:①风险管理的对象是风险;②风险管理的主体可以是任何组织和个人,包括个人、家庭及组织(包括营利性组织和非营利性组织);③风险管理的过程包括风险识别、风险估测、风险评价、选择风险管理技术和评估风险管理效果等;④风险管理的基本目标是以最小的成本收获最大的安全保障;⑤风险管理成为一个独立的管理系统,并成为一门新兴学科。

人类在社会实践中有悠久的风险管理历史,这类记录存在于浩瀚的历史典籍中。但是一般认为,现代意义上的风险管理起始于 20 世纪 30 年代,美国学者 Solomon Schbner 首次提出风险管理的概念。实践方面,在 30 年代由于受到 1929~1933 年的世界性经济危机的影响,美国 40% 左右的银行和企业破产,经济倒退了约 20 年。美国企业为应对经营上的危机,许多大中型企业都在内部设立了保险管理部门,负责安排企业的各种保险项目。可见,当时的风险管理主要依赖保险手段。

1938 年以后,美国企业对风险管理开始采用科学的方法,并逐步积累了丰富的经验。20 世纪 50 年代风险管理发展成为一门学科,风险管理一词才得以形成。

20 世纪 70 年代以后逐渐掀起了全球性的风险管理运动。70 年代以后,随着企业面临的风险复杂多样和风险费用的增加,法国从美国引进了风险管理并在法国国内传播开来。与此同时,日本也开始了风险管理研究。

近 20 年来,美国、英国、法国、德国和日本等国家先后建立全国性与地区性的风险管理协会。1983 年在美国召开的风险和保险管理协会年会上,共同讨论并通过了“101 条风险管理准则”,它标志着风险管理的发展已进入一个新的发展阶段。

一般认为,风险管理可以分为三个阶段,即简单风险管理阶段、商务风险管理阶段和全面风险管理阶段。其中,简单风险管理阶段基于“风险是坏事情”的假设,采用各种手段,从而避免各种风险事件带来的影响;商务风险管理阶段,风险管理者努力寻求风险的根源,将风险管理与实际的商务活动相结合;全面风险管理阶段,将风险管理视为企业寻求机遇过程中一个合理的状态,并将商务风险管理与组织战略、业务计划的制订过程相结合,使用规范化的方法将战略、业务、专业知识和人员结合在一起,以实现整个组织的风险、收益、增长和资本合理运用相协调的目标。

随着经济、市场、企业活动的复杂化，实践中风险管理也逐步从单个的事件型风险管理过渡到框架型整体风险管理，从以财务和保险为主要手段的传统风险管理提升到以战略、组织、规范和信息为主导的全面风险管理。

2004 年 9 月，COSO 委员会正式颁布了 ERM-IF。COSO 在该报告中给出了企业风险管理的定义，"企业风险管理是一个过程，由企业董事会、管理层和其他员工实施，应用于战略制定并贯穿于企业之中，旨在识别可能会影响企业的潜在事项，管理风险以使其在该企业的风险可容忍范围之内，并为企业目标的实现提供合理的保证"。这是公认的截至目前最权威的风险管理定义。

2.2.3　内部控制与风险管理的关系认识

陈志军（2000）指出：COSO 于 2004 年发布了 ERM-IF，该框架指出，内部控制被涵盖在企业风险管理之内，是其不可分割的一部分。这里涉及内部控制与风险管理的关系问题。由此产生了如下问题：内部控制与风险管理是同义概念还是相互联系的平行概念？内部控制涵盖了风险管理，还是风险管理涵盖了内部控制？

关于内部控制与风险管理的关系，目前有三种不同的观点：①内部控制包含风险管理。例如，加拿大特许会计师协会（Chartered Accountants of Canada，CICA）下属控制基准委员会（Criteria of Control Board，COCO 委员会）的内部控制框架性文件——《控制指南》（1995 年）指出，风险评估和风险管理是控制的关键因素。②风险管理包含内部控制。例如，英国特许公认会计师公会（The Association of Chartered Certified Accountants，ACCA）发布的《内部控制框架报告》（Turnbull 报告，2005 年）中，认为企业的内部控制是风险管理的重要手段，是被管理者看做范围更加广泛的风险管理的必要组成部分。风险管理将内部控制看做减少和控制风险的一种必要措施与手段。③内部控制和风险管理本质是一样的。这种观点认为内部控制和风险管理本质上是一致的。

陈志军（2000）认为可以从如下两个方面理解内部控制和风险管理。

1）风险是内部控制产生和发展的主要动力

人们之所以需要内部控制，首先来自对内部不控制容易产生较大偏差的教训性总结。从某种意义上讲，风险是指未来的不确定性对实现一定目标的影响。不确定性是基于对过去教训的认识，即风险总是存在的，需要进行控制。一般认为，内部牵制是内部控制的最初形态。犯错误和舞弊均可归类为风险的范畴，内部牵制可以防范风险。随着风险的变化，内部控制也必然随之发生变化。由于外部因素产生的风险依靠内部控制进行防控存在很大障碍，所以企业必须采取其他手段来管理风险。

2）内部控制是风险管理的重要手段

国资委颁布的《中央企业全面风险管理指引》所指出的风险管理单个策略包括风险承担、风险规避、风险转移、风险转换、风险对冲、风险补偿和风险控制等，其没有对单个策略的概念进行解释，明确了两种风险管理解决方案，即风险管理解决的外包方案和风险解决的内部控制方案，并进一步指出内部控制方案至少应包括岗位授权制度等九项内容。

财政部、中国证监会、审计署、中国银监会和中国保监会联合颁布的《企业内部控制基本规范》所指出的单个风险应对策略包括风险规避、风险降低、风险分担和风险承受四项，并对各项策略进行定义。从定义情况来看：①风险规避表现为放弃或者停止相关的业务活动；②风险降低则是采取适当的控制措施降低风险；③风险分担是借助他人力量和适当的控制措施将风险控制在风险承受度之内；④风险承受是不采取任何措施管理风险。

采取第一种策略意味着承受风险已没有任何价值，采取第四种策略意味着风险是可以承受的，第二种策略只涉及内部控制，第三种策略包括内部策略和其他策略。可以看出，第一种策略和第四种策略表现为不积极，甚至有些消极。

相对于风险管理而言，对内部控制的认识在时间上要早很多，在具体应用方面则更加广泛。

2.3　中国内部控制的实践回顾

2.3.1　形势的严峻性

出于历史的原因，我国内地的公司治理及内部控制相对不规范，企业进行风险管理的研究和实践历史很短，约有 30 年的时间，而且至今仍停留在运营风险管理的层面。在实际的经营管理中内部控制薄弱，造成管理风险频发，给投资者、国家和社会造成损失。这方面的案例很多，本小节仅列举以下几个案例。

1. 中国银行开平案件

2001 年 10 月 12 日，中国银行为加强管理，将 1 040 处电脑中心统一成一套系统，集中设置在 33 个中心。一经联网，电脑中心反映出账目上亏空 8 000 万美元，很快又飙升到 4.83 亿美元。数字过于巨大，以至于工作人员最初以为是电脑系统出现了技术故障。经过几番复算之后，结论仍然相同。

中国银行发生了新中国成立以来规模最大的银行资金盗窃案，涉案资金折合人民币超过 40 亿元，这一"纪录"迄今未被打破。

自 1998 年 3 月起，两年间许超凡等利用给企业提供假贷款方式将资金逐步转移至中国香港或海外的私人账户，总额高达 7 500 万美元。三任行长相互勾结掩护，盗窃流水线一直顺利运行。8 年间转移资金竟达几十亿元。涉案款项在被盗用、非法流出境外的过程中，大批的银行、企业具体经办人员被利用，开平案发之后，该行的下属支行行长以上人员被全部调换。

开平案的两名主犯在美国分别被判处 25 年和 22 年的重刑，它开创了外逃贪官在国外当地被审理、宣判的先例，让外逃人员不能逍遥法外。

2. 鄱阳县"2·11"专案

2010 年，一个国家级贫困县的财政局股长李华波，连续多年伙同他人从财政专项账户上套取资金 9 400 万元，期间竟无人察觉，在安全抽身外逃后还主动打电话给单位领导泄露"机密"。2011 年 2 月 11 日中午，身为经济建设股分管领导的县财政局党组副书记程四喜接到李华波打来的电话：我已经逃到了加拿大，这几年，我贪污了很多公款。李华波在逃离前还留下了一封书信，详细描述了从国家专项账户中套取资金的作案手段，嚣张至极。

经查，县财政局经济建设股股长李华波与县农村合作联社城区分社主任徐德堂等，利用职务之便，逃避财政局划拨专项资金审批手续，私盖伪造的公章，提供虚假对账单等手段，将县财政局存储在信用联社城区分社的基建专户中的资金 9 400 万元转至李华波和徐德堂预先注册的鄱阳县锦绣市政工程建设有限公司账户上。

实际上，李华波等作案过程手段十分低劣，无非是私刻公章、城区分社"内鬼"配合，关键流程不走、相关部门和人员监管不力等。

非上市企业如此，上市企业也是如此。从我国上市公司披露的一些舞弊案来看，触目惊心，我国上市公司的会计造假现象屡禁不止，甚至可以用"造假成风"来形容。业内人士普遍认为上市公司会计造假泛滥是制度缺陷使然，如股权结构的分裂（流通股上市、非流通股不能上市）、公司治理结构存在缺陷（一股独大）、独立会计师丧失独立性等。

3. 蓝田股份造假事件

蓝田股份是以养殖、旅游和饮料为主的上市公司，总资产规模从 1996 年的 2.66 亿元发展到 2000 年末的 28.38 亿元，增长了约 9.7 倍，创造了中国农业企业罕见的"蓝田神话"。经查，蓝田股份在 1999 年和 2000 年两年间，虚构营业收入达到 36.90 亿元（实际只有 6 400 万元），虚构净利润达到 9.4 亿元（实际是亏损 3 200 万元）。2002 年 1 月，因涉嫌提供虚假财务信息，蓝田股份董事长瞿保田等 10 名高管被拘传接受调查并获刑，2002 年 5 月，因公司连续 3 年亏损，暂停上市。

其他案例还有原野管理舞弊案、琼民源管理舞弊案、东方锅炉管理舞弊案、张家界管理舞弊案、郑百文管理舞弊案、ST 黎明管理舞弊案、大东海管理舞弊案、银广夏管理舞弊案和麦科特管理舞弊案等。

纵观我国上市公司的舞弊动机，千奇百怪。诚然，健全的内部控制有助于预防及检查员工舞弊，但是如果管理阶层蓄意舞弊以虚报财务报表，那么内部控制将被逾越而失去功能。因此，截至目前而言，可以说内部控制制度出现了问题，对预防及检查管理舞弊的作用不大。

另外，随着我国加入世界贸易组织（World Trade Organization，WTO），企业将面临激烈的国际竞争，而我国企业社会风险意识欠缺、风险管理手段落后、国内期货市场发育不完善、专业机构缺失、人才储备不足、公司治理结构不完善等共同构成企业参与国际竞争的风险管理"短板"。要在竞争中生存，就必须提高自己的竞争力和抗风险能力。我国企业要全面引入风险管理意识，从运营风险、财务风险和战略风险多个层面进行全面风险管理，提高自身的抗风险能力，更好地参与国际竞争。

4. 中航油事件

中国航油股份有限公司（以下简称中航油）于 1993 年 5 月 26 日成立。陈久霖于 1997 年 6 月 28 日受任领导公司。公司的主要业务是从国际市场为集团公司采购航油，并涉足期货买卖。但是由于内部控制缺陷，2004 年 10 月 26 日至 11 月 29 日，中航油已经平仓的石油期货合约累计亏损约 3.9 亿美元，而将要平仓的剩余石油期货合约亏损约 1.6 亿美元，巨大损失不可避免。

事后分析，中航油的损失原因是多方面的，需要从以下几方面做起：加强风险意识建设；建立有效的风险管理体系并由具备高度风险意识的管理人员来执行；完善公司治理结构。

这些年来，广东省交通集团也相继因内部控制不力发生了一些风险，这里不再展开。

2.3.2　中国内部控制的相关规范

相比国外而言，中国内地现代意义上的内部控制、风险管理研究和实践起步相对较晚。就相关的规范准则而言，自 COSO 的两个整体框架发布之后，中国的内部控制和风险管理在规范上力图向国际标准接轨。

早在 1986 年，财政部发布的《会计基础工作规范》对内部控制进行了规范，把控制环境作为一项重要内容与会计制度、控制程序一起纳入内部控制结构之中，并且不再区分内部会计控制和管理控制。

1996 年，财政部发布《独立审计具体准则第 9 号——内部控制和审计风险》，对内部控制做出正式的解释，即"是被审计单位为了保证业务活动的有效进行，保证资产的安全完整，防止、发现、纠正错误与弊端，保证会计资料的真实、合法、完整而制定和实施的政策与程序"，并提出了内部控制"三要素"，帮助注册会计师判断是否信赖内部控制，以确定审计的性质、时间与范围。这是我国现代第一个关于内部控制的行政规定，它的发布标志着我国现代内部控制建设拉开了序幕。

有了会计法之后，我国系统的内部控制制度建设起来了，1999 年修订的会计法第一次以法律的形式对建立健全内部控制提出原则性要求，财政部随即连续制定发布了《内部会计控制规范——基本规范（试行）》等 7 项内部会计控制规范。1999 年修订的会计法颁布不久，财政部根据会计法的有关精神，于 2000 年初组成了内部会计控制研究小组，就内部会计控制的总体思路等问题进行研究。2001年 6 月，财政部发布的《内部会计控制规范——基本规范（试行）》和《内部会计控制规范——货币资金（试行）》，明确了单位建立和完善内部会计控制体系的基本框架与要求，以及货币资金内部控制的要求。上述两个《内部会计控制规范》的发布，为我国加强单位内部会计监督和控制的理论与制度建设，树立了一个具有时代意义的里程碑，同时标志着我国会计法规建设进入一个更新、更高的境界。

2006 年 6 月，国资委发布《中央企业全面风险管理指引》，对内部控制、全面风险管理工作的总体原则、基本流程、组织体系、风险评估、风险管理策略、风险管理解决方案、监督与改进、风险管理文化和风险管理信息系统等进行了详细阐述。这是中国第一个全面风险管理的指导性文件，意味着中国走上了风险管理的中心舞台。

2008 年，财政部、中国证监会、审计署、中国银监会和中国保监会五部门联合发布了《企业内部控制基本规范》，该规范自 2009 年 7 月 1 日起先在上市公司范围内施行，鼓励非上市的其他大中型企业执行。《企业内部控制基本规范》的发布标志着中国企业内部控制规范体系建设取得重大突破。执行该规范的上市公司，应当对本公司内部控制的有效性进行自我评价，披露年度自我评价报告，并可聘请具有证券、期货业务资格的会计师事务所对内部控制的有效性进行审计。

2010 年 4 月，财政部、中国证监会、审计署、中国银监会和中国保监会联合发布了《企业内部控制配套指引》。该配套指引包括 18 项《企业内部控制应用指引》、1 项《企业内部控制评价指引》和 1 项《企业内部控制审计指引》，连同此前发布的《企业内部控制基本规范》，标志着适应中国企业现在的实际情况、融合国际先进经验的企业内部控制规范体系基本建成。

为确保企业内部控制规范体系平稳顺利地实施，财政部等五个部门制定了实施时间表：自 2011 年 1 月 1 日起首先在境内外同时上市的公司施行，自 2012 年 1 月 1 日起扩大到在上海证券交易所、深圳证券交易所主板上市的公司施行；在此基础上，择机在中小板和创业板上市公司施行；同时，鼓励非上市大中型企业提前执行。

2.4　内部控制与公司治理

无论是 COSO 委员会的内部控制——整体框架，还是全面风险管理——整体框架，都将内部控制、风险管理提升到公司治理层面来审视。

从风险暴露的后果来看，内部控制的失效与公司治理有密切的联系。例如，从 2002 年开始接连发生安然、世通，以及欧洲 Parmalat 等大型跨国公司丑闻，表面上这些事件的主要责任是内部审计委员会和外部审计机构的失职，但从公司治理的角度分析，董事会的失职和责任不明晰与内部控制失效大量累积直至爆发才是最根本的原因。

上海证券交易所研究中心提出的《中国公司治理报告（2004 年）：董事会独立性与有效性》中，认为 2001~2006 年，中国证监会做出的上市公司处罚中，40% 以上是由董事责任不明确或董事未能合理履行责任引发的。

2.4.1　委托代理与公司治理关系

公司是依法成立的企业组织，在公司法和公司章程中，必须明确规定固定收益，以及监事会、董事会、经理的职责，形成相互制约的委托代理关系。

委托代理，是指代理人的代理权根据被代理人的委托授权行为而产生。因委托代理中，被代理人是以意识表示的方法将代理权授予代理人的，故又称"意定代理"或"任意代理"。

公司的委托代理可以用委托代理理论来解释，20 世纪 30 年代，美国经济学家伯利和米恩斯因为洞悉企业所有者兼具经营者的做法存在极大的弊端，于是提出"委托代理理论"，倡导所有权和经营权分离，企业所有者保留剩余索取权，而将经营权利让渡。由此，"委托代理理论"成为现代公司治理的逻辑起点。

公司治理问题是公司所有权与经营权的分离导致委托代理关系的出现而引发的，一般认为公司治理分为狭义的公司治理和广义的公司治理。

狭义的公司治理是指所有者对经营者的一种监督与制衡机制，即通过一种制度安排，合理配置所有者和经营者之间的权利与责任关系，其主要特点是内部治理。

广义的公司治理则不局限于股东对经营者的制衡，而是涉及所有利益相关者（股东、债权人、供应者、雇员、政府和社区）之间的利益关系。目前，国内学者对公司治理的研究大多集中于狭义的公司治理或内部公司治理。本书主要探讨狭义的公司治理与内部控制的关系。

公司治理的主要内容如下：①公司财产所有者与企业经营管理者之间，以及各经营者（董事、经理等）相互之间权利和责任的安排或配置。②在公司财产所有者与公司法人财产所有者之间建立起一种相互制衡的关系，激励和监督经营管理者为投资人利益服务。③公司治理包括下列四种结构关系。一是股东通过股东大会聘用董事会，并进一步聘用经理来管理公司，以及聘用监事会监督企业董事和经理的管理行为。二是股东、顾客和政府等各当事人通过市场以及利用现有的法律法规、有关制度规范等约束企业经营行为。三是通过职工参与和经营者报酬计划激励经营者为公司财富最大化而努力工作。四是利用公司内部调控机制，确保上述三方面的监督激励功能有效实施，并取得预期结果。

在公司治理结构中，董事会起关键作用。刘自敏（2010）对董事的责任进行了系统的分析：认为在公司治理中，董事会处于核心地位。因为在股东大会和董事会、董事会和经理层两层委托代理关系中，股东委托董事会董事监督、决策，董事委托公司经理层经营公司。因此，董事会在这两层代理中处于核心地位，承担委托和代理的双重角色，它既是股东的代理人，又是经理的委托人。

南开大学公司治理研究中心课题组认为，董事会是公司治理的核心。董事会治理改革的核心在于强化董事的受托责任意识、增强董事会的独立性和完善董事激励约束机制。

国内外多个学者从经济学、管理学、法律和社会学等角度对董事责任进行了定义，董事责任包括管理责任、行政责任、刑事责任和民事责任等多种责任。

2.4.2　公司治理与内部控制关系

1. 受托责任与内部控制

公司治理体现了受托责任，李永强（2010）研究了基于受托责任的内部控制问题，认为内部控制本质上是对受托责任履行风险的控制。

受托责任起源于职责分工，本质上是一种经济关系。在这种关系中，一方是委托人，另一方是受托人，委托人将财产授予受托人经营管理，受托人接受托付后应承担所托付的责任，这种责任就是受托责任。

财产所有者将财产的经营权授予经理人，从而形成外部受托责任。从内部关系来看，由于企业规模不断扩大，组织结构更加复杂，以及环境的高度不确定性，企业为了做出及时灵活的反应，对各个层次的部门进行更多的授权，从而形成内部受托责任。

受托责任通过一系列的契约合同确立，在程序上是一个双方不断博弈的过程，从总体上分析，其基本内容包括行为责任和报告责任两个方面。行为责任，是指按照合法性、经济性、效率性和效果性等要求管理受托资源。报告责任，是指如实向委托方报告和说明履行受托责任的过程及其结果的义务。

如果未能履行受托责任，就会产生履行风险。履行风险按是否故意可分为错误风险和道德风险。错误是无意的，如决策失误和执行不当。道德风险是指由于利益不一致、信息不对称而产生的。道德风险在会计领域的典型表现就是舞弊风险。舞弊是使用欺骗手段的故意行为，从舞弊主体分类可分为员工舞弊和管理层舞弊，从受托责任环节分类可分为行为舞弊和报告舞弊，这些错误和舞弊都可能导致受托责任得不到有效履行。

为了保证受托责任的有效履行，人们设计了各种不同的制度安排，如会计和审计制度。会计向委托方提供关于企业财务状况、经营成果和现金流量的信息，以利于评价受托方履行受托责任情况并进行相应的决策。由于财务报告可能存在错误或舞弊，需要注册会计师对企业财务报告的真实性和公允性进行审计，旨在客观、公正地反映受托方履行受托责任的情况。

因此，受托责任概念为理解企业内部和外部关系提供了依据，也为会计和审计发展提供了有力支撑。随着时间的推移，人们对受托责任管理的理解也有赖于程序，就是内部控制。

2002 年美国国会通过了 SOX 法案，法案强化了管理层的控制责任，以及对内部控制的外部监督，并赋予了企业经营者严厉的法律责任。内部控制不仅是内部管理和注册会计师审计的需要，而且成为股东、监管层和社会公众的需要，会计、内部控制和审计成为履行受托报告责任的"三驾马车"。

朱海珅和闫贤贤（2010）对内部控制与董事会治理结构关系做了文献分析，认为国外主要以卡德伯利报告（Cadbury Report，1992 年）、哈姆佩尔报告（Hampel Report，1998 年）和特恩布尔报告（Turnbull Report，1999 年）、COSO（1992 年）的内部控制框架，以及经济合作与发展组织（Organization for Economic Co-operation and Development，OECD）的《公司治理原则》（2004 年）为代表。卡德伯利报告明确要求公司建立审计委员会、实行独立董事制度，并建议董事会应就公司内部控制的有效性发表声明。特恩布尔报告指出，董事会应对公司内部控制的有效性负责。

制定正确的内部控制制度并寻求日常的保证，使内部控制系统能有效发挥作用，还应进一步确认内部控制在风险管理方面是有效的。其中特别指出，董事会应在谨慎、仔细掌握相关信息的基础上形成对内部控制是否有效的正确判断。2004年 OECD 的《公司治理原则》规定：要求董事会确保公司会计和财务报告制度的完整性，其中包括独立审计师的完整性，确保公司具备恰当的控制制度，特别是风险管理制度、财务和营运控制制度等，确保公司的行为不违反法律和相关的准则等。

国内的内部控制与董事会治理结构关系的研究中，王学龙（2003）认为相对薄弱的董事会治理结构几乎成为制约我国企业可持续发展的"瓶颈"，"内部人控制"现象较为严重。他提出以下措施：建立董事会制度，充分反映广大股东的利益，建立良性循环的职业经理人进入退出机制。但他并没有对建立完善的董事会制度的具体措施进行详细阐述，仅局限于会计层次的控制。

袁春生和祝建军（2007）认为在构建以决策控制为中心的内部控制框架中，要考虑以下关键因素：①确立董事会的核心地位；②推行职务不兼容制度；③积极推进独立董事制度。

2. 董事会治理结构与内部控制的关联分析

公司治理和内部控制是两个既相互区别又紧密联系的概念。公司治理是在企业法人财产的委托代理前提下，规范不同利益主体（即股东大会、董事会、监事会、经理层等）之间权责利关系的一种制度安排。内部控制是公司董事会及经理层为确保企业财产安全完整、提高会计信息质量、实现经营管理目标，而建立和实施的一系列具有控制职能的措施与程序。公司治理解决的是股东、董事会、监事会及经理层之间权责利划分的制度安排，更多的是法律、法规层面的问题。而内部控制则是管理当局（董事会及经理阶层）建立的内部管理制度，是管理当局对企业生产经营和财务报告产生过程的控制，属于内部管理层面的问题。但同时，两者又有紧密联系，公司治理是促使内部控制有效运行，保证内部控制功能发挥的前提和基础，是实行内部控制的制度环境；内部控制在公司治理中担当的是内部管理监控系统的角色，是有利于企业受托者实现企业经营管理目标、完成受托责任的一种手段。

董事会治理与内部控制的联系表现在以下几方面。

（1）控制主体的交叉性。内部控制是由一个企业董事会、管理阶层和其他人员共同实现的过程。可见，董事会既是董事会治理结构的主体，又是内部控制的主体。

（2）产生的基础都是委托代理关系。在公司治理结构中，基于委托代理理论的视角，董事会是一项解决系统内在代理问题的内生治理机制。而内部控制的委托代理链是"董事会—总经理—职能经理—执行岗位"。

（3）目标的一致性。董事会治理是董事会通过一整套正式及非正式的制度安排，确保其科学决策与监督机制的实现，最终实现董事会决策的科学化和利益相关者价值的最大化。COSO 的报告中，将内部控制的目标定位于财务报告的可靠性、对经营效率效果提高的保证，以及保证遵循各项法律法规。可见，董事会治理与内部控制存在的最终目标是一致的，都是为了企业高效顺利的运转，只不过是从决策层与执行层的不同角度去保证。

董事会治理结构与内部控制的互动性表现在以下两方面。

（1）董事会治理结构是企业内部控制的环境前提。第一，内部控制是在董事会通过契约制度安排，解决了其与监事会、经理之间的权责利划分之后，作为经营者的董事会和经理为了保证受托责任的顺利履行而做出的主要面向次级管理人员和员工的控制。第二，董事会及其成员在公司治理中承担要素层的全面、总体的控制。他们从监督战略决策等宏观层面实施内部控制系统，从而为作业层的具体实施业务提供指导。董事会作为要素层的控制具有导向作用，因此显得尤为重要。

（2）内部控制对董事会治理结构具有重大影响。第一，内部控制提高董事会治理效率。有效的内部控制可提高公司营运效率并保证遵循相关法律法规，从而实现董事会对重大问题决策的正确性和对经营管理者行为的制约，是董事会行使控制权的重要保证。第二，内部控制是董事会治理结构是否良好的一个评价工具。内部控制的有效与否，是董事会治理结构是否良好的一个反馈。在逐渐完善的内部控制执行及评价基础上，内部控制系统的良好执行，必然对董事责任的明晰和执行产生良好的促进作用。

由此可见，良好的董事会治理结构将有助于建立健全内部控制，而内部控制制度的合理设计与有效执行也将促进董事会治理结构的完善。两者是相辅相成、相互促进的。

那么，中国内地公司治理结构与内部控制效果的相互关系到底如何呢？朱海珅和闫贤贤（2010）从董事会治理结构对内部控制的影响开展了实证研究，该研究对 2004 年第 1 期至 2008 年第 12 期的《中国证券监督管理委员会公告》、财经新闻曝光的内部控制严重失效的上市公司以及学术界中讨论激烈的重大案例进行了数据分析，建立了 Logistic 回归分析模型，研究假设如下。

H_1：董事会规模越大，公司越容易发生内部控制失效，即两者正相关。

H_2：董事会成员是否具有专业会计背景与发生内部控制失效的可能性负相关。

H_3：两职兼任的董事人数与内部控制失效发生的可能性正相关。

H_4：独立董事人数越多，公司越不容易发生内部控制失效，即两者负相关。

H_5：设立审计委员会与内部控制失效发生的可能性负相关。

H_6：涉及行业个数越多与内部控制负相关。

研究结论如下：①董事会规模与内部控制失效在 0.01 的概率水平下显著正相关，支持 H_1；②在 0.05 的概率水平下，专业会计人员的构成与内部控制失效负相关，这说明在一个企业内，完善的会计制度对企业内部控制产生积极的促进作用；③在 0.1 的概率水平下两职兼任现象与内部控制失效正相关，支持 H_3，即两职兼任的董事人数越多，公司的董事会越容易被大股东和经营管理层操纵，其决策也总是把大股东利益放在首位，从而侵犯小股东的利益，越是如此，内部控制越容易出现问题；④在 0.05 的概率水平下独立董事人数与内部控制失效显著负相关，支持 H_4，独立董事既独立于控股股东又独立于经理层，公司的独立董事比例越高，当公司决策面临内部人控制时，独立董事可以做出自己公正的判断，从而有力地防范内部控制失效；⑤在 0.1 的概率水平下设立审计委员会与内部控制失效发生的可能性负相关，支持 H_5，说明审计委员会在维护信息披露的质量方面起到了一定的积极作用；⑥涉及行业个数越多，内部控制效果越差，支持 H_6。

基于实证研究，给出如下政策建议及结论：①要完善董事会构建机制，使董事会真正成为独立行使权利和承担责任的机构；②割裂董事会与经理层的人员构成，保证董事会成员的相对独立性；③完善独立董事制度，并将其与原有的监事会功能协调好，保护投资者利益；④发挥审计委员会应有的作用；⑤提高董事素质。

2.5　本章小结

本章分别对内部控制、风险管理的发展沿革，以及中国企业内部控制的发展现状问题、公司治理与内部控制之间的关系进行了系统的阐述：①内部控制的内涵在实践中多次发生变化，如今进入整体框架阶段，风险管理也是如此，并与内部控制整合到一起；②在整体框架阶段，内部控制从平面发展到立体，并与公司治理层面密切结合起来；③中国由于客观的历史原因，在内部控制、风险管理领域的研究以及政策规范方面相对滞后，目前正在向 COSO 规范靠拢，在实践中，中国企业的内部控制还有很长的路要走。

第3章 COSO 的 IC-IF 及 ERM-IF 体系、中国相应规范解读

3.1 IC-IF 的体系解读

3.1.1 IC-IF 的框架

上文指出，COSO 委员会的 IC-IF 是 1992 年发布的，标志着内部控制进入整体框架阶段，如图 3-1 所示。

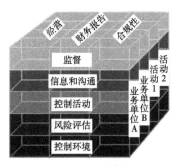

图 3-1 IC-IF 框架

IC-IF 框架围绕内部控制的目标，将内部控制活动划分为 5 个层次，每个业务活动或者业务单位都跨越这 5 个层次，因此该框架又称为"COSO 内部控制 5 要素框架"。COSO 报告从目的、承诺、能力、监督与学习四个方面提出了 20 项控制基准。COSO 内部控制框架认为，内部控制系统由控制环境、风险评估、控制活动、信息和沟通以及监督五要素组成，它们取决于管理层经营企业的方式，并融入管理过程本身，其相互关系可以用 IC-IF 框架模型表示。

3.1.2　IC-IF 的体系和内容

1. 报告的体系

1992 年，COSO 委员会发布 IC-IF 报告，该报告的体系如下：

管理层概述

总体构架

第 1 章　定义

第 2 章　控制环境

第 3 章　风险评估

第 4 章　控制活动

第 5 章　信息和沟通

第 6 章　监控

第 7 章　内部控制的局限

第 8 章　作用和职责

附录 A　学习本课题研究的相关事项及背景知识

附录 B　方法体系

附录 C　对定义的看法和使用

附录 D　反馈意见

附录 E　术语

2. 各部分的主要内容

1）管理层概述

内部控制的定义和目标。这一部分给出了内部控制的定义，即内部控制广义上可定义为一个受企业董事会、经理层和其他人员影响的，为达到下列目标提供合理的保证的程序：①经营的效果和效率；②财务报告的可靠性；③法律法规的遵循性。其中，第一类目标是指企业的基本经营目标，包括业绩、盈利指标和资源保护。第二类目标是指编制可靠的公开财务报表，包括中期和简略财务报表，以及从这些财务报表中摘出的数据（如利润分配数据）。第三类目标是指企业经营必须符合相关的法律法规。上述三类目标既相互独立又相互联系。

内部控制包括五个相互联系的要素，五个要素简述如下。

（1）控制环境，控制环境决定了企业的基调，直接影响企业员工的控制意识。控制环境提供了内部控制的基本规则和构架，是其他四要素的基础。控制环境包括下列内容：员工的诚信度、职业道德和才能；管理哲学和经营风格；权责分配方法、人事政策；董事会的经营重点和目标；等等。

（2）风险评估，每个企业都面临诸多来自内部和外部的有待评估的风险。风险评估的前提是使经营目标在不同层次上相互衔接，保持一致。风险评估是指识别、分析相关风险以实现既定目标，从而形成风险管理的基础。由于经济、产业、法规和经营环境不断变化，所以需要确立一套机制来识别和应对由这些变化带来的风险。

（3）控制活动，是指那些有助于管理层决策顺利实施的政策和程序。控制行为有助于确保实施必要的措施以管理风险，实现经营目标。控制行为体现在整个企业的不同层次和不同部门中。它们包括批准、授权、查证、核对、复核经营业绩、资产保护和职责分工等活动。

（4）信息和沟通，公允的信息必须被确认、捕获并以一定的形式及时传递，以便员工履行职责。信息系统产出涵盖经营、财务和遵循性信息的报告，以助于经营和控制企业。信息系统不仅处理内部产生的信息，还包括与企业经营决策和对外报告相关的外部事件、行为和条件等。有效的沟通从广义上说是信息的自上而下、横向以及自下而上的传递。所有员工必须从管理层得到清楚的信息，认真履行控制职责。员工必须理解自身在整个内部控制系统中的位置，理解个人行为与其他员工工作的相关性。员工必须有向上传递重要信息的途径。同时，与外部诸如客户、供应商、管理当局和股东之间也需要进行有效的沟通。

（5）监控，内部控制系统需要被监控，即对该系统有效性进行评估的全过程，可以通过持续性的监控行为、独立评估或两者的结合实现对内部控制系统的监控。持续性的监控行为发生在企业的日常经营过程中，包括企业的日常管理和监督行为、员工履行各自职责的行为。独立评估活动的广度和频度有赖于风险预估和日常监控程序的有效性。内部控制的缺陷应该自下而上进行汇报，性质严重的应上报最高管理层和董事会。

这五个要素既相互独立又相互联系，形成一个有机的统一体，对不断变化的环境自动做出反应。

角色和职责，给出了经理层、董事会、内部审计人员和其他人员的角色定义。

（1）经理层，总裁应最终负责并具有内部控制系统的"所有权"。在大公司，总裁通过督导高层管理人员检查其经营行为来完成自身职责。在规模较小的公司，总裁常常身兼所有者和经理人双重角色，其影响也就更加直接。在任何情况下，对金字塔式的职责分布结构，每位经理人实际就是他所辖管职责范围内的总裁。

（2）董事会，经理层对董事会负责，董事会提供管理、指引和核查。

（3）内部审计人员，内部审计人员在评价、维护企业内部控制系统有效性方面起重要作用。

（4）其他人员，从某种程度上说，内部控制是企业中每个人的职责，因此应成为每个人工作职责中明示或暗示的部分。

此外，在管理层概述中，还提示了内部审计能做什么、不能做什么，以及 IC-IF 报告的组织结构和目的。

2）总体架构

第 1 章，定义。

内部控制的定义见上文。该定义反映了以下几个基本概念：①内部控制是一个过程。它是实现目的的手段，而非目的本身。②内部控制受人为影响。它不仅仅是政策手册和图表，而且涉及企业各层次的人员。③内部控制只能向企业董事会和经理层提供合理的保证，而非绝对的保证。④内部控制是为了实现三类既相互独立又相互联系的目标。

第 2 章，控制环境。

【本章概要】控制环境决定了企业的基调，影响企业员工的控制意识。它是其他要素的基础，提供了基本规则和构架。控制环境因素包括员工的诚信度、道德观和能力，管理哲学和经营风格，管理层授权和职责分工、人员组织和发展方式，以及董事会的重视程度和提供的指导。

控制环境对企业行为架构、目标设立和风险评估的方式有潜移默化的影响。它也影响控制活动、信息和沟通系统以及监控行为。实际上控制环境不仅影响它们的设计，而且影响它们的日常运转，控制环境受企业文化和历史的影响。它影响员工的控制意识。具有有效控制的企业，尽力聘用有能力的员工，灌输诚信的企业文化和控制意识，设定一个积极的"最高基调"（完美行为规范）。

第 3 章，风险评估。

【本章概要】每个企业都面临来自内部和外部的风险，这些风险必须进行评估。风险评估的前提是确立目标，这些目标在不同的层次上相互联系并具有内在的一致性。风险评估是指对相关风险进行鉴别和分析，以实现目标，形成风险管理的基础。由于经济环境、行业、法规和经营状况不断变化，需要一个确认和处理与这些变化相关风险的机制。

风险评估的前提条件是设立目标。只有先确立了目标，管理层才能针对目标确定风险并采取必要的行动来管理风险。设立目标是管理过程重要的一部分，尽管其并非内部控制要素，但它是内部控制得以实施的先决条件。

第 4 章，控制活动。

【本章概要】控制活动是指确保管理层指示得以执行的政策和程序。它们有助于保证采取必要措施来管理风险以实现企业目标。控制活动贯穿于企业的所有层次和部门，包括一系列不同的活动，如批准、授权、查证、核对、复核经营业绩、资产保护及职责分工等。

控制活动包括政策和程序，是人们执行政策的行为，用以保证管理层进行风险管理的必要指示得以执行。控制活动依据与之相关目标的性质可分为三类，即经营性、财务报告或遵循性。

虽然一些控制活动仅与某一方面有关，但控制活动之间常常是相互联系的。

第5章，信息和沟通。

【本章概要】相关的信息必须以一种能使人们行使各自职能的形式并且能在一定的时限内被识别、掌握和沟通。信息系统产生的报告，包括使企业的运营和控制成为可能的相关经营性的、财务的以及与合规性相关的信息。信息系统不仅处理内部生成的资料，而且还处理形成企业决策和外部报告所必需的以及关于外部事件、行为和条件的信息。有效的沟通还必须广泛进行，要遍及组织的各个方面。所有人员都要从高级管理层获得清楚的信息，控制职能必须被认真对待。他们必须明白各自在内部控制制度中的角色，明白个人的行为如何与他人的工作相联系。他们必须有自下而上传递重要信息的方法。在与顾客、供应商、监管者和股东这样的外界之间，也必须有有效的沟通。

每个企业都必须获取相关的信息，包括财务的及非财务的，以及与外部及内部事件和行为相关的信息。信息必须经过管理层确认与企业的经营相关。这些信息也必须以一种能使人们行使各自的控制和其他职能的形式并且能在一定的时限内传递给需要的人。

第6章，监控。

【本章概要】内控系统需要被监控，这是一个评估系统在一定时期内运行质量的过程。这一过程通过持续性的监控行为、独立的评估或两者的结合来实现。持续性的监控行为发生在经营的过程中，包括日常管理和监管行为以及其他人在履行职责时发生的行为。独立评估的范围和频率主要依赖于风险评估与持续性监控程序的有效性。内部控制的缺陷应自下而上进行报告，重要事项应报知高层管理人员和董事会。

内部控制随着时间而变化，实施控制的方式可能不断发展。曾经有效的程序可能会变得不太有效，或将不再实施。

监控保证了内部控制持续有效。这一过程涉及由适当的人员及时评估控制的设计和执行，并采取必要措施。它应用于企业的所有行为，有时还适用于外部订约人。

监控可通过两种方式进行，即持续性的监控活动或独立评估。

必须意识到，持续性的监控活动是植根于企业日常、重复发生的活动中的。与独立评估对应的程序相比，由于监控性程序在实时基础上实施、动态地应对环境的变化，并在企业中根深蒂固而显得更加有效。

独立评估发生在事实之后，比起持续性监控程序，可更快地发现问题。

第 7 章，内部控制的局限。

【本章概要】无论内部控制设计和执行得多好，它也只能对管理层和董事会就企业目标的实现提供合理的保证。实现的可能性受所有内部控制系统固有的局限的影响，这包括以下事实：决策人判断上的失误，简单差错或错误导致的失败。控制还会由于两个或更多的人联合欺诈以及管理层越过内部控制而失效，还有一种限制是要考虑与控制相关的成本和收益。

内部控制并不是"万灵药"。在考察内部控制的局限时，有两个不同的概念一定要被认识到：第一，内部控制，即便是有效的内部控制，虽然可以帮助确保管理层意识到企业有无进步，但它甚至不能为企业目标的实现提供合理的保证。第二，就上述三类目标而言，内部控制不能为其中的任何一个提供绝对的保证。

第一类限制表明有些事件和条件在管理层控制之外。第二类限制同以下事实相关，即没有哪个内部控制系统会一直做它打算要做的。内部控制所能做得最好的就是达到合理的保证。

即便是有效的内部控制系统也会出现失败，合理的保证并非绝对的保证。

第 8 章，作用和职责。

【本章概要】在一个机构中每个人对内部控制都承担某种职责。而管理层则对企业的内部控制系统负责；总裁负最终责任，因此被认为对内部控制系统具有"所有权"。尽管所有管理人员都具有重要的作用，并且对其部门行为的控制负责，但财务和会计主管对管理层行使控制的方式起主要作用。同样，内部审计有利于促进内部控制系统的持续有效，但对系统的建立和保持却并不具有主要的职责。董事会及审计委员会对内部控制制度提供重要监管。一些外部成员，如外部审计通常服务于企业目标的实现，并提供有用的信息影响内部控制，但他们并不对企业内部控制制度的效果负责，也不是其中的一部分。

负责的成员主要包括以下三方面。

（1）管理层，直接为包括内部控制制度在内的企业的全部行为负责。在任何机构中，总裁都是最终负责人。与经理各自的职责相伴随的不仅是必要的权利，而且还有责任。每位经理都要为其在内部控制系统中发挥的作用向自己的上级负责，而总裁最终向董事会负责。

虽然不同管理层有不同的内部控制职责和作用，但其行为应包括在内部控制系统中。

（2）财务人员，财务和控制部门的作用就是监管，其行为贯穿整个企业各个部门的运行中。这些财务人员通常参与整个企业的预算和计划的制订。他们通常根据经营性的、遵循性的以及财务的观点跟踪分析企业的业绩。这些行为一般是企业中央的或集团组织的一部分，但它们通常也具有监管各职能部门、分公司及事业部行为的"虚线"职能。因此，一个企业中财务总监、首席会计师、主控长和其他财务人员对管理层行使控制的方式起着决定作用。

（3）董事会，管理层要向董事会或监事会负责，而后者提供监管、指引和督导作用。通过选举管理层，董事会对它所期望的诚信和道德价值的确定发挥重要作用，并且能够借助督导行为保证它的期望。同样，借助在某些重要决定上保留的权力，董事会能够对高层次目标以及策略的制定发挥影响，并且以其提供的督导深入参与内部控制。

有影响力的董事会成员应是客观、有能力和积极热心的。他们对企业的行为和环境具有实用的知识，并且会为董事会职责的充分实施付出必要的时间。他们会利用资源调查他们认为重要的任何事情，并同企业所有员工有一种开放的不受限制的交流渠道，其中包括内部审计、外部审计和法律顾问。

许多董事会在很大程度上都是通过委员会来行使自己的职责。

附录（略）。

3.1.3　IC-IF 的修订（2013 年）概述

COSO 于 2013 年 5 月 14 日发布 IC-IF 框架及其配套指南。ERM-IF 框架的发布将有助于公司高管在企业运营、法规遵从及财务报告等方面采用更为严密的内部控制措施，提升内部控制的质量。

COSO 原 IC-IF 发布于 1992 年，20 多年过去了，资本市场和商业环境已经发生了翻天覆地的变化，这也要求 IC-IF 有所调整。

新 IC-IF 和原版相比，在基本概念、内容和结构，以及内部控制的定义和五要素、评价内部控制体系的有效性标准等方面均没有变化，据此，在很多业内人士看来，新 IC-IF 对原版内部控制不应称为改动，而是一种升级。新 IC-IF 相比原版，主要有三大亮点，即更实、更活和更稳。

1. 更实：提供了内部控制体系建设的原则、要素和工具

新 IC-IF 与原版相比，细化了董事会及其下设专业委员会的描述，这只是一般性的改动，而且新 IC-IF 提到了很多案例，以增强从业者对内部控制体系建设的理解。新框架在继承了旧框架对内部控制的基本概念和核心内容的基础上，提供了内部控制体系建设的原则、要素和工具，具体的变化体现在突出了原则导向，即在原有五要素基础上提出了 17 条基本原则，在此基础上进一步提炼出 82 个代表相关原则的主要特征和重点关注点的要素，这是本次修改的亮点，使内部控制体系的评价更加有据可循。

新 IC-IF 提供了 17 条具体的原则，这是新框架比较"实"的地方，因为之前版本的内部控制框架只有五个要素，更像是一个学术模型，具体要怎么做，并没有非常明确的答案。而这次 COSO 委员会提到的 17 条原则都是相对来说更明确的动作，这为企业做内部控制提供了一套路线图，为企业评价内部控制提供了一张打分表。

2. 更活：强调企业可有自己的判断

新 IC-IF 相对于旧框架，在内部控制建设和评价中强调依赖于管理层自身的判断，而不是像原来一样要求严格基于证据。新 IC-IF 强调董事会、管理层和内审人员拥有"判断力"，这是新框架比较"活"的地方。

新 IC-IF 认为，如何实施内部控制，如何评价内部评价，如何认定内部评价的有效性，企业可以有自己的判断。这本质上在为内部控制解套，是新框架的灵魂。

新 IC-IF 强调在内部控制建设过程中应注重与效率的结合，建议管理层通过判断去除那些失效、冗余乃至完全无效的控制，提升控制的效率和效果，而非单纯地为了控制而控制。

3. 更稳：强调内部控制有效性的认定

新 IC-IF 对如何确保内部控制体系的有效性进行了进一步的澄清，尤其强调内部控制五要素中的每一项都会受到其他要素的影响，应视为一个整体来对待，并且描述了不同要素下的控制措施如何影响其他要素下的原则，有助于整合性地看待内部控制体系和控制措施，而非孤立对待。

新 IC-IF 在指出内部控制的局限性方面比旧框架更加明确，指出了内部控制在决策和应对外部事件中的局限性。

之前版本的内部控制框架发布于 1992 年，那时的内部控制框架体现了一种前沿的先进的思路。尤其是在中国，随着内部控制规范体系的实施，内部控制变成了上市公司的底线要求。这种从"前沿"到"底线"的变化，集中体现在上市公司要强制披露自己内部控制的有效性，并接受审计。

那么，是不是审计通过了，上市公司就没风险、没问题了呢？实际情况并不是这样，一些风险事件还是发生了。所以，新的内部控制框架强调了内部控制对天灾（外部事件）和人祸（人为失误）无能为力。

目前，中国的内部控制框架借鉴的是 COSO 发布的原版 IC-IF，既然 IC-IF 已得到了修订，势必也会影响到中国企业的内部控制建设。

中国的内部控制规范体系在建设之初便参考了全面风险管理的思想，在报告的范围和使用者、将内部控制五要素整合对待、反欺诈和反舞弊等方面，与新框架不谋而合。

需要认识到，这份新框架是由 50% 的北美内部控制从业者和 50% 的北美以外的内部控制从业者共同参与制定的，故而这份新框架从颁布开始就带有很显著的地域特征，其原则会更有利于该地域的企业和从业者。

在参考 COSO 新 IC-IF 进行内部控制规范体系的升级或更新时，应借鉴其原则和要素，结合我国国情，深入汲取我国几年来内部控制规范体系建设的宝贵经验，审慎接纳，而非全面照搬。就目前来讲，新 IC-IF 可能主要会对在国内外两地上市的公司有影响。

在很多人看来，不少公司把内部控制体系建成了"花架子"，无法落地实施。其实，诚如新版内部控制框架指出的，"内部控制只是一个达到目标的手段，其本身不是目标"。国际上有了新的内部控制框架，我国将来必然会在内部控制建设方面有所借鉴，所以，我国内部控制规范制定机构及企业应尽快熟悉新版内部控制框架，吸取其有益部分为我所用，更好地提升我国企业的内部控制建设水平。

3.2　ERM-IF 的体系解读

3.2.1　ERM-IF 的框架

COSO 委员会的 ERM-IF 于 2004 年 9 月发布，标志着内部控制进入整体框架阶段。

正如 ERM-IF 序言中指出：二十几年前（是指 1992 年）提出 IC-IF 框架并开发这个框架期间，发生了一系列令人瞩目的企业丑闻和失败事件，投资者、公司员工和其他利益相关者因此而遭受了巨大的损失。随之而来的便是对采用新的法律、法规和上市准则来加强公司治理与风险管理的呼吁。对一个提供关键原则与概念、共同语言以及明晰的方向和指南的企业风险管理框架的需求变得尤为迫切。COSO 相信 ERM-IF 满足了这个需求，并希望它能被企业和其他组织乃至所有的利益相关者和有关各方广泛认同。

需要指出的是，COSO 委员会已授权东北财经大学方红星教授和财政部会计司王宏博士翻译了 ERM-IF 框架的中文版，并授权东北财经大学出版社于 2005年出版，如图 3-2 所示。

在 IC-IF 的五要素基础上，COSO 的 ERM-IF 增加到八个，即内部环境、目标设定、事项识别、风险评估、风险应对、控制活动、信息与沟通和监控。八个要素互相关联，贯穿于企业风险管理的过程中，并且每个要素承载四个目标，即

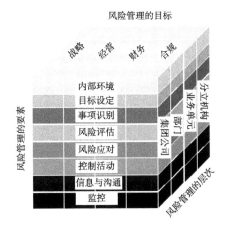

图 3-2　ERM-IF 的体系

战略目标、经营目标、财务报告目标和合规性目标。同时，一个企业的各个单元则用第三个维度来表示，包括总部（如集团公司）、分部（如部门、事业部等）、业务单位和附属机构（如分离机构等），见图 3-3。

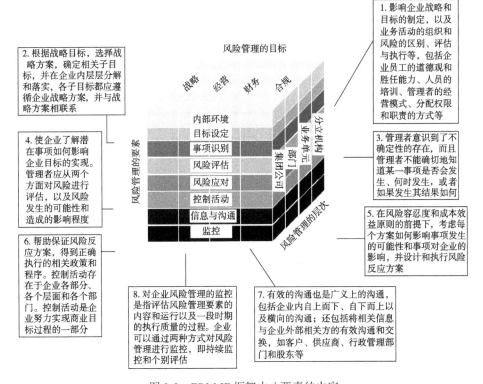

图 3-3　ERM-IF 框架中八要素的内容

3.2.2 ERM-IF 的体系和内容

ERM-IF 报告的体系如下:

内容摘要

基本框架

第1章 定义

第2章 内部环境

第3章 目标设定

第4章 事项识别

第5章 风险评估

第6章 风险应对

第7章 控制活动

第8章 信息与沟通

第9章 监控

第10章 职能与责任

第11章 企业风险管理的局限

第12章 该做些什么

附录A 目标与方法

附录B 关键原则摘要

附录C 《企业风险管理——整合框架》与《内部控制——整合框架》之间的关系

附录D 参考文献

附录E 对意见信的考虑

附录F 术语

附录G 致谢

第1章,定义。

这部分对不确定性与价值、事项-风险与机会、企业风险管理、企业风险管理的构成要素、目标与构成要素之间的关系、有效性、内部控制、企业风险管理与管理过程等做了定义。

第2章,内部环境。

【本章摘要】内部环境包含组织的基调,它影响组织中人员的风险意识,是企业风险管理所有其他构成要素的基础,为其他要素提供约束和结构。内部环境因素包括主体的风险管理理念、风险容量、董事会的监督、主体中人员的诚信、道德价值观和胜任能力,以及管理当局分配权利和职责、组织与开发其员工的方式。

第 3 章，目标设定。

【本章摘要】设定战略层次的目标，为经营、报告和合规目标奠定基础。每一个主体都面临来自外部和内部的一系列风险，确定目标是有效的事项识别、风险评估和风险应对的前提。目标与主体的风险容量相协调，后者决定了主体的风险容限水平。

第 4 章，事项识别。

【本章摘要】管理当局识别将会对主体产生影响的潜在事项——如果存在的话，并确定它们是否代表机会，或者是否会对主体成功地实施战略和实现目标的能力产生负面影响。带来负面影响的事项代表风险，它要求管理当局予以评估和应对。带来正面影响的事项代表机会，管理当局可以将其反馈到战略和目标设定过程之中。在对事项进行识别时，管理当局要在组织的全部范围内考虑一系列可能带来风险和机会的内部与外部因素。

第 5 章，风险评估。

【本章摘要】风险评估使主体能够考虑潜在事项影响目标实现的程度。管理当局从两个角度（可能性和影响）对事项进行评估，并且通常采用定性和定量相结合的方法，个别或分类考察整个主体中潜在事项的正面和负面影响。基于固有风险和剩余风险进行风险评估。

第 6 章，风险应对。

【本章摘要】在评估了相关的风险之后，管理当局就要确定如何应对。应对包括风险回避、降低、分担和承受。在考虑应对的过程中，管理当局评估风险的可能性和影响的效果，以及成本效益，选择能够使剩余风险处于期望的风险容限以内的应对策略。管理当局识别所有可能存在的机会，从主体范围或组合的角度认识风险，以确定总体剩余风险是否在主体的风险容量之内。

第 7 章，控制活动。

【本章摘要】控制活动是帮助确保管理当局的风险应对得以实施的政策和程序。控制活动的发生贯穿于整个组织，遍及各个层级和各个职能机构。它们包括一系列不同的活动，如批准、授权、验证、调节、经营业绩评价、资产安全及职责分离。

控制活动是帮助确保管理当局的风险应对得以实施的政策和程序，而政策和程序是指人们直接或通过对技术的应用来执行政策的行动。控制活动可以根据与其相关的主体目标的性质，即战略、经营、报告和合规进行分类。

尽管一些控制活动仅仅与一个类别有关，但通常是交叉的。根据情况，一项特定的控制活动可能有助于满足主体多个类别的目标。

第8章，信息与沟通。

【本章摘要】有关的信息以保证人们能履行其职责的形式与时机予以识别、获取和沟通。信息系统利用内部生成的数据和来自外部渠道的信息，以便为管理风险和做出与目标相关的知情的决策提供信息。有效的沟通会出现在组织中向下、平行和向上的流动。全部员工从高层管理当局收到一个清楚的信息，即必须认真担负起企业风险管理的责任。他们了解自己在企业风险管理中的职责，以及个人的活动与其他人员的工作之间的联系。他们必须具有向上沟通重要信息的方法。与外部方面（如客户、供应商、监管者和股东）之间也要有有效的沟通。

每个企业都要识别和获取与管理该主体相关的涉及外部和内部事项与活动的广泛的信息。这些信息以保证员工能履行他们的企业风险管理和其他职责的形式与时机传递给员工。

第9章，监控。

【本章摘要】对企业风险管理进行监控——随时对其构成要素的存在和运行进行评估。这些是通过持续的监控活动、个别评价或者两者相结合完成的。持续监控发生在管理活动的正常进程中。个别评价的范围和频率主要取决于对风险的评估和持续监控程序的有效性。企业风险管理的缺陷被向上报告，严重的问题报告给高层管理当局和董事会。

一个主体的企业风险管理随着时间而变化。曾经有效的风险应对可能会变得不相关；控制活动可能会变得不太有效，或者不再被执行；主体的目标也可能变化。这些可能是新员工的到来、主体结构或方向的变化或者引入新流程造成的。面对这些变化，管理当局需要确定企业风险管理的运行是否持续有效。

监控可以以两种方式进行，即持续的活动或者个别评价。企业风险管理机制通常被安排进行持续的自我监控，至少在某种程度上是这样的。持续监控的有效性程度越高，就越不需要个别评价。管理当局需要通过监控来对企业风险管理的有效性进行掌握，并形成合理保证的个别评价，其频率是一个管理当局的判断问题。在作这种决定的过程中，要考虑所发生的变化的性质和程度以及它们的相关风险，执行风险应对和相关控制的员工的能力与经验，以及持续监控的成效。通常，持续监控和个别评价的某种组合会确保企业风险管理在一定时期内保持其有效性。

持续监控包含于一个主体正常的、反复的经营活动之中。持续监控被实时地执行，动态地应对变化的情况，并且植根于主体之中。因此，它比个别评价更加有效。由于个别评价发生在事后，所以通过持续监控程序通常能够更迅速地识别问题。许多主体有着良好的持续监控活动，也会定期对企业风险管理进行个别评价。感到需要经常性的个别评价的主体，应该集中精力去改进持续监控活动。

第 10 章，职能与责任。

【本章摘要】一个主体中的每个人都对企业风险管理负有一定的责任。CEO负有最终的责任，并且应该假设其拥有所有权。其他管理人员支持风险管理理念，促使符合其风险容量，并且在各自的职责范围内根据风险容限去管理风险。其他人员负责根据既定的指引和规程实施企业风险管理。董事会提供对企业风险管理的重要监督。诸多外部方面经常提供对实现企业风险管理有用的信息，但是他们对主体企业风险管理的有效性并不承担责任。

该章节主要对主体成员、董事会、管理当局、风险官员、财务执行官、内部审计师、主体中的其他成员、外部审计师、立法者和监管者、与主体互动的各方、外包服务提供者、财务分析师、债券评级机构和新闻媒体等的职能及责任进行解释，这里不再详述。

第 11 章，企业风险管理的局限。

【本章摘要】不管设计和运行得多么好，有效的企业风险管理只能向管理当局和董事会提供有关主体目标实现的合理保证。目标的实现受到所有管理过程中固有局限的影响，具体包括下列实际情况：决策过程中的人类判断可能有缺点，类似简单差错或错误等人类失败会导致故障的存在。此外，控制可能会通过两个或多个人的串通而被绕过，而且管理当局有能力凌驾于企业风险管理过程之上，包括风险应对决策和控制活动。另一个限制因素是需要考虑风险应对的相关成本与效益。

在考察企业风险管理的局限时，应该认清三个不同的概念：第一，风险与未来有关，而未来本来就具有不确定性。第二，企业风险管理（即使是有效的企业风险管理）针对不同的目标在不同的层次上运行。对战略和经营目标而言，企业风险管理仅仅能够帮助确保管理当局以及起监督作用的董事会及时地认识到该主体朝着实现这些目标前进的程度，但是它不能为目标本身的实现提供合理保证。第三，企业风险管理不能对任何一类目标提供绝对保证。

此外，这一章，还对诸如判断、故障、串通、成本和效益、管理当局凌驾对企业风险管理造成的局限性进行了阐述，这里不再详述。

第 12 章，该做些什么。

本章对董事会成员、高层管理当局、主体中的其他成员、监管者、专业组织和教育机构可以并且应该采取的行动做了阐述。

除了上面的章节外，ERM-IF 还用了很多篇幅以附录的形式对相关内容进行了解释性的阐述，如目标和方法、关键原则等，最后还有一些参考文献等附加材料。

3.3　IC-IF 和 ERM-IF 之间的联系

3.3.1　从 IC-IF 发展到 ERM-IF

前面的分析指出,COSO 委员会的 IC-IF 是 1992 年发布的。2004 年 9 月,COSO 委员会又发布了 ERM-IF。两个框架之间不只时间上相隔了 12 年,还有现实的需求原因。

正如 IC-IF 框架中指明的那样:"内部控制只能向企业董事会和经理层提供合理的保证,而非绝对的保证。"事实也是如此,如 2000 年美国出现的一系列舞弊案,以及后来 SOX 法案的重拳出台,这些都标志着企业风险管理、打击舞弊依然任重道远。

事实上,自 1992 年美国 COSO 委员会发布 IC-IF 以来,该框架已在全球获得广泛的认可和应用,但是理论界和实务界一直不断对其提出一些改进建议,强调内部控制整合框架的建立应与企业风险管理相结合。COSO 也认识到这个问题,如 ERM-IF 在其序言中提到:"近年来重点关注的焦点集中在风险管理上,人们越来越清楚地认识到需要一个强有力的框架以便有效地识别、评估和控制风险。"

2002 年颁布的 SOX 法案也要求上市公司全面关注风险,加强风险管理,在客观上也推动了内部控制整体框架的进一步发展。与此同时,COSO 委员会也意识到 IC-IF 自身也存在一些问题,如过分注重财务报告,以及没有从企业全局与战略的高度关注企业风险。正是基于这种内部和外部的双重因素,新框架必须出台以适应发展需求。

2003 年 7 月,美国 COSO 委员会根据 SOX 法案的相关要求,颁布了"企业风险管理整合框架"的讨论稿,该讨论稿是在 IC-IF 的基础上进行了扩展而得来的,2004 年 9 月正式颁布了 ERM-IF。

那么是不是 ERM-IF 就取代了 IC-IF 呢?并非如此,这涉及风险管理与内部控制关系的理解,正如 ERM-IF 中阐述的那样:"这个框架(是指 ERM-IF)拓展了内部控制,更有力、更广泛地关注于企业风险管理这一更加宽泛的领域。尽管它并不打算、也的确没有取代内部控制框架,但是它将内部控制框架纳入其中,公司不仅可以借助这个企业风险管理框架来满足它们内部控制的需要,还可以借此转向一个更加全面的风险管理过程。"

因此,可以说 ERM-IF 是 IC-IF 的扩展和深化,而非取代。风险管理是内部控制的目标指向,而内部控制是风险管理的手段和依靠。

3.3.2　IC-IF 与 ERM-IF 的比较

COSO 内部控制被涵盖在企业风险管理框架之内，是其不可分割的一部分。企业风险管理比内部控制更广泛，引入风险管理，拓展和细化了内部控制，形成了一个更全面、更强有力的关注风险的概念。

具体看来，ERM-IF 框架是在 IC-IF 框架的基础上增加了一个新观念、一个战略目标、两个概念和三个要素，即风险组合观，战略目标，风险偏好、风险容限两个概念以及目标设定、事项识别、风险应对三个要素。正对企业风险管理的需要、风险框架要求设立一个新的部门，即风险管理部，并相应地设立首席风险官（chief risk officer，CRO），全面地、集中化地推进企业风险管理。

1. 引入风险组合观

在内部控制整合框架的基础上，企业风险管理框架引入了风险组合观，即在单独考虑如何实现企业各个目标的过程中，企业风险管理整合框架更看中风险因素。对企业内部而言，其风险可能落在该单位的风险容限范围内，但从企业总体来看，总风险可能会超过企业总体的风险偏好范围。因此，企业风险管理要求以风险组合观看待风险，对相关的风险进行识别并采取措施使企业所承担的风险在风险偏好的范围内。

2. 企业风险管理整合框架中的战略目标

内部控制整合框架将企业的目标分成三类，即经营目标、财务报告目标和合规性目标。其中，经营目标、合规性目标与风险管理框架相同，但财务报告目标有所不同。企业风险管理整合框架中，报告被大大地拓展为企业所编制的所有报告，包括对内、对外的报告，而且内容不仅包含更加广泛的财务信息，而且包含非财务信息。

另外，企业风险管理整合框架增加一大目标，即战略目标，它处于比其他目标更高的层次。战略目标来自一个企业的使命或愿景，因而经营目标、财务报告目标和合规性目标必须与其相协调。企业的风险管理在实现其他三类目标的时候，应该先从企业战略目标出发。

3. 风险管理偏好及风险容限

企业风险管理构架引入风险偏好和风险容限两个概念。风险偏好是指企业在追求愿景的过程中所原意承受的广泛意义的风险数量，它在战略制定和相关目标选择时起到风向标的作用。风险容限是指在企业目标实现过程中所能接受的偏离程度。在确定各目标的风险容限时，企业应考虑相关目标的重要性，并将其与企业风险偏好联系起来，将风险控制在风险可接受程度的最大范围内，以保证企业能在更高的层次上实现企业目标。

4. 新增风险管理三要素

企业风险整合框架在内部控制整合框架的基础上新增了三个风险管理要素，即目标设定、事项识别和风险应对，它们将企业的管理中心更多地移向风险管理。同时，在内部环境中强调董事会的风险管理理念。因此，企业风险管理整合框架拓展了 COSO 的风险评估要素。

5. 其他要素在风险管理整合框架中的扩展

在控制活动要素中，企业风险管理整合框架明确指出，在某些情况下，控制活动本身也起到风险应对的作用。

在信息与沟通要素中，企业风险管理整合框架扩大了企业信息和沟通的构成内容，认为企业的信息应包括来自过去、现在和未来潜在事项的数据。企业信息系统的基本职能应以时间序列的形式收集和捕捉数据，其收集数据的详细程度则视企业风险识别、风险评估和应对的需要而定，并保证将风险维持在风险偏好的范围内。

在职能与责任描述中，企业风险管理整合框架要求企业设立新的部门，即风险管理部门，并描述了首席风险官的职能与责任，扩充了董事会的职能。

两个框架之间的比较可以用表 3-1 进行描述。

表 3-1 IC-IF 与 ERM-IF 的比较

内容	IC-IF	ERM-IF
基调	管理层为达到目标进行的内部控制需求	满足管理层为了达到一定的目标进行企业风险管理的需求
目标	经营目标 财务报告目标 合规性目标	战略目标（新增） 经营目标 报告目标（范围更广） 合规性目标
风险观	没有提出风险组合观，只有风险评估	在企业的总体层面，提出了风险组合观
环境	管理层及员工的内部控制观念	管理层及员工的分析观念，并提出风险偏好、风险容限概念
要素	控制环境 风险评估 控制活动 信息与沟通 监控	内部环境（更加拓宽） 目标设定（增加） 项目识别（增加） 风险评估（更加详细） 风险应对（增加） 控制活动 信息沟通 监控

3.4　中国相应规范解读

前面的分析指出，在内部控制和风险管理方面，中国主管部门先后出台了三份重要的规范，分别如下：①2006 年 6 月，国资委发布《中央企业全面风险管理指引》。②2008 年，财政部、中国证监会、审计署、中国银监会和中国保监会联合发布了《企业内部控制基本规范》。③2010 年 4 月，财政部、中国证监会、审计署、中国银监会和中国保监会联合发布了《企业内部控制配套指引》。该配套指引包括 18 项《企业内部控制应用指引》、1 项《企业内部控制评价指引》和 1 项《企业内部控制审计指引》，连同此前发布的《企业内部控制基本规范》。

上述三份规范标志着中国的内部控制和风险管理正努力与国际接轨，这是经济活动国际化、世界一体化大背景下的必然选择。

3.4.1　《中央企业全面风险管理指引》的内容

《中央企业全面风险管理指引》是国资委以国资发改革〔2006〕108 号文件于 2006 年 6 月 6 日发布的，共 10 章 70 条，要求央企执行实施，并没有强制要求其他级别的国企实施。

3.4.2　《企业内部控制基本规范》的内容

《企业内部控制基本规范》是财政部、中国证监会、审计署、中国银监会和中国保监会以财会〔2008〕7 号文件于 2008 年 5 月 22 日正式发布的。要求自 2009 年 7 月 1 日起在上市公司范围内施行，鼓励非上市的大中型企业执行。

《企业内部控制基本规范》共 7 章 50 条，各章分别如下：总则、内部环境、风险评估、控制活动、信息与沟通、内部监督和附则。该基本规范是中国上市企业建立和实施内部控制的基础框架，主要包括以下几点内容。

内部控制的内涵：强调内部控制是由企业董事会、监事会、经理层和全体员工实施的，且旨在实现控制目标的过程，有利于树立全面、全员和全过程控制的理念。

内部控制的目标：要求企业在保证经营管理合法合规、资产安全、财务报告及相关信息真实完整、提高经营效率和效果的基础上，着力促进企业实现发展战略。

内部控制的原则:要求企业在建立和实施内部控制全过程中贯彻全面性原则、重要性原则、制衡性原则、适应性原则和成本效益原则。

统筹构建内部控制的要素:以内部环境为重要基础、以风险评估为重要环节、以控制活动为重要手段、以信息与沟通为重要条件、以内部监督为重要保证,它们相互联系、相互促进,共同构建为五要素的内部控制框架。

内部控制实施机制:建立以企业为主体、以政府监管为促进、以中介机构审计为重要组成部分的内部控制实施机制,要求企业实行内部控制自我评价制度,并将各责任单位和全体员工实施内部控制的情况纳入绩效考评体系;国务院有关监管部门有权对企业建立并实施内部控制的情况进行监督检查;明确企业可以依法委托会计师事务所对本企业内部控制的有效性进行审计,并出具审计报告。

为进一步指导该基本规范的实施,财政部、中国证监会、审计署、中国银监会和中国保监会又于 2010 年发布了一系列的营运指引〔关于印发企业内部控制配套指引的通知(财会〔2010〕11 号)文〕,具体如下:

企业内部控制应用指引第 1 号——组织架构;

企业内部控制应用指引第 2 号——发展战略;

企业内部控制应用指引第 3 号——人力资源;

企业内部控制应用指引第 4 号——社会责任;

企业内部控制应用指引第 5 号——企业文化;

企业内部控制应用指引第 6 号——资金活动;

企业内部控制应用指引第 7 号——采购业务;

企业内部控制应用指引第 8 号——资产管理;

企业内部控制应用指引第 9 号——销售业务;

企业内部控制应用指引第 10 号——研究与开发;

企业内部控制应用指引第 11 号——工程项目;

企业内部控制应用指引第 12 号——担保业务;

企业内部控制应用指引第 13 号——业务外包;

企业内部控制应用指引第 14 号——财务报告;

企业内部控制应用指引第 15 号——全面预算;

企业内部控制应用指引第 16 号——合同管理;

企业内部控制应用指引第 17 号——内部信息传递;

企业内部控制应用指引第 18 号——信息系统;

企业内部控制评价指引;

企业内部控制审计指引。

3.5　本章小结

本章分别对 COSO 委员会的 IC-IF、ERM-IF 的体系和内容做了简介。ERM-IF 报告明确指出它是 IC-IF 的深化。

由于这两个框架要考虑到适应各种类型的企业组织，所以在行文上比较抽象，尽量避免具体管理领域的特殊术语。这为理解造成了一定的困难，但是这两个框架穿插着给出了很多的小案例，这些案例有助于加深对框架的内容理解。

本章还对国资委和五部委（财政部、中国证监会、审计署、中国银监会和中国保监会）两个口径提出的全面风险管理框架与企业内部控制基本规范进行了解读。前者的应用对象是央企，后者的应用对象是上市公司。这两个框架分别对应了 COSO 的两个框架，表明中国在企业内部控制和风险管理的规范层面正在向国际接轨。

第4章 交通企业内部控制和风险管理现状分析

4.1 本章研究的行业背景

本章先后开展了两次问卷调研，发放问卷 520 份，发放的范围为广东省交通集团下属一些二级单位、三级单位，经营领域覆盖高速公路投资建设（业主单位）、施工与项目管理（施工单位）、营运（营运单位）、养护（养护单位）和公路运输（运输单位），基本上涵盖了高速公路产业链。

第一次调查涵盖实业投资及其下属公司、广东省揭惠高速公路筹建处（以下简称揭惠管理处）、广东南粤物流股份有限公司（以下简称南粤物流）、广东省汽车运输集团有限公司（以下简称省汽运）、广东晶通公路工程建设集团有限公司（以下简称晶通）；第二次调研扩大到广东省高速公路有限公司、省建设公司和路桥公司。

本书将高速公路建设、施工、营运和养护领域的企业统称为高速公路企业，加上管理运输、物流，则统称为交通企业。

4.1.1 广东省交通集团有限公司及下属系统企业背景

广东省交通集团是经广东省省委、省政府批准组建的大型国有资产授权经营有限责任公司，于 2000 年 6 月 28 日挂牌成立，总部设在广州市，以高速公路投资、建设与经营以及汽车运输与现代物流为主导产业，兼营与高速公路主业相关的公路工程施工、科研设计和监理的国有大型企业集团。截至 2015 年底，广东省交通集团注册资本为 268 亿元，总资产为 3 247 亿元；拥有全资、控股二级企业 15 家，所属二级及以下企业总数 168 家，企业拥有员工 5 万多人。

截至 2015 年底，广东省交通集团累计完成高速公路投资超过 3 000 亿元，投资、管理的高速公路通车里程为 4 674 千米，约占全省通车里程 7 018 千米的 67%。集团汽运板块客车 8 847 台，过境货车 461 台，汽车客运量年均 37 723 万人次，客车数占全省总数的 13%。

在高速公路建设发展态势上，截至 2015 年底，在广东已建成 7 018 千米。《珠江三角洲五个一体化规划实施中期评估报告》显示，截至 2013 年底，珠江三角洲区域内高速公路总里程达到 3 407 千米、密度达 9.36 公里/百平方公里，超过纽约、东京和巴黎都市圈。

但在珠江三角洲之外，却呈现出另一番景象。南方网报道，截至 2013 年 7 月，粤东西北地区高速公路通车里程为 2 215 千米，占广东省的 40.1%。广东省还有 11 个县没通高速公路。这说明广东省高速公路建设发展在地域分布上不平衡。

根据《广东省 2013 年至 2017 年高速公路建设计划》，2016~2017 年，广东省将新建成高速公路 1 300 千米，2007 年底，广东省高速公路通车里程将达到 8 140 千米，在 2017 年以后的中远期，还将建设一系列新的高速公路项目，这些项目建成后，广东省将形成以珠江三角洲为核心，以沿海为扇面，以主要城市（港口）为龙头，向山区和内陆地区辐射的高速公路网布局，高速公路里程将达到 11 570 千米，居全国第一。

根据交通运输部公布的《2013 年全国收费公路统计公报》，截至 2013 年底，我国收费公路里程为 15.65 万千米，约占公路总里程 435.62 万千米的 3.6%。其中，高速公路为 10.04 万千米。从数量上看，我国高速公路里程位居全世界第一，超过了世界第 3 名至第 10 名的高速公路里程总和。

广东省交通集团组织架构图如图 4-1 所示。

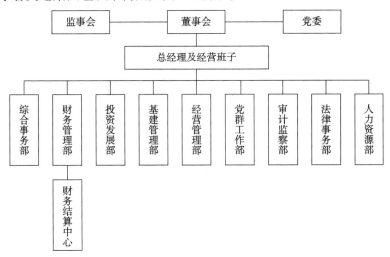

图 4-1　广东省交通集团组织架构图

4.1.2　交通企业风险初步分析

高速公路属于投资规模大、经营周期长、涉及各方面利益主体的基础建设领域，在该产业链内各环节的企业具有自身的行业特性，在分析调研数据之前，先初步分析其风险特征。

1. 外部风险

（1）市场风险。对交通企业而言，作为高速公路的建设者，在高速公路的建设期需要投入大量资本，运营期高速公路的通行费收入则是其资本回收的主要来源。高速公路的通行费与车流量有关，车流量又取决于交通运输行业和社会人均汽车保有量，而这两者均与宏观经济整体状况以及国民经济发展水平密切相关。

（2）政策风险。国家政策的变化主要影响交通企业的通行费收费标准和期限。以收费标准调整风险为例，2010年，广东省收费公路共收费354多亿元，还贷额为183多亿元，表面上看来，高速公路企业应该是收费用于还贷之外可获得盈利，但实际上，在扣除养护支出、运营管理支出、税费支出、折旧或摊销及其他支出等项目之后，交通企业反而亏了约31.7亿元。其中比较大的原因是政府出资部分的收费公路已经取消收费，这导致收费总额大大减少，所以在总体运营成本变化不大的前提下，企业总盈利自然大大减少。同样，国家政策对高速公路收费标准的调整也会影响交通企业资本回收周期的长短，从而在一定程度上使总通行费用收入减少。

根据交通运输部公布的《2013年全国收费公路统计公报》，2013年，我国收费公路车辆通行费总收入为3 652亿元，支出总额为4 313亿元，亏损额度达到661亿元。据了解，自2011年，我国高速公路亏损额度不断加大。2010年，我国收费公路收支平衡结果为盈余32亿元。2011~2013年，我国收费公路收支平衡结果依次为-323亿元、-566亿元和-661亿元。

（3）行业竞争风险。过去，高速公路一直以其快速、省时而成为交通运输行业的领先者，但近年来，随着经济社会的发展，不仅交通运输方式越来越多样化，高铁、动车和城际轻轨等新型交通方式相继出现，而且火车、空运的价格大幅度降低。如此严峻的行业竞争现状对高速公路的车流量而言是一个极大的挑战，这将直接影响交通企业的通行费收入。

2. 内部风险

（1）经营风险。交通企业的经营风险主要来自两方面：一是资本回收途径单一，对大多数交通企业而言，通行费是其资本回收的主要途径，而通行费本身又与国家政策、宏观经济等多方面因素有关，无论是收费标准还是收费期限都存在一定的不确定性，这就大大增加了交通企业在运营阶段的风险；二是成本风险，主要包括高速公路的养护成本和管理成本，近年来，这两项成本已成为许多交通企业亏损的重要诱因。

（2）财务风险。目前，高速公路建设的资金来源主要有两个：一是政府和社会资金；二是交通企业自身贷款。这就意味着高速公路企业在建设期完成之后，如果经营不善，则易导致债务危机，进而面临一定的财务风险。

（3）投资风险。这主要是由交通企业在不断发展壮大过程中所参与的项目投资活动而产生的风险，投资活动总是伴随着风险，而对交通企业而言，其主营业务资金需求量巨大。所以一旦投资失误，将导致现金流大量流失，则会对企业造成致命的损伤。

（4）安全风险。与其他建设项目不同的是高速公路的建设常常是跨领域，因而如果在建设期或者运营期由于监控不全面或施工及管理人员自身安全意识缺失而造成安全风险事故，这将给交通企业带来极大的损失。

3. 风险管理存在问题的预分析

在设计调查问卷之前，笔者分别走访了一些交通企业，初步梳理出它们对企业风险管理现状和问题的认识。

1）风险管理组织架构有待完善

广东省属省交通企业在经过改革之后，目前基本推行项目法人化的市场管理模式。而且交通企业规模不断扩大，企业的组织架构、职责分配也日渐清晰，但是大多数交通企业在风险管理方面还存在很多缺陷。以广东省交通集团为例，其旗下的广东省高速公路有限公司、高速公路发展股份有限公司、南粤物流股份有限公司、公路建设有限公司和交通实业投资公司五家公司，仅高速公路发展股份有限公司和南粤物流股份有限公司单独设立了风险管理委员会，而根据 2006 年国资委颁布的《中央企业全面风险管理指引》，有条件的企业要设立专业的风险管理委员会。由此可见，广东省交通企业在风险管理方面的组织架构仍有待完善。

2）风险管理意识有待提高

随着交通企业发展规模的不断扩大，业务范围不断延伸，所面临的风险也日益增加。但大多数的高速公路企业还没有建立起相应的风险评估和应对机制，导致企业对风险的敏感度低，进而给企业带来损失。除此之外，有的交通企业尽管具备一定的风险敏感度，但是对风险的认识还停留在单侧风险的理念上，仅仅看到风险的负面影响，而不能抓住风险所带来的机遇。

3）内部控制制度落实不到位

广东省交通企业在内部控制方面大致有两种情形：一是内部控制机制还不健全，有待完善；二是制度完善，但在规章制度的实施上往往以人的意志为首要考虑条件，大大削弱了内部控制的执行力度，无法为企业风险管理提供有力保证。

4）企业信息系统有待提升

交通企业的建设和经营活动面临内外部多方面的风险，这就要求企业建立完备的信息采集和分析系统，使企业内各层次不同部门的员工都能及时了解与企业经营活动相关的财务和非财务信息，从而在面临风险时及时做出反应。

5）交通企业缺乏风险管理流程，或者不系统

所走访的企业普遍认为，目前设计风险管理的关键业务流程不系统，或者仍在构建中。

基于上面的走访，笔者设计了调查问卷，并且进行了大面积的调查和文件整理分析。

4.2　调研数据分析

为建立模型，开展定量分析，本书先后开展了两次问卷调研，发放问卷 520份，发放的范围为广东省交通集团下属一些二级单位、三级单位，经营领域覆盖高速公路投资建设（业主单位）、施工与项目管理（施工单位）、营运（营运单位）、养护（养护单位）和公路运输（运输单位），基本上涵盖了高速公路产业链。

4.2.1　调研情况说明

本次调研主要是以广东省交通集团旗下单位（南粤物流、省汽运）及其第二子公司或控股、参股公司［广东恒建高速公路发展有限公司（以下简称恒建公司）、广东揭惠高速公路管理处以及广东晶通公路工程建设集团有限公司下属的部分企业］为调研对象，并通过问卷调查的方式了解企业的风险管理意识和内部控制现状，分析其风险产生的来源，并为其风险管理提出改进建议。

【备注】截至 2014 年底，南粤物流已改名为广东粤运交通股份有限公司，但是考虑到调研是在改名之前完成的，为确保学术研究的严谨性，本小节仍然采用原名。

本次调研共发放问卷 325 份，共回收并统计妥当的公司及问卷数如表 4-1 所示。

表 4-1　调查问卷发放情况统计（单位：份）

交通企业	问卷发放份数	问卷回收份数	有效问卷份数
南粤物流	60	43	43
省汽运	40	40	38
恒建公司	30	27	23
揭惠管理处	20	15	15
晶通部分下属企业	75	58	46

4.2.2　广东省南粤物流股份有限公司内部控制调查

1. 广东省南粤物流股份有限公司概况

南粤物流是广东省交通集团旗下从事提供综合物流服务和高速公路相关服务的股份制现代物流企业，注册资本为 417 641 867.00 元，2002 年 12 月被评为广东省政府重点扶持的现代物流龙头企业之一；2005 年 11 月，在中国物流与采购联合会开展的年度中国物流企业 50 强排行榜中位列第 10 位。2013 年 4 月之后，在整合广东省企业运输集团有限公司的基础上，南粤物流更名为"广东粤运交通股份有限公司"，由于研究调研开展期间尚未整合和更名，所以本书仍沿用"南粤物流"这一名称。

2. 企业内部控制与风险管理意识调查

1）企业对内部控制/风险管理的重视程度

将表 4-2 和表 4-3 进行比较可以看出，仅不到 30%的员工企业认为有内部控制系统且导入相关管理措施，65.10%的员工认为内部控制措施只有个别得到有效实施，由此可见，尽管企业已制定了内部控制措施，但是缺乏一定的执行力度。这就很好地解释了员工在对企业内部控制措施的执行给其内部控制管理所带来的内部控制变化评价上。

表 4-2　企业针对内部控制管理的措施制定状况（一）

制定状态	没有	有，但只是个别实施	有，且系统导入	有，完善导入，且有效	未评议	总计
人数/人	1	28	12	1	1	43
比例/%	2.30	65.10	28.00	2.30	2.30	100

表 4-3　员工对内部控制管理变化效果的评价

评价级别	没有效果	效果不显著	效果比较好	效果很好	未评议	总计
人数/人	4	23	8	4	4	43
比例/%	9.3	53.5	18.6	9.3	9.3	100

另外，只有 9.3%的员工认为在措施执行之后企业内部控制管理有很好的改善，一半以上的员工觉得内部控制状态一般，内部控制措施的执行未给其管理带来明显的改善。

2）企业员工的风险管理素养

企业员工参与内部控制/风险管理培训的状况如表 4-4 所示。

表 4-4　企业员工参与内部控制/风险管理培训的状况（一）

培训效果		没有	有，但没什么用	有，但效果一般	有，效果很好	未评议	总计
风险管理	人数/人	4	9	23	5	2	43
	比例/%	9	21	53	12	5	100
内部控制	人数/人	13	19	5	5	1	43
	比例/%	30	44	12	12	2	100

企业员工对内部控制、风险管理相关框架的了解程度如表 4-5 所示。

表 4-5　企业员工对内部控制、风险管理相关框架的了解程度（一）

了解程度	不了解	大概了解	比较了解	很了解	未评议	总计
人数/人	24	6	11	1	1	43
比例/%	56	14	26	2	2	100

从企业员工的风险管理素养状况可以看出，53%的企业员工认为所参加的培训活动实际效果一般，此外没有参加或参加且认为没有实际效用的占30%，认为切实有效的仅占12%。调查还发现，在参加过培训的人员中，74%的员工仅参加过两次及以下培训，参加过 3 次或 3 次以上的仅有 24%的员工。

而从员工对内部控制及风险管理知识的认识中不难发现，真正了解内部控制及风险管理的仅占2%，70%的员工对内部控制及风险管理的知识非常陌生。就此而言，企业应加强员工的风险管理素养，在最大范围内普及风险管理基本知识，为每个员工提供接受风险管理培训的机会，不断提供员工的风险意识。

3. 企业内部控制现状分析

1）控制环境

企业岗位权责分配状况如表 4-6 所示。

表 4-6　企业岗位权责分配状况（一）

状况	不清晰	主要岗位清晰，其余岗位模糊	全部岗位比较清晰	全部岗位清晰	总计
人数/人	7	24	8	4	43
比例/%	16	56	19	9	100

观察表 4-6 可以看出，仅 28%的员工认为其岗位权责分配是清晰的，72%的员工认为其岗位权责分配是不清晰或是主要岗位清晰、其余岗位模糊。这说明企业大多数员工对自己所承担的职业责任认识比较模糊，企业的权责分配仍需大大改善。

从表 4-7 看出，67.5%的员工对目前的公司治理能否满足风险管控的要求持怀疑态度，其中 53.5%的员工认为企业正在谋求改进措施，而 14.0%的员工认为企业管理层还没有改革意识。由此可见，企业现行的组织架构需要进行改革，从而达到适应风险管理的要求。

表 4-7　企业组织架构能否满足风险管控的要求（一）

状况	不满足，没有变革的迹象	不满足，但正在谋求变革	比较满足	满足	总计
人数/人	6	23	10	4	43
比例/%	14.0	53.5	23.3	9.3	100

表 4-8 的统计数据表明，企业对子公司的管理力度亟须进一步加强，仅有 16.3%的员工表示认可，81.4%的员工认为企业在未来需提高对子公司的管理水平。

表 4-8　对子公司的管理力度（一）

管理水平	无子公司	没有得到有效管理	管理水平一般	得到有效的管理	总计
人数/人	1	9	26	7	43
比例/%	2.3	20.9	60.5	16.3	100

表 4-9 表明，仅有 20.9%的员工认同企业的文化建设，76.8%的员工对文化建设的贯彻力度不是很满意，这说明企业文化建设在企业经营管理中并没有得到很好的重视，文化建设是企业在今后发展中需要真正重视的建设活动之一。

表 4-9　企业文化建设的开展（一）

状况	没有	有，但是贯彻不够	有，能得到认同	未评议	总计
人数/人	6	27	9	1	43
比例/%	14.0	62.8	20.9	2.3	100

由表 4-10 可知，60%的员工认为企业没有开展发展战略规划活动，有 40%的员工认为企业已经开展了战略规划活动，但是没有实施。由此可见，员工对企业战略规划活动的开展认知很模糊，这也就导致了仅有 14%的员工对企业战略规划内容比较了解。

表 4-10　战略发展（一）

开展状况	没有	没有，正在计划	有，没有实施	有，得到有效实施	总计
人数/人	7	19	17	0	43
比例/%	16	44	40	0	100
了解程度	不能准确了解	了解一些	比较了解	非常了解	总计
人数/人	11	26	6	0	43
比例/%	26	60	14	0	100

2）风险评估

从表 4-11 可以看出，企业目前面临的主要风险是法律/合规性风险、市场风险和操作风险，而环境风险也开始备受关注。

表 4-11 企业面临的主要风险（一）

风险种类	市场风险	操作风险	法律/合规性风险	信用风险	环境风险	资产、资金、流动性风险	有效问卷数
人数/人	20	11	22	4	6	4	43
比例/%	46.5	25.6	51.2	9.3	14.0	9.3	—

从表 4-12 和表 4-13 统计的企业在风险识别与分析时所用方法情况可以看出，在风险识别上，员工主要采用问卷调查法和财务报表分析法。而在风险分析上，39.5%的员工依赖于定性分析法，关键风险指标法得到 27.9%的员工青睐。而对这些风险识别和分析方法的掌握，60.5%的员工认为仅限于风险管理部门员工，认为大部分员工都熟练掌握的为 0。由此可见，企业员工熟练掌握风险识别和分析工具的能力还有待提高。

表 4-12 企业风险识别和分析技术（一）

识别使用方法	风险清单法	现场调查法	问卷调查法	流程图分析法	财务报表分析法	事故树法
人数/人	10	9	33	2	17	0
比例/%	23.3	20.9	76.7	4.7	39.5	0
分析使用方法	风险坐标法	关键风险指标法	定性分析法	其他分析法	未评议	总计
人数/人	7	12	17	4	3	43
比例/%	16.3	27.9	39.5	9.3	7.0	100

表 4-13 企业员工风险管理相关方法和工具的掌握情况（一）

掌握程度	大部分员工熟练掌握	大部分员工基本了解	仅限于风险管理部门员工掌握	大部分员工不了解	未评议	总计
人数/人	0	6	26	10	1	43
比例/%	0	14.0	60.5	23.3	2.3	100

3）控制活动

建立针对关键业务的流程有助于企业及时识别潜在的风险，从而减少损失，但从表 4-14 不难发现，65%的员工认为企业已建立系统关键业务流程而且具备系统性，但是也有 35%的员工认为公司的关键业务流程缺乏一定的系统性，这说明企业在关键业务流程建设上还有进步的空间。

表 4-14 关键业务管理流程的建立（一）

状态	没有关键业务流程	有，但是不系统	有，而且系统	总计
人数/人	0	15	28	43
比例/%	0	35	65	100

高速公路建设项目资金投资量大，因而企业的财务预算尤为重要。表 4-15 显示，虽然有 44.2%的员工认为企业的财务预算管理取得一定成效，与实际比较吻合。但也有 34.9%的员工认为财务预算制定过程不严肃，常常与实际不吻合。由此可知，企业的财务预算管理实施达到一定成效，但在实际业务活动中仍然存在不足之处，需要进步一完善。

表 4-15　财务预算管理现状（一）

状态	无财务预算管理	有，制定过程不严肃、不细致，与实际不吻合	有，与实际比较吻合	有，能与实际吻合	未评议	总计
人数/人	1	15	19	4	4	43
比例/%	2.3	34.9	44.2	9.3	9.3	100

4）信息沟通

结合表 4-16 和表 4-17 可以看出，企业的日常风险管理工作做得很不到位，无论是高层向员工汇报风险管理状况还是员工定期提交自身岗位风险状况报告，半数以上的员工对两项日常风险管理工作了解甚微。这也直接导致在面对风险时，55.8%的员工对风险应对毫无概念，能按章应对的也就只有 37.2%。由此可见，要提高员工的风险应对能力，做好日常的风险管理工作是根本。

表 4-16　企业日常风险管理工作进展状况（一）

高层向员工通报风险管理状况	1~3 个月	3~6 个月	半年以上	不清楚	总计
人数/人	4	0	6	33	43
比例/%	9.3	0	14.0	76.7	100
员工岗位风险状况报告提交	所有部门员工都要	仅风险管理部门员工需要	所有部门都不需要	不清楚	总计
人数/人	5	9	6	23	43
比例/%	14.0	20.9	14.0	53.5	100

表 4-17　员工的风险应对能力（一）

状态	应对自如	按章应对	难以招架	没有概念	总计
人数/人	1	16	2	24	43
比例/%	2.3	37.2	4.7	55.8	100

根据表 4-18 的统计结果可知，未来企业可能面临的主要风险是市场风险、政策风险和财务风险，而法律风险和安全风险依旧会对企业经营发展产生一定的影响。

表 4-18　企业未来的风险（一）

风险种类	市场风险	财务风险	安全风险	政策风险	法律风险	道德风险	自然灾害	环境保护
人数/人	33	23	16	28	21	13	14	10
比例/%	76.7	53.5	37.2	65.1	48.8	30.2	32.6	23.3

4. 调查结论综述

本次所派发的 60 份问卷中，回收问卷 43 份，企业领导层 0 份，职能部门层 10 份，主管层 15 份，业务层 16 份，岗位未填写两份。

对是否接受过内部控制理论知识培训这一问题，虽然 86.05% 的受访者表示接受过相关培训，但仅有 13.51% 的受访者认为培训效果很好。当被问到企业内部控制的工作层面时，81.40% 的受访者认为是贯穿整个企业各层面的。对企业内部控制内容，90.70% 的受访者认为内部控制不应局限于某一类岗位（如会计等）。对企业内部控制的特点，37.21% 的受访者认为内部控制是一种区别于其他管理方法的、专门的控制方法和体系。此外，18.60% 的受访者不能正确认识内部控制与风险管理的关系，62.79% 的受访者认为企业目前的内部控制状态比较有效，86.05% 的受访者认为企业内部控制管理比较重要或非常重要。对企业目前是否有针对内部控制管理的措施这一问题，39.53% 的受访者表示虽然企业比较重视，但到目前为止还没有付诸具体的实施。当问及这一问题的原因时，39.53% 的受访者认为是领导层重视不够或缺乏内部控制专业技能造成的，而认为是由于员工缺乏内部控制专业技能所占比例为 20.93%。另外，统计结果表明，超过 53% 的受访者不了解 COSO 1992 或 COSO 2004 的报告以及财政部、中国证监会、审计署、中国银监会、中国保监会于 2008 年和 2010 年发布的《企业内部控制基本规范》。

在组织架构方面，67.44% 的受访者认为现有公司治理不满足公司的风险管控要求，其中 79.31% 的受访者认为公司正在谋求变革。在权责分配方面，认为公司全部岗位责任配置清晰的受访者仅占 9.30%，认为权责很好对等的受访者比例同样为 9.30%。当问及职位描述明确风险管理职能的操作性程度时，仅有 4.65% 的受访者表示操作性比较强。在企业发展战略中对风险管控规划方面，23.26% 的受访者表示规划只是简单描述，仅有 2.33% 的受访者认为其详细且可操作。

对企业可能面临的风险，39.53% 的受访者认为企业主要面临行业共性风险，58.14% 的受访者认为企业主要面临自身经营风险。而在自身经营风险中，最被重视的前三位风险分别是法律/合规性风险，以及资产、资金、流动性风险和操作风险。针对个人岗位对风险的感知度问题，93.02% 的受访者表示可以感知到风险，其中有 10% 的受访者将风险管理作为重要工作。在部门会议或公司会议中，仅有 11.63% 的受访者参加过专门召开风险管控方面的会议，39.53% 的受访者表示经常在会议中提到风险管理。当问及员工对风险管理相关方法和工具的掌握程度时，60.47% 的受访者表示仅限风险管理部门员工熟练掌握，23.26% 的受访者表示大部分员工并不了解。

在资金管理方面，55.81% 的受访者认为企业不存在未经适当审批或越权审批的现象。在财务预算管理方面，34.88% 的受访者认为公司财务预算制定过程不严肃、不细致，与实际不吻合。在债务管理方面，69.77%的受访者认为公司债务管理状况较好。在项目管理方面，认为项目成本管理不善情况偶尔存在且比较严重的受访者占 13.95%，认为项目过程管理不善情况偶尔存在且比较严重的受访者上升到 16.28%。

在实际项目业务中，81.40%的受访者认为管理层在做决策时经常对员工强调风险管理是比较重要或重要的。当问及风险事件发生后员工的应对情况如何时，37.21%的受访者表示将按章应对，而 4.65%的受访者表示难以招架。此外，依据统计数据，在未来对公司发展有重大影响的风险按其程度降次排序为市场风险、政策风险、财务风险、法律风险、安全风险、自然灾害、道德风险和环境保护。

4.2.3　广东省汽车运输集团有限公司内部控制调查

1. 省汽车运输集团有限公司概况

省汽运是广东省交通集团的全资子公司。近年来，在广东省交通集团的正确领导和大力支持下，省汽运大力推进体制、机制、技术、管理和制度创新，全面提升企业竞争力。截至 2007 年底，省汽车运输集团公司资产总额已达 20.06 亿元，净资产为 9.36 亿元，拥有 5 家分公司、18 家子公司，9 家参股公司，其中以道路旅客运输、货物运输为主业的企业及机构有 29 家，主营业务突出。目前，省汽车运输集团公司拥有分布于香港、澳门、广州、深圳、珠海、中山、肇庆、阳江和汕头等地的客运站 21 个，拥有货运站 7 个，班车线路以广州为中心，覆盖了粤、桂、湘、闽和赣的重要城市，形成线路交织的华南快速运输网络，是广东省内外规模和实力屈指可数的大型国有公路运输企业。省汽运治理结构规范，经营管理统一、规范、有序。省汽车运输集团公司本部以精简、效能为原则，设置"七部一室"，2002 年成功导入 ISO 9001 质量管理体系标准，完善企业内部各项规章制度，明确了各部室的职责。对下属子公司、分公司和联营公司，以资产为纽带，实行母子公司的管理体制，并统一规范经营管理制度，充分体现各方面、各层次的权责及相互制衡、自我约束的管理规则和程序，并确保了省汽运经营理念与决策的有效贯彻和实施。

2. 企业内部控制与风险管理意识调查

1）企业对内部控制/风险管理的重视程度

将表 4-19 和表 4-20 比较可以看出，50%的员工认为企业就内部控制所实施的部分管理措施取得了一定的成效，并且对企业目前的内部控制状态，39.5%的员工认为内部控制是比较有效的，但是仍有一半的员工觉得内部控制状态一般。由此可见，企业所制定的内部控制措施仍存在较大的发展空间。

表 4-19　企业针对内部控制管理的措施制定状况（二）

制定状态	没有	有，但只是个别实施	有，且系统导入	有，完善导入且有效	未评议	总计
人数/人	1	19	11	6	1	38
比例/%	2.6	50.0	28.9	15.8	2.6	100

表 4-20　员工对企业内部控制状态的评价（一）

评价级别	较差	一般	比较有效	有效	总计
人数/人	0	19	15	4	38
比例/%	0.0	50.0	39.5	10.5	100

2）企业员工的风险管理素养

从企业员工的风险管理素养状况可以看出（表 4-21），55.3%的企业员工认为所参加的培训活动没有实际效果，而在参加过培训的人员中，47.4%的员工参加过 3 次或 3 次以上的培训。但从员工对内部控制及风险管理知识的认识中不难发现，尽管员工参加培训的次数不少，但是真正了解内部控制及风险管理的仅占7.9%，大部分员工对内部控制及风险管理的知识非常陌生（表 4-22）。就此而言，企业应加强员工的风险管理素养，在最大范围内普及风险管理基本知识，不断提供员工的风险管理意识。

表 4-21　企业员工参与内部控制/风险管理培训的状况（二）

培训效果	没有	有，但没什么用	有，但效果一般	有，效果很好	未评议	总计
人数/人	21	2	6	9	0	38
比例/%	55.3	5.3	15.8	23.7	0	100
培训次数	1 次	2 次	3 次	3 次以上	未评议	总计
人数/人	3	2	10	8	15	38
比例/%	7.9	5.3	26.3	21.1	39.5	100

表 4-22　企业员工对内部控制、风险管理相关框架的了解程度（二）

了解程度	不了解	大概了解	比较了解	很了解	总计
人数/人	23	12	0	3	38
比例/%	60.5	31.6	0	7.9	100

3. 企业内部控制现状分析

1）控制环境

由表 4-23 看出，60.5%的员工认为其岗位权责分配是清晰的，这说明企业大多数员工对自己所承担的职业责任有比较清晰的认识，但是也有 36.8%的员工认为岗位的权责分配清晰仅体现在主要岗位，对业务层的岗位权责分配仍需改善。

表 4-23　企业岗位权责分配状况（二）

状况	不清晰	主要岗位清晰，其余岗位模糊	全部岗位比较清晰	全部岗位清晰	总计
人数/人	1	14	18	5	38
比例/%	2.6	36.8	47.4	13.2	100

从表 4-24 可以看出，虽然有 47.4%的员工对企业先行的组织架构抱有乐观的心态，但是不可忽视的是，50.0%的员工对目前的公司治理能否满足风险管控的要求持怀疑态度，他们认为先行的组织架构需要进行改革，进而才能达到适应风险管理的要求。

表 4-24　企业组织架构能否满足风险管控的要求（二）

状况	不满足，没有变革的迹象	不满足，但正在谋求变革	比较满足	满足	未评议	总计
人数/人	8	11	14	4	1	38
比例/%	21.1	28.9	36.8	10.5	2.6	100

表 4-25 的统计数据表明，企业的子公司得到有效的管理，39.5%的员工表示认可，仅有 23.7%的员工建议企业进一步加强对子公司的管理力度。

表 4-25　对子公司的管理力度（二）

管理水平	无子公司	没有得到有效管理	管理水平一般	得到有效的管理	未评议	总计
人数/人	0	9	3	15	11	38
比例/%	0	23.7	7.9	39.5	28.9	100

表 4-26 表明，36.8%的员工认同企业的文化建设，但是 57.9%的员工对文化建设的贯彻力度不是很满意，这说明企业文化建设在一定程度上得到了重视，但是在企业今后的发展中，仍需加大贯彻力度，使员工对企业文化具有真正的归属感和认同感。

表 4-26　企业文化建设的开展（二）

状况	没有	有，但是贯彻不够	有，能得到认同	未评议	总计
人数/人	0	22	14	2	38
比例/%	0	57.9	36.8	5.3	100

2）风险评估

从表 4-27 可看出，企业目前面临的主要风险是资产、资金、流动性风险以及操作风险和市场风险,而环境风险也开始备受关注。

表 4-27 企业面临的主要风险(二)

风险种类	市场风险	操作风险	法律/合规性风险	信用风险	环境风险	资产、资金、流动性风险	项目风险
人数/人	17	24	10	5	15	26	3
比例/%	44.7	63.2	26.3	13.2	39.5	68.4	8

从表 4-28 和表 4-29 统计的企业在风险识别与分析时所用方法可以看出,在风险识别方面,39.5%的员工是通过财务报表分析法,此外,风险清单法、现场调查法、问卷调查法和流程图分析法都得到了一定的运用。在风险分析方面,42.1%的员工依赖于定性分析法,风险坐标法由于简单、直观而得到 34.2%的员工的青睐,此外,更有 23.7%的员工基本上不了解风险分析方法。而在这些了解风险分析方法的员工之中,真正熟练掌握的约为 5.3%。由此可见,风险识别的各类方法都得到一定程度的应用,但是风险分析方法过于单一,所以,企业员工熟练掌握风险分析工具的能力还有待提高。

表 4-28 企业风险识别和分析技术(二)

识别使用方法	风险清单法	现场调查法	问卷调查法	流程图分析法	财务报表分析法	事故树法	有效问卷数
人数/人	11	13	9	9	15	0	38
比例/%	28.9	34.2	23.7	23.7	39.5	0	
分析使用方法	风险坐标法	关键风险指标法	定性分析法	未评议	有效问卷数		
人数/人	13	10	16	11	38		
比例/%	34.2	26.3	42.1	28.9			

表 4-29 企业员工风险管理相关方法和工具的掌握情况(二)

掌握程度	大部分员工熟练掌握	大部分员工基本了解	仅限于风险管理部门员工掌握	大部分员工不了解	未评议	总计
人数/人	2	3	29	3	1	38
比例/%	5.3	7.9	76.3	7.9	2.6	100

3)控制活动

建立针对关键业务的流程有助于企业及时识别潜在的风险,从而减少损失,但从表 4-30 不难发现,63.2%的员工认为企业虽然已建立关键业务流程,但是系统性不足,所以无法为企业风险管理提供有力保证。

表 4-30　管理流程的建立（一）

状态	没有关键业务流程	有，但是不系统	有，而且系统	未评议	总计
人数/人	0	24	10	4	38
比例/%	0	63.2	26.3	10.5	100

高速公路建设项目资金投资量大，因而企业的财务预算尤为重要。表 4-31 和表 4-32 显示，企业虽然制定了财务预算管理委员会，但是由于预算在制定过程中没有切合实际，往往与实际情况相背离，所以企业存在一定的财务风险。而由表 4-32 可以看出，这其中主要的原因是企业仅设立职能部门预算委员会，但未设立决策层面的预算委员会，这将对今后企业的经营发展带来不利影响，特别是随着企业规模的不断壮大，不利影响会更加突出。

表 4-31　财务预算管理现状（二）

状态	无财务预算管理	有，制定过程不严肃、不细致，与实际不吻合	有，与实际比较吻合	有，能与实际吻合	总计
人数/人	1	22	7	8	38
比例/%	2.6	57.9	18.4	21.1	100

表 4-32　财务预算职能委员会/机构的建立（一）

状况	无	有决策层面的预算委员会	有职能部门的预算委员会	两者都有	总计
人数/人	2	4	24	8	38
比例/%	5.3	10.5	63.2	21.1	100

企业的项目过程管理主要是指高速公路的养护工作，由表 4-33 可知，企业的项目过程管理不善现象发生概率比较小或者不严重，造成极大损失的可能性较小。

表 4-33　项目过程管理（一）

管理不善现象	不清楚	没有或不严重	偶尔有且严重	经常有，严重	未评议	总计
人数/人	8	19	7	0	4	38
比例/%	21.1	50.0	18.4	0	10.5	100

4）信息沟通

结合表 4-34 和表 4-35 可以看出，企业高层的日常风险管理工作做得比较到位，76.3%的员工反映高层管理者有定期向员工通报风险管理状况。但是就员工自身而言，44.7%的员工反映仅风险管理部门的员工需要定期向上级提交与其岗位相关的风险状况报告，仅 15.8%的员工认为所有部门均有该项要求。正因为如此，只有 18.4%员工在风险应对时能应对自如，半数以上的员工只能按照企业的风险管理制度应对，10.5%的员工感到难以招架。由此可见，将风险管理融入员工的日常工作中对提高员工的风险应对能力意义重大。

表 4-34 企业日常风险管理工作进展状况（二）

高层向员工通报风险管理状况	1~3 个月	3~6 个月	半年以上	不清楚	总计
人数/人	12	17	0	9	38
比例/%	31.6	44.7	0	23.7	100
员工岗位风险状况报告提交	所有部门员工都要	仅风险管理部门员工需要	所有部门都不需要	不清楚	总计
人数/人	6	17	10	5	38
比例/%	15.8	44.7	26.3	13.2	100

表 4-35 员工的风险应对能力（二）

状态	应对自如	按章应对	难以招架	没有概念	总计
人数/人	7	21	4	6	38
比例/%	18.4	55.3	10.5	15.8	100

根据表 4-36 可知，在未来，企业可能面临的主要风险是财务风险、法律风险、市场风险和政策风险，而自然灾害、安全风险和道德风险依旧会对企业经营发展产生一定影响。

表 4-36 企业未来的风险（二）

风险种类	市场风险	财务风险	安全风险	政策风险	法律风险	道德风险	自然灾害	环境保护
人数/人	13	19	7	13	19	10	9	6
比例/%	34.2	50.0	18.4	34.2	50.0	26.3	23.7	15.8

4. 调查结论综述

本次调研所派发的 40 份问卷得到该公司的重视，因此能够全部回收，包括企业领导层 4 份，职能部门层 4 份，主管层 17 份，业务层 13 份，无效问卷两份。

对是否接受过内部控制理论知识培训这一问题，企业中有超过一半的人从未接受过相关理论培训（21/38）。其中，仅有 23.68%的受访者认为培训效果很好。值得注意的是，对企业至关重要的领导层尽管均接受过相关培训，但却全部认为培训效果一般。这一数据表明，省汽运内部控制培训范围较窄，培训只集中于上层管理人员，且培训效果不尽如人意。

当被问到企业内部控制的工作层面时，76.32%的受访者认为是贯穿整个企业各层面的。对企业内部控制内容，71.05%的受访者认为内部控制不应局限于某一类岗位（如会计等）。对企业内部控制的特点，100%的领导层认为内部控制是一种专门的控制方法和体系，而92.31%的业务层却不这样认为，二者观点迥异。此外，23.68%的受访者不能正确认识内部控制与风险管理的关系，63.16%的受访者认为企业目前的内部控制状态一般，但令人欣慰的是，企业中认为内部控制管理比较重要或非常重要的人数占总人数的100%。对企业目前是否有针对内部控制管理的措施这一问题，78.95%的受访者表示虽然企业比较重视，但目前为止还没有付诸具体的实施。当问及这一问题的原因时，57.89%的受访者认为是领导层缺乏内部控制专业技能造成的。另外，统计结果表明，57.89%的受访者不了解COSO 1992或COSO 2004的报告，44.74%的受访者不了解财政部、中国证监会、审计署、中国银监会和中国保监会于2008年及2010年发布的《企业内部控制基本规范》。

在组织架构方面，50%的受访者认为现有公司治理不满足公司的风险管控要求，其中57.89%的受访者认为公司正在谋求变革。对子/分公司的管理，57.89%的受访者认为子/分公司没有得到母公司有效的管理，但却有63.16%的受访者认为子公司自身治理结构完善或即使存在问题也不严重。在权责分配方面，认为公司全部岗位责任配置清晰的受访者仅占13.16%，而认为权责能够很好地对等的受访者比例更低，仅占7.89%。当问及职位描述明确风险管理职能的操作性程度时，仅有36.84%的受访者表示操作性比较强。在企业发展战略中对风险管控规划方面，仅有7.89%的受访者表示规划详细且可操作。

对企业可能面临的风险，76.32%的受访者认为企业主要面临行业共性风险，23.68%的受访者认为主要面临自身经营风险。而在自身经营风险中，最被重视的3类风险分别是资产、资金、流动性风险，以及操作风险与市场风险。针对个人岗位对风险的感知度问题，86.84%的受访者表示可以感知到风险，其中有45.45%的受访者将风险管理作为重要工作。在部门会议或公司会议中，无受访者参加过专门召开风险管控方面的会议，仅有10.53%的受访者表示经常在会议中提到风险管理。当问及员工对风险管理相关方法和工具的掌握程度时，73.68%的受访者表示仅限风险管理部门员工熟练掌握。

在资金管理方面，52.63%的受访者认为企业偶尔存在未经适当审批或越权审批的现象。在财务预算管理方面，57.89%的受访者认为公司财务预算制定过程不严肃、不细致，与实际不吻合。在债务管理方面，71.05%的受访者认为公司债务管理较好或得到有力管理。在项目管理方面，认为项目成本管理不善情况偶尔存在且比较严重的受访者占15.79%，而认为项目过程管理不善情况偶尔存在且比较严重的受访者比例较上一数据增幅约为一倍，占28.95%，可以看出，省汽运在项目运营期风险暴露的隐患较建设期更大。

在实际项目业务中，仅有 39.47% 的受访者认为管理层在做决策时经常对员工强调风险管理是比较重要或重要的。当问及风险事件发生，员工的应对情况如何时，55.26% 的受访者表示将按章应对，而 10.52% 的受访者表示难以招架。此外，依据统计数据，未来对公司发展有重大影响的风险按其程度降次排序为财务风险和法律风险（两者并列）、市场风险、政策风险、安全风险和道德风险（二者并列）、自然灾害及环境保护。

4.2.4　恒建高速公路发展有限公司内部控制调查

1. 恒建高速公路发展有限公司概况

恒建公司隶属于广东省交通集团，成立于 1996 年，是广东交通实业投资公司全资子公司，注册资本为 5 000 万元，经营范围如下：高速公路的投融资、建设、养护及相关产业的开发；市政公用工程、建筑装饰工程、混凝土预制构件工程、建筑物结构补强工程、园林绿化工程施工；技术进出口；等等。目前，恒建公司共有员工 85 人，其中高级职称 1 人，中级职称 10 人，初级职称 8 人，已经组建了综合事务部、财务部、工程技术部、经营拓展部和广东西部沿海高速公路营运有限公司（以下简称西部沿海）养护管理处、梅河高速公路养护管理处、机械施工管理处等部门与机构。恒建公司曾荣获"2004—2006 年省交通集团系统先进集体"和 2012 年广东省"安康"杯安全班组竞赛优胜奖。

2. 企业内部控制与风险管理意识调查

1）企业对内部控制/风险管理的重视程度

结合表 4-37 和表 4-38 不难看出，目前过半数的员工认为企业就内部控制所实施的部分管理措施取得了一定的成效。但是，对企业目前的内部控制状态，不到三分之一的员工认为内部控制是比较有效的，仍有 65.2% 的员工认为内部控制状态一般。由此可见，不断完善内部控制措施将是企业未来亟须完成的工作。

表 4-37　企业针对内部控制管理的措施制定状况（三）

制定状态	没有	有，但只是个别实施	有，且系统导入	有，完善导入且有效	总计
人数/人	3	15	5	0	23
比例/%	13.0	65.2	21.7	0	100

表 4-38 员工对企业内部控制状态的评价（二）

评价级别	较差	一般	比较有效	有效	总计
人数/人	3	15	5	0	23
比例/%	13.0	65.2	21.7	0	100

2）企业员工的风险管理素养

从企业员工的风险管理素养培训现状可以看出（表 4-39），39.1%的企业员工没有参加过内部控制及风险管理培训，半数以上员工参加过培训，但是仅有 13.0%的员工认为培训效果很好。而在参加过培训的人员中，30.4%的员工仅参加过 1 次培训，39%的员工参加过两次或两次以上的培训。而从员工对内部控制及风险管理知识的认识中可以看出（表 4-40），73.9%的员工并不了解内部控制，比较了解内部控制及风险管理的仅占 4.3%。所以，企业在培养员工的风险管理意识过程中，不仅要创造更多的培训机会，同时要提高培训质量，使内部控制及风险管理基本知识得到普及。

表 4-39 企业员工参与内部控制/风险管理培训的状况（三）

培训效果	没有	有,但没什么用	有,但效果一般	有,效果很好	未评议	总计
人数/人	9	4	5	3	2	23
比例/%	39.1	17.4	21.7	13.0	8.7	100
培训次数	1 次	2 次	3 次	3 次以上	未评议	总计
人数/人	7	3	3	3	7	23
比例/%	30.4	13.0	13.0	13.0	30.4	100

表 4-40 企业员工对内部控制、风险管理相关框架的了解程度（三）

了解程度	不了解	大概了解	比较了解	很了解	总计
人数/人	17	5	1	0	23
比例/%	73.9	21.7	4.3	0	100

3. 企业内部控制现状分析

1）控制环境

从表 4-41 看出，56.5%的员工认为目前的公司治理不能满足风险管控的需要，但是他们也相信经过企业的变革，日后企业的组织架构会日渐达到风险管控的要求。

表 4-41　企业组织架构能否满足风险管控的要求

状况	不满足，没有变革的迹象	不满足，但正在谋求变革	比较满足	满足	总计
人数/人	3	13	5	2	23
比例/%	13.0	56.5	21.7	8.7	100

由表 4-42 可以看出，对于企业制度建设，34.8%的员工认为制度虽然已经建立，但是系统性不强，过于分散。所以，企业的制度建设需要不断提高系统性。

表 4-42　制度建设

建设状况	没有	有，但是不系统	比较系统完整	系统、完整	未评议	总计
人数/人	1	8	8	5	1	23
比例/%	4.3	34.8	34.8	21.7	4.3	100

根据实际资料可知，企业内部设有财务处，没有独立设立内审部门。而从调查数据统计可知，员工对内部审计是否设立并不是非常确定，这说明员工对内部审计部门非常陌生，一方面可能是由于员工对内部审计概念认识不清，另一方面则是由于企业的内部审计并没有发挥应有的效用，形同虚设，进而员工对其并不了解（表 4-43）。

表 4-43　内部审计

建设状况	没有	有内审岗位，但是无内审部门	有内审部门，与财务部门合在一起	有专设的内审部门	未评议	总计
人数/人	9	4	6	2	2	23
比例/%	39.1	17.4	26.1	8.7	8.7	100

表 4-44 表明，高达 91.3%的员工认可企业的文化建设，但是 65.2%的员工对文化建设的贯彻力度不是很满意，这说明企业文化建设在一定程度上得到了重视，所以在企业今后的发展中需加大贯彻力度，使员工对企业文化具有真正的归属感和认同感。

表 4-44　企业文化建设的开展（三）

状况	没有	有，但是贯彻不够	有，能得到认同	总计
人数/人	2	15	6	23
比例/%	8.7	65.2	26.1	100

从表 4-44 和表 4-45 可知，企业目前有开展发展战略规划，但是没有切实的实施。所以员工对其战略规划内容并不了解，仅 13.0%的员工比较了解。

表 4-45　战略发展（二）

开展状况	没有	没有，正在计划	有，没有实施	有，得到有效实施	未评议	总计
人数/人	1	1	18	2	1	23
比例/%	4.3	4.3	78.3	8.7	4.3	100
了解程度	不能准确了解	了解一些	比较了解	非常了解	未评议	总计
人数/人	4	15	3	0	1	23
比例/%	17.4	65.2	13.0	13.0	4.3	100

2）风险评估

从表 4-46 可以看出，企业目前面临的主要风险是资产资金、流动性风险以及项目风险和市场风险，而法律/合规性风险和信用风险也同样不容忽视。

表 4-46　企业当前面临的主要风险（一）

风险种类	市场风险	操作风险	法律/合规性风险	信用风险	环境风险	资产、资金、流动性风险	项目风险
人数/人	8	5	4	4	3	6	9
比例/%	34.8	21.7	17.4	17.4	13.0	26.1	39.1

从表 4-47 和表 4-48 统计的企业在风险识别和分析时所用方法可以看出，在风险识别方面，52.2%的员工是通过现场调查法进行分析的，34.8%的员工运用财务报表分析法，30.4%的员工采用问卷调查法，此外，风险清单法、流程图分析法和事故树分析法都得到了一定的运用。在风险分析方面，39.1%的员工依赖于定性分析法，关键风险指标法得到 30.4%的员工青睐，此外，更有 21.7%的员工基本上不了解风险识别方法。而在这些了解风险识别和分析方法的 60.8%的员工之中，真正熟练掌握的约为 4.3%。由此可见，企业员工在风险识别上方法运用比较全面，但是风险分析方法过于单一，对定量分析了解不深，所以，在未来，企业员工应该进一步完善自身风险识别和分析的能力。

表 4-47　企业风险识别和分析技术（三）

识别使用方法	风险清单法	现场调查法	问卷调查法	流程图分析法	财务报表分析法	事故树分析法
人数/人	4	12	7	1	8	1
比例/%	17.4	52.2	30.4	4.3	34.8	4.3
分析使用方法	风险坐标法	关键风险指标法	定性分析法	未评议	总计	
人数/人	2	7	9	5	23	
比例/%	8.7	30.4	39.1	21.7	100	

表 4-48　企业员工风险管理相关方法和工具的掌握情况（三）

掌握程度	大部分员工熟练掌握	大部分员工基本了解	仅限于风险管理部门员工掌握	大部分员工不了解	未评议	总计
人数/人	1	3	11	7	1	23
比例/%	4.3	13.0	47.8	30.4	4.3	100

3）控制活动

建立针对关键业务的流程有助于企业及时识别潜在的风险，从而减少损失，但从表 4-49 不难发现，65.2%的员工认为企业虽然已建立关键业务流程，而26.1%的员工认为企业并没有建立管理流程，由此可见，企业针对关键业务所制定的管理流程不但系统性不足，而且落实不到位，进而无法为企业风险管理提供有力保证。

表 4-49　管理流程的建立（二）

状态	没有关键业务流程	有，但是不系统	有，而且系统	未评议	总计
人数/人	6	15	1	1	23
比例/%	26.1	65.2	4.3	4.3	100

高速公路建设项目资金投资量大，因而企业的财务预算尤为重要。表 4-50 和表 4-51 显示，正因为企业设立了决策层面和职能部门的财务预算管理委员会，才使企业在预算制定过程中切合实际，降低企业财务风险发生的概率。

表 4-50　财务预算管理

财务预算管理不善	无财务预算管理	有，但制定过程不严肃、不细致，与实际不吻合	有，与实际比较吻合	有，能与实际吻合	未评议	总计
人数/人	1	4	10	2	6	23
比例/%	4.3	17.4	43.5	8.7	26.1	100

表 4-51　财务预算职能委员会/机构的建立（二）

状况	无	有决策层面的预算委员会	有职能部门的预算委员会	两者都有	未评议	总计
人数/人	2	5	7	8	1	23
比例/%	8.7	21.7	30.4	34.8	4.3	100

企业的项目过程管理主要是指高速公路的养护工作，由表 4-52 可知，企业的项目过程管理不善现象发生概率比较小或者不严重，造成极大损失的可能性较小。

表 4-52 项目过程管理（二）

管理不善现象	不清楚	没有或不严重	偶尔有且严重	经常有，严重	总计
人数/人	10	13	0	0	23
比例/%	43.5	56.5	0	0	100

4）信息沟通

结合表 4-53 和表 4-54 可以看出，企业的日常风险管理工作有待改善，在高层管理者方面，47.8%的员工反映部门管理层有定期通报风险管理现状，但同时有 47.8%的员工对这项工作了解甚微，由此可见，企业内部高层管理者的日常风险管理工作并没有在企业全范围内开展。对员工自身而言，60.9%的员工对员工需要定期向上级提高与其岗位相关的风险状况报告这项工作感到陌生。这也就很好地解释了在面临风险时，只有 21.7%的员工能应对自如，34.8%的员工可以按照企业的风险管理制度应对，8.7%的员工感到难以招架，更有 21.7%的员工对风险应对没有任何了解。由此可见，将风险管理融入企业各个部门的日常经营活动中，有利于各部门在风险产生时及时做出正确的反应。

表 4-53 企业日常风险管理工作进展状况（三）

高层向员工通报风险管理状况	1~3 个月	3~6 个月	半年以上	不清楚	未评议	总计
人数/人	0	5	6	11	1	23
比例/%	0	21.7	26.1	47.8	4.3	100
员工岗位风险状况报告提交	所有部门员工都要	仅风险管理部门员工需要	所有部门都不需要	不清楚	未评议	总计
人数/人	6	2	0	14	1	23
比例/%	26.1	8.7	0	60.9	4.3	100

表 4-54 员工的风险应对能力（三）

状态	应对自如	按章应对	难以招架	没有概念	未评议	总计
人数/人	5	8	2	5	3	23
比例/%	21.7	34.8	8.7	21.7	13.0	100

根据统计结果可知，在未来企业可能面临的主要风险是市场风险、安全风险和自然灾害，而财务风险和政策风险依旧会对企业经营发展产生一定的影响（表 4-55）。

表 4-55　企业未来的风险（三）

风险种类	市场风险	财务风险	安全风险	政策风险	法律风险	道德风险	自然灾害	环境保护
人数/人	16	9	15	8	4	2	11	2
比例/%	69.6	39.1	65.2	34.8	17.4	8.7	47.8	8.7

4. 调查结论综述

本次调研共派发问卷 30 份，回收 27 份，包括企业领导层 1 份，职能部门层 6 份，主管层 11 份，业务层 5 份，无效问卷 4 份。

对是否接受过内部控制理论知识培训这一问题，39.13% 的受访者表示从未参加过相关培训，而在参与过相关培训的受访者中，只有 33.33% 的受访者表示培训效果较好。当被问到企业内部控制的工作层面时，82.61% 的受访者认为内部控制应贯穿整个企业各个层面。对企业内部控制内容，56.52% 的受访者认为内部控制不应局限于某一类岗位（如会计等）。对企业内部控制的特点，60.87% 的受访者认为内部控制是一种区别于其他管理方法的、专门的控制方法和体系。此外，30.43% 的受访者不能正确认识内部控制与风险管理的关系，82.61% 的受访者认为企业目前的内部控制状态一般，86.96% 的受访者认为企业内部控制管理比较重要或非常重要。对企业目前是否有针对内部控制管理的措施这一问题，21.74% 的受访者认为目前企业对这一问题不重视，30.43% 的受访者表示虽然企业比较重视，但目前为止还没有付诸具体的实施。当问及这一问题的原因时，17.39% 的受访者认为是领导层缺乏内部控制专业技能造成的，而更大的比例，即 30.43% 的受访者认为是由于员工缺乏内部控制专业技能。另外，统计结果表明，73.91% 的受访者不了解 COSO 1992 或 COSO 2004 的报告，而对财政部、中国证监会、审计署、中国银监会和中国保监会 2008 年及 2010 年发布的《企业内部控制基本规范》比较了解的受访者仅占 4.35%。

在组织架构方面，69.57% 的受访者认为现有公司治理不能满足公司的风险管控要求，其中 81.25% 的受访者认为公司正在谋求变革。在权责分配方面，认为公司全部岗位责任配置清晰的受访者仅占 17.39%，而认为权责很好对等的受访者比例更低，仅占 4.35%。当问及职位描述明确风险管理职能的操作性程度时，13.04% 的受访者表示操作性比较强。在企业发展战略中对风险管控规划方面，仅有 8.70% 的受访者表示规划详细且可操作。

对企业可能面临的风险，65.22% 的受访者认为企业主要面临行业共性风险，26.09% 的受访者认为主要面临的是自身经营风险。而在自身经营风险中，最被重视的 3 类风险分别是资产、资金、流动性风险，以及项目风险和市场风险。针对个人岗位对风险的感知度问题，86.96% 的受访者表示可以感知到风险，其中 25%的受访者将风险管理作为重要工作。在部门会议或公司会议中，无受访者参加过专门召开风险管控方面的会议，34.78%的受访者表示经常在会议中提到风险管理。当问及员工对风险管理相关方法和工具的掌握程度时，47.83%的受访者表示仅限风险管理部门员工熟练掌握，30.43%的受访者表示大部分员工并不了解。

在资金管理和债务管理两方面，超过 60%的受访者表示对具体情况并不了解。在财务预算管理方面，43.48%的受访者认为公司财务预算制定过程与实际比较吻合。在项目管理成本管理和项目过程管理方面，受访者认为管理不善的情况不存在或对此不知情的受访者大约各占一半。

在实际项目业务中，65.22%的受访者认为管理层在做决策时经常对员工强调风险管理是比较重要或重要的。当问及风险事件发生，员工的应对情况如何时，34.78%的受访者表示将按章应对，而 8.7%的受访者表示难以招架。此外，依据统计数据，在未来对公司发展有重大影响的风险按其程度降次排序为市场风险、安全风险、自然灾害、财务风险、政策风险、法律风险、道德风险和环境保护（二者并列）。

4.2.5　晶通公路工程建设集团有限公司内部控制调查

1. 晶通公路工程建设集团有限公司概况

晶通于 1994 年 9 月 28 日正式成立，是集公路工程总承包、施工、交通工程和材料供应等于一体的广东省交通系统大型骨干施工企业，注册资金为两亿元，并于 1995 年 1 月 18 日经建设部批准为广东省首家甲级公路工程总承包企业。晶通于 2002 年 4 月通过建设部新的资质就位审核，获得公路工程施工总承包一级资质及路面、路基、桥梁工程专业承包一级资质。从 2001 年起晶通连续 10 年被广东省工商行政管理局评为"重合同守信用"的单位，其下属单位有第一分公司、第三分公司、路面（设备）公司、养护分公司、广东省公路工程施工公司、广东省公路机械材料公司、广东晶通物业管理有限公司，本次问卷调查主要针对广东省公路工程施工总公司和广东省公路机械材料公司两家子公司。

2. 企业内部控制与风险管理意识调查

1）企业对内部控制/风险管理的重视程度

结合表 4-56 和表 4-57 不难看出，45.7%的员工认为企业就内部控制措施只有个别得到实施，仅 17.3%的员工对内部控制措施表示肯定。所以，对企业目前的内部控制状态，32.6%的员工认为内部控制较差，仅 15.2%的员工觉得内部控制状态有一定的成效。由此可见，企业内部控制现状不容乐观，风险管理措施实施不到位，这为企业未来发展埋下巨大隐患。

表 4-56　企业针对内部控制管理的措施制定状况（四）

制定状态	没有	有，但只是个别实施	有，且系统导入	有，完善导入，且有效	未评议	总计
人数/人	15	21	6	2	2	46
比例/%	32.6	45.7	13.0	4.3	4.3	100

表 4-57　员工对企业内部控制状态的评价（三）

评价级别	较差	一般	比较有效	有效	总计
人数/人	15	24	7	0	46
比例/%	32.6	52.2	15.2	0	100

2）企业员工的风险管理素养

企业员工参与内部控制/风险管理培训的状况见表 4-58。

表 4-58　企业员工参与内部控制/风险管理培训的状况（四）

培训效果	没有	有，但没什么用	有，但效果一般	有，效果很好	未评议	总计
人数/人	19	9	13	2	3	46
比例/%	41.3	19.6	28.3	4.3	6.5	100

企业员工对内部控制、风险管理相关框架的了解程度见表 4-59。

表 4-59　企业员工对内部控制、风险管理相关框架的了解程度（四）

了解程度	不了解	大概了解	比较了解	很了解	未评议	总计
人数/人	28	10	3	0	5	46
比例/%	60.9	21.7	6.5	0	10.9	100

　　从企业员工的风险管理素养培训现状可以看出，41.3%的企业员工没有参加过内部控制及风险管理培训，将近一半的员工参加过培训，但是仅有 4.3%的员工认为培训效果很好，47.8%的员工认为培训内容无用或者效果一般。而从员工对内部控制以及风险管理知识的认识中可以看出，60.9%的员工并不了解内部控制，比较了解内部控制及风险管理的仅占 6.5%。所以，企业在对员工在进行内部控制及风险管理培训的过程中，应尽量将培训内容与员工的工作内容相联系，从而让

员工能做到学有所用，而不是纸上谈兵。

3. 企业内部控制现状分析

1）控制环境

由表 4-60 可以看出，76.1%的员工认为目前的公司治理不能满足风险管控的需要，其中 43.5%的员工认为目前企业还没有改革现行组织架构的想法，但是为了未来企业的组织架构能满足风险管控的需要，通过改革完善组织架构已成为未来发展的重点任务。

表 4-60　企业组织架构能否满足风险管控的要求（三）

状况	不满足，没有变革的迹象	不满足，但正在谋求变革	比较满足	满足	未评议	总计
人数/人	20	15	6	2	3	46
比例/%	43.5	32.6	13.0	4.3	6.5	100

表 4-61 中的统计数据表明，半数以上的员工认为企业对子公司管理水平一般，30.4%员工们甚至认为企业的子公司没有得到有效管理，仅有 2.2%的员工认为企业管理效果很好。面对这样的情况，企业要加强对子公司的监督管理能力，特别是要加强子公司的风险管理能力。

表 4-61　对子公司的管理力度（三）

管理水平	无子公司	没有得到有效管理	管理水平一般	得到有效的管理	未评议	总计
人数/人	5	14	24	1	2	46
比例/%	10.9	30.4	52.2	2.2	4.3	100

观察表 4-62 中的数据可以看出，52.2%的员工认为其岗位权责分配是不对等的，对其岗位权责分配满意的仅占 10.9%，这说明企业大多数员工对自己所承担的职业责任和享有的权利分配是不满意的，这就要求企业进行部分岗位权责分配调整，使企业和员工的效用最大化。

表 4-62　企业岗位权责分配状况（三）

状况	没有有效对等	主要岗位对等，其余岗位不对等	比较对等	能很好对等	未评议	总计
人数/人	24	7	8	5	2	46
比例/%	52.2	15.2	17.4	10.9	4.3	100

表 4-63 表明，65.2%的员工对企业现行文化建设的贯彻力度满意度不高，这

说明在企业今后的发展中，企业文化建设需加大贯彻力度，使员工对企业文化具有真正的归属感和认同感。

表 4-63　企业文化建设的开展（四）

状况	没有	有，但是贯彻不够	有，能得到认同	未评议	总计
人数/人	4	30	8	4	46
比例/%	8.7	65.2	17.4	8.7	100

由表 4-64 可知，企业目前有开展发展战略规划，但是没有贯彻实施。所以员工对其战略规划内容并不了解，仅 4.3% 的员工非常了解。

表 4-64　战略发展（三）

开展状况	没有	没有，正在计划	有，没有实施	有，得到有效实施	未评议	总计
人数/人	8	4	24	5	5	46
比例/%	17.4	10.9	52.2	10.9	8.7	100
了解程度	不能准确了解	了解一些	比较了解	非常了解	未评议	总计
人数/人	11	15	15	2	3	46
比例/%	23.9	32.6	32.6	4.3	6.5	100

2）风险评估

由表 4-65 可以看出，企业目前面临的主要风险是资产、资金、流动性风险以及市场风险和项目风险，而法律/合规性风险和操作风险也同样不容忽视。

表 4-65　企业当前面临的主要风险（二）

风险种类	市场风险	操作风险	法律/合规性风险	信用风险	环境风险	资产、资金、流动性风险	项目风险
人数/人	20	12	13	8	1	21	13
比例/%	43.5	26.1	28.3	17.4	2.2	45.7	28.3

从表 4-66 和表 4-67 统计的企业在风险识别时所用方法可以看出，39% 的员工依赖于定性分析法，关键风险指标法得到 21.7% 的员工青睐，此外，更有 41.3% 的员工基本上不了解风险识别方法。而 28.3% 的员工认为仅限于风险管理部门员工熟练掌握，而大部分员工不了解。所以，企业亟须提高员工的风险管理意识，以及注重培养员工熟练掌握风险分析工具的能力。

表 4-66　企业风险识别和分析技术（四）

识别使用方法	风险清单法	现场调查法	问卷调查法	流程图分析法	财务报表分析法	事故树法
人数/人	8	13	7	3	17	3
比例/%	17.4	28.3	15.2	6.5	37.0	6.5
分析使用方法	风险坐标法	关键风险指标法	定性分析法	未评议	总计	
人数/人	13	10	16	11	46	
比例/%	28.3	21.7	34.8	23.9	100	

表 4-67　企业员工风险管理相关方法和工具的掌握情况（四）

掌握程度	大部分员工熟练掌握	大部分员工基本了解	仅限于风险管理部门员工掌握	大部分员工不了解	未评议	总计
人数/人	1	8	13	19	5	46
比例/%	2.2	17.4	28.3	41.3	10.9	100

从表 4-66 和表 4-67 统计的企业在风险识别与分析时所用方法及掌握情况可以看出，在风险识别方面，37.0%的员工运用财务报表分析法，28.3%的员工运用现场调查法，此外，风险清单法和问卷调查法都得到了一定的运用。在风险分析方面，34.8%的员工依赖于定性分析法，关键风险指标法得到 21.7%的员工青睐，此外，更有 41.3%的员工基本上不了解风险识别方法。而 28.3%的员工认为仅限于风险管理部门员工熟练掌握，而大部分员工不了解。由此可见，企业员工在风险识别上方法运用比较全面，但是风险分析方法过于依赖定性分析，对定量分析的运用有待加强。在未来企业应加强对员工，特别是普通业务部门员工的风险管理培训，提高他们的风险管理素养。

3）控制活动

建立针对关键业务流程有助于企业及时识别潜在的风险，从而减少损失，但从表 4-68 不难发现，其中，15.2%的员工认为企业没有建立关键业务流程，56.5%的员工认为企业虽然已建立关键业务流程，但流程缺乏系统性，由此可见，企业针对关键业务所制定的管理流程落实不到位，所以无法为企业风险管理提供有力保证。

表 4-68　管理流程的建立（三）

状态	没有关键业务流程	有，但是不系统	有，而且系统	未评议	总计
人数/人	7	26	10	3	46
比例/%	15.2	56.5	21.7	6.5	100

高速公路建设项目资金投资量大，因而企业的财务预算尤为重要。表 4-69 显

示，虽然企业制定了预算考核制度，但是执行不到位，流于形式，使企业在预算制定过程易与实际相悖，增加企业财务风险发生的概率。

表 4-69　财务预算

预算考核	无	有，但是形式化	有，比较严肃	有，非常严肃	未评议	总计
人数/人	5	22	11	2	6	46
比例/%	10.9	47.8	23.9	4.3	13.0	100

企业的项目过程管理主要是指高速公路的养护工作，表 4-70 的结果表明，30.4%的员工认为企业在项目过程管理中存在管理不善现象，其中，23.9%的员工认为管理不善状况尽管是偶尔发生，但是却会给企业带来极大的损失。

表 4-70　项目过程管理（三）

管理不善现象	不清楚	没有或不严重	偶尔有且严重	经常有，严重	未评议	总计
人数/人	11	17	11	3	4	46
比例/%	23.9	37.0	23.9	6.5	8.7	100

4）信息沟通

结合表 4-71 和表 4-72 可以看出，企业的日常风险管理工作有待加强，在高层管理者方面，尽管 58.7%的员工反映部门管理层有定期通报风险管理现状，但是其中 32.6%是半年以上汇报一次，而且仍有 28.3%的员工表示不清楚该项工作。由此可见，企业内部高层管理者的日常风险管理工作并没有在企业全范围内开展，而且高层的汇报频率大多在半年以上一次。对员工自身而言，28.3%的员工对员工需要定期向上级提供与其岗位相关的风险状况报告这项工作感到陌生，更有 23.9%的员工认为这项工作不需要覆盖所有部门。这就导致在面临风险时，仅 15.2%的员工能应对自如，34.8%的员工可以按照企业的风险管理制度应对，13.0%的员工感到难以招架，更有 26.1%的员工对于风险应对没有任何了解。由此可见，企业员工的风险管理意识需进一步增强，企业高层应在平日的项目活动中加强员工对风险管理的重要性认识，并将风险管理和员工自身岗位职责联系在一起。

表 4-71　企业日常风险管理工作进展状况（四）

高层向员工通报风险管理状况	1~3 个月	3~6 个月	半年以上	不清楚	未评议	总计
人数/人	7	5	15	13	6	46
比例/%	15.2	10.9	32.6	28.3	13.0	100
员工岗位风险状况报告提交	所有部门员工都要	仅风险管理部门员工需要	所有部门都不需要	不清楚	未评议	总计
人数/人	11	11	7	13	4	46
比例/%	23.9	23.9	15.2	28.3	8.7	100

表 4-72　员工的风险应对能力（四）

状态	应对自如	按章应对	难以招架	没有概念	未评议	总计
人数/人	7	16	6	12	5	46
比例/%	15.2	34.8	13.0	26.1	10.9	100

根据表 4-73 的统计结果可知，未来企业可能面临的主要风险是市场风险、财务风险和安全风险，而法律风险和道德风险依旧会对企业经营发展产生一定影响。

表 4-73　企业未来的风险（四）

风险种类	市场风险	财务风险	安全风险	政策风险	法律风险	道德风险	自然灾害	环境保护
人数/人	31	22	16	5	13	5	2	3
比例/%	67.4	47.8	34.8	10.9	28.3	10.5	4.3	6.5

4. 调查结论综述

本次问卷调查在广东省公路工程施工公司、广东省公路机械材料公司等展开，共发放问卷 75 份，回收 58 份，其中企业领导层 5 份、职能部门层 4 份、主管层 11 份、业务层 24 份、岗位未填写两份、无效问卷 12 份。

对是否接受过内部控制理论知识培训这一问题，44.19% 的受访者表示从未接受过相关培训，仅有 4.3% 的受访者认为培训效果很好。当被问到企业内部控制的工作层面时，66.67% 的受访者认为是贯穿整个企业各层面的。对企业内部控制内容，65.22% 的受访者认为内部控制不应局限于某一类岗位（如会计等）。对企业内部控制的特点，26.09% 的受访者认为内部控制是一种区别于其他管理方法的、专门的控制方法和体系。此外，37.21% 的受访者不能正确认识内部控制与风险管理的关系，52.17% 的受访者认为企业目前的内部控制状态一般，77.27% 的受访者认为企业内部控制管理比较重要或非常重要。对企业目前是否有针对内部控制管理的措施这一问题，34.09% 的受访者认为目前企业对这一问题不重视，40.91% 的受访者表示虽然企业比较重视，但到目前为止还没有付诸具体的实施。当问及这一问题的原因时，65.22% 的受访者认为是领导层重视不够或缺乏内部控制专业技能造成，而认为是由于员工缺乏内部控制专业技能所占比例仅为 8.70%。另外，统计结果表明，超过 65% 的受访者不了解 COSO 1992 或 COSO 2004 的报告，超过 64% 的受访者不了解财政部、中国证监会、审计署、中国银监会和中国保监会于 2008 年及 2010 年发布的《企业内部控制基本规范》。

在组织架构方面，76.1% 的受访者认为现有公司治理不满足公司的风险管控要求，其中 32.6% 的受访者认为公司正在谋求变革。在权责分配方面，认为公司全部岗位责任配置清晰的受访者仅占 15.91%,而认为权责很好对等的受访者比例更低,仅占 10.9%。当问及职位描述明确风险管理职能的操作性程度时,21.95%的受访者表示操作性比较强。在企业发展战略中对风险管控规划方面,55%的受访者表示规划只是简单描述,没有人认为其详细且可操作。

对企业可能面临的风险,29.41%的受访者认为企业主要面临行业共性风险,70.59%的受访者认为企业主要面临自身经营风险。而在自身经营风险中,最被重视的前三位风险分别是资产、资金、流动性风险,以及市场风险、法律/合规性风险和项目风险(二者并列)。针对个人岗位对风险的感知度问题,78.57%的受访者表示可以感知到风险,其中 21.22%的受访者将风险管理作为重要工作。在部门会议或公司会议中,仅有 17.95%的受访者参加过专门召开风险管控方面的会议,有 25.64%的受访者表示经常在会议中提到风险管理。当问及员工对风险管理相关方法和工具的掌握程度时,28.3%的受访者表示仅限风险管理部门员工熟练掌握,41.3%的受访者表示大部分员工并不了解。

在资金管理方面,仅有 25.58%的受访者认为企业不存在未经适当审批或越权审批的现象。在财务预算管理方面,34.15%的受访者认为公司财务预算制定过程不严肃、不细致,与实际不吻合。在项目管理方面,认为项目成本管理不善情况偶尔存在且比较严重的受访者占 26.19%,认为项目过程管理不善情况偶尔存在且比较严重的受访者占 23.9%。

在实际项目业务中,67.50%的受访者认为管理层在做决策时经常对员工强调风险管理是比较重要或重要的。当问及风险事件发生,员工的应对情况如何时,34.8%的受访者表示将按章应对,而 13.0%的受访者表示难以招架。此外,依据统计数据,在未来对公司发展有重大影响的风险按其程度降次排序为市场风险、财务风险、安全风险、法律风险、政策风险和道德风险(二者并列)、环境保护、自然灾害。

4.2.6 揭惠高速公路管理处内部控制调查

1. 揭惠高速公路管理处概况

揭惠管理处成立于 2011 年 1 月 22 日,开展揭惠高速公路筹建工作隶属于广东省交通实业投资有限公司目前已划归广东省南粤交通投资建设有限公司。揭惠高速公路起于揭阳榕江南河,终于惠来新坡,全长 71.28 千米,设计时速 100 千米,与拟建的惠来市沿海一级公路相接,跨越潮惠、汕湛和深汕三条高速公路,是纵贯揭阳市、汕头市南北向的通道,也是连接揭阳市、惠来市港口的一条重要通道。揭惠高速公路是十二五规划省重点项目之一,该项目的建设在改善沿线地区的交通条件和经济发展环境，提高居民收入、生活水平和质量，增加就业机会，促进城市化发展，吸引产业向沿线地区转移等方面有极其重要的作用。揭惠管理处的成立为进一步加快揭阳市至惠来市高速公路前期工作奠定了基础，标志着揭惠高速公路建设筹备工作正式拉开帷幕。

2. 企业内部控制与风险管理意识调查

将表 4-74 和表 4-75 进行比较可以看出，虽然 80.0% 的员工（包括企业高层）在主观上对内部控制比较重视，且采取了一定措施。但就企业组织员工参与内部控制/风险管理培训的角度来看，调查结果统计数据显示，40.0% 的员工仅参加过 1 次培训，20.0% 的员工参加过 3 次以上的培训，还有 40.0% 的员工对内部控制/风险管理培训的概念很陌生，选择未评议。由此可见，作为一家成立于 2012 年的企业，对内部控制的重视有待加强，此外对组织员工参与相关培训也是企业在未来的重点工作内容之一。

表 4-74　企业对内部控制的主观重视程度

评价等级	不重视	比较重视，但是没有具体措施	重视，已经采取措施	重视，有比较完善的措施	总计
人数/人	0	0	12	3	15
比例/%	0	0	80.0	20.0	100

表 4-75　企业员工参与内部控制/风险管理培训的状况（五）

培训次数	1 次	2 次	3 次	3 次以上	未评议	总计
人数/人	6	0	0	3	6	15
比例/%	40.0	0	0	20.0	40.0	100

3. 企业内部控制现状分析

1）控制环境

观察表 4-76 中的数据可以看出，86.7% 的员工认为其职位描述中没有明确的风险管理职能，有明确风险管理职能的仅占 13.3%。这说明企业在对员工岗位进行权责分配时，并没有将风险管理考虑进员工岗位的责任分配中，这对提高员工风险管理意识将产生极大的不利影响。

表 4-76　企业员工职位描述中风险管理职能的明确情况

状况	是，实际操作性强	是，但实际操作性很小	是，但实际操作性不显著	没有	总计
人数/人	2	0	0	13	15
比例/%	13.3	0	0	86.7	100

表 4-77 表明，47%的员工认同企业的文化建设，同时 40.0%的员工认为企业并没有开展企业文化建设。这说明企业的文化建设仅是在小范围内开展，并没有在所有员工中得到一致的认可。所以，文化建设作为企业软实力的体现将是企业在今后的发展中需要真正重视的建设活动之一。

表 4-77   企业文化建设的开展（五）

状况	没有	有，但是贯彻不够	有，能得到认同	总计
人数/人	6	2	7	15
比例/%	40.0	13.3	46.7	100

2）风险评估

从表 4-78 可以看出，企业目前面临的主要风险是行业共性风险，而企业自身经营风险并不显著。

表 4-78   企业面临的主要风险（三）

风险种类	行业共性风险	企业自身经营风险	有效问卷数
人数/人	15	4	15
比例/%	100	26.7	100

从表 4-79 和表 4-80 统计的企业在风险识别与分析时所用的方法可以看出，在风险识别上，员工主要采用现场调查法、问卷调查法和财务报表分析法。而在风险分析上，80.0%的员工依赖于定性分析法，关键风险指标法得到 20.0%的员工青睐。而在对这些风险识别和分析方法的掌握程度和范围上，80.0%的员工认为仅限于风险管理部门员工，认为大部分员工都掌握的仅占 20.0%。由此可见，企业员工在风险分析上方法比较单一，对定量分析了解甚微，而且风险识别和分析的方法在企业内的普及率较低，因此，企业在日后应开展更多的相关技能的培训，让更多的员工熟练掌握风险识别和分析工具。

表 4-79   企业风险识别和分析技术（五）

识别使用方法	风险清单法	现场调查法	问卷调查法	流程图分析法	财务报表分析法	事故分析法	有效问卷数
人数/人	0	7	4	0	5	1	15
比例/%	0	46.7	26.7	0	33.3	6.7	
分析使用方法	风险坐标法	关键风险指标法	定性分析法	其他分析法			
人数/人	0	3	12	0			
比例/%	0	20.0	80.0	0			

表 4-80　企业员工风险管理相关方法和工具的掌握情况（五）

掌握程度	大部分员工熟练掌握	大部分员工基本了解	仅限于风险管理部门员工掌握	大部分员工不了解	总计
人数/人	0	3	12	0	15
比例/%	0	20.0	80.0	0	100

3）控制活动

建立针对关键业务的流程有助于企业及时识别潜在的风险，从而减少损失，但从表 4-81 不难发现，66.7%的员工认为企业虽然已建立系统关键业务流程，但是仍有 33.7%的员工认为公司的关键业务流程缺乏一定的系统性，说明企业在关键业务流程建设上还有进步的空间。

表 4-81　关键业务管理流程的建立（二）

状态	没有关键业务流程	有，但是不系统	有，而且系统	总计
人数/人	5	10	0	15
比例/%	33.3	66.7	0	100

高速公路建设项目资金投资量大，因而企业的财务预算尤为重要。表 4-82 显示，企业已经设立了职能部门的财务预算委员会，但是并没有设立决策层面的。而在财务预算考核上（表 4-83），尽管 66.7%的员工认为有财务预算考核制度的执行，但是 33.3%的员工认为考核流于形式，并没有实际参考价值。鉴于此，企业在财务预算相关制度的落实问题上有待重视加强。

表 4-82　财务预算职能委员会/机构的建立（三）

状况	无	有决策层面的预算委员会	有职能部门的预算委员会	两者都有	总计
人数/人	2	0	13	0	15
比例/%	13.3	0	86.7	0	100

表 4-83　财务预算考核

财务预算考核执行	无	有，但形式化	有，比较严肃	有，非常严肃	总计
人数/人		5	6	4	15
比例/%	0	33.3	40.0	26.7	100

4）信息沟通

结合表 4-84 和表 4-85 可以看出，企业的日常风险管理工作做得很不到位，无论是高层向员工汇报风险管理状况还是员工定期提交自身岗位风险状况报告，80.0%以上的员工对两项日常风险管理工作都不清楚。这也直接导致在面对风险时，73.3%员工对风险应对毫无概念，只能按章应对，缺乏风险应对的灵活性。由此可见，作为一个成立于 2012 年的新企业，风险管理工作应该随着企业发展规模的扩大而得到不断的重视。

表 4-84　企业日常风险管理工作进展状况（五）

高层向员工通报风险管理状况	1~3 个月	3~6 个月	半年以上	不清楚	总计
人数/人	0	2	0	13	15
比例/%	0	13.3	0	86.7	100
员工岗位风险状况报告提交	所有部门员工都要	仅风险管理部门员工需要	所有部门都不需要	不清楚	总计
人数/人	0	2	1	12	15
比例/%	0	13.3	6.7	80.0	100

表 4-85　员工的风险应对能力（五）

状态	应对自如	按章应对	难以招架	没有概念	总计
人数/人	3	11	0	1	15
比例/%	20.0	73.3	0	6.7	100

根据表 4-86 的统计结果可知，未来企业可能面临的主要风险是政策风险和财务风险。

表 4-86　企业未来的风险（五）

风险种类	市场风险	财务风险	安全风险	政策风险	法律风险	道德风险	自然灾害	环境保护	有效问卷数
人数/人	3	10	2	12	1	2	0	2	15
比例/%	20.0	66.7	13.3	80.0	6.7	13.3	0	13.3	

4. 调查结论综述

调研派发的 20 份问卷回收了 15 份，包括企业领导层 1 份，职能部门层两份，主管层两份，业务层 10 份。

对是否接受过内部控制理论知识培训这一问题，40%的受访者表示没有接受过相关培训。当被问到企业内部控制的工作层面时，100%的受访者认为是贯穿整个企业各层面的。对企业内部控制内容，73.33%的受访者认为内部控制不应局限于某一类岗位（如会计等）。对企业内部控制的特点，80%的受访者认为内部控制是一种区别于其他管理方法的、专门的控制方法和体系。此外，6.67%的受访者不能正确认识内部控制与风险管理的关系，66.67%的受访者认为企业目前的内部控制状态比较有效，100%的受访者认为企业内控管理比较重要或非常重要。对企业目前是否有针对内控管理的措施这一问题，80%的受访者表示企业开展了内部控制管理。另外，统计结果表明，40%的受访者不了解 COSO 1992 或 COSO 2004 的报告，100%的受访者不了解财政部、中国证监会、审计署、中国银监会和中国保监会于 2008 年及 2010 年发布的《企业内部控制基本规范》。

在组织架构方面，73.33%的受访者认为现有公司治理比较满足目前的风险管控。在权责分配方面，认为公司全部岗位责任配置清晰的受访者占 100%，认为权责很好对等的受访者比例同样为 100%。86.67%的受访者表示企业在员工的职位描述中没有明确的风险管理职能。在企业发展战略中对风险管控规划方面，73.33%的受访者认为其详细且可操作。

对企业可能面临的风险，100%的受访者认为企业主要面临行业共性风险。而在自身经营风险中，最被重视的前三位风险分别是资产、资金、流动性风险，以及环境风险和操作风险。针对个人岗位对风险的感知度问题，100%的受访者表示可以感知到风险，其中 60%的受访者将风险管理作为重要工作。在部门会议或公司会议中，仅有 26.67%的受访者参加过专门召开的风险管控方面的会议，有 40%的受访者表示经常在会议中提到风险管理。当问及员工对风险管理相关方法和工具的掌握程度时，80%的受访者表示仅限风险管理部门员工熟练掌握，20%的受访者表示大部分员工基本了解。

在资金管理方面，86.67%的受访者认为企业不存在未经适当审批或越权审批的现象。在财务预算管理方面，93.33%的受访者认为公司财务预算与实际比较吻合。在债务管理方面，40%的受访者认为公司债务管理状况较好。在项目管理方面，86.67%的受访者认为项目成本管理不善情况不存在或不严重，认为项目过程管理不善情况不存在或不严重的受访者同样为 86.67%。

在实际项目业务中，有 80%的受访者对管理层在做决策时经常对员工强调风险管理感觉无所谓。当问及风险事件发生，员工的应对情况如何时，73.33%的受访者表示将按章应对。此外，依据统计数据，在未来对公司发展有重大影响的风险按其程度降次排序为政策风险、财务风险、市场风险、安全风险、道德风险和环境保护（三者并列）、法律风险、自然灾害。

4.3　广东省交通企业内部控制与风险管理差异的比较分析

本次实地调研主要是围绕 COSO 委员会的 IC-IF 框架内容进行设计的，因此主要关注以下五方面内容：①企业内部控制与风险管理意识；②控制环境；③风险评估；④控制活动；⑤信息与沟通。同时这五个方面也决定着企业内部控制现状的优劣。所以，在对调研对象内部控制现状优劣进行比较分析时，也是从这几个角度出发，一一对比，比较各自的优劣。

在所调研的五家企业中，对企业内部控制与风险管理认知的数据进行分析，发现的缺陷主要包括以下三个方面。

（1）企业普遍缺乏内部控制培训。这一现象在企业业务层尤为突出，且数据显示，即使参与过相关培训的企业领导层和职能部门层，大多对其效果评价一般，如省汽运的领导层全部认为培训效果不尽如人意。

（2）企业应广泛开展内部控制培训，不仅重视领导层的相关培训，更应该认识到对中下层员工进行培训的重要意义。此外，在开展培训的同时，也应该重视培训的效果，不能盲目追求培训数量，不能引起员工深思的培训是没有意义的。

（3）多数企业对内部控制仅仅停留在主观重视的层面上，缺乏比较完善的措施。对造成内部控制管理效果不好的原因，几家企业在问卷中反映的答案不尽相同。例如，省汽运57.89%的受访者认为是领导缺乏内部控制专业技能造成的；恒建公司30.43%的受访者认为是员工缺乏内部控制专业技能造成的；晶通下属企业中65.22%的受访者认为是领导层重视不够或缺乏内部控制专业技能造成的，而认为是员工缺乏内部控制专业技能所占比例仅为8.70%。

针对调研中发现的内部控制缺乏完善措施这一问题，企业应该尽快摸索出一套行之有效、符合自身的内部控制措施。所以单纯的主观重视是不够的，不付诸行动的空想对内部控制管理毫无帮助。这样还可以避免当风险失控时，企业上下层、各部门之间责任的互相推脱，有一套明确的管理办法有助于企业增强内部控制建设，提高企业对风险的管控能力。

4.3.1　企业内部控制与风险管理意识比较

1. 员工对 COSO 知识的认知

企业对国内外内部控制框架或内部控制规范知之甚少。图 4-2 是五家公司的员工对 COSO 报告不了解的程度。

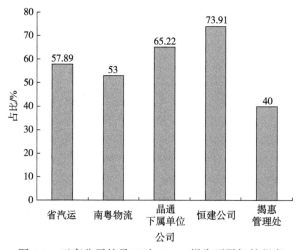

图 4-2　五家公司的员工对 COSO 报告不了解的程度

调查发现，上述 5 家公司对国内外内部控制框架或内部控制规范知之甚少。图 4-2 中被访的五家公司，对 COSO 报告不了解者分别占总人数的 57.89%（省汽运）、53%（南粤物流）、65.22%（晶通下属单位）、73.91%（恒建公司）和 40%（揭惠管理处）。五家公司对财政部、中国证监会、审计署、中国银监会和中国保监会发布的《企业内部控制基本规范》不了解者所占比例比对 COSO 报告的了解稍低，但依然接近半数或超过半数。

企业在自身内部控制系统和全面风险管理框架的构建中，应当看到上述报告的重要指导作用。在美国，每一次的重大风险失控事故都会引起相关法律或条例的完善，这都是企业应该特别重视的前车之鉴。因此，企业适当借鉴国际、国内关于内部控制的一些框架或规范，这样的学习有助于企业提高自身对内部控制内涵的理解，进而更加完善相关体系的建设。

员工的知识认知显然与职业教育和培训相关，下文对员工的培训调查也从侧面反映了这一缺陷。

2. 企业员工参与培训的内部控制/风险管理的情况

由图 4-3 可知，就员工参与培训的内部控制/风险管理培训，从员工培训的参与情况以及培训内容实际效果两方面考虑，南粤物流做得比较好，68%的员工认为培训内容切实有效，就培训效果而言，省汽运好于恒建公司和晶通下属单位，但恒建公司没有参加培训的比晶通下属单位高 4%。而剩下的省汽运和揭惠管理处，尽管省汽运的参与度没有揭惠管理处高，但是在对培训内容的使用性比较方面，省汽运优于揭惠管理处，所以总体上省汽运在员工培训上比揭惠管理处做得好。

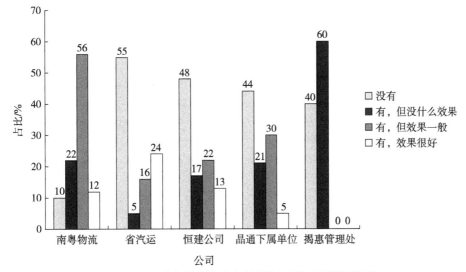

图 4-3　员工参与培训的内部控制/风险管理培训的情况

总之，各交通企业在企业内部控制/风险管理方面的比较，综合以上两点，大致的优劣情况如下：南粤物流内部控制/风险管理意识最强，其次是省汽运、恒建公司和揭惠管理处各有千秋，晶通下属单位内部控制/风险管理意识最弱。

4.3.2　企业发展战略与风险管控的关系认知

调查发现，企业发展战略对风险管控描述简单。在所到访的五家公司中，认为发展战略对风险管控描述详细且叫操作的受访者比例分别为 7.89%（省汽运）、2.33%（南粤物流）、0 [晶通（含公司下属单位）]、8.70%（恒建公司）和 73.33%（揭惠管理处）（图 4-4）。可以看到，除揭惠管理处以外，剩余几家公司的发展战略中对风险管控描述简单，导致其操作性较低。

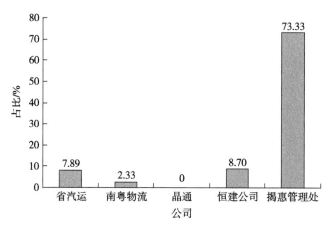

图 4-4　五家公司发展战略对风险管控描述程度

因此，企业在今后的发展战略规划中，应将风险管控作为一个重点部分，不能只是寥寥数语，应该更为详细地介绍如何对风险进行管控，提高其可操作性。否则，所谓的风险管控将成为一纸空文，没有实际的操作性，使企业对风险的管控没有根本上的战略远见，容易造成内部控制缺乏整体性的目标导向。

4.3.3　控制环境比较

在所调研的五家公司中，对控制环境这一方面的数据进行分析，发现的缺陷主要包括以下三个方面：

（1）母公司对子分公司管理不足。以省汽运为例，57.89%的受访者认为子分公司没有得到母公司有效的管理，但 63.16%的受访者认为子公司自身治理结构完善或即使存在问题但也不严重。这两方面的数据显示，尽管母公司对子公司知之甚少、管理不足，却盲目地认为子公司自身发展良好；母公司要对子公司有足够的了解和管理力度。

（2）广东省交通集团是一家大型国有资产授权经营有限责任公司，其公司组织架构复杂，极易出现母公司对子公司管理力度不足的情形。如上所述，省汽运对其子公司知之甚少、管理不足，却盲目地认为子公司自身发展良好，这很容易造成子公司逐渐脱离母公司的管控，以及风险暴露的后果。

（3）权责分配制度亟须改进。这个问题主要表现在公司岗位责任配置不够清晰和权责不能很好对等两方面。省汽运中，认为公司全部岗位责任配置清晰的受访者仅占 13.16%，而认为权责很好对等的受访者比例更低，仅占 7.89%。南粤物流中，认为公司全部岗位责任配置清晰的受访者仅占 9.30%，认为权责很好对等的受访者比例同样为 9.30%。晶通下属单位中，认为公司全部岗位责任配置清晰的受访者仅占 15.91%，11.36% 的受访者认为权责很好对等。恒建公司中，认为公司全部岗位责任配置清晰的受访者仅占 17.39%，而认为权责很好对等的受访者比例更低，仅占 4.35%。揭惠管理处中，认为公司全部岗位责任配置清晰的受访者占 100%，认为权责很好对等的受访者比例同样为 100%。

1. 组织架构

由图 4-5 可知，就企业现有组织架构能否满足风险管控的要求而言，省汽运整体上较好，47% 的员工对企业现行组织架构充满信心。而剩下的三家公司，南粤物流在满意度方面稍胜恒建公司 2%，而晶通下属单位由于满意度仅为 17%，且 50% 的员工认为公司现有组织架构无法满足风险管理要求，同时企业高层并未为此寻求组织架构上的变革。

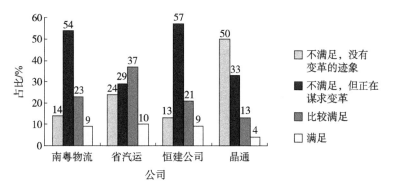

图 4-5　企业组织架构与风险管理

2. 企业岗位权责分配情况

如图 4-6 所示，就岗位权责分配而言，省汽运做得比较好，60%的员工认为企业岗位权责分配表示肯定。恒建公司 52%的员工表示认可。南粤物流 28%的员工认为可以接受企业岗位权责分配，做得最不好的是晶通下属单位，57%的员工认为企业岗位权责不清晰。

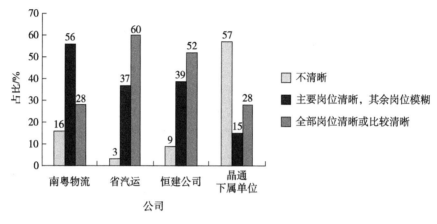

图 4-6　企业岗位权责分配情况

所调研的五家公司中除揭惠管理处外，均暴露出岗位责任配置不够清晰以及权责不能很好对等这两个问题，公司应进一步明确岗位责任配置并更好地实现岗位责任配置上的权责对应。内部控制环境是内部控制发挥作用的基础，权责分配则是内部控制环境的基本构成要素，权责分配过程的各个环节都会对内部控制环境产生影响，建立一个权有所属、责有所归、利有所享而又和谐发展的权责分配体系，可以促进内部控制环境的建设和完善，从而保障内部控制的有效运行。

3. 企业文化建设

由图 4-7 可知，就企业文化建设而言，前提是企业文化建设是否有实施，其次是企业开展的文化建设是否得到员工的认可，综合以上两方面,省汽运做得比较好。其次是恒建公司，而南粤物流和晶通下属单位两者之间，南粤物流更优。最后是揭惠管理处，尽管 47%的员工表示满意，但是同时高达 40%的员工认为企业没有开展文化建设，所以从这一点出发，在文化建设方面揭惠管理处做得最不理想。

总之，结合以上三点，在控制环境上大致的优劣情况如下：省汽运控制环境最优，接下来依次是揭惠管理处、恒建公司和南粤物流，晶通下属单位控制环境最不理想。

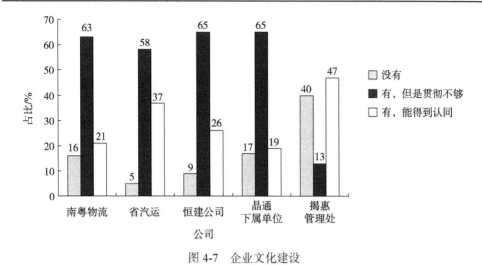

图 4-7　企业文化建设

4.3.4　风险评估比较

1. 风险分析和识别方法

将图 4-8 和图 4-9 进行比较可知，就风险分析识别而言，主要使用的方法是现场调查法、问卷调查法和财务报表分析法。而就风险分析而言，各企业的员工主要依赖的还是定性分析法，而对于定量分析法运用较少。对五家公司进行比较可知，首先是南粤物流员工在使用方法种类方面比较多样，且在风险分析方法对定量分析的使用情况最好。其次是晶通下属单位，在风险识别上使用六种方法，且在风险分析上对定性分析法的使用情况优于恒建公司。再次是省汽运，最后是揭惠管理处。

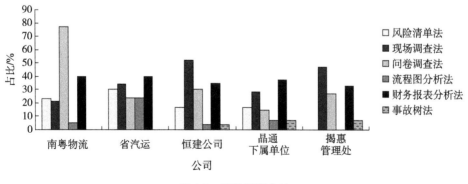

图 4-8　风险识别方法

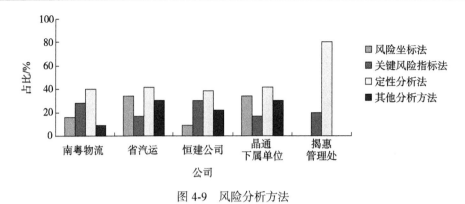

图 4-9 风险分析方法

2. 员工风险识别和分析方法的掌握情况

由图 4-10 可知，就员工风险识别和分析方法的掌握情况而言，这五家公司总体上呈现风险分析和识别方法仅限于风险管理部门员工掌握的现象。其中揭惠管理处做得最好，20%的员工认为大部分员工基本了解和掌握，接下来依次是恒建公司、南粤物流和省汽运。

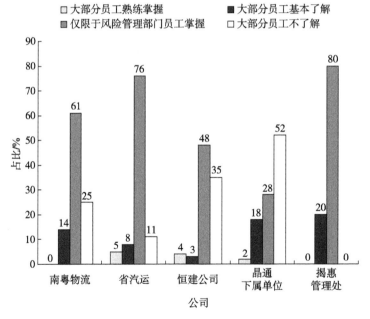

图 4-10 员工风险识别和分析方法的掌握情况

综上所述，结合以上两点，在风险评估上大致的优劣情况如下：南粤物流和晶通下属单位优劣相当，接下来依次是恒建公司、省汽运集团，而揭惠管理处风险评估现状堪忧。

4.3.5　控制活动、监督的比较

1. 关键业务流程的比较

由图 4-11 可知，就关键业务流程的建立而言，其中，情况相对较好的是南粤物流，有 65%的员工认为企业所建立的关键业务流程具有系统性。剩余三家公司共同的问题是关键业务流程虽已建立，但缺乏系统性。而将三家公司进行比较可知，省汽运优于晶通下属单位，情况最不理想的是恒建公司，有 31%的员工认为企业没有建立关键业务流程，同时有 65%的员工认为关键业务流程缺乏系统性。

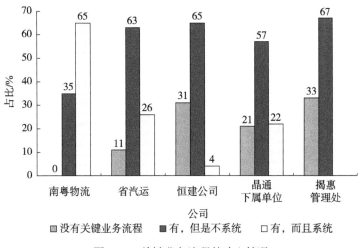

图 4-11　关键业务流程的建立情况

2. 财务预算管理现状

由图 4-12 可知，就财务预算管理现状而言，揭惠管理处做得最好。剩下的四家公司都存在财务预算与实际情况不吻合的问题，相比较而言，恒建公司较好，71%的员工对企业的财务预算表示认可。接下来依次是南粤物流和省汽运，而晶通下属单位财务预算现状较差，有 24%的员工认为公司没有财务预算，48%的员工认为企业财务预算不切合实际。

综上所述，结合以上两点，在控制活动上大致的优劣情况如下：揭惠管理处控制活动现状最优，接下来是南粤物流，而之后的省汽运和恒建公司优劣相当，控制活动情况最差的是晶通下属单位。

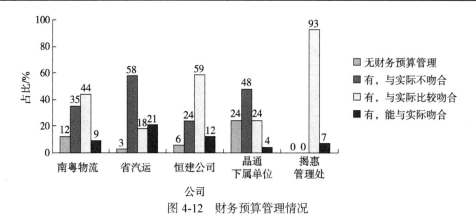

图 4-12　财务预算管理情况

4.3.6　信息与沟通

1. 企业日常风险管理信息汇报和收集情况

由图 4-13 和图 4-14 可知，就高层向员工通报风险管理而言，五家公司总体上存在员工对这一项工作并不了解的情况，而员工岗位风险状况报告提交且大多仅限风险管理部门。

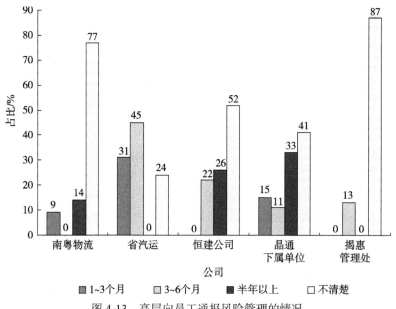

图 4-13　高层向员工通报风险管理的情况

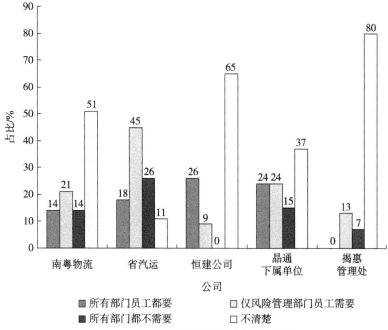

图 4-14　员工岗位风险状况报告提交的情况

　　省汽运和揭惠管理处对员工风险管理的意识强调不足。在实际项目业务中，对管理层在做决策时经常对员工强调风险管理是否重要这一问题，认为是比较重要或重要的受访者比例在省汽运和揭惠管理处两家公司中分别为 39.47% 和 20%，这一比例在其余几家企业中分别可以达到 81.40%（南粤物流）、65.22%（恒建公司）和 67.50%（晶通下属单位）。

　　将五家公司进行比较，高层的日常风险管理工作，省汽运做得比较到位，77% 的员工反映高层有定期进行风险管理汇报，剩余依次是恒建公司、晶通下属单位、揭惠管理处和南粤物流公司。而员工岗位风险状况报告提交则是恒建公司做得最好，此外依次是晶通下属单位、省汽运、南粤物流和揭惠管理处。

2. 企业员工风险应对能力

　　由图 4-15 可知，就企业员工风险应对能力而言，五家公司总体上表现为，员工在应对风险时大多只能按章应对，而缺乏一定的灵活性。将五家公司进行比较分析，揭惠管理处的员工在风险应对时最佳，其次是省汽运、恒建公司，南粤物流和晶通下属单位优劣相当。

　　员工认为企业对风险事件较难应对自如。以省汽运为例，当风险事件发生时，55.26% 的受访者表示将按章应对，而 10.52% 的受访者表示难以招架。其他几家公司中，按章应对的受访者比例分别为 37.21%（南粤物流）、34.78%（恒建公司）、

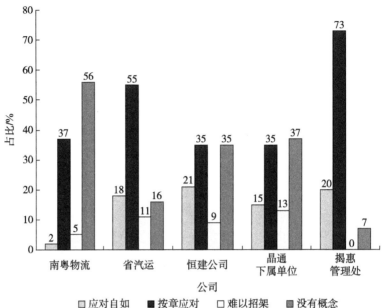

图 4-15 企业员工风险应对能力

34.80%（晶通下属单位）和 73.33%（揭惠管理处）；难以招架的受访者比例分别为 4.65%（南粤物流）、8.70%（恒建公司）、13%（晶通下属单位）和 0（揭惠管理处）。五家公司共同之处在于能够应对自如的受访者较少。当然，如果将来评议认可员工的评价，则难以招架或没有概念的比例将更高。

综上所述，结合以上两点，在信息与沟通方面大致的优劣情况如下：省汽运信息与沟通现状最优，其次是恒建公司、揭惠管理处和晶通下属单位，南粤物流信息与沟通情况最差。

总结以上五个方面可知，就企业内部控制现状而言，与 COSO 内部控制框架的要求而言，五家公司都存在较大的差距与不足，相对而言，省汽运的内部控制现状最佳，此外依次是恒建公司、南粤物流和揭惠管理处，晶通下属单位的内部控制现状最不理想。

4.4　本章小结

本章主要针对广东省交通集团下属的五家交通企业进行实地调研，产业链涵盖高速公路投资、建设施工、运营、养护和管理运输等环节，问卷是围绕企业员工对内部控制及风险管理的认识、内部控制环境、风险评估、控制活动及信息与沟通三大块而展开的。

从调研结果不难看出，对比 COSO 内部控制整体框架的要求而言，内部控制现状整体上并不乐观，企业员工的风险管理意识比较弱，内部员工对内部控制和风险管理认知程度较低，大部分员工对风险管控方法和工具掌握程度极低，内部控制基础较为薄弱，企业的内部控制等措施实施不到位。

总体而言，省汽运的内部控制状况较其他两家企业相对较好，而晶通下属单位的内部控制状况相对较差。本章所阐述的实地调研分析主要是为第 5 章风险产生及应对分析提供论证依据。

本章附件

本书的研究所开展的调研分两阶段展开，为扩大交通企业的代表性，第二次将调研范围进一步扩大到广东省交通集团下属其他二级单位，为与前面的调研结果进行比较，这里以附件的方式给出扩展调研的分析结果。

企业人员接受内部控制/风险管理理论培训情况调研数据统计表如表 4-87 所示。

表 4-87　企业人员接受内部控制/风险管理理论培训情况调研数据统计表（单位：%）

您曾经接受过内部控制/企业风险管理相关理论知识培训吗？（7）						
公司	单位	没有	有，但没什么用	有，但效果一般	有，效果很好	总计
省汽运	比例	55	5	16	24	100
恒建公司	比例	39	17	22	13	91
晶通	比例	44	21	30	5	100
南粤物流	比例	9	21	53	12	95
揭惠管理处	比例	40	13	14	33	100
台山公司[1]	比例	43	14	36	7	100
西部沿海	比例	53	4	30	7	94
粤高速	比例	10	19	61	10	100
省建设公司	比例	54	8	21	17	100
实业投资	比例	14	27	45	14	100
路桥公司	比例	11	78	11	0	100

1）沿海高速公路台山公司，以下简称台山公司。

企业人员接受内部控制/风险管理理论培训情况统计图如图 4-16 所示。

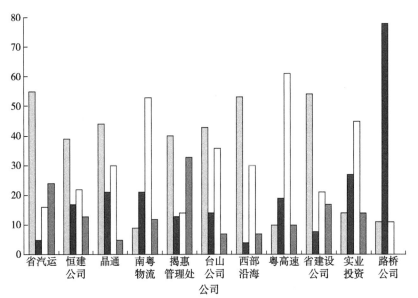

图 4-16 企业人员接受内部控制/风险管理理论培训情况统计图

在五家公司的调研基础上，笔者开展了第二次扩展调研，进一步扩大了企业覆盖面

从以上统计数据可以看出，表示接受内部控制理论培训情况相对较好的只有南粤物流（53%）、粤高速（61%）及实业投资（45%），但是也只是停留在接受了培训，培训效果都达不到预期要求。其他公司表示没有接受内部控制理论培训的人数大多超过了受访人数的40%以上（数据统计时，将未评议的部分计入最不利的状态组中）。这说明，交通企业的大部分公司还没有形成对内部控制重要性的正确认识，没有在这方面投入相应的培训。

企业对内部控制的主观重视程度调研数据统计表图表 4-88 所示。

表 4-88   企业对内部控制的主观重视程度调研数据统计表（单位：%）

公司	描述	不重视，没提过	比较重视，但是没有具体的措施	重视，已经初步采取措施	重视，有比较完善的措施	总计
		您认为你们企业对内部控制的主观重视程度是？（15）				
省汽运	比例	0	79	5	16	100
恒建公司	比例	22	30	35	4	91
晶通	比例	34	41	18	7	100
南粤物流	比例	0	40	51	9	100
揭惠管理处	比例	0	0	80	20	100
台山公司	比例	0	14	43	36	93
西部沿海	比例	15	20	41	17	93
粤高速	比例	0	0	60	40	100
省建设公司	比例	0	19	62	19	100
实业投资	比例	9	18	45	27	100
路桥公司	比例	13	37	38	12	100

企业对内部控制的主观重视程度统计图如图 4-17 所示。

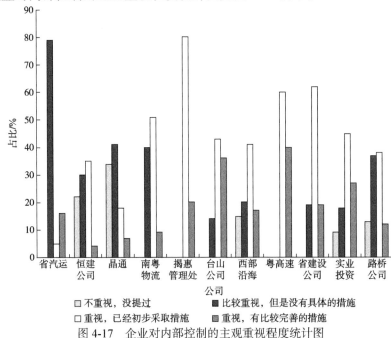

□ 不重视，没提过　　　　　■ 比较重视，但是没有具体的措施
□ 重视，已经初步采取措施　　■ 重视，有比较完善的措施

图 4-17　企业对内部控制的主观重视程度统计图

　　分析以上的数据可以看到，有 8 家公司（南粤物流、揭惠管理处、台山公司、西部沿海、粤高速、省建设公司、实业投资和路桥公司）的员工认为企业内部对内部控制较为重视，且已经初步采取了措施，同时，另外 3 家公司（省汽运、恒建公司、晶通）的员工认为企业对内部控制的重视仅停留在关注层面，并没有采取具体的措施。其中，晶通甚至有 34% 的员工认为企业对内部控制不重视，从来都没有提到过这个问题。所以可以看到，不同的企业对内部控制的重视程度还是参差不齐的。

　　对 COSO 委员会的认知情况调研数据统计表如表 4-89 所示。

表 4-89　对 COSO 委员会的认知情况调研数据统计表（单位：%）

公司	描述	没听说	仅仅听说过	听说过，并且知道其在企业内部控制领域的工作	总计
		您听说过 COSO 委员会吗？（23）			
省汽运	比例	69	14	17	100
恒建公司	比例	70	13	9	92
晶通	比例	58	23	20	101
南粤物流	比例	42	26	33	101
揭惠管理处	比例	33	33	33	99
台山公司	比例	57	36	0	93
西部沿海	比例	63	28	2	93
粤高速	比例	60	20	20	100
省建设公司	比例	95	0	5	100
实业投资	比例	50	27	23	100
路桥公司	比例	67	11	22	100

对 COSO 委员会的认知情况统计图如图 4-18 所示。

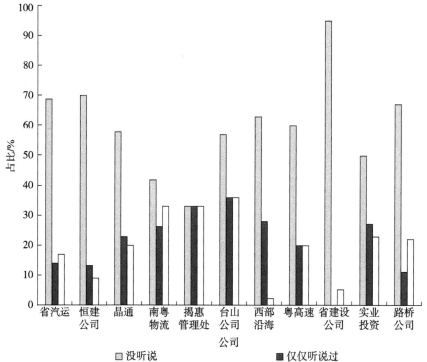

□ 没听说　　　　　■ 仅仅听说过
□ 听说过，并且知道其在企业内部控制领域的工作

图 4-18　对 COSO 委员会的认知情况统计图

对 COSO 1992 报告认知情况调研数据统计表如表 4-90 所示。

表 4-90　对 COSO 1992 报告认知情况调研数据统计表（单位：%）

您了解 1992 年 COSO 发布的 IC-IF 框架吗？（24）						
公司	描述	不了解	大概了解	比较了解	很了解	总计
省汽运	比例	60	32	0	8	100
恒建公司	比例	74	22	4	0	100
晶通	比例	65	28	7	0	100
南粤物流	比例	53	19	26	2	100
揭惠管理处	比例	40	60	0	0	100
台山公司	比例	50	43	0	0	93
西部沿海	比例	76	13	2	0	91
粤高速	比例	80	16	4	0	100
省建设公司	比例	83	9	8	0	100
实业投资	比例	72	23	5	0	100
路桥公司	比例	67	33	0	0	100

对 COSO 1992 报告认知情况统计图如图 4-19 所示。

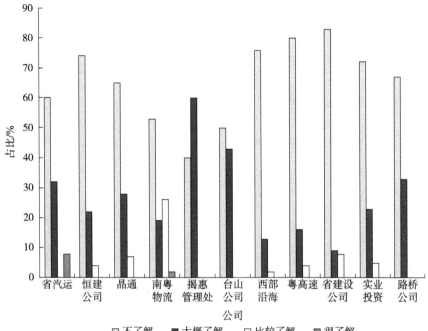

□ 不了解　■ 大概了解　□ 比较了解　■ 很了解

图 4-19　对 COSO 1992 报告认知情况统计图

对 COSO 2004 报告认知情况调研数据统计如表 4-91 所示。

表 4-91　对 COSO 2004 报告认知情况调研数据统计（单位：%）

您了解 2004 年 COSO 发布的 ERM-IF 框架吗？（25）					
公司	描述	不了解	大概了解	比较了解	很了解	总计
省汽运	比例	67	9	15	9	100
恒建公司	比例	74	22	4	0	100
晶通	比例	68	25	7	0	100
南粤物流	比例	56	14	26	2	98
揭惠管理处	比例	40	60	0	0	100
台山公司	比例	50	43	0	0	93
西部沿海	比例	80	11	2	0	93
粤高速	比例	76	20	4	0	100
省建设公司	比例	83	9	8	0	100
实业投资	比例	77	23	0	0	100
路桥公司	比例	57	43	0	0	100

对 COSO 2004 报告认知情况的统计图如图 4-20 所示。

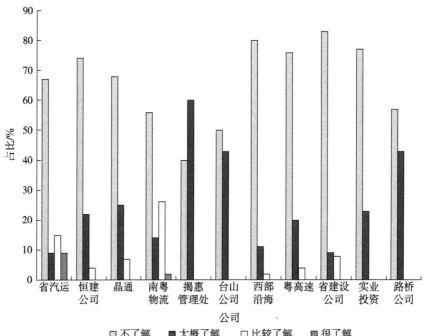

图 4-20　对 COSO 2004 报告认知情况的统计图

　　结合上面的调研数据可以看到，调查的交通企业的几乎所有公司人员都没有听说过 COSO 委员会，只有揭惠管理处有 33% 的人员听说过该委员会并知道其在企业内部控制领域的工作。另外，从数据和统计图可以很直观地看出，企业对 COSO 1992 年的报告及 2004 年的报告的了解程度是与企业人员对 COSO 委员会的了解程度呈正相关关系的，即基本都不了解这两个报告，只有揭惠管理处有超过一半（60%）的受访人员表示对 COSO 的这两个报告有大概了解。

　　总之，总体上交通企业对 COSO 委员会关于内部控制的认知还是比较有限的，情况不容乐观，可见交通企业员工对内部控制的规范认知程度很低，反映员工对目前实践中企业内部控制的规范性管理理论知识欠缺，也反映了企业员工教育和培训的不到位。

第 5 章　交通企业内部控制关键成功因素分析

本章将从公司治理层面出发，在上述调研问卷分析的基础上，基于关键成功因素法（critical success factors，CSF）构建五步骤的内部控制关键成功因素法进行建模分析。首先，通过分析广东省交通企业内部控制现状，结合已识别成功因素集，确定每个成功因素的重要性评价值；其次，结合调研结果进行权重分析；再次，挖掘广东省交通企业内部控制关键成功因素集，并分别对每个关键成功因素进行重要性评价；最后，总结目前广东省交通企业内部控制状况，结合所挖掘的关键成功因素，对优化其内部控制体系提出建议。

关键成功因素法由哈佛大学教授 Zani 提出，是一种通过结构化的模式，为企业确定其信息需求及关键成功因素的方法。它提供了一套规范的步骤，分析企业的战略目标和企业定位，识别对其影响最大的成功因素，并通过确定其成功因素的关键性能指标，寻找企业目标实现所需的关键成功因素集合，从而制订企业的战略规划及行动计划。

5.1　交通企业的风险识别

5.1.1　风险特征分析

上文主要是对照 COSO 的内部控制整体框架（IC-IF），对广东省交通集团下属的五家交通企业（涵盖二级、三级单位和产业链各个环节的代表性企业）的内部控制状况进行分析，但是并没有对企业面临的风险情况展开分析，为开展关键成功因素建模分析，本小节先将企业的风险识别情况进行分析整理，如图 5-1 所示。

从南粤物流到揭惠管理处，代表着处于不同产业链环节的交通企业。而由图 5-1 可知，对不同环节的交通企业而言，目前所面临的主要风险也有较大的变化。

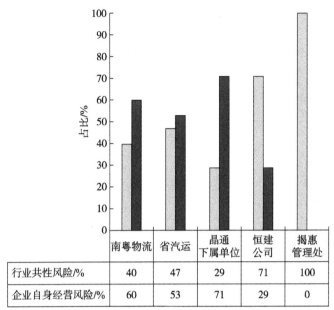

	南粤物流	省汽运	晶通下属单位	恒建公司	揭惠管理处
行业共性风险/%	40	47	29	71	100
企业自身经营风险/%	60	53	71	29	0

□ 行业共性风险　■ 企业自身经营风险

图 5-1　广东省交通企业所面临的风险分布

对于发展较为成熟的高速公路,行业共性风险和企业自身经营风险对其的影响是相当的;对处于发展中的企业而言,这两种风险的影响是存在较大差异的,一开始,行业共性风险的影响比较大,但随着企业发展的日渐成熟,企业抵御共性风险的能力增强,而企业自身经营风险影响不断增大,直至与共性风险相当。总而言之,在交通企业的发展过程中,来自行业共性风险对企业的影响在大方向上是逐步减弱的,而企业自身经营的风险影响会随着企业发展规模的扩大而日益凸显。

5.1.2　各类风险产生机制分析

1. 交通企业风险产生环节

由图 5-2~图 5-5 可知,就南粤物流和省汽运而言,其主要风险产生于工程准备环节、工程施工环节和融资与信贷环节,而对恒建公司和晶通及其下属单位而言,主要的风险产生于工程准备、施工工程以及市场开拓、项目合作与并购环节。由此可见,就交通企业而言,其风险产生环节主要如下:①工程准备和施工环节;②融资信贷环节;③市场开拓、项目合作与并购环节。

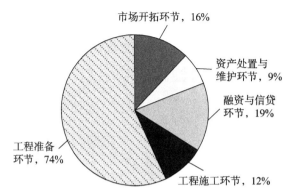

图 5-2　南粤物流风险产生环节

图中的比例是被选择项的次数除以有效问卷数。由于是多项选择，一名受访者可同时选择多项

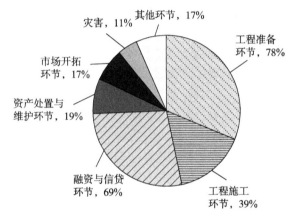

图 5-3　省汽运风险产生环节

图中的比例是被选择项的次数除以有效问卷数。由于是多项选择，一名受访者可同时选择多项

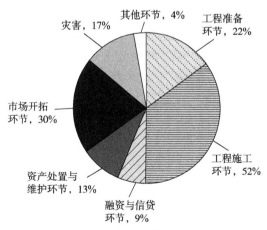

图 5-4　恒建公司风险产生环节

图中的比例是被选择项的次数除以有效问卷数。由于是多项选择，一名受访者可同时选择多项

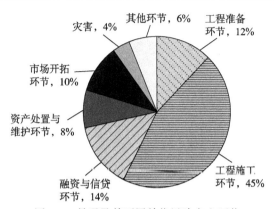

图 5-5　晶通及其下属单位风险产生环节

图中的比例是被选择项的次数除以有效问卷数。由于是多项选择，一名受访者可同时选择多项

1）工程准备和施工环节

（1）工程准备环节主要涉及材料、设备采购以及存储等多个环节，因而任意一个环节存在风险隐患均会增加工程准备环节风险发生的可能性。这其中可能存在的风险隐患主要是材料、设备管理不善，出现材料毁坏、设备使用寿命短，进而增加了项目建设和管理成本。

（2）工程施工环节主要是指项目建设过程中的技术、质量、成本和安全控制等内容，这一环节中可能存在的风险隐患主要如下：①施工质量管理存在缺陷，导致施工质量不过关，从而增加返工次数而增加建设成本；②由于施工安全管理不到位，员工安全防范意识低，从而给项目建设带来不必要的损失。

2）融资信贷环节

高速公路建设所需资金量大，所以除了政府和社会的资金，交通企业需通过信贷的方式满足建设项目资金量的需求，这一环节存在的主要风险隐患如下：①企业资金管理不到位，出现企业资金使用越权审批的现象；②企业的财务预算不善，这将出现企业财务预算与实际情况相差甚远的情况；③企业的债务管理不善，引发债务危机。上述隐患的存在都将大大增加企业的财务风险，给企业带来重大风险损失。

3）市场开拓、项目合作与并购环节

随着交通企业发展规模不断扩大，越来越多的交通企业开始通过项目合作与并购等方式开拓市场，力求改变单一的业务模式。而在一过程中，交通企业在扩大业务范围时也面临极大的风险，其中存在的风险隐患如下：①投资项目论证管理不善，以至于在投资项目选择方面存在盲目和跟风现象，易导致投资项目不但未给企业带来盈利，反而为企业未来的发展埋下风险隐患。②信息收集和分析系统落后，对最新的市场信息了解甚少，从而错失具有发展潜力的投资项目。

2. 交通企业风险产生机制

根据交通企业风险产生环节的分析，同时结合实地调研的结果可知：无论是工程准备和施工过程中的管理不善，还是财务和投资环节的管理不到位，这些都是企业内部控制问题。

所以，且不论内部风险与内部控制关系密切，就外部风险而言，尽管政府政策的调整和市场的瞬息万变是企业无法准确预知的，但是作为外部风险的承受者，如果能做到积极的接受风险而不是消极应对，就可以在一定程度上大大降低外部风险所带来的负面影响。而企业是积极应对还是消极应对，都取决于企业的内部控制现状。良好的内部控制有助于企业在面对外部风险时及时制定应对措施，从而达到降低风险损失的目的。

综上所述，交通企业风险的产生归根结底源自于企业未建立内部控制管理机制或是机制已经建立但不完善抑或是机制未能切实贯彻实施，进而引发内部控制失调，企业风险产生的具体过程如图 5-6 所示。

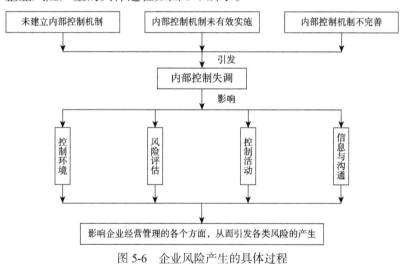

图 5-6　企业风险产生的具体过程

5.2　企业内部控制关键成功因素模型构建

根据设定的研究思路，将基于关键成功因素法对所调研企业的内部控制关键成功因素进行挖掘，因此，研究面临以下几个难点：第一大难点在于要把关键成功因素法的核心理论体系及应用方法体系研究透彻，并将其应用于研究实际案例。第二大难点在于对企业内部控制体系构建的清楚了解，因为只有明确了企业内部控制体系的架构，才能真实有效地挖掘出其关键成功因素。第三大难点在于通过多案例整合分析出影响广东省交通企业的关键成功因素，可是由于广东省交通企业各自对自身内部控制体系认识的不足，分析结果需为其在行业内的适用性提供实证基础。第四大难点在于通过关键成功因素法的案例分析结果，进一步挖掘广东省交通企业内部控制的关键成功因素，以帮助企业完善现有的内部控制系统，提升综合管控绩效。

总体来说，研究工作的重点在于能把各难点一步步思维严密地解决并串在一起，使每个观点都有源头也有结论。

本章有两个出发点：第一个出发点是基于 COSO 的 IC-IF 框架构建模型架构，因此认为影响上述企业内部控制的成功因素分别为内部控制认知、控制环境、风险评估、控制活动、信息与沟通。第二个出发点是基于前面问卷调研的数据信息进行加工，并进一步对内部控制、风险管理的成功因素进行分类和再细分，建立如图 5-7 所示的广东省交通企业内部控制成功因素图。其中 S1~S81 均为每个项目下的具体内容，共 81 条。

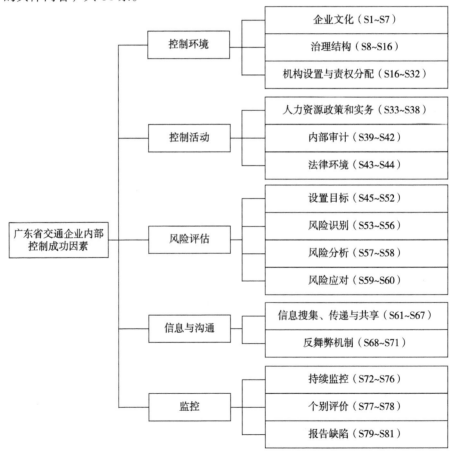

图 5-7　广东省交通企业内部控制成功因素图

根据图 5-7 设定的关键成功因素法的五个步骤如下：

（1）识别成功因素，并建立成功因素集 **K**。通过理论分析和实地调研确立影响广东省交通企业内部控制的各种因素及子因素，并由此建立成功因素集。

（2）拟定各成功因素重要性评语集 **X**。采用企业本体分析法以及调研分析各因素的重要性，并通过李克特 5 点计量尺度确定在不同具体内容上的权重。

（3）确定关键成功因素集 **F**。通过对选定的成功因素进行权重排序，对比不同企业间的情况，同时采用以下的方法确定行业内每个成功因素的重要性评价值，最终确定所研究企业内部控制的关键成功因素。

（4）确定关键成功因素的重要性评价矩阵 **I**。

（5）确定关键成功因素的重要性评价值 **U**。

在图 5-7 中，确定了广东省交通企业内部控制成功因素集 **K**，接下来将成功因素的重要程度进行评价。实地调研问卷中相关问题的权重采用李克特 5 点计量尺度，评语集 $X=\{X_1, X_2, X_3, X_4, X_5\}=\{1, 0.75, 0.5, 0.25, 0\}$。

采用问卷调查，在调研广东省交通企业的代表企业内部控制的基础上，将成功因素调查结果进行汇总，确立其成功因素集 K 并建立其重要性评价矩阵 **R**。

$$R = \begin{bmatrix} R_1 \\ R_2 \\ \vdots \\ R_n \end{bmatrix} = \begin{bmatrix} r_{11} & \cdots & r_{1m} \\ r_{21} & \cdots & r_{2m} \\ \vdots & \vdots & \vdots \\ r_{n1} & \cdots & r_{nm} \end{bmatrix}$$

其中，n 为因素个数；$r_{ij} = s_{ij} \big/ s_0$，$s_{ij}$ 为第 i 个影响因素中选择了第 j 个评语的人数，s_0 为参加评价的总人数。

各成功因素重要程度的评价值 Y 的计算公式如式（5-1）所示：

$$Y = RX^{\mathrm{T}} = (y_1, y_2, \cdots, y_n)^{\mathrm{T}} \tag{5-1}$$

然后，通过式（5-1）可计算得到各成功因素的重要性评价值 Y。

同理，结合对调研的各企业的横向分析，以及上述行业总体成功因素重要性评价值 Y 排序分析，可确定广东省交通企业内部控制关键成功因素集 **F**。再采用上述方法即可确定关键成功因素的重要性评价矩阵 **I** 以及其重要性评价值 **U**。

5.3　企业内部控制成功因素总体分析

在调研问卷中，把员工对内部控制的认知也认为是控制环境的一部分内容，于是先把控制环境细分为企业文化、治理结构、机构设置和责权分配；把控制活动细分为人力资源政策和实务、内部审计、法律环境；把风险评估细分为设置目标、风险识别、风险分析和风险应对；把信息与沟通细分为信息搜集、传播与共享以及反舞弊机制；把监控细分为持续监控、个别评价、报告缺陷。然后分别把每个细分项目再次细分为数量不等的具体内容，并采用李克特5点计量尺度衡量员工在不同的具体内容上的权重判断，分数越高代表该具体内容在上一级项目内越重要，以此确定不同成功因素领域内的关键成功因素。

5.3.1 企业控制环境分析

在企业控制环境的成功因素领域内，可细分为3个项目，即企业文化、治理结构、机构设置和责权分配，再把项目细分为32条具体内容（S1~S32），通过统计每条具体内容的得分平均值，并由高到低进行排序，最后得出所调研的企业平均得分前三条的具体内容（表5-1）。

表 5-1 各企业控制环境具体内容平均得分前三位排行表

	排序	具体陈述	所属细分项目	均值	标准差
晶通	1	S1 公司建立了正式健全的员工行为守则	企业文化	3.88	1.14
	2	S13 定期向董事会提供企业的重要信息（如财务报表、重大合同或谈判等）	治理结构	3.74	0.94
	3	S9 董事会下设了审计委员会、薪酬委员会等委员会	治理结构	3.63	0.94
	排序	具体陈述	所属细分项目	均值	标准差
恒建公司	1	S1 公司建立了正式健全的员工行为守则	企业文化	4.48	0.77
	2	S6 公司的薪酬和晋升并非仅仅依据短期业绩目标的实现情况，还要考虑诚信和道德价值观	企业文化	4.48	0.50
	3	S4 公司对爱岗敬业、诚实守信的员工给予了鼓励和奖励	企业文化	4.26	0.61
	排序	具体陈述	所属细分项目	均值	标准差
省汽运	1	S15 监事会和审计委员会对公司 CEO 和内部审计主管的任命、解聘与薪酬均有所监督	治理结构	4.43	0.59
	2	S17 公司高级管理层具有极高的威信	机构设置和权责分配	4.22	0.66
	3	S1 公司建立了正式健全的员工行为守则	企业文化	4.19	0.90
	排序	具体陈述	所属细分项目	均值	标准差
南粤物流	1	S21 集团或分部管理层经常召开会议	机构设置和权责分配	4.49	0.76
	2	S9 董事会下设了审计委员会、薪酬委员会等委员会	治理结构	4.30	0.88
	3	S22 关键管理人员有明确的责任界定	机构设置和权责分配	4.30	1.00

续表

	排序	具体陈述	所属细分项目	均值	标准差
揭惠管理处	1	S18 关键职能上的人员较稳定,不存在大幅度流动或者意外离职	机构设置和权责分配	4.40	0.71
	2	S25 公司各个员工的工作内容有正式的书面描述	机构设置和权责分配	4.40	0.71
	3	S19 管理层对会计职能很重视,关心财务报告的可靠性	机构设置和权责分配	4.33	0.70

由表 5-1 可以看出,企业文化(S1~S7)、治理结构(S8~S16)、机构设置和责权分配(S17~S32)三个项目均在其中三家公司中位居前三之内,而且五家企业的项目再细分具体内容平均得分前三位中,有三家企业包括 S1,有两家企业包括 S9。

再结合 5.2 节中的行业总体成功因素排序,控制环境领域内的前三位为 S1、S17 和 S9,可以确定,在控制环境这个成功因素领域内,对广东省高速公路企业内部控制,企业文化中的具体陈述 S1(即建立了正式健全的员工行为守则)和 S9(即董事会下设了审计委员会、薪酬委员会等委员会)均为关键成功因素。

5.3.2　企业控制活动分析

在企业控制活动的成功因素领域内,可细分为 3 个项目,即人力资源政策和实务、内部审计、法律环境,再把项目细分为 12 条具体内容(S33~S44),通过统计每条具体内容的得分平均值,并由高到低进行排序,最后得出所调研的三个企业平均得分前三条具体内容(表 5-2)。

表 5-2　各企业控制活动具体内容平均得分前三位排行表

	排序	具体陈述	所属细分项目	均值	标准差
晶通	1	S42 内部审计机构对监督检查中发现的内部控制重大缺陷,有权利直接向董事会及其审计委员会、监事会报告	内部审计	3.56	1.17
	2	S40 内部审计机构结合内部审计监督,对内部控制的有效性进行监督检查	内部审计	3.55	1.12
	3	S36 对员工违背公司政策和程序的行为,公司根据具体的违反行为做出相应的处理	人力资源政策和实务	3.54	1.11
恒建公司	排序	具体陈述	所属细分项目	均值	标准差
	1	S36 对员工违背公司政策和程序的行为,公司根据具体的违反行为做出相应的处理	人力资源政策和实务	4.04	0.75
	2	S33 公司在人员选拔、培训、晋升及报酬方面建立了公平合理的政策和程序,并且定期进行审批和修改	人力资源.政策和实务	3.96	0.75
	3	S35 员工了解其所在部门相关的业务目标以及各自的职责	人力资源政策和实务	3.91	0.58

	排序	具体陈述	所属细分项目	均值	标准差
省汽运	1	S41 内部审计机构对监督检查中发现的内部控制缺陷按照企业内部审计工作程序进行报告	内部审计	4.14	0.66
	2	S42 内部审计机构对监督检查中发现的内部控制重大缺陷，有权利直接向董事会及其审计委员会、监事会报告	内部审计	4.14	0.58
	3	S43 公司建立了健全的法律顾问制度和重大法律纠纷案件备案制度	法律环境	4.14	0.84
	排序	具体陈述	所属细分项目	均值	标准差
南粤物流	1	S39 公司建立了内部审计部门，保证内部审计机构设置、人员配备和工作的独立性	内部审计	4.21	0.71
	2	S40 内部审计机构结合内部审计监督，对内部控制的有效性进行监督检查	内部审计	4.16	0.61
	3	S34 聘用员工时，对候选人的背景进行适当的核查	人力资源政策和实务	4.12	0.95
	排序	具体陈述	所属细分项目	均值	标准差
揭惠管理处	1	S42 内部审计机构对监督检查中发现的内部控制重大缺陷，有权利直接向董事会及其审计委员会、监事会报告	内部审计	4.27	0.77
	2	S43 公司建立了健全的法律顾问制度和重大法律纠纷案件备案制度	法律环境	4.27	0.77
	3	S35 员工了解其所在部门相关的业务目标以及各自的职责	人力资源政策和实务	4.2	0.75

由表 5-2 不难看出，五家企业中有四家都对人力资源政策和实务（S33~S38）、内部审计（S39~S42）两个项目评价很高，可知这两个项目为广东省高速公路企业内部控制的侧重点之一，而且在 S35、S36、S40、S42 和 S43 五条具体内容上，均有两家或两家以上的企业在前三之内。

再结合 5.2 节中的行业总体成功因素排序，控制活动领域内的前三位分别为 S43、S39 和 S40，可以确定，在控制活动这个成功因素领域内，对广东省高速公路企业内部控制，企业中的具体陈述 S40（即内部审计机构结合内部审计监督，对内部控制的有效性进行监督检查）为关键成功因素。

5.3.3　企业风险评估分析

在企业风险评估的成功因素领域内，可细分为 4 个项目，即设置目标、风险识别、风险分析和风险应对，再把项目细分为 16 条具体内容（S45~S60），通过统计每条具体内容的得分平均值，并由高到低进行排序，最后得出所调研的三个企业平均得分的前三条具体内容（表 5-3）。

表 5-3　各企业风险评估具体内容平均得分前三位排行表

	排序	具体陈述	所属细分项目	均值	标准差
晶通	1	S57 企业能按照风险发生的可能性及其影响程度对识别的风险进行分析和排序，确定关注重点和优先控制的风险	风险分析	3.57	1.15
	2	S45 公司有明确的企业宗旨、目标和战略，并对此有详细明确的描述	设置目标	3.51	1.27
	3	S59 管理层定期召开会议，讨论已识别出风险的变化并制订相关行动计划	风险应对	3.51	1.13
	排序	具体陈述	所属细分项目	均值	标准差
恒建公司	1	S56 高级管理层定期就最近可能对公司造成影响的风险召开会议进行讨论	风险识别	3.91	0.78
	2	S60 最高管理层对公司近期可能产生的变化（经营环境的变化、新产品的开发、公司重组等）进行识别和监控，制定必要的应对措施	风险应对	3.91	0.58
	3	S49 企业重要经营活动与企业宗旨目标相关，定期审核其相关性	设置目标	3.87	0.68
	排序	具体陈述	所属细分项目	均值	标准差
省汽运	1	S57 企业能按照风险发生的可能性及其影响程度对识别的风险进行分析和排序，确定关注重点和优先控制的风险	风险分析	4.24	0.75
	2	S52 对新的经营计划进行必要的经营风险因素分析工作	设置目标	4.16	0.59
	3	S45 公司有明确的企业宗旨、目标和战略，并对此有详细明确的描述	设置目标	4.11	0.77
	排序	具体陈述	所属细分项目	均值	标准差
南粤物流	1	S52 对新的经营计划进行必要的经营风险因素分析工作	设置目标	3.88	0.72
	2	S51 管理人员参与所在部门相关的业务目标的制定工作	设置目标	3.76	0.81
	3	S49 企业重要经营活动与企业宗旨目标相关，定期审核其相关性	设置目标	3.70	0.82
	排序	具体陈述	所属细分项目	均值	标准差
揭惠管理处	1	S57 企业能按照风险发生的可能性及其影响程度对识别的风险进行分析和排序，确定关注重点和优先控制的风险	风险分析	4.33	0.79
	2	S45 公司有明确的企业宗旨、目标和战略，并对此有详细明确的描述	设置目标	4.27	0.77
	3	S46 企业宗旨、目标和战略能被全体员工及董事会所熟知，并且员工及董事会能够就此进行讨论沟通，对其产生一定的反馈	设置目标	4.27	0.77

在表 5-3 中，设置目标（S45~S52）项目在五家企业均在前三位之中，甚至有的企业前三位中的全部内容都是设置目标项目下的，而风险分析（S57~S58）项目则在其中三家企业的前三位之中。特别是，对 S45 和 S57 均有三家企业认为属于重要性前三位的具体内容。

再结合 5.2 节中的行业总体成功因素排行，风险评估领域内的前三位分别为 S57、S45 和 S49，可以确定，在控制活动的成功因素领域内，对广东省高速公路企业内部控制，企业中的具体陈述 S45（即公司有明确的企业宗旨、目标和战略，并对此有详细明确的描述）及 S57（即企业能按照风险发生的可能性及其影响程度对识别的风险进行分析和排序，确定关注重点和优先控制的风险）均为关键成功因素。

5.3.4　企业信息与沟通分析

在企业信息与沟通的成功因素领域内，可细分为两个项目，即信息搜集、传递与共享以及反舞弊机制，再把项目细分为 11 条具体内容（S61~S71），通过统计每条具体内容的得分平均值，并由高到低进行排序，最后得出所调研的三个企业平均得分前三条具体内容（表 5-4）。

表 5-4　各企业信息与沟通具体内容平均得分前三位排行表

	排序	具体陈述	所属细分项目	均值	标准差
晶通	1	S61 管理人员能够及时获取与公司目标相关的外部信息（市场环境、竞争者等）和内部信息（服务质量报告、产品线毛利率等）	信息搜集、传递与共享	3.58	1.11
	2	S67 公司内部信息能够畅通传递	信息搜集、传递与共享	3.54	1.23
	3	S69 公司为员工提供了向上级传递信息的渠道	反舞弊机制	3.51	1.15
	排序	具体陈述	所属细分项目	均值	标准差
恒建公司	1	S69 公司为员工提供了向上级传递信息的渠道	反舞弊机制	4.13	0.68
	2	S68 公司建立了供员工报告怀疑的不当行为的完善沟通渠道，保护举报人不被报复	反舞弊机制	4.09	0.58
	3	S71 管理层能够接受员工有关提高生产力、质量等的改进意见	反舞弊机制	4.09	0.58
	排序	具体陈述	所属细分项目	均值	标准差
省汽运	1	S70 员工很乐意并且会向高级管理层反映问题并提出意见和建议	反舞弊机制	4.11	0.65
	2	S71 管理层能够接受员工有关提高生产力、质量等的改进意见	反舞弊机制	4.11	0.83
	3	S66 公司对客户、供应商等建立了良好的沟通反馈渠道	信息搜集、传递与共享	4.08	0.85
	排序	具体陈述	所属细分项目	均值	标准差
南粤物流	1	S65 企业能利用信息技术促进信息的集成与共享，充分发挥信息技术在信息与沟通中的作用	信息搜集、传递与共享	3.74	0.89
	2	S66 公司对客户、供应商等建立了良好的沟通反馈渠道	信息搜集、传递与共享	3.72	0.82
	3	S64 公司有自己的信息系统，对其有适当的资源投入（人力和技术力量等）	信息搜集、传递与共享	3.60	0.99

续表

	排序	具体陈述	所属细分项目	均值	标准差
揭惠管理处	1	S63 公司能根据战略计划和经营计划的变更相应改变信息系统，使其更好地为之服务	信息搜集、传递与共享	4.33	0.70
	2	S66 公司对客户、供应商等建立了良好的沟通反馈渠道	信息搜集、传递与共享	4.33	0.70
	3	S68 公司建立了供员工报告怀疑的不当行为的完善沟通渠道，保护举报人不被报复	反舞弊机制	4.33	0.70

表 5-4 中，对所调研的五家企业，信息搜集、传递与共享（S61~S67）以及反舞弊机制（S68~S71）两个项目的重要性几乎相等，而且 S66、S68、S69 和 S71 四条具体陈述，均在至少两家企业的前三位之中，特别是其中的 S66 还在三家企业的前三位之中。

再结合 5.2 节中的行业总体成功因素排行，信息与沟通领域内的前三位分别为 S71、S65 和 S66，可以确定，在信息与沟通这个成功因素领域内，对广东省高速公路企业内部控制，企业中的具体陈述 S66（即公司对客户、供应商等建立了良好的沟通反馈渠道）以及 S71（即管理层能够接受员工有关提高生产力、质量等的改进意见）为关键成功因素。

5.3.5　企业监控分析

在企业监控的成功因素领域内，可细分为 3 个项目，即持续监控、个别评价和报告缺陷，再把项目细分为 10 条具体内容（S72~S81），通过统计每条具体内容的得分平均值，并由高到低进行排序，最后得出所调研的三个企业平均得分前三条具体内容（表 5-5）。

表 5-5　各企业监控具体内容平均得分前三位排行表

	排序	具体陈述	所属细分项目	均值	标准差
晶通	1	S78 用于评价内部控制体系的方法是适当的、合乎逻辑的	个别评价	3.54	1.06
	2	S73 定期将会计系统记录的数量和实务资产进行比较	持续监控	3.50	1.14
	3	S76 参与内部审计活动的人员具备相应的学识和对相应业务控制过程有充分的了解	持续监控	3.35	1.07
	排序	具体陈述	所属细分项目	均值	标准差
恒建公司	1	S80 发现的缺陷可以向高级管理人员或者特定职能人员报告	报告缺陷	4.00	0.59
	2	S74 管理层对内部和外部审计师有关加强内部控制的建议进行审核，对适合的建议予以实施	持续监控	3.96	0.69
	3	S72 内部审计部门定期对公司各岗位执行控制制度的情况进行检查	持续监控	3.91	0.83

	排序	具体陈述	所属细分项目	均值	标准差
省汽运	1	S80 发现的缺陷可以向高级管理人员或者特定职能人员报告	报告缺陷	4.27	0.72
	2	S75 定期检查员工是否了解和遵循公司的行为准则	持续监控	4.16	0.72
	3	S81 对发现的缺陷，公司能对问题的根本原因进行调查，采取必要的矫正措施，并且监督其行动	报告缺陷	4.14	0.62
	排序	具体陈述	所属细分项目	均值	标准差
南粤物流	1	S81 对发现的缺陷，公司能对问题的根本原因进行调查，采取必要的矫正措施，并且监督其行动	报告缺陷	3.79	0.82
	2	S80 发现的缺陷可以向高级管理人员或者特定职能人员报告	报告缺陷	3.77	0.80
	3	S74 管理层对内部和外部审计师有关加强内部控制的建议进行审核，对适合的建议予以实施	持续监控	3.72	0.79
	排序	具体陈述	所属细分项目	均值	标准差
揭惠管理处	1	S73 定期将会计系统记录的数量和实务资产进行比较	持续监控	4.27	0.77
	2	S75 定期检查员工是否了解和遵循公司的行为准则	持续监控	4.27	0.77
	3	S79 公司建立了获取和报告内部控制缺陷的机制	报告缺陷	4.27	0.77

表 5-5 表明持续监控（S72~S76）项目在上述五家企业中均属于前三位之内，而报告缺陷（S79~S81）项目则在其中四家企业前三排行之中。而且 S73、S74、S75、S80 和 S81 五条具体陈述，均在至少两家企业的前三位之中，其中具体陈述 S80 还在三家企业的前三位之内。

再结合 5.2 节中的行业总体成功因素排行，监控领域内的前三位分别为 S80、S81 和 S73。可以确定，在企业监控这个成功因素领域内，对广东省高速公路企业内部控制，企业中的具体陈述 S73（即定期将会计系统记录的数量和实务资产进行比较）以及 S80（即发现的缺陷可以向高级管理人员或者特定职能人员报告）均为为关键成功因素。

5.4　交通企业内部控制关键成功因素重要程度评价

上文通过结合分析行业总体以及各企业之间内部控制成功因素重要性，不断深入挖掘广东省交通企业内部控制关键成功因素集 F，图 5-8 为广东省交通企业内部控制关键成功因素图。

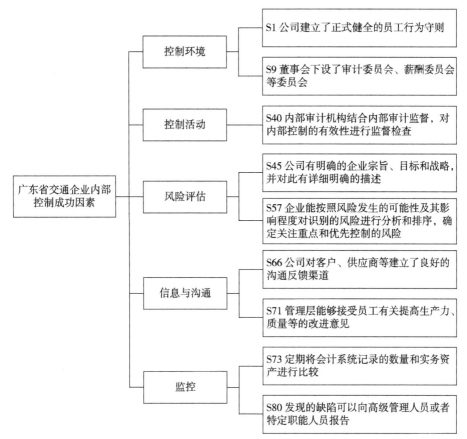

图 5-8　广东省交通企业内部控制关键成功因素图

各关键成功因素的重要性评价矩阵 I 如下：

$$I = \begin{bmatrix} I_1 \\ I_2 \\ I_3 \\ I_4 \\ I_5 \\ I_6 \\ I_7 \\ I_8 \\ I_9 \end{bmatrix} = \begin{bmatrix} r_{11} & r_{12} & r_{13} & r_{14} & r_{15} \\ r_{21} & r_{22} & r_{23} & r_{24} & r_{25} \\ r_{31} & r_{32} & r_{33} & r_{34} & r_{35} \\ r_{41} & r_{42} & r_{43} & r_{44} & r_{45} \\ r_{51} & r_{52} & r_{53} & r_{54} & r_{55} \\ r_{61} & r_{62} & r_{63} & r_{64} & r_{65} \\ r_{71} & r_{72} & r_{73} & r_{74} & r_{75} \\ r_{81} & r_{82} & r_{83} & r_{84} & r_{85} \\ r_{91} & r_{92} & r_{93} & r_{94} & r_{95} \end{bmatrix} = \begin{bmatrix} 0.47 & 0.30 & 0.13 & 0.05 & 0.06 \\ 0.35 & 0.41 & 0.18 & 0.04 & 0.02 \\ 0.28 & 0.44 & 0.20 & 0.06 & 0.02 \\ 0.31 & 0.33 & 0.24 & 0.08 & 0.04 \\ 0.32 & 0.27 & 0.35 & 0.05 & 0.01 \\ 0.22 & 0.44 & 0.26 & 0.06 & 0.02 \\ 0.26 & 0.39 & 0.25 & 0.08 & 0.02 \\ 0.21 & 0.45 & 0.26 & 0.06 & 0.01 \\ 0.25 & 0.45 & 0.23 & 0.05 & 0.03 \end{bmatrix}$$

各关键成功因素的重要性评价值 U 为

$$U = IX^{\mathrm{T}} = (u_1\ u_2\ u_3\ u_4\ u_5\ u_6\ u_7\ u_8\ u_9)^{\mathrm{T}} = (0.77\ 0.76\ 0.73\ 0.70\ 0.71\ 0.69\ 0.70\ 0.70\ 0.71\ )^{\mathrm{T}}$$

5.5 本章小结

本章定量分析了调研问卷的权重部分内容，通过理论与实践相结合、组合排序，以及应用关键成功因素法的模型，系统挖掘出了广东省交通集团下属相关交通企业内部控制在控制环境、控制活动、风险评估、信息与沟通、监控五大领域的关键成功因素，并确定了每个关键成功因素的重要性评价值，对增强广东省高速公路企业内部控制具有一定的参考价值，也为后续结构方程的建模分析奠定了基础。

需要指出的是，挖掘出的所谓关键成功因素并不是说这些企业在这些因素上做得好，而是通过调研发现，企业员工认为要做好内部控制，相比其他因素而言，这些因素是关键的。事实上，一些企业出现的风险暴露，恰恰是因为这些因素没有控制好，至少在这些企业的员工看来是这样，这就为开展这些企业的内部控制系统设计做了警示，这也是本章研究的价值所在。

第6章 交通企业风险传导分析

企业风险之间会相互传导，是由于业务之间、经营管理流程之间有相互关联。这种关联既有纵向的，如战略与计划之间，也有横向的，如各种业务之间。一种风险会导致其他风险的产生，或放大其他风险的损害程度。虽然通过内部控制可以预防和控制风险，或减少风险的损害程度。但是必须认识到企业风险是客观存在的，因此，通过有效的手段识别风险之间的传导关系，为开展企业内部控制系统设计，以及阻断风险的传导途径有重要意义。

6.1 关于企业风险传导的研究

6.1.1 现有的风险传导理论研究情况

对风险传导的研究，国内外主要侧重于金融风险与危机等方面。例如，Baig和Goldfajn（1998）研究了东亚金融危机中各国的风险传递；Kaminsky 和 Reinhart（2000）研究了信贷风险在不同国家间的传递；崔毅等（2001）通过对亚洲金融风暴的分析，研究了企业微观风险和宏观金融危机间的传导机理；朱静怡和朱淑珍（2001）论证了金融风险的主要传导机制。

1. 关于企业风险传导含义的研究

叶建木等（2005）首次对企业风险传导进行了深入分析和系统研究，剖析了企业风险传导的内在动因，提出了基于风险传导机理的风险控制新思路。邓明然和夏喆（2006a）通过对风险传导过程中风险相互耦合的分析以及传导模型的构建，研究了风险在企业内部的动态传导规律。沈俊和邓明然（2006）以热传导原理推测风险传导，并以此定义风险传导的概念，以及供应链风险传导实现的条件和风险传导路径。

2. 关于企业风险传导方式的研究

叶厚元和邓明然（2004）按照风险传导的外在表现形式，把风险传导分为六种，即泡沫破灭式风险传导、要素稀缺式风险传导、结构坍塌型风险传导、海啸波浪式风险传导、链式反应型风险传导和企业风险的有路径式传导。邓明然和夏喆（2006b）对企业风险的传导路径做了分析。沈俊和邓明然（2006）对企业风险传导依赖的路径进行了分析。叶厚元和尚永伟（2007）依照风险传导发生时间的不同，提出了连续性风险传导、间歇性风险传导、时滞性风险传导、周期性风险传导和突发性风险传导的概念，分析它们的各种特征，并引入连续性和离散型概率分布类型进行风险传导的度量。叶厚元和洪菲（2010）提出了风险的显性传导与隐性传导以及收敛型与发散型风险传导概念，归纳了风险传导的增强模型、稳定模型、衰退模型及其特征，并将风险划分为诞生、成长、成熟和衰退等阶段。

3. 关于企业风险传导规律的研究

夏喆和邓明然（2006）从阈值突变规律、混沌规律、跳跃规律和最小阻力规律四个方面分析了企业风险传导的途径、方向、强度等特征，并对风险传导过程中风险的耦合性进行分析，构建了传导模型。戴胜利（2008）认为企业营销风险传导具有"水洼地规律"、风险传导"变异"规律、风险势能"趋向均衡"规律和风险因子互动规律。翟运开（2008）分析了风险传导的静态和动态要素，归纳了风险传导的客观性规律、依附性规律、方向性规律、叠加性规律和复杂性规律。

4. 关于企业风险传导的模型研究

石友蓉（2006）探讨了风险传导机理、风险传导物理量和风险能量模型等问题，结合风险投资企业的情况进行了实证分析。戴胜利（2009）利用系统动力学理论构建了企业营销风险传导动态过程图，构建了企业营销风险传导的管理策略模型，即倒置漏斗模型。文进坤（2009）充分考虑供应链风险传导效应，构建供应链风险传导模型，利用风险评估方法对风险因素、节点企业和整个供应链网络的综合风险进行评估。张正益（2009）运用灰色系统理论构建了企业市场风险传导测评模型，选用企业进行实证案例分析。

5. 关于企业风险传导的其他研究

此外，江文波（2004）通过演绎方法分析企业风险的形成机理并用财务分析法从销售收入着手分析财务杠杆对企业风险传导的影响；叶东森（2005）对外界不确定性因素变化对经营杠杆与财务杠杆的影响进行了研究；叶建木（2009）分析了企业财务风险传导的路径类型及财务风险传导的蝴蝶效应、多米诺骨牌效应、耦合效应和破窗效应；等等

目前，关于高速公路企业风险管理的研究并不多。朱辉（2005）分析了高速公路经营企业在业务经营、管理、技术、重大交通事故和安全运营等方面的风险

因素，并提出了应对风险的对策。韦海斌（2006）从经营风险、财务风险、行业风险、市场风险、政策性风险及项目投资风险六个方面分析了高速公路企业的风险。党伟（2010）从市场风险、政策风险、财务风险、对外投资风险、技术风险、生产风险和安全运营风险方面分析了高速公路企业经营中的风险问题。付军明等（2010）结合福州—银川高速公路十天联络线湖北境段对高速公路风险因素进行了识别，并对风险对策进行了研究。时淑会和邱永涵（2011）从高速公路企业风险管理目标、组织体系及风险管理流程方面，对高速公路企业风险管理进行了分析。

此外，一些学者针对公路投资风险进行了研究，如刘晓君（2005a）研究了BOT-TOT（build-operate-transfer，transfer-operate-transfer）、NC-BOT（novation contract，build-operate-transfer）等模式下公路建设投资风险的评价方法，建立了评价模型。王作功等（2006）分析了我国高速公路投资风险的特点，并建立了收费高速公路投资单风险评估模型和风险评估指标体系，运用 F-AHP（fuzzy analytic hierarchy process）模型进行了定量分析。兰志雄（2007）通过敏感性分析法、盈亏平衡分析法对高速公路项目投资风险进行了估测，并研究了高速公路项目量化分析的数据因素和量化分析过程等。

通过国内外相关研究现状进行分析，发现虽然对风险进行的研究很多，但主要集中在风险识别、分析、预警及控制等方面，对企业风险传导的研究主要是关于风险传导的内涵、传导方式和传导规律，且对高速公路企业风险传导的研究极少。目前已有的风险传导研究内容比较分散，还没有形成一套系统的理论。在风险指标的选取上也不完整、不系统，而且已有的研究主要是理论研究，定量分析的文献很少，对风险间的影响分析尚没定量化。

企业风险传导的研究概念框架如图 6-1 所示。

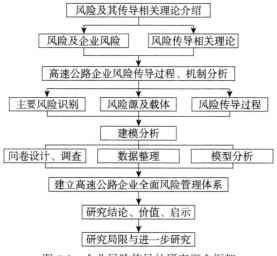

图 6-1 企业风险传导的研究概念框架

6.1.2 企业风险及其传导的理论基础

上文对风险和企业风险的内涵进行了概述，为开展风险的传导分析，本小节对风险的相关概念展开分析。

1. 风险的定义及分类

关于风险的定义，上文给出了不同学者和专业机构给出的多种定义，这说明目前尚无公认的解释。国内外学术界的解释概括起来主要如下：风险是指可测定的不确定性、风险是发生损失的可能性、风险是实际结果与预期的偏差、风险是损失的不确定性等常见说法。这些说法都有一个共同点：风险是在一定条件和时期内可能发生的各种结果变动的不确定性，这种不确定性无法控制，常带来不必要或预期不到的损失。

风险是由各种客观存在的自然现象或社会现象引起的，不以人的意志为转移，因此风险具有客观性。同时，风险的发生与否具有偶然性。对主体来说，风险是否发生、影响程度有多大都是不确定的，在事前无法确切知道。

为了更有效地对待风险，控制风险的负面影响，不少学者对风险进行了分类。比较典型的分类方式如表 6-1 所示。

表 6-1 风险分类

分类方式	风险种类
风险的影响范围	宏观风险、微观风险
风险产生的原因	自然风险、社会风险
风险自身的性质	静态风险、动态风险
风险获利的可能性	纯粹风险、投机风险
风险造成的结果	财产风险、人身风险、责任风险、信用风险
风险的承受能力	可接受风险、不可接受风险
风险是否可分散	非系统风险、系统风险
风险发生的形态	潜在风险、意外风险

2. 企业风险的定义及性质

企业运行的内外部环境总是在变化，使企业的运行过程中存在大量的不确定性。这些不确定性的存在，导致企业面临目标不能实现的风险。因此，企业风险是指企业在运行过程中，受到各种不确定性因素的影响，使企业的预期目标与实际目标发生偏差，从而导致企业遭受损失的可能性。

企业风险作为一种风险，具有风险的一般特性，即客观性和偶然性。同时，企业风险还具有自己独特的性质。

1）复杂性

企业是一个复杂的组织，它所处的外部环境和内部环境也是复杂多变的，因此企业风险发生的原因和表现形式也是复杂的。此外，企业风险的形成过程也是复杂的，是人们所不能完全了解和全面掌握的，这些导致企业风险具有复杂性。

2）可变化性

由于风险的发生具有偶然性和不确定性，所以，在一定条件下企业风险是可变化的。这些变化包括风险性质的变化、表现形式的变化和风险影响程度的变化。随着社会的发展，某些风险能被控制和消除，一些新的风险也会产生。

3）可传导性

企业不是一个独立的组织，它不断地与外部环境进行相互作用，企业内部各子系统之间也是相互作用的，存在相互的利益关系。在企业外部，企业风险沿着利益链，传导到企业利益相关者。在企业内部，企业风险随着企业运行中的各环节或流程节点，传导到与其环节或流程发生关系的其他环节或流程上，从而在整个企业内部进行传导。

3. 企业风险传导理论基础

1）多米诺骨牌理论

多米诺骨牌理论由 W. H. Heinrich 于 1931 年创建，最初被用于阐明导致伤亡事故的各种原因以及与事故间的关系。它认为伤亡事故的发生并不是一个孤立的事件，伤亡事故虽然可能在某瞬间突然发生，但它是一系列事件相继发生的结果。同时，它认为风险发生类似倒塌的多米诺骨牌，风险的发生是分五步进行的：系统和社会环境—人的过程—伴随机械和物理伤害的不安全行为—事故—危险或损失。只要制止中间步骤的发生，事故就不会发生，从而预防风险的发生，就像抽掉了中间一块骨牌，多米诺骨牌墙终止倒塌一样。因此，第三步成为控制风险发生的最关键步骤。多米诺骨牌理论认为风险因素、风险事件和结果相继发生的主要原因是人的错误行为，人为因素是风险发生的主要原因。

多米诺骨牌理论主要被应用于金融和保险等行业的传统风险类型企业中。它所用的主要模型起源于投资组合模型，包括固定资产定价模型、二叉树模型和 Black-Scholes 模型等。该理论的风险模型是利用风险矩阵将风险因素转换为风险损益或损益期望，因此，该理论风险分析的核心内容是建立风险矩阵，风险矩阵的参数估计成为风险分析的主要环节。风险矩阵参数估计方法包括概率类、推理类、仿真类和时间序列类等。

风险对策是决策者根据风险分析的结果结合其经验而制定的风险应对措施。在风险管理理论中，风险对策一般包括风险避免、风险控制、风险转嫁和风险自留四大类，具体的对策办法各不相同。在多米诺骨牌理论中，风险对策的作用是"阻止多米诺骨牌的相继倾倒"，且倾倒的主要环节是人的行为。风险对策的制定是依据风险损益或风险损益期望发生的变化，而传统风险类型企业的外部风险因素很难改变风险因素状态，因此很少从系统特征角度给出改变系统环境的风险对策，而是采用强化系统内部管理的方式制定对策。

多米诺骨牌理论有坚实的数学理论工具作支撑，逻辑严密，有成熟的风险量化方法和模型，在银行、证券、期货行业、保险行业和金融政策领域的实用效果较好。但是该理论风险模型的提出与资本、资产相关，因此这些模型主要应用在金融行业传统风险类型企业中，而在社会系统及非传统风险企业中，这些风险模型基本没有作用。此外，当风险特征不明确、系统特征不具有一般性特征时，该理论很难接受风险因素和风险事件之间的因果关系。当风险因素和风险事件的对应关系复杂时，多米诺骨牌理论并不能建立多风险因素与风险事件之间的关系模型。

2）能量释放理论

能量释放理论由 William Haddon 创建，Haddon 矩阵是该理论中风险分析和风险对策制定过程的主要工具。能量释放理论认为风险是由系统承受的能量超出了系统承受能力而产生的。该理论主要关注的是风险防范和控制，其核心思想是分析风险事件发生前生后的环境状态变化、风险结果承受体状态以及导致风险产生的能量源状态改变的程度，建立 Haddon 矩阵，列举出风险结果和能量源之间的对应关系，从而制定风险对策防范风险的发生和控制能量的释放。

与多米诺骨牌理论不同，能量释放理论并没有定量的风险模型，只有定性的模型。其定性模型包括三个要素，即环境（X）、风险结果承受体（Y）和能量源（E），它们之间的对应关系如下：

$$E \to \begin{cases} X \\ Y \end{cases}$$

其中，E 和 X、Y 的关系是定性的，该理论并没有给出其量化关系。能量释放理论中风险分析的主要工具是 Haddon 矩阵，Haddon 矩阵结构如表 6-2 所示。

表 6-2　Haddon 矩阵结构

事情所处阶段	事件发生之前	事件发生时	事件发生后
环境（X）	Fore-X	Cur-X	After-X
风险结果承受体（Y）	Fore-Y	Cur-Y	After-Y
能量源（E）	Fore-E	Cur-E	After-E

当只存在单个能量源时，分析 X、Y、E 在不同时期的特征。如果 X 在各时期的变化不大，则认为 E 直接影响 Y，而与 X 关系不大，从而得到 E 与 Y 间的关系；

再比较 Y 和 E 在不同时期的对应关系，得到 E 在影响 Y 时的主要阶段（发生前、发生时和发生后）。如果 X 在各时期的变化比较大，那么认为 E 在影响 Y 时存在改变 X 的现象，可以通过改变 X 的状态限制 E 对 Y 的作用。当存在多个能量源时，需要建立多个 Haddon 矩阵，两两进行比较。在不同能量源的作用下，由 X 与 Y 在不同时期的特征判断出主能量源。

从上面对能量释放理论定性模型的介绍可以看出，能量释放理论的优点是简化了风险因素、风险事件和风险结果之间的关系链，并运用 Haddon 矩阵对无法量化建模的风险因素进行了重要性排序，它们之间的排序关系依据损益程度。它的风险分析过程简单、结果直观，适用于分析多种风险因素综合作用下的系统状态改变结果的分析。但是，它没有量化的模型使其无法用于经济系统风险分析研究，在模型的应用方面存在局限性。

4. 企业风险传导的定义及关键要素

沈俊和邓明然（2006）基于热传导原理定义了风险传导的概念，即企业风险传导是指风险在相关利益单位之间通过一定的载体，有一定路径的传递和影响，包括传与导两个动态环节。企业风险传导的概念包含两层意思：一是企业间的风险传导；二是企业内部的风险传导。

夏喆和邓明然（2007）从狭义与广义两个角度对这两层含义分别给予了定义。从狭义上讲，企业风险传导是指，在企业中不可避免地受到内、外部各种不确定因素的影响，使得在企业生产运营过程中某一点的微小偏差或不确定性，借助各种传导载体，被传递到企业生产经营过程中的一系列环节中去，进而导致企业的生产经营目标产生偏离或失败的一系列过程；从广义上讲，由于企业之间存在利益相关性，构成利益链的企业群之间必然也存在风险相关性，一个企业发生风险必然会影响到其关联企业，甚至会通过整个利益链传导到企业网络，从而形成企业间风险传导。

借鉴上述企业风险传导概念的研究，本书认为高速公路企业风险传导是指在高速公路企业运行过程中，由于外界和内部各种不确定性因素的干扰与影响，发生某些微小偏差或不确定性，依附在企业运行过程中的各实体通过各种方式被传递到高速公路企业的各环节、各部门，导致高速公路企业运行实际与目标产生偏离的一系列过程。本书仅分析狭义上的风险传导，即风险在高速公路企业内部的传导。

5. 企业风险传导的关键要素

1）风险源

企业风险传导的风险源就是引发企业风险的初始起因，是影响企业正常运行的不确定性因素，包括来自企业外部环境和内部系统的非预期的变化的可能，即风险源就是企业外部环境和内部系统的不确定性变化，是企业产生损失的起因。风险源通过改变企业外部环境和内部系统的存在状态而触发风险事件，而风险事件的性质是由不同的风险源在特定的时间和环境下共同决定的。风险源存在于企业的外部环境和内部系统中，它通过改变企业外部环境和内部系统的状态，使企业在运行过程中面临各种不确定性。

根据高速公路企业风险源存在的范围，可以把高速公路企业风险源分为外部风险源和内部风险源。外部风险源存在于高速公路企业的外部环境中，随着企业与外部环境不断联系和交流，逐渐扩散到企业内部，从而给企业带来损失的不确定性的外部因素，如自然环境变化、宏观经济变动和行业结构变迁等。内部风险源是高速公路企业在营运过程中由于其内部结构、管理和业务流程等方面存在缺陷而给企业带来损失的不确定性的内部因素。内部风险源主要来自两个层面：一是来自公司治理层面，如董事会战略制定错误、管理层决策失误、管理不善和管理层人员职业道德问题等都会导致高速公路企业发生风险；二是来自各个职能部门，各职能部门是高速公路企业的业务单元，当职能部门出现问题（如基本业务流程运转不顺、员工工作失误等）时也会给企业带来风险。

2）载体

载体是指能传递或运载其他物质而影响机体性能的物质。夏喆和邓明然（2007）指出在企业风险传导过程中，风险因子会依附于某些有形物质或无形效应传递到企业生产经营活动的各个方面，或随着时间、扩散效应被逐渐放大，其中，承载或传导这些风险因子的有形物质或无形效应被称为企业风险传导过程中的载体。

企业风险传导的载体按照存在形态可分为显性载体和隐性载体两大类，其中显性载体包括物质、资金和技术等，而隐性载体包括信息、行为和政策约束等。企业风险传导的载体按照风险源层次不同，可以分为微观载体和宏观载体两大类，其中微观载体主要是承载企业内部风险的载体，而宏观载体则是指那些将环境风险、政策风险和行业风险等外部风险承载并传递给企业，给企业的生产经营带来极大不确定性的载体。

本章按照载体的存在形态把高速公路企业风险传导载体分为以下几类：

（1）资金载体。企业运行离不开资金，资本的增值要通过资本本身的运动才能实现，高速公路企业也不例外。高速公路企业与资金有关的活动主要包含两个方面，即项目投资和营运回收资金。高速公路投资涉及资金额大，项目建设期较长，在整个项目投资建设过程中隐藏的风险点较多。例如，招标过程中可能存在相关人员的败德行为、施工单位违反合同轨道和融资成本增加等。

（2）物质载体。物质在高速公路企业的营运过程起着重要作用。高速公路建设施工所需各种原材料和机械类工具等，在企业营业过程中可能给企业带来损失。例如，水泥、沥青等质量问题会影响工程质量，各种施工所需工具的质量会影响工期，等等。

（3）信息载体。高速公路企业运行过程中会涉及各种信息，如政策法规信息、价格信息和企业品牌信息等，这些信息可能给企业带来不确定性。例如，高速公路收费价格降低的信息会影响企业营运收入，严重时可能影响企业财务状况；企业品牌、信誉等信息对企业融资有影响；等等。

（4）技术载体。高速公路企业运行过程中涉及的技术问题主要是在项目投资过程中。例如，施工所需的材料涉及专利问题、战略规划未来拟建高速公路地区地质地貌特性对技术有一定的要求。

3）传导路径

风险流从风险源释放后，依附于风险载体，沿特定的渠道和途径开始在企业各流程、功能节点流动和传导，把风险流流动、传导所经的路线和途径称为企业风险传导的路径。

企业运行涉及多个业务流程，各业务流程之间存在直接或间接的联系。同时一项业务流程的完成也可能需要多个部门共同合作，那么参与的各部门及各业务之间会有直接或间接的联系，从而形成企业内部错综复杂的利益链。假设把企业看做一个综合的系统，各业务流程便是其中的若干小系统，它们彼此之间相互独立，但又相互影响和制约，在各种相互作用的推动下使企业这个大系统运行。

此外，企业在运行过程中不可避免地会与周围的环境发生联系，环境是企业状态改变的重要因素，而环境复杂性和环境影响作用范围的关联性的存在，使它们之间形成了各种直接或间接的利益链，从而影响企业的运行。企业外部风险正是通过外部利益链而向企业内部传导的。

企业风险在企业内外部各种利益链、价值链和业务流程的作用下由静态转为动态，从而实现在企业传导。企业运行中的各功能节点的风险在利益链、价值链和业务流程的基础上，在不同的环境中遵循不同的传导路径，形成企业错综复杂的风险传导链和传导网络。

6.2　交通企业风险传导机制分析

6.2.1　交通企业风险识别

本书的问卷，针对企业的风险识别做了专门的调研，包括风险识别方法、五家公司的主要风险种类和分布等，因为研究的需要，本小节对主要的分析识别方法进行简单概述。

同时，针对企业的风险种类和分布，专门开展了第二次调研（附录 2）。

1. 风险识别方法概述

风险识别的方法很多，国内外常用的方法有德尔菲法（Delphi method）、情景分析法（scenarios analysis）、头脑风暴法（brain storming）、流程图法（flow charts）、问卷或核查法（questionnaires or checklists）等。

1）德尔菲法

德尔菲法又称专家调查法。该方法始于 20 世纪 40 年代末期，由美国 Rand corporation 首先使用后很快盛行起来，目前已被应用于经济、社会和工程技术等领域。使用该方法前要选定一定数量的研究行业内具有一定代表性、权威性的专家，采用匿名方式使每一位专家独立自由地做出判断，收集专家意见后整理并反馈，多次征询意见，逐步使专家的意见趋向一致。

2）情景分析法

情景分析法又称前景描述法或脚本法，是假定某种现象或某种趋势将持续到未来的前提下，对预测对象可能出现的情况或引起的后果做出预测的方法。1972 年由美国 SLLELL 公司的科研人员 Pierr Wark 提出。情景分析法是通过假定关键的影响因素有可能发生，构建多重情景，并提出各种未来可能发生的结果，从而采取适当的措施防患于未然。情景分析法已经发展了一些具体方法，如目标展开法、未来分析法和 PEST（political，economic，social，and technology）分析法等。

3）头脑风暴法

头脑风暴法是一种激发性思维方法，它由美国创造学家奥斯本于 1939 年首次提出并于 1953 年正式发表。该方法一般是通过专家会议，以"宏观智能结构"为基础，激发专家的创造性思维从而获取信息。头脑风暴法要求主持者的发言能激起参加者的思维"灵感"，让参加者感到急需回答会议提出的问题。

4）流程图法

通过分析作业流程分析风险，是一种动态的分析方法。通过对具体作业流程进行分析，有助于识别人员了解风险所处的具体环节、各环节间存在哪些风险，也有利于分析风险的起因和影响。

5）问卷或核查表法

该方法由相关风险管理团队设计分析表格，列出可能发生的潜在风险，供识别人员进行检查核对，判断是否存在表中所列的风险。表格中所列的都是曾经发生过或类似的风险，要求风险管理团队有一定的风险管理经验。

2. 高速公路企业特点及各类风险识别

兴建高速公路需要投入巨额资金,投资一条高速公路少则十几亿元,多则甚至高达几十亿元。因此,在我国主要通过财政拨款、银行贷款或其他融资方式等筹集资金,并采取收费的形式营运。

高速公路建设周期比较长,且作为重要的基础设施国家严格控制收费标准,所以其投资回收期比较长。同时高速公路资产不像一般物质资本那样具有可流动性,它与所占土地具有不可分割性,具有非流动性。另外,高速公路是国家的重要基础设施,一个地方的经济发展与其交通条件密不可分,因此,投资建设高速公路是国家和地方经济发展的需要,政策法规对高速公路行业影响较大,政策法规的变化直接影响高速公路企业的战略规划。

由于高速公路的上述特性,我国交通企业尤其是高速公路企业的建设、运营方式主要是国办公营式、公办公营式和国办私营式三种。此外,在实际中可能有介于某两种之间的混合形式。高速公路作为基础设施,具有公共性,这也决定了它是政府行为的产物。政府通过交通部门规划、建设和管理高速公路企业。因此,这些企业从筹建、成立到运营,很大程度上受政府、国家政策的影响,如产业结构调整会对其产生很大的影响,特别是近年来国家相关部门也在研究缩短甚至是取消收费公路的经营权,并且陆续出台了一些政策法规,产业政策一直是影响高速公路企业的重大风险因素。本章通过对高速公路企业的调研考察,以专家调查法、流程图法为主,参考相关文献研究,并结合《中央企业全面风险管理指引》的要求,最终分析确定影响高速公路企业风险的关键要素有外部因素和内部因素。其中,外部因素包括自然环境变化、宏观经济变动、行业结构变化和社会文化变迁;内部因素包括战略因素、运营因素、财务因素、法律因素和市场因素,如图 6-2 所示。由此确定高速公路企业风险主要有外部环境风险、战略风险、营运风险、财务风险、法律风险和市场风险。

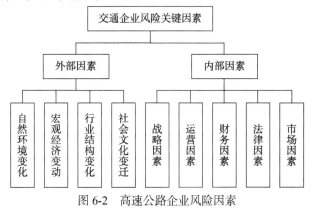

图 6-2 高速公路企业风险因素

6.2.2　交通企业风险传导分析思路

企业外部环境风险传导，是指产生于企业外部环境的不确定性，如宏观环境和自然环境等，随着外部与企业在生产运营中发生千丝万缕的关系而将这种不确定性传导到企业，从而影响企业业务流程正常进行的过程。外部环境风险传导主要来自以下几个方面。

1）自然环境变化

自然环境变化是客观存在的，它不以人的意志为转移，往往会给企业带来意想不到的损失，如地震、海啸、雪灾和涝灾等，这些灾害一旦发生可能给企业带来沉重的打击。在各种自然风险因素中，对高速公路行业带来损失的最常见的灾害是恶劣天气。恶劣天气常常导致车流量的减少，影响运营收入，同时容易引起交通事故，且多为重大或恶性事故，导致安全风险。为了保证安全性，在地震、大雾和冰冻等恶劣天气时，常常限制通行，甚至关闭高速公路运营，这将严重影响运营效益。此外，外界的不可抗力导致高速公路基础设施受损，会增加维修养护成本。

2）经济环境变化

宏观经济环境在很大程度上决定着企业发展的机会程度，不景气的经济环境会对企业产品或服务的需求造成很大影响，而优越的经济环境则会给企业提供发展的机会。由于高速公路建设耗资大，在目前我国的经济、政策条件下，高速公路建设资金的主要来源是贷款，宏观经济政策变化（如缩紧银根等）会对高速公路融资造成影响。

3）产业结构变化

产业结构变化直接影响行业发展，产业政策变化对高速公路企业会产生较大的影响。例如，政府对高速公路行业规划、土地政策、环境保护要求等方面的变化，会影响高速公路工程的工期和成本费用等，严重时可能会导致营运风险或财务风险。同时，政府对高速公路行业结构调整会直接影响高速公路企业战略规划。

4）社会文化环境变迁

社会文化发展直接影响人们的生活和消费方式，对企业也会产生直接影响。社会文化环境对企业运行的影响主要表现在两个方面，即市场消费文化和人文状态，其中市场消费文化主要包括民俗、习俗、宗教影响及消费趋向等，人文状态包括教育水平、人力素质和社会风气等。企业若不能及时适应社会文化的变迁则很可能陷入被动。高速公路企业在项目投资过程中会涉及占用田地、拆迁和生态责任等问题，处理是否得当对项目会产生很大影响。

　　这四个方面的风险存在于高速公路企业的外部环境中，通过各种不确定性事件的发生对企业造成影响，进而导致高速公路企业各种风险的发生。分析这些外部风险如何对企业产生影响可以发现这些风险主要是以资金、信息、技术、物质等作为载体进行传播的。例如，地震、冰灾等自然灾害发生后会损害企业设施，经济萧条会影响融资债务进而造成财务困境，高速公路建设与养护技术落后会影响企业营运，等等。这些外部风险作为高速公路企业主要的外部风险源，通过各种载体，依附于高速公路企业外部环境与企业间相互作用的复杂的利益链网络向高速公路企业传导，进而导致或影响企业其他风险的发生，如图 6-3 所示。

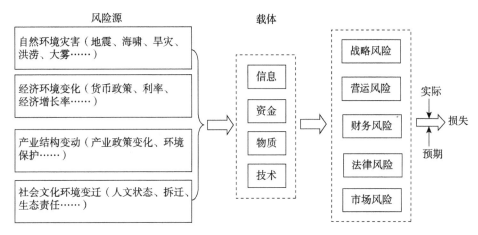

图 6-3　外部风险传导路径图

6.3　不同风险的传导分析

6.3.1　战略风险传导

1. 战略风险的定义和分类

　　James Brian Quinn 认为战略风险是影响公司发展方向、文化、信息和生存能力的因素。风险的基本定义是损失的不确定性，本书把战略风险定义为企业整体损失的不确定性。战略风险作为一种风险，除具有风险的一般特性外，还具备战略的基本性质，主要包括损失的不确定性和严重性、战略性、动态性、不可消除性与主观性五种性质。

　　由于战略风险的全局性和长远性，结合高速公路企业的特点，本书把战略风险分为政策法规风险、战略执行风险、企业文化风险和人力资源风险，当然这种划分是出于研究的需要，不同的视野中，战略风险的种类可能有不同的划分。

1）政策法规风险

由于政策法规对高速公路企业影响巨大，它直接影响高速公路企业的战略规划，因此，本书把政策法规风险归入战略风险。政策法规风险是指中央及地方政府所出台的高速公路行业相关政策法规的不确定性给公司发展带来的影响。高速公路企业受政策法规的影响很大，高速公路企业所承担的建设和运营项目多属于政府指令性项目，有些可能是偏远的基础性建设项目，投资大、收益差，如果对应的补贴不到位，会导致公司收益恶化。同时，如果政府加强实施各项减免、优惠和免费通行政策，将给经营收益带来较大影响，加大经营目标的不可预见性。2009年2月，国务院颁布的《关于转发发展改革委交通运输部财政部逐步有序取消政府还贷二级公路收费实施方案的通知》虽然没有直接涉及高速公路的收费经营，但也反映了国家长期内逐步降低公路收费的政策取向。此外，地方政府也制定了政策法规限制高速公路收费，如2008年7月，第四次修订的《广东省公路条例》对收费公路做出较大调整，明确了收费公路的范围、类别，收费站的设置，收费公路的审批权限、程序、收费年限，年票制，其中第48条明确规定因未开足通道而造成在用通道平均5台以上车辆堵塞的，应当免费放行并开足通道。

2）战略执行风险

战略执行风险是公司在依据自身战略规划的实施过程中，影响战略目标实现的进度及效果的各种不确定性的综合。战略执行是企业实现未来远景的必要保证，一个企业在明确了未来发展的战略之后，仅仅是确定了未来的方向，企业需要借助外部政策、资源，积极发挥内部比较优势，科学统筹、细致规划，及时辨识执行过程中各类风险因素，持续监督与优化战略执行的效率和效果，才能保障未来目标的有效实现。

3）企业文化风险

企业文化是企业在长期的发展过程中形成和发展起来的日趋稳定的、独特的价值体系，为企业管理与创新提供软环境。如果企业内部的风险理念与文化意识不足，可能会造成企业运作和经营过程中不确定性增大，而好的企业文化却能提高员工工作效率。

4）人力资源风险

人力资源风险是指为实现未来收益，企业在对其员工进行人力资源管理过程中，由于对人力资源属性认识、利用和引导不同，而在具体实施人力资源的工作设计与分析等环节中因管理不同而带来的对实际工资目标实现的不确定性。人力资源风险一般来自企业招聘、培训、雇员薪酬满意度或职业发展等方面，由于高速公路企业大部分属于国有性质，国有企业机制不够灵活，在优秀人才方面吸引力不够强，人才绩效鼓励机制也可能不够完善，在企业招聘方面也可能存在透明度不够等问题，而且高速公路企业涉及工程招投标、物资采购等，可能存在相关工作人员徇私舞弊，造成企业的经济和声誉损失；同时企业在投资及施工建设管理过程中，可能存在道德腐化、经营舞弊和暗箱操作，导致中标价格失实及相关人员涉案等，这些均可导致高速公路企业的人力资源风险。

2. 战略风险传导分析

1）战略风险传导的风险源

（1）外部环境复杂多变。外部环境是指那些可能会影响企业运行，但又在企业外部并非企业能完全控制的因素，包括宏观环境和微观环境。宏观环境包括政治经济、社会人文和技术因素，如不景气的经济环境对企业产品或服务的需求造成很大的影响，而优越的经济环境则会给高速公路企业提供发展的机会。微观环境即产业环境，如公路产业政策变更可能造成经营性收费高速公路的收费期限和收费标准变更，影响公司未来的长远发展。

（2）决策者对战略的认识不足。战略决策一般由董事会进行决策，由于存在委托代理问题，信息不对称，受决策者掌握信息充分程度的影响，可能存在决策信息风险。同时，受决策者风险偏好、决策风格以及对环境的洞察力、行业发展规律、企业自身资源能力的认识等方面的影响，可能导致风险发生。例如，决策风格是稳健型的决策者决策战略风险可能就相对要小些，决策风格是冒险型的决策者决策战略风险可能相对要大些。

（3）企业自身条件的不足，包括企业资源、能力等。企业资源包括物质资本、人力资本和组织资本三类，单个资源不会产生竞争优势，只有有效整合各种资源并形成有机整体才能形成竞争优势。企业能力是企业通过运用一系列资源完成某项任务或者执行某项活动的能力。只有不断提高企业能力，才能不易被竞争对手模仿。

2）战略风险传导的载体

企业战略风险在企业各部门各环节间流动、传导，对其他部门、业务流程都会产生影响。企业战略制定后主要以文件信息的形式在企业传播，因此，战略风险依附于信息实现在企业内部传导。此外，战略风险还会以技术作为载体。例如，战略规划决定未来拟建高速公路地区，该地区的地质地貌特性对企业所拥有的技术有一定的要求。

3）战略风险传导的路径

战略风险事件发生后，战略风险将通过载体对整个企业产生影响，如国家政策变更限制公路收费年限会导致公路营运收入风险，进一步可能影响财务风险。政策法规风险和战略执行风险、企业文化风险和人力资源风险等直接影响高速公路企业营运，可能导致营运风险，进一步可能影响财务风险。战略风险传导路径图如图 6-4 所示。

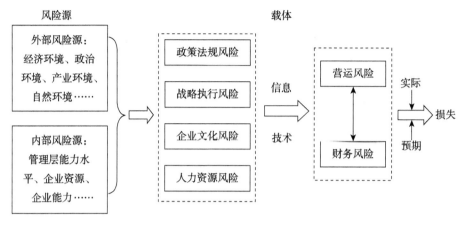

图 6-4　战略风险传导路径图

6.3.2　营运风险传导

1. 营运风险的定义和分类

营运风险是指营运实际情况与预期目标的偏差。与其他企业不同，高速公路企业营运包括两个方面：一是企业本身的经营管理；二是高速公路的营运。企业经营管理受管理者管理水平的影响，而高速公路的营运还包括公路建设与养护、收费和路政等多个方面。因此，高速公路企业营运风险有其自身的特点。

首先，由于营运内容多、参与主体多以及跨区域范围大等，营运风险种类繁杂。其次，在营运过程中，各风险因素是动态变化的。最后，由于预期目标不同，风险具有相对性。对不同的承担主体而言，同样的风险可能产生不同的影响。

结合高速公路企业的特点，把高速公路企业的营运风险分为以下四类。

1）工程质量风险

高速公路企业工程数目一般都比较多，工程比较大，在工程质量方面存在各种风险。例如，当工程设计、施工方案有缺陷时，可能造成工程质量不符合要求；赶工现象比较多时，可能存在工程质量安全隐患，导致营运期内大修、养护基建工程频繁，影响营运；监理单位在施工中未能充分履行监理职责，可能发生监理与施工方串谋，造成工程频繁返工和工程质量下降，影响后期营运收益；等等。

2）工程进度风险

工程进度是否如期进行，工程能否顺利完工，决定高速公路能否顺利营运，投资能否按期收回，债务本息能否按期偿还等。工程进度风险可能由如下事件造成：资金短缺，资金周转困难等，影响工程进度的正常开展；施工期间遇到阻工，可能造成进度滞后；大规模基础设施建设，施工所需材料采购困难，影响工程进度；施工期间遇到恶劣天气、施工路线选择不当、地质条件出现重大误差；等等。这些都可能使项目建设达不到预期设计标准，导致无法按期完成施工建设任务等。

3）营运收入风险

高速公路企业营运收入包括公路营运收入和企业其他收入。公路营运收入是高速公路企业的主要收入之一，对公司营运有很大的影响。路段维修、交通事故和自然灾害等造成道路不能正常通行，都会影响公路运营收入；"绿色通道"、二级公路收费取消等政策也会对营运收入产生较大影响。例如，2009 年国务院办公厅发布《逐步有序取消政府还贷二级公路收费实施方案》（国办发〔2009〕10 号文）的通知，对收费性质的高速公路整体盈利能力产生一定的影响。

4）安全风险

高速公路行业在公路修建施工过程中以及公路营运过程中存在很多安全问题，一旦发生问题，往往影响很大。例如，自然灾害和人为因素等引起的工程安全、交通事故等。

2. 营运风险传导分析

1）营运风险传导的风险源

（1）自然环境的不确定性。自然环境变化常常是突发性的，如地震、台风、洪水和冰灾等恶劣天气，通常很难提前准确预测，这些不可抗拒的自然力对高速公路企业营运容易造成严重破坏。

（2）经济政策环境的变化。政策对高速公路企业影响至关重要，特别是近年来国家相关部门也在研究缩短甚至是取消收费公路的经营权，陆续出台了一些政策法规。同时受宏观调控政策影响，工程施工业务的市场需求波动明显，与此同时，周边路网（路桥及铁路、轨道交通）的变化，也会对高速公路产生分流作用，使营运收入减少。

（3）企业内部的不确定性。高速公路区域大、沿线收费站分散和营运管理人员复杂等问题加大了管理难度，如果管理制度不完善，会在一定程度上增加企业营运风险。此外，高速公路营运管理工作繁杂，包括收费、养护和路政等多方面业务，而且每项运营业务都存在不确定性，如果管理不善将会给企业带来的一定的损失。

2）营运风险传导的载体

营运风险并不是静止不动的，它在企业各部门各环节间流动、传导，对其他部门、业务流程产生影响。营运风险主要以信息和资金作为载体实现在企业内部的传导。例如，工程质量和工程进度风险产生后影响战略实施是通过信息进行传导的，而营运收入风险则是通过资金进行传导的。

3）营运风险传导的路径

当高速公路企业受到风险源的影响，导致营运风险发生时，对战略风险和财务风险也会造成影响。营运风险传导路径图如图 6-5 所示。

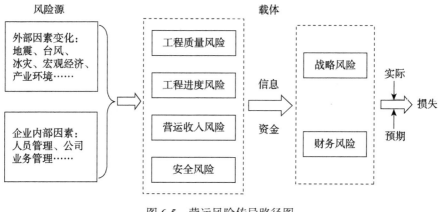

图 6-5　营运风险传导路径图

6.3.3　财务风险传导

1. 财务风险内涵与分类

由于财务活动贯穿于企业的整个生产经营活动中,对各个环节都有重要作用,所以其具有不确定性和多变性。企业财务风险是指企业在日常生产运行过程中，各种无法预料或控制的外部环境和内部系统等因素的变化，造成企业在投资、筹资和回笼资金等财务活动出现问题，使企业实际的财务收益与预期发生偏离，从而导致企业蒙受损失的可能性。

由于高速公路项目投资需要数十亿元甚至几百亿元的资金，所以在我国，高速公路的修建主要通过国家财政拨款、银行贷款和其他融资方式筹集资金，完工后采取收费的运营方式回收资金。这类企业的特点是投资额巨大且回收期长、资产负债率比较高，因此财务风险比较突出。

基于调研，本小节将高速公路企业财务风险分为以下四类。

1）融资债务风险

融资债务风险主要是指由于一些不确定性因素，企业在融资过程中遇到的风险，以及在日后运行过程中产生的偿债能力不足的风险。作为一种基础设施，兴建高速公路投资规模过大，主要资金来源是债务性资金。巨额的债务性资金可能造成资本结构失衡，导致筹资成本过高或者债务危机。特别是我国市场经济法律法规目前还不健全，在投资过热时，国家采取财政政策进行宏观经济调控，使资本市场波动变化，贷款项目审批复杂，可能难以筹集到所需资金，带来融资风险。另外，当利率发生变化或通货膨胀率超过预期时，也会带来融资债务风险。例如，当贷款利率上升时，融资成本相对提高，增加了企业偿还债务的压力。

2）投资风险

投资风险是指企业投入一定资金后，市场变化导致收益与预期发生偏离，造成损失的可能性。高速公路行业资金投入巨大，主要通过公路收费营运或者企业其他业务带来收益的方式回收资金。受天气、地理和政策等因素的影响，公路营运收入比较低，可能会导致投资风险。另外，当企业在其他业务方面收益达不到预期值时，也可能引发投资风险。

3）成本风险

成本风险是指成本预算和成本控制等成本方面的不确定造成损失的可能性。高速公路企业成本除了企业基本营运成本外还包括建设成本和养护成本。当相关部门不能有效实施成本预算以及有效控制成本时，会导致资源闲置或浪费等问题。同时，劳动用工、设备和原材料等价格上升，会导致成本增加。以广东为例，根据广东省政府和有关主管部门公布的最低工资标准，广东交通运输厅出具了《关于调整我省公路工程概算预算人工工日单价的通知》。相较于广东相关补充规定（粤交基〔2008〕548号），人工工日单价平均上涨了约20%。

4）收益分配风险

收益分配主要表现为税后利润在投资者和企业留用之间的划分。不同的分配方式会带来不同的影响。合理的收益分配能调动投资者的积极性，有利于以后的筹资活动。当分配不合理时，可能影响企业的营运活动。

2. 财务风险传导分析

1）财务风险传导的风险源

（1）外部环境变化。由于高速公路行业受国家政策影响较大，国家实施减少对公共交通行业的投资以及公路收费减免等政策时，会影响财务收入。同时，宏观经济环境也会对财务造成影响，如通货膨胀、利率上调、银行贷款紧缩等经济政策将增加财务负担。2010年6月发布《国务院关于加强地方政府融资平台公司管理有关问题的通知》（国发〔2010〕19号文），各地高速公路公司融资开始受到约束。2010~2011年中国人民银行多次上调人民币存贷款基准利率，使筹资成本增加，利息负担加大，如图6-6所示。

（2）企业内部因素。在企业自身，经营亏损会影响到期债务利息支付，产生财务风险。同时，当企业资本结构不合理，如流动资金匮乏、长短期债务搭配、资产负债率过高等，可能会损害企业的偿债能力，发生财务危机困境。此外，企业在各个功能环节上管理决策的不确定也会给企业财务活动所带来风险。

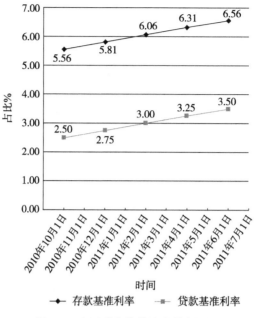

图 6-6　人民币存贷款基准利率调整

2）财务风险传导的载体

财务活动的主要对象是资金，因此，财务风险主要以资金作为载体在企业进行传导。此外，当财务风险发生后，通过信息的传播可能引发其他风险，信息是财务风险的另一种载体。

3）财务风险传导的路径图

高速公路企业在各种风险源的作用下，发生财务风险，在载体的负载下，将对营运风险产生影响，如因为资金不能及时到位对工期产生影响等，在营运风险的影响下，对战略的实施也会产生影响。财务风险传导路径图如图 6-7 所示。

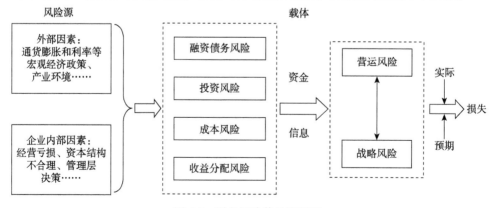

图 6-7　财务风险传导路径图

6.3.4　法律风险传导

1. 法律风险的定义和分类

企业法律风险是指在法律实施过程中，企业外部法律环境变化，或企业自身或利益相关者未按照法律规定或合同约定行使权利、履行义务，而对企业造成负面法律后果的可能性。在企业运作过程中产生法律风险后果比较严重，往往导致企业的商业性损失，也会招致连锁反应，使企业一系列的经营活动受到影响。高速公路企业在运作过程中，主要涉及的法律风险是合同风险和法律纠纷风险。

1）合同风险

作为以盈利为目的的经济组织，企业的经营活动主要通过一系列合同的建立和履行来实现。因此，合同管理是企业经营管理工作的重点之一。在合同订立、生效、履行和变更等过程中，受各种不确定性影响，会产生风险。高速公路企业在运行过程中会涉及很多合同问题：委托代建工程的当事方未按照要求履行合同，出现违约现象，会对公司利益造成损失；合作投资人未按照合同及时出资或抽逃投资；等等。这些问题一旦发生，将给高速公路企业带来严重的损失。

2）法律纠纷风险

高速公路企业运行过程中一些问题处理不当，可能会导致法律纠纷。例如，项目投资中涉及拆迁问题、建设施工项目通过劳务外包协议用工等问题很容易产生法律纠纷，当然，很多时候法律纠纷是以合同纠纷的形式表现出来的，将合同风险单独提出，主要是突出合同风险这一类别。

2. 法律风险传导分析

1）法律风险传导的风险源

（1）外部法律环境变化。社会法制制度存在缺陷，个别经济主体故意利用法律方面的疏漏达到自己的目的；法律法规的调整、新的法律法规产生使以前签订的合同出现一些问题；等等。

（2）企业内部因素。企业内部因素主要包括以下几点：企业规章制度、组织结构存在缺陷；管理层法律意识淡薄、相关工作人员法律意识淡薄，如对合同的变更、履行缺乏及时有效的跟踪监控措施，对重大案件的指导协调处理不力；等等。

2）法律风险传导的载体

法律纠纷和合同问题主要通过信息进行传播，导致的商业性损害主要通过金钱来衡量。因此，信息和资金是法律风险的主要传导载体。

3）法律风险传导的路径图

高速公路企业的法律风险多集中在企业营运过程中，如高速公路建设中的拆迁和劳务外包问题以及委托代建产生的法律问题等，法律风险产生后多会涉及赔偿等资金问题，因此法律风险对营运、财务方面的影响比较直接，对营运风险的影响间接影响战略风险。法律风险传导路径图如图 6-8 所示。

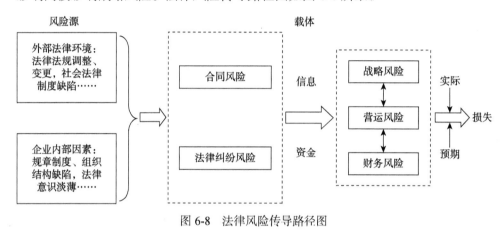

图 6-8　法律风险传导路径图

6.3.5　市场风险传导

1. 市场风险的分类

通过对高速公路企业进行调研发现，高速公路企业的市场风险主要来自市场需求和市场竞争两个方面。

市场需求风险主要受车流量和收费标准的影响。高速公路建成通车主要通过收费经营来营运，因此，车流量对其影响较大。

竞争则来自两方面。一是与铁路、海运等交通运输行业的竞争。在我国公路网络不断完善的同时，铁路、港口和机场建设力度也在不断加强。其中，铁路运输在货运与客运方面对高速公路产生分流效应可能最为明显。尤其在客运方面，伴随铁路的不断提速和高速公路客运专线的陆续建成通车，铁路正以低价格、高密度和优质的服务吸引大量的消费旅客，从而对高速公路客运造成一定的影响。二是同业间的竞争，高速公路企业业主单位同质化比较高，在业务和资源分配方面，业主单位竞争激烈。

以广东为例，广东省政府于 2008 年 7 月启动耗资 22 770 万亿元的"新十项工程"，其中交通运输体系工程以 6 472 亿元的总投资位居榜首，到 2015 年末，广东高速公路通车总里程已达到 6 880 千米。越来越密集的高速公路网络可能对原有高速公路产生车辆分流的影响。

2. 市场风险传导分析

1）市场风险传导的风险源

高速公路企业市场风险源可以分为外部风险源和内部风险源两种。

外部风险源来自宏观经济政策变化、区域经济结构变化、汽车制造业及其相关产品行业变化和自然环境变化等因素。例如，国家经济发展形势好，人们生活水平提高，汽车使用量增加，会增加车流量；区域经济发展迅速也会增加该地区的车流量；燃油价格变化和成品油消费税变化等会对车流量产生影响；汽车价格降低使更多的人拥有汽车；等等。

内部风险源主要是因为高速公路企业多为国有性质，市场化程度较弱，对外拓展能力和意识不足，企业自身缺陷使其在市场竞争中处于弱势。

2）市场风险传导的载体

高速公路行业市场需求和竞争是以信息的方式来反映的，它们的影响主要以资金收入的方式来表现，因此高速公路企业市场风险主要通过资金和信息来传导。

3）市场风险传导的路径图

市场需求和竞争状况直接影响高速公路企业战略规划，当市场需求低于预期时，营运收入直接受到影响，将不能产生预期的现金流量支付经营费用，偿还融资本息等，严重时会对公司财务造成影响，当财务周转不灵而不能及时偿还债务时还可能导致法律问题。市场风险传导路径图如图 6-9 所示。

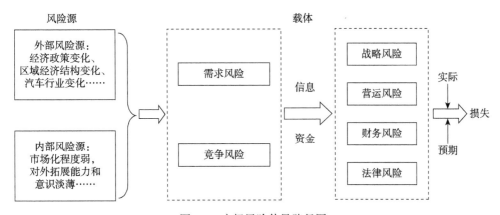

图 6-9　市场风险传导路径图

6.4 结构方程建模及分析

6.4.1 风险指标及其信度分析

1. 风险指标体系

通过上文对高速公路企业风险的识别和传导分析可以看到，高速公路企业外部风险因素主要是作为风险源来影响其他风险的产生和传导。因此，本小节对高速公路企业各风险之间的相互影响关系进行定量分析时只对内部风险进行了分析。高速公路企业风险指标体系如图 6-10 所示。

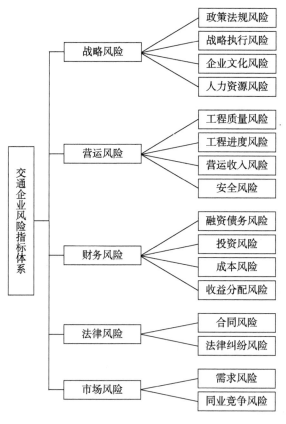

图 6-10　企业风险指标体系

根据图 6-10 的指标体系，设计了（附录 1）各风险因子对高速公路企业风险的影响。被调查者通过各个风险因子对高速公路企业风险的影响进行打分收集数据。

打分标准采用的是李克特 5 点量表法，影响程度从低到高分别采用 1、2、3、4、5 共计 5 个分值表示。调研过程中发放问卷 200 份，回收到 179 份有效问卷，有效问卷回收率为 89.5%。

调查企业涵盖了实业投资、省建设公司、粤高速、路桥公司、省汽运、南粤物流和晶通。被调查的员工均是广东各高速公路企业的中、高层管理者，在高速公路行业的工作年限均在 5 年以上，其中 135 人在高速公路行业的工作年限在 10 年以上，约占总样本的 67.5%。

2. 指标信度分析

信度即可靠性，是指采用同样的方法对同一对象重复测量时所得结果的一致性程度。所有观测值都由实际值和误差值两部分构成，信度分析有助于判断观测值的稳定性。信度越高，表示误差值越低，那么所得到的观测值的稳定性也相对较高。

信度分析的方法主要有以下四种。

1）重测信度法

重测信度法是利用同样的问卷对同一被调查者进行重复调查，两次调查间隔一定时间，计算两次调查结果的相关系数。由于被调查者的性别和出生年月等在不同时刻的调查中不会变化，所以重测信度法适用于事实式问卷分析。

2）复本信度法

复本信度法是让被调查者一次填答两份问卷复本，计算两个问卷复本的相关系数。该方法要求两个复本用不同的表述方式表述相同的提问，要求两份问卷复本在内容、格式和难度等方面要完全一致，由于在实际调查中，调查问卷很难达到这种要求，所以该方法使用较少。

3）折半信度法

将调查项目分为两半，通过计算两半得分的相关系数，估计整个量表的信度。通常用于态度和意见式问卷的信度分析。

4）alpha 信度系数法

alpha 信度系数法是目前最常用的信度分析方法。本章采用 alpha 信度系数法对样本数据进行信度分析。一般认为，指标 alpha 系数值在 0.8 以上表示内部一致性非常好，介于 0.7~0.8 表示内部一致性较好，当 alpha 系数值小于 0.8 时应对次一级指标进行逐一删除后重新检验，如果删除某个次一级指标后使 alpha 系数值增加，则说明该指标的一致性不高。

对问卷搜集到的数据使用 SPSS 进行分析，得到各指标的 alpha 系数值及逐一删除各二级指标后的 alpha 值如表 6-3 所示。

表 6-3　信度检验

参数		alpha 值	删除后的 alpha 值
战略风险	政策法规风险	0.775	0.734
	战略执行风险		0.672
	企业文化风险		0.697
	人力资源风险		0.670
营运风险	工程质量风险	0.788	0.728
	工程进度风险		0.744
	营运收入风险		0.724
	安全风险		0.710
财务风险	融资债务风险	0.828	0.770
	投资风险		0.754
	成本风险		0.732
	收益分配风险		0.768
法律风险	合同风险	0.765	—
	法律纠纷风险		—
市场风险	需求风险	0.726	—
	同业竞争风险		—

从表 6-3 可以看到，各类风险一致性检验的 alpha 系数均在 0.7 以上，一致性较好。其中，财务风险的 alpha 系数为 0.828，一致性非常好，其他指标的一致性也都非常好。对 alpha 系数小于 0.8 的各类风险的各二级指标进行逐一删除后重新检测，alpha 系数值并没有增加，所以并没有删除任何二级指标。

6.4.2　结构方程模型介绍

1. 结构方程模型

结构方程模型（structural equation modeling，SEM），又称协方差结构模型（covariance structure models，CSM），源于 20 世纪 20 年代遗传学者 Sewall Wright 发明的用于因果关系研究的路径分析，但直到 70 年代中期才由瑞典统计学家 Karl G. Joreskog 提出，之后结构方程模型开始被应用于心理学和社会学等领域。

由于结构方程模型是有效整合了因素分析、路径分析、多元回归和计量经济学等方法的综合运用和改进提高，"是经济计量、社会计量与心理计量发展过程中的合成物"，所以在 20 世纪 90 年代就开始被广泛应用。但我国学者最近几年才开始对结构方程进行研究与应用，香港和台湾地区在 90 年代对结构方程的研究应用比较广泛。

结构方程模型利用联立方程求解,但没有联立方程那样严格的假定限制条件。相对于传统的统计方法,结构方程模型是将测量与分析整合为一的一种计量研究技术,可以同时估计模型中的测量指标、潜在变量,而且不仅可以估计测量过程中指标变量的测量误差,也可以评估测量的信度与效度。结构方程的优点在于允许自变量、因变量存在测量误差。在社会科学中,很多变量是无法直接测量的,如信念、智力和成功等,这些变量被称为潜在变量,它们往往含有误差,不能简单地用单一指标进行测量。

结构方程模型通常包括两个基本模型,即测量模型和结构模型。其中,测量模型由潜在变量与观察变量组成,反映潜在变量与观察变量的关系;而结构模型则表示潜在变量之间的关系。

1)测量模型

测量模型的方程形式为

$$X = \Lambda_X \xi + \delta \tag{6-1}$$

$$Y = \Lambda_Y \eta + \varepsilon \tag{6-2}$$

其中,X 表示外生指标组成的向量,$X = \{x_1, \cdots, x_m\}$;Y 表示内生指标组成的向量,$Y = \{y_1, \cdots, y_n\}$;ξ 表示外生潜变量;η 表示内生潜变量;Λ_X 表示外生指标变量在外生潜变量上的回归系数矩阵,即 $\Lambda_X = \{\alpha_1, \cdots, \alpha_p\}$ 为因子负荷矩阵,表示外生指标与外生潜在变量之间的关系;Λ_Y 表示内生指标变量在内生潜变量上的回归系数矩阵,即 $\Lambda_Y = \{\beta_1, \cdots, \beta_q\}$ 为因子负荷矩阵,表示外生指标与外生潜在变量之间的关系;δ 表示外生指标 X 的误差项;ε 表示内生指标 Y 的误差项;δ 与 ε、ξ 及 η 不相关;ε 与 δ、ξ 及 η 也不相关。

2)结构模型

结构模型的方程形式为

$$\eta = B\eta + \Gamma\xi + \zeta \tag{6-3}$$

其中,η 表示内生潜变量,$\eta = \{\eta_1, \cdots, \eta_q\}$;$\xi$ 表示外生潜变量,$\xi = \{\xi_1, \cdots, \xi_p\}$;$B$、$\Gamma$ 为结构系数矩形,B 表示内生潜变量之间的关系,$B = \{\beta_1, \cdots, \beta_p\}$,$\Gamma$ 则表示外生潜变量对内生潜变量的影响,$\Gamma = \{\gamma_1, \cdots, \gamma_p\}$;$\zeta$ 表示结构方程残差项,反映 η 在方程中未被解释的部分。

2. 结构方程模型的参数估计方法

与传统的统计方法追求缩小样本的拟合值与观测值之间的差异使残差平方和最小不同,结构方程模型的估计过程是尽量缩小样本的方差、协方差与理论模型隐含的方差协方差之间的差异,两者的差值为结构方程模型的残差。

样本协方差矩阵（矩阵 S）与理论模型推导出来的协方差矩阵（矩阵 $\hat{\Sigma}$）间的契合程度就是模型适配度。结构方程式模型从整体上考虑模型的适配度，即拟合优度。测量矩阵 $\hat{\Sigma}$ 如何近似矩阵 S 的函数称为适配函数，不同的适配函数有不同的估计方法。

在结构方程模型分析中，提供七种模型估计的方法，即工具性变量法、两阶段最小平方法（TSLS 法）、未加权最小平方法（ULS 法）、一般最小平方法（GLS 法）、一般加权最小平方法（GWLS 法或 WLS 法）、极大似然估计法（ML 法）和对角线加权平方法（DWLS 法）。在这些估计方法中，极大似然估计法由于是渐进无偏且一致的估计、具有尺度不变性、可以对整个模型进行模型检验等性质成为最常用的估计方法。本章利用 AMOS 求解（也是基于极大似然估计）进行分析的。

3. 结构方程模型评价

在结构方程模型基本适配度验证方面，Bagozzi 和 Yi（1998）提出以下几个基本准则：①估计参数中不能有负的误差方程；②所有的误差变异必须达到显著水平（t 值大于 1.96）；③估计参数统计量彼此间相关的绝对值不能太接近 1；④潜变量与其观测变量间的因素负荷量值最好为 0.50~0.95。

衡量结构方程整体模型适配度的指标很多，主要的衡量指标如下：①卡方值，用于检验理论模型估计矩阵与观察数据矩阵间是否适配。②卡方自由度比，即 AMOS 输出结果中的 CMIN/df。此值小于 1 时表示模型过度适配，大于 3 时表示模型适配度不佳，其值若介于 1~3 则表示模型适配度良好，较严格的适配度准则是卡方自由度比值介于 1~2。③ P 值，即显著性水平，$P>0.05$，表示假设模型与数据适配度良好；$P<0.05$，表示假设模型与数据不适配。④RMR 值（root mean square residual，即均方根残差值），等于适配残差方程协方差的平均值的平方根。越小的 RMR 值表示模型的适配度越佳，一般而言，其值在 0.05 以下是可接受的适配模型。⑤RMSEA（root mean-square error of approximation，即近似误差平方根），是一种不需要基准线模型的绝对性指标，其值越小，表示模型的适配度越佳。一般来说，其值介于 0.08~0.10 表示模型尚可，具有普通适配；介于 0.05~0.08 表示模型适配度良好，有合理适配；小于 0.05 则表示模型适配度非常好。⑥ GFI（goodness-of-fit index，即拟合优度指数），是一种绝对性指标，其数值越接近于 1，表示模型的适配度越佳，一般的判别标准是 GFI>0.90。⑦ NFI（norm fit index），是一种相对性指标，NFI>0.90 表示模型适配度佳。⑧ CFI（comparative fit index，即比较适合度指数），是一种相对性指标，理想的 CFI 值应大于 0.90。⑨ PGFI（parsimony goodness-of-fit index）和 PNFI（parsimony-adjusted NFI，即节简调整指数），均为调整指标，理想的 PGFI 和 PNFI 均应大于 0.50。

6.4.3　高速公路企业风险的结构方程模型

1. 模型的建立

第 3 章对各风险之间的相互影响、相互传导进行了分析，依据上文的分析，对风险因子之间的关系进行假设，并用结构方程模型求解对此假设进行检验。

H_1：法律风险对营运风险有显著的影响。

H_2：法律风险对财务风险有显著的影响。

H_3：市场风险对战略风险有显著的影响。

H_4：市场风险对营运风险有显著的影响。

H_5：市场风险对财务风险有显著的影响。

H_6：战略风险对营运风险有显著的影响。

H_7：营运风险对战略风险有显著的影响。

H_8：营运风险对财务风险有显著的影响。

H_9：财务风险对营运风险有显著的影响。

由 $H_1 \sim H_9$ 可知，法律风险和市场风险为外生潜变量，战略风险、营运风险和财务风险则为内生潜变量。每一个风险因子的影响因素是对应的潜变量的观测变量。根据这些假设，可以得到高速公路企业风险的结构方程路径图（图 6-11）。

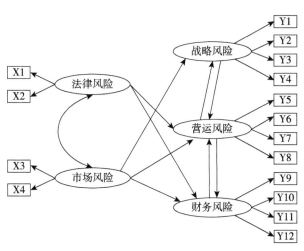

图 6-11　假设模型路径图

图 6-11 中各变量的含义如表 6-4 所示。

表 6-4　各变量的含义

潜变量	观测变量
法律风险 ξ_1	X1 合同风险；X2 法律纠纷风险
市场风险 ξ_2	X3 需求风险；X4 竞争风险
战略风险 η_1	Y1 政策法规风险；Y2 战略执行风险；Y3 企业文化风险；Y4 人力资源风险
营运风险 η_2	Y5 工程质量风险；Y6 工程进度风险；Y7 营运收入风险；Y8 安全风险
财务风险 η_3	Y9 融资债务风险；Y10 投资风险；Y11 成本风险；Y12 收益分配风险

高速公路企业风险的结构方程模型如下：

$$\begin{pmatrix} \eta_1 \\ \eta_2 \\ \eta_3 \end{pmatrix} = \begin{pmatrix} 0 & \beta_{12} & 0 \\ \beta_{21} & 0 & \beta_{23} \\ 0 & \beta_{32} & 0 \end{pmatrix} \begin{pmatrix} \eta_1 \\ \eta_2 \\ \eta_3 \end{pmatrix} + \begin{pmatrix} 0 & \gamma_{12} \\ \gamma_{21} & \gamma_{22} \\ \gamma_{31} & \gamma_{32} \end{pmatrix} \begin{pmatrix} \zeta_1 \\ \zeta_2 \end{pmatrix} + \begin{pmatrix} \zeta_1 \\ \zeta_2 \\ \zeta_3 \end{pmatrix} \qquad (6\text{-}4)$$

2. 模型的估计及结果分析

利用调查得到的数据，在 AMOS 7.0 软件上基于极大似然估计法对模型进行求解。求得标准化后的解如图 6-12 所示。

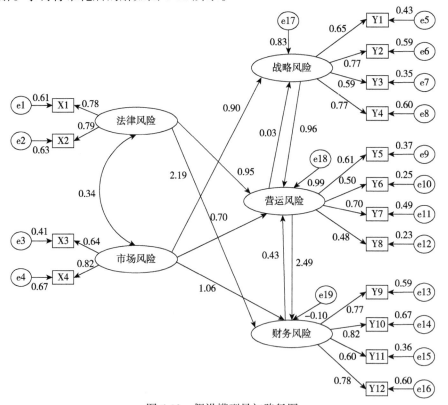

图 6-12　假设模型最初路径图

模型的各主要拟合指标如表 6-5 所示。

表 6-5　各主要拟合指标

拟合指标	χ^2	df	χ^2/df	P	RMR	GFI	CFI	RESEA
指标值	200.684	94	2.135	0.00	0.129	0.886	0.908	0.80

从图 6-12 和表 6-5 可以看到，各统计量并不理想。模型适配度的检验方面，χ^2 为 200.684，$P=0.00$，以 95% 的显著性水平判断达到显著性水平，拒接虚无假设，表明假设"观察数据所导出的方差协方差 S 矩阵与假设模型导出的方差协方差 $\hat{\Sigma}$ 矩阵相等"无法获得支持，即假设模型图与观察数据无法契合。此外，其他统计量也进一步表明假设模型与观察数据无法契合，如 RESEA=0.80>0.05 等。因此，模型有待进一步修正。

3. 模型的修正

假设模型若要获得较佳的适配度，进行修正的较佳做法是释放某些假定。如何释放一些假定需要参考 AMOS 结构输出表中的修正指标（modification indices），如表 6-6 所示。

表 6-6　修正指标

参数	关系	菜蔬	MI	参数的改变
e12	<-->	市场风险	6.274	−0.246
e12	<-->	e17	9.360	−0.144
e11	<-->	市场风险	8.813	0.291
e11	<-->	e18	8.084	−0.113
e11	<-->	e17	5.680	0.111
e10	<-->	e19	4.217	−0.243
e10	<-->	e16	5.762	−0.180
e10	<-->	e11	5.446	−0.217
e9	<-->	e15	6.285	−0.193
e9	<-->	e14	4.428	0.160
e9	<-->	e12	6.216	0.235
e8	<-->	e16	4.370	0.141
e8	<-->	e14	12.413	−0.239
e7	<-->	e19	10.072	0.413
e7	<-->	e18	10.981	−0.131
e7	<-->	e15	8.040	0.239
e6	<-->	e16	4.279	−0.137
e6	<-->	e14	15.222	0.260
e5	<-->	e13	4.065	0.138
e5	<-->	e7	4.728	−0.189
e3	<-->	e12	5.059	−0.201
e4	<-->	e11	4.482	0.169

在结构方程中采用修正指标时应遵循以下两点：①若同时有多个修正指标值很大，研究者应一次放宽一个参数，重新估价模型，而不能一次放宽多个参数，再对模型加以估计。②修正指标必须配合期望参数改变量，即当固定参数被放宽修正而重新估计时，所期望获得的该参数估计值的改变量，如果修正指标值（MI值）较大，且对应的期望参数改变量也较大，表示修正该参数带来期望参数改变量的数值也较大，且此种修正可以明显降低 χ^2，这样的修正才有显著的实质意义。

根据修正指标的上述原则，结合表 6-6 中各 MI 值，可以看到若释放 e6、e14，χ^2 可以降低 15.222，因此先选择释放 e6、e14，再重新进行估计。估计结果较上次有所好转，模型适配度检验指标仍不合理，因此需要继续修正。

依次释放 e7、e19 后 χ^2 进一步降低，REMEA 值为 0.066，且仍大于 0.05，仍需修正模型。此时，表 6-6 中显示释放 Y7 与财务风险能修正的 MI 值最大。在财务风险与 Y7 之间建立单箭头路径，表明观测变量 Y7 营运收入在一定程度上能反映潜变量财务风险因子，这符合实际情况，因为营运收入是高速公路企业主要的现金流之一，对企业财务有一定的影响。按照这样的模型修正方法，依次释放 e7、e11，e14、e17，e5、e13，e7、e15，e5、e11，e5、e15 并依次进行估计。经过多次修正模型后得到最终的模型（图 6-13）。

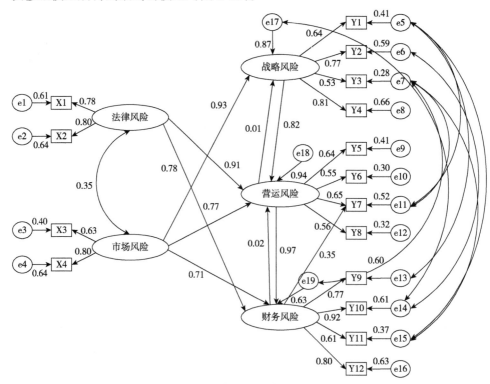

图 6-13 修改后的模型路径图

模型的适配度检验指标如表 6-7 所示。

表 6-7　适配度检验指标

检验指标	指标值	理想值	结果
χ^2	100.595	—	—
df	85	—	—
χ^2/df	1.183	<2	理想
P	0.119	>0.05	理想
RMR	0.048	<0.05	理想
RMSEA	0.032	<0.05	理想
GFI	0.937	>0.90	理想
NFI	0.922	>0.90	理想
CFI	0.987	>0.90	理想
PGFI	0.653	>0.50	理想
PNFI	0.699	>0.50	理想

从表 6-7 中可以看到，$P=0.119>0.05$，$\chi^2/\mathrm{df}=1.183<2$，接受原假设，表明假设的模型与原数据契合。

4. 路径与因素分析

对结构方程模型进行分析后得到各潜变量之间的路径系数及潜变量与相应观测变量间的因子负荷，如表 6-8 所示。

表 6-8　路径系数及因子负荷量

路径或因素			标准化估计值	t 值	P
营运风险	<---	法律风险	0.911	6.559	***
财务风险	<---	法律风险	0.775	1.740	0.082
战略风险	<---	市场风险	0.933	6.993	***
营运风险	<---	市场风险	0.773	2.439	*
财务风险	<---	市场风险	0.712	5.629	***
X2	<---	法律风险	0.799		
X1	<---	法律风险	0.782	9.885	***
X4	<---	市场风险	0.799		
X3	<---	市场风险	0.630	8.156	***

续表

路径或因素			标准化估计值	t 值	P
Y1	<---	战略风险	0.644		
Y2	<---	战略风险	0.770	8.616	***
Y3	<---	战略风险	0.529	6.226	***
Y4	<---	战略风险	0.812	8.923	***
Y5	<---	营运风险	0.638		
Y6	<---	营运风险	0.548	6.075	***
Y7	<---	营运风险	0.651	7.328	***
Y8	<---	营运风险	0.563	6.211	***
Y9	<---	财务风险	0.772		
Y10	<---	财务风险	0.921	9.216	***
Y11	<---	财务风险	0.605	7.843	***
Y12	<---	财务风险	0.796	10.654	***
Y7	<---	财务风险	0.348	4.790	***
财务风险	<---	营运风险	0.974	2.132	*
营运风险	<---	战略风险	0.818	2.783	**
营运风险	<---	财务风险	0.018	0.081	0.935
战略风险	<---	营运风险	0.007	0.083	0.934

$*P<0.05$；$**P<0.01$；$***P<0.001$

　　各潜变量的因子负荷基本都在 0.5 以上或接近 0.5，因子负荷的 t 值大都能达到 1.96 以上，显示各观测变量的选取是合理的，问卷调查表的内容能较好地反映相应的潜变量。

　　特别指出，Y7 与财务风险之间的因素负荷量（估计值）为 0.348，即小于 0.5，显著性水平为 0.001，也就是说营运收入风险 Y7 对财务风险有影响，但是影响不够大。去掉 Y7 与财务风险之间的路径关系后整个模型不能通过检验，说明观测变量 Y7（营运收入风险）与潜变量财务风险有一定的相关性，但是 Y7 并不能作为潜变量财务风险因子的观测变量，原假设中将 Y7 作为潜变量营运风险因子的观测变量是对的。营运收入是高速公路企业主要的现金流之一，对企业财务有一定的影响，但是营运收入风险主要还是反映高速公路企业的营运风险，在风险传导中，营运收入风险在载体资金的作用下能传导到财务风险，进而影响财务风险。

　　路径分析与假设检验结果如表 6-9 所示。

表 6-9　假设检验结果

假设	标准化系数	t 值	结果
H_1：法律风险对营运风险有显著的影响	0.911	6.559	成立
H_2：法律风险对财务风险有显著的影响	0.755	1.740	不成立
H_3：市场风险对战略风险有显著的影响	0.933	6.993	成立
H_4：市场风险对营运风险有显著的影响	0.773	2.439	成立
H_5：市场风险对财务风险有显著的影响	0.712	5.629	成立
H_6：战略风险对营运风险有显著的影响	0.818	2.132	成立
H_7：营运风险对战略风险有显著的影响	0.007	2.783	不成立
H_8：营运风险对财务风险有显著的影响	0.974	0.081	成立
H_9：财务风险对营运风险有显著的影响	0.018	0.083	不成立

从表 6-9 的结果可以得出以下几点结论。

（1）市场风险对战略风险的影响较大，估计值为 0.933，这符合实际，高速公路企业战略规划受市场变化的影响较大，高速公路企业在制定企业战略发展目标时会根据市场需求来制定。

（2）法律风险、市场风险及战略风险均对营运风险有显著影响，其中法律风险对营运风险影响最大，战略风险次之。在高速公路企业营运过程中，较多地涉及法律合同和法律纠纷问题，当这些法律风险发生后直接影响营运。例如，高速公路建设期间会与工程承包方签订各种合同，当未按照合同履行条约时，很可能直接影响工程进度或工程质量，从而导致营运风险。战略风险对营运风险的影响主要表现在国家政策法规对高速公路收费的规定、政府的工期的限制方面。

（3）市场风险和营运风险对财务风险影响显著，这符合第 3 章的分析，如高速公路工程工期的长短直接影响成本，营运收入对财务也有一定的影响。在财务风险的影响因素中，投资风险对其影响最大。这是因为高速公路企业的主要投资方向为公路项目投资，投资所需资金巨大，对企业的财务有很大的影响。

（4）法律风险和市场风险存在共变关系，但是系数为 0.35，小于 0.5。

此外，根据上面的结果可以发现：法律风险对财务风险、财务风险对营运风险、营运风险对战略风险的影响均不显著，P 值分别为 0.082、0.935、0.934。分别去掉这三个影响路径后重新对模型进行估计后，各统计量均通不过检验。这说明法律风险对财务风险、财务风险对营运风险、营运风险对战略风险并不是没有任何影响，只是影响关系不显著，也可能是间接的影响。正如前面的分析，这些风险之间是相互作用、相互传导的，只是相互作用、传导的强弱有别。

法律风险对财务风险有一定的影响，如合同、法律纠纷风险发生后多涉及金钱问题，会对企业财务造成一定的影响，但是大多数情况下均不会造成财务风险。

5. 观测变量误差项之间的共变关系分析

通过修正模型，发现观测变量误差项之间存在共变关系。根据李茂能（2006）在《结构方程模式软体——AMOS 之简介及其在测验编制上之应用》中的介绍，"在初始测量模型分析中通常假定测量误差间是彼此独立无关的，分析中提供的修正指标值会呈现测量指标误差间有共变关系的修正。无谓测量误差相关是在理论构建无法诠释到的变异量，在不同测量指标上发生共变现象。误差相关的问题可能产生于测量工具题项的系统内容偏差，或题项内容与其他题项内容有高程度的相关或重叠，也有可能来自受试者的系统性反应偏差，如填答符合社会期许效应，偏向于两极端选项等"。

邱皓政和林碧芳（2009）在《结构方程模式——LISREL 的理论、技术与应用》中也指出"在回归分析中，因变量被自变量解释后的残差被假设与自变量间的关系是相互独立的，但在结构方程模型分析中，残差项是允许与变量之间有关联的"。

本章研究分析的结果中显示，e6 与 e14、e7 与 e19、e7 与 e11、e14 与 e17、e5 与 e13、e7 与 e15、e5 与 e11、e5 与 e15 之间均存在共变关系。这些误差项间存在共变关系是因为高速公路企业的各风险之间是相互影响相互作用的，它们之间存在相互传导的关系，被调查者在填写问卷时是考虑到它们间的大小关系而给出的测量数据。

6.5　本章小结

本章基于结构方程对广东省交通企业，尤其是高速公路领域企业的各种风险之间的传导关系进行了研究。

首先，在已有研究的基础上，通过对高速公路企业进行调研，将高速公路企业风险分为战略风险、营运风险、财务风险、法律风险及市场风险五类，并给出了上述各风险指标所对应的二级风险指标。

其次，以高速公路企业为例分析了风险传导的关键要素和各类风险的传导过程。高速公路企业风险传导的风险源分为外部风险源和内部风险源两种，载体主要包括信息、物质、资金和技术四种。高速公路企业风险源在载体的作用下，经过企业运行中各流程、环节，在企业内进行传导。

最后，利用结构方程模型分析了企业风险传导中不同风险间的相互作用关系，并给出了路径图。研究结果显示，在高速公路企业风险传导过程中，市场风险对战略风险有显著的影响；法律风险、市场风险及战略风险均对营运风险有显著影响，其中法律风险对营运风险影响最大，战略风险次之；市场风险和营运风险对财务风险影响显著。

当然，局限于数据样本的代表性和对风险类别划分的合理性影响，本章的研究还不够深入，以下方面有待进一步的研究和探讨。

（1）在调查问卷数据的收集上，由于受时间、人力和物力等因素的限制，本章获得的数据主要来自广东省高速公路企业，虽具有一定的代表性，但如果能更大范围地收集相关数据将更具有说服力，样本量更多时得到的结果将更有代表性。

（2）高速公路企业风险传导过程的深入研究。本章是按照高速公路企业各大类风险进行的传导过程分析，但对高速公路企业具体的各种风险传导过程并没有进行详细的分析，不同的风险可能有不同的传导过程，这需要进行更深入的研究。

（3）高速公路企业风险传导过程中的定量分析研究。本章利用结构方程对风险之间的影响关系和路径进行了定量分析，但是具体到各风险传导的速度、强度和传导过程中相互作用的大小尚未进行定量分析，需要进一步探索。

（4）高速公路企业全面风险管理的适用性研究。本章对高速公路企业全面风险管理进行了研究分析，但这些分析是基于高速公路企业的共性角度进行的。不同时期、不同企业全面风险管理的目标、具体实施过程不同，因此对不同的企业需要进行实地调研，结合企业自身特点和存在的问题进行全面风险管理。

第7章 交通企业内部控制能力测评分析

在企业风险的种类识别、各种风险之间传递关系研究的基础上，本章进一步开展了交通企业现有内部控制能力测评，企业风险是内部控制的指向性目标，显然企业内部控制的能力决定了企业风险的管控水平。

对内部控制能力进行评估是指通过定性和定量的分析方法对企业内部控制能力的可能性大小和影响程度进行预测，对企业内部控制体系制度安排的合理性和管理效力进行判断的过程，并就后者作用于前者之后的后果做出结论。而内部控制能力评估的主要目的在于，及时、全面、准确地了解企业内部控制能力、风险管理和内部控制状况，从而在提升企业内部控制管理水平的同时，进一步推进和完善企业全面风险管理。

对企业的内部控制能力进行评估是企业内部控制管理的核心之一。目前随着广东省交通企业市场化程度的提高，竞争日趋激烈，交通企业的体制改革不断深化，企业自身面临的不确定性也越来越大，因此只有对企业的内部控制能力有一个比较科学的评估，才能帮助企业建立并不断完善有效的内部控制系统。

1965 年，Zadeh 提出了模糊集的理论，该理论拓展了传统的数学理论和应用范围，使模糊现象可以得到精确的描述。Atanassov 于 1983 年提出了直觉模糊集（intuitionistic fuzzy sets，IFS）的概念。1994 年，Chen 和 Tan 将 Vague 集应用到模糊条件下的多目标决策问题，利用记分函数与加权记分函数给出决策。本章将引入直觉模糊集决策技术，对调研范围内交通企业现有的内部控制能力开展测评。

7.1 关于企业内部控制能力测评的研究

本章以广东省交通集团下属的一些交通企业为具体研究对象，结合我国最新颁布的内部控制相关理论，着重对企业内部控制能力进行评估，采用直觉模糊集进行实证研究，结合理论研究对企业内部控制现状中存在的问题提出相关建议。为企业更有效地开展生产经营活动、建立健全内部控制体系提供理论和实证的科学依据。

从前面的文献综述可知，目前国外对内部控制的理论研究已经很多。其中，在内部控制能力评估方面，Medova（2002）使用极值理论（extreme value theory, EVT）分析了企业内部控制在操作风险资本分配中的作用，提出了一种利用贝叶斯模拟方法评估操作风险的新方法。Loghry 和 Veach（2009）提出了风险评估的步骤，并结合实际案例对风险评估做了进一步的研究，得出的结论是，每个企业都应该根据自身的实际情况制定相应的风险评估体系。同时强调对风险进行科学分析，是风险评估过程中的很重要的一个环节。

而除了以上学者在研究中使用的这些方法，一种叫做直觉模糊集的模糊决策方法开始被应用于多属性的经济决策和管理项目中。1965 年，Zadeh 提出了模糊集的理论，这个理论拓展了传统的数学理论和应用范围，使模糊现象可以得到精确的描述。Atanassov 于 1983 年提出了直觉模糊集的概念。1994 年，Chen 和 Tan 将 Vague 集应用到模糊条件下的多目标决策问题，利用记分函数与加权记分函数给出决策。

相比国外的研究，内部控制理论和实践在我国起步较晚，直到 20 世纪末才引入这一概念。2008 年，财政部、中国证监会、审计署、中国银监会和中国保监会发布《企业内部控制基本规范》，重新定义了内部控制的含义，其实质是由企业董事会、监事会、经理层和全体员工共同实施的，旨在合理保证实现以下基本目标的一系列控制活动。目前，我国学者对内部控制进行的研究，大多数主要集中在制度建设研究、内部控制评价、信息披露、内部控制的信息审核等方面，研究方法大多数是理论研究。

金彧昉等（2005）根据最新的美国 COSO 报告，针对国内中航油等重大内部控制事件的发生，进一步剖析了其发生的根源与过程，认为近几年国内企业界所发生的比较著名的失败案例或重大事件，都与企业风险管理缺失或风险管理能力水平低下有关，因此关注企业的风险是相当重要的。与此同时，越来越多的学者和管理层也都开始注意到了企业内部控制中的风险问题，风险反应问题也成为风险管理的重要组成部分。

谢晓燕等（2009）解释了内部控制概念产生的根源，指出内部控制的产生源于企业管理环节中的内部牵制。在安然、世通等案件爆发后，人们开始考虑企业风险控制，并先后提出了"两点论"、"三点论"、"五点论"和"八点论"。企业风险控制成为企业内部控制中的首要目标。企业能否实行有效的内部控制，关键在于是否科学地评估了企业的内部控制能力，并且是否能够将风险控制在企业能够容忍的范围之内。

内部控制整体框架由五个部分构成，即企业对风险的评估、企业的内部控制环境、企业内部信息与交流体系、企业的控制活动和企业的监督活动。控制环境被看做企业进行内部控制的首要基础；风险评估明确了内部控制环节中的关键点；

控制活动是指在风险评估的基础上，制定一系列政策和程序；信息交流为上述内部控制活动提供支持；监督则随时给企业管理层提供管理控制的判断依据（胡坚红，2011）。

因此，企业想要有良性的发展，并不断扩大规模，增强自身竞争能力，在很大程度上取决于企业内部控制能力管理的好坏。赵佳丽（2011）指出目前国内绝大多数企业对内部控制能力管理认识较为片面，普遍没有建立起健全的内部控制能力管理监督体系。要想保障企业的安全发展，除了要在意识上重视内部控制能力管理，同时还要做好事前防范、事中监控和事后处理。

对国内的交通运营企业，国内一些专家也展开了内部控制领域的相关研究。邹慧妮（2006）对我国交通企业进行了分析，得出的结论是，我国交通运营企业的经营业务性质比较单一，在企业的集中领导下，各业务板块按照分管的责任和权限对财务收支进行核算、管理和监督，因此要着重对企业的财务风险进行控制。企业的财务风险则成为内部控制中最不能忽视的风险之一。陈海春（2009）指出目前国内的交通企业把注意力过度聚焦在运营收入的高低上，而普遍忽视了对运营支出的控制。交通企业的运营大多是跨地区经营，使现实中的财务控制和监督常常流于形式，不能发挥有效性。而对收支安排的不足，会造成企业资金周转困难。现实中，企业所面临的风险多种多样，因此决不能只将企业内部控制能力锁定在控制企业的财务风险上。同时，不同类型的企业风险程度不同，交通运营企业涵盖的业务范围较广，因此还应该更全面、更有针对性地评估企业的风险。

内部控制能力的重要性的确不可小觑，如何识别企业目前的内部控制能力水平现状，以及内部控制能力的种类和程度是怎样的？这就涉及风险评估问题。目前在学术界已有的研究中，已经存在许多用于评估风险的实证模型，如人工智能模型和传统的统计模型。李佳斌和王伟（2003）在海关通关风险评估的问题中使用了人工神经网络，认为人工神经网络方法针对人们解决对经济管理领域中的企业风险评估等问题是有极大帮助的。

国资委于2006年下发的《中央企业全面风险管理指引》指出：企业在进行风险的辨识、分析及评价的过程中，应该将定性与定量方法相结合。定性方法可采用专家访谈法、受访者集体讨论法和企业问卷调查法等。定量方法可采用统计推论、计算机模拟和事件树分析等。

高幸和韩佩宏（2007）就交通企业已经开展的具体项目进行了风险识别和评估，使用改进的 AHP 法，将交通项目会发生的风险依照项目的开展过程细分为前期风险、建设风险和运营风险。在分析中所构建的指标层涉及自然、社会、政治和法律等多个层面。通过实证研究发现，在影响交通企业项目的风险中，融资风险权重最大。徐娅雯（2008）在美国 COSO 框架下，运用财务管理、会计及统计相关知识，将企业的风险分为三个层次，经过实证研究，认为该方法具有可适用性。

王文娟（2010）具体分析了《中央企业全面风险管理指引》中所提及的几种定性及定量的风险评估方法在实际内部控制中的适应性，认为问卷调查法可以有效地允许企业内不同级别的人员评估风险，因此更加容易识别高管所不了解的风险问题。对评估风险发生的原因、发生的可能性、可能造成的损失等，使用蒙特卡罗模拟方法是非常适用的。而在险价值（value at risk，VAR）分析是指在一定的时间期限之内，在设定一定的置信水平下可能带给企业的最大损失。失效模式分析主要是识别和评估一个产品在制造过程中的潜在失效模式及影响。

孙禹等（2011）通过研究得出结论，企业的内部控制能力主要有战略风险、技术风险、管理风险及道德风险。根据对风险种类的划分，他们进一步构建了风险评估评价指标体系树形图，结果表明使用广义神经网络方法为企业的风险评估提供了一条捷径。

国外学者对内部控制和风险评估进行了许多理论与实证层面的研究，而我国学者这些年来对内部控制进行的研究大多数主要集中在理论阶段，多数学者研究的是企业内部控制管理制度的建设问题。虽然有一些学者进行了实证分析，但是研究还不够深入，或者是仅采用了简单的定性和定量的方法，所以风险评估的准确性得不到保证。

近几年陆续有学者将直觉模糊集方法应用到经济决策和企业管理方面。但是还没有研究将此方法应用到交通企业的内部控制能力评估问题上。因此，将此方法应用到该领域是极具创新色彩的，同时有极强的现实意义。

纵观目前国内外关于企业内部控制的研究，国外的企业内部控制研究方法已经达到了一定高度，而国内的研究局限性较大，特别是基于目前现有的研究结论，企业并不能得到内部控制管理能力的定性及定量判断，因此企业需要得到一个参考示范的要求没有得到满足。所以有必要运用合理的定性和定量方法，对企业的内部控制进行一个科学的评估，帮助企业了解管理现状，更好地防微杜渐。

从上文的分析可得出以下几点结论。

（1）内部控制理论在国外得到了深入、系统的研究。西方发达国家高度市场化，企业的内部控制是有行业协会制定并依据行业开展的。例如，美国 COSO 委员会颁布的行业规范和内部控制框架，就是由 AICPA 等行业协会发起的。但企业界仍然发生了严重的内部控制事故，造成了巨额损失，所以以美国为代表的国家开始由政府和管理机构强制开展内部控制管理，目前美国企业界的内部控制制度已经得到了普及。

（2）近几年，国内理论界和企业界关于内部控制的文献明显增多，但采用的研究方法单一。绝大多数仅仅是针对企业财务制度的反思性研究，深入企业的内部控制现状进行的定量研究很少，得到的结论也多数是理论层面的，不能给企业提供实践依据。

（3）目前国内针对交通企业，尤其是高速公路企业的内部控制相关的研究较少。现有的研究不系统，但是国内交通企业的内部控制能力薄弱。正因为如此，本章选择交通企业内部控制作为切入点，从理论上对企业的内部控制能力进行剖析，从实践上建立量化模型，对企业进行实地调研，希望能够借本章的研究推动目前关于交通企业内部控制的相关研究进程。

目前关于交通运营企业内部控制的研究很多，多数学者及企业界的管理人员主要关注内部控制制度的建设，从理论层面对内部控制做出分析，鲜有学者针对交通企业的内部控制能力评估做出实证的研究检验。本章旨在研究交通企业内部控制中的风险评估环节，立足于广东省交通企业的现状，通过引入模糊数学分析模型，结合理论分析，对企业目前面临的内部控制能力做出科学分类，并得出综合的评价结果，同时将实证结果与企业的现实进行比较检验，验证模型在实际运用中的适用性。从而可以帮助企业了解自身的内部控制现状，做出相应的防范措施，避免损失和风险，进一步健全企业的内部控制制度。

本章从阐述内部控制的理论入手，强调企业在控制内部控制管理过程中，拥有较强的内部控制能力对企业具有重要意义。结合企业的实际情况，分析企业内部控制能力的主要构成。在上述理论基础上，进行实地走访调查，引入直觉模糊集模型，全面分析现阶段企业内部控制能力存在的问题，针对上述问题，分别挖掘隐藏在问题背后的原因，寻找完善内部控制的方法，如图 7-1 所示。

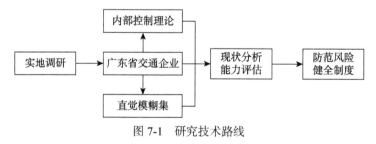

图 7-1　研究技术路线

在研究方法上，本章采用理论研究和实证研究以及归纳与演绎相结合的研究方法。先阐述企业内部控制及内部控制能力的理论和意义。在我国内部控制基本规范框架性意见之内，借鉴 COSO 内部控制整体框架的有关理论，在对广东省交通企业进行实地调查的基础上，收集到一手数据，通过直觉模糊集模型，得出实证结果。总结出该企业目前内部控制中内部控制能力所存在的问题，从而帮助企业寻找出现问题的原因，以及制定解决问题的对策。研究方法体系如图 7-2 所示。

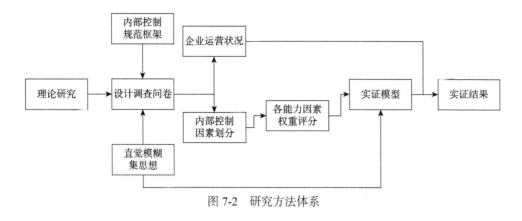

图 7-2　研究方法体系

7.2　直觉模糊集的基本思路与方法

7.2.1　直觉模糊集的内涵

1. 直觉模糊集的产生

1965 年，Zadeh 提出了模糊集理论，有关模糊集的研究就引起了人们的高度重视，模糊集的内涵，使它特别适用于解决人在面对问题时出现的主观模糊性问题，因此随后该方法在群决策研究中得到了广泛的运用，数学的理论与应用研究范围从精确问题扩展到了模糊现象的领域。最初在模糊集中的隶属度是一个单值，它不能同时反映人在面对问题时支持和反对的真实情况。

Atanassov 于 1983 年进一步拓展了模糊集的概念，提出了直觉模糊集的概念，直觉模糊集是对 Zadeh 模糊集的补充和拓展，它用一个隶属函数 $\mu A(x)$ 和非隶属函数 $vA(x)$ 描述直觉模糊集。$\mu A(x)$ 元素 x 属于集合 A 的肯定隶属度的下界，$vA(x)$ 表示反对元素 x 属于集合 A 的否定隶属度的下界。在现实中可以描述同时有人表示反对和支持的情况。直觉模糊集可以最大限度地描述实际问题的不确定性和模糊问题。

1994 年，Tan 和 Chen 在模糊条件下的多目标决策问题中应用了 Vague 集，利用记分函数与加权记分函数给出解决方案。Hong 和 Choi（2000）在这个基础上进一步提出了应用于多目标决策问题的精确函数，而我国学者李登峰（2002）等也针对多目标模糊决策问题做出了许多研究。

直觉模糊集在实际运用中同时考虑了隶属度和非隶属度，相比之前 Zadeh 的模糊集而言，直觉模糊集在处理不确定信息时更具灵活性，有更强的表达能力。

目前，直觉模糊集已经应用于模式识别和医疗图像处理等多个领域。

2. 直觉模糊集的运用原理

本章基于直觉模糊集，在模糊的群决策环境下，使用五级评价尺度，以及规范化模糊决策矩阵，通过引入正理想解，比较各个方案与正理想解的距离，聚合专家个人意见为群体意见的一致同意度，从而评判企业内部控制能力的高低。

3. 直觉模糊集的原理及运算

定义 7-1 设 X 是一个给定论域，则在 X 上的一个直觉模糊集 A 可以表示为

$$A=\left\{\langle x,\mu_A(x),\gamma_A(x)\rangle\,|\,x\in X\right\} \tag{7-1}$$

其中，$\mu_A(x):X\to[0,1]$ 代表 A 的隶属函数 $\mu_A(x)$，$\mu_A(x):X\to[0,1]$ 代表 A 的非隶属函数 $\gamma_A(x)$，且在 A 上的所有 $x\in X,0\leqslant\mu_A(x)+\gamma_A(x)\leqslant1$ 都成立。

当 X 为连续空间时，有 $A=\int x\langle\mu_A(x),\gamma_A(x)\rangle\,|\,x,x\in X$。

当 $X=\{x_1,x_2,\cdots,x_n\}$ 为离散空间时，$A=\sum\limits_{i=1}^{n}\langle\mu_A(x_i),\gamma_A(x_i)\rangle\,|\,x_i,x_i\in X,i=1,2,\cdots,n$。

直觉模糊集 A 可以简单记为 $A=\langle x,\mu_A,\gamma_A\rangle$ 或者 $A=\langle\mu_A,\gamma_A\rangle/x$，且任何一个一般的模糊子集都可以对应于下列直觉模糊子集：

$$A=\left\{\langle x,\mu_A(x),1-\mu_A(x)\rangle\big|x\in X\right\} \tag{7-2}$$

对 X 中的每一个直觉模糊子集，都称 $\pi_A(x)=1-\mu_A(x)-\gamma_A(x)$ 是 A 中 x 的直觉指数，实际上它代表了 x 对 A 的犹豫程度。对 X 中的每一个一般模糊子集 A，都存在如下关系：$\pi_A(x)=1-\mu_A(x)-[1-\mu_A(x)],\forall x\in X$。

定义 7-2 （基本运算）设 A 和 B 分别代表了给定论域 X 上的两个直觉模糊子集，则存在有如下的关系：

$$A\bigcap B=\left\{\langle x,\mu_A(x)\wedge\mu_B(x),\gamma_A(x)\vee\gamma_B(x)\rangle\,|\,\forall x\in X\right\}$$
$$A\bigcup B=\left\{\langle x,\mu_A(x)\vee\mu_B(x),\gamma_A(x)\wedge\gamma_B(x)\rangle\,|\,\forall x\in X\right\} \tag{7-3}$$
$$A=\left\{\langle x,\gamma_A(x),\mu_A(x)\rangle\,|\,x\in X\right\}$$

4. 直觉模糊集的几何解释

如果任意一个直觉模糊集 X 能够由 (γ_A,μ_A,π_A) 表示，那么直觉模糊集中的任意一个元素都可以用集合平面上的一个点 (γ_A,μ_A,π_A) 表示。将论域 x 上的直觉模糊集 A 映射到三维平面 ABD 中，如图 7-3 所示。

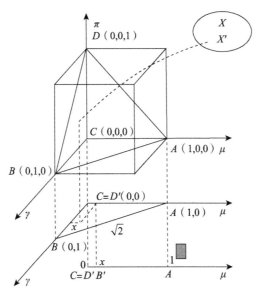

图 7-3　直觉模糊集在三维平面中的映射图

一个映射到三维空间 ABD 内的直觉模糊集 X，它的每一个元素都有一个点在三维空间 ABD 内与之相对应。由图 7-3 可知，在三维空间 ABD 中，x 的坐标为 $(\mu,\gamma,\pi),x\in\mathrm{IFS}(X)$，且满足关系 $\mu_A(x)+\gamma_A(x)+\pi_A(x)=1$。可以发现，三维空间 ABD 中的点 x 与直觉模糊集 X 中的元素 x 相对应。所以，要求解直觉模糊集之间的距离，可以将其转为求解三维空间中两个点之间的距离。尤其是在三维空间 ABD 正交投影到二维平面 ABC 的时候（$\forall x\in ABD\to x\in ABC$），则有 $ABD=ABC$（D'），此时的直觉模糊集就退化成为模糊集。当二维空间 ABC 投影到 μ 轴的时候，则有 $ABD=ABC$（D'）CA。此时直觉模糊集退化为非模糊集，即 $\mu(x)=[0,1]$，则 $\pi(x)=0$。由此得到直觉模糊集之间距离的定义。

定义 7-3　（直觉模糊集的距离）在非空集合 $X=(x_1,x_2,\cdots,x_n)$，$A,B\in\mathrm{IFS}(X)$，且 $A=\{\langle x,\gamma_A(x),\mu_A(x)\rangle\,|\,x\in X\}$，$B=\{\langle x,\gamma_B(x),\mu_B(x)\rangle\,|\,x\in X\}$，$\pi_A(x)=1-\mu_A(x)-\gamma_A(x)$，$\pi_B(x)=1-\mu_B(x)-\gamma_B(x)$ 时，可将直觉模糊集 A 与 B 之间的距离定义为

$$d_H(A,B)=\left|\mathrm{IFS}[\mu_A(x)]-\mathrm{IFS}[\mu_B(x)]\right|/4+(|\mu_A(x)-\mu_B(x)|+\gamma_A(x)-\gamma_B(x)|)/4 \quad (7\text{-}4)$$

定义 7-3 的直觉模糊集的距离 $d_H(A,B)$ 具有以下性质：① $d_H(A,B)\geqslant0$；② $d_H(A,B)=d_H(B,A)$；③ $d_H(A,A)=0,d_H(A,B)=0$ 当且仅当 $A=B$；④ $d_H(A,C)\leqslant d_H(A,B)+d_H(B,C)$，其中 $A,B,C\in\mathrm{IFS}(X)$；⑤设 X 是非空集合，$A,B,C\in\mathrm{IFS}(X)$，B 比 C 更靠近 A，当且仅当 $d_H(A,B)\leqslant d_H(A,C)$。

而当现实中存在多个候选方案或者多种评判标准时，如何评判某一个或者某几个方案，就是一种多属性模糊决策的问题。基于直觉模糊集的方法进行多属性

模糊决策问题的研究，也就是研究从直觉模糊集所表示的满足属性指标的若干候选方案中，如何能够甄选出最接近或者满足决策者要求的方案。

7.2.2　直觉模糊集在内部控制能力测评中的应用原理

本章研究的是企业内部控制能力测评，而内部控制能力的考量要从多个方面进行，层次指标较多，不能一概而论，因此做出如下定义。

定义 7-4　设 X 是一个非空经典集合，$X = (x_1, x_2, \cdots, x_n)$，其中 $\mu_A, \nu_A, o_A, \pi_A, \lambda_A$ 均为 A 在 X 上的隶属函数，且 $0 \leqslant \mu_A(x) + \nu_A(x) + o_A(x) + \pi_A(x) + \lambda_A(x) \leqslant 1$，则称在 X 上有 $A = \left\{ < \mu_A(x), \nu_A(x), o_A(x), \pi_A(x), \lambda_A(x) \middle| x \in X \right\}$ 的多重组为 X 上的一个直觉模糊集。

建立指标评价尺度，它是评审人员对各评价指标所给出的评价集合，本书将评价尺度分为不好、一般、好、很好和非常好五个等级，赋予这五个等级的分数分别为 1、2、3、4 和 5。设指标评价尺度集为 $V = (V_1, V_2, V_3, V_4, V_5)$，则各个级别的分数如表 7-1 所示。

表 7-1　评价集

评价等级	V_1	V_2	V_3	V_4	V_5
分数	1	2	3	4	5

因此，$[\mu_A(x), \nu_A(x), o_A(x), \pi_A(x), \lambda_A(x)]$ 就意味着，从 V_1 到 V_5 这五个评价等级上，每个等级上分别选中的人数占全部人数的比例。

定义 7-5　设非空经典集合 $X = (x_1, x_2, \cdots, x_n)$，有两个模糊集 A 和 B，且满足：

$$A = \left\{ < \mu_A(x), \nu_A(x), o_A(x), \pi_A(x), \lambda_A(x) \middle| x \in X \right\}$$
$$B = \left\{ < \mu_B(x), \nu_B(x), o_B(x), \pi_B(x), \lambda_B(x) \middle| x \in X \right\}$$

则设模糊集 A 关于第 i 个指标的得分值为

$$F_A^i = \mu_A(x_i)V_1 + \nu_A(x_i)V_2 + o_A(x_i)V_3 + \pi_A(x_i)V_4 + \lambda_A(x_i)V_5 \tag{7-5}$$

基于直觉模糊集的评判模型概述如下。

1. 确定评价指标，确定评价尺度

邀请相关领域的专家对指标打分。打分时并不要求专家们给出具体的得分数值，只需要在五个评价尺度（非常好、很好、好、一般和不好）挑选出针对每个指标而言最合适的级别即可，这样的打分模式和过程可以很好地描述人们在进行决策时的犹豫程度及心理状态。在打分时给出企业的相关资料，首先对

每一项指标做出解释，供专家们参考，以保证专家打分做到客观和公正；其次分别汇总各位专家对每项指标的打分情况；最后取每个指标的得分均值作为所求的隶属度。

2. 构建直觉模糊集决策矩阵

用直觉模糊值 $\tilde{x}_{ij}$ 表示方案 a_i 关于第 j 个指标的评价值，因此一个直觉模糊集的多准则决策问题能够用式（7-6）所述的决策矩阵进行描述：

$$\tilde{D} = \begin{pmatrix} \tilde{x}_{11} & \cdots & \tilde{x}_{1n} \\ \vdots & & \vdots \\ \tilde{x}_{m1} & \cdots & \tilde{x}_{mn} \end{pmatrix}, \omega = (\omega_1, \omega_2, \cdots, \omega_n) \tag{7-6}$$

其中，$\tilde{x}_{ij} = (\mu_{ij}, \nu_{ij}, o_{ij}, \pi_{ij}, \lambda_{ij})$；$\omega$ 表示指标 $(c_1, c_2, \cdots, c_n)$ 的权重，且 $\sum_{j=1}^{n} \omega_j = 1$。

3. 确定直觉模糊正理想解

令直觉模糊正理想解为 $A^+ = (r_1^+, r_2^+, \cdots, r_n^+)$，其中有

$$r_j^+ \rightarrow \omega \begin{cases} \mu_j^+ = \max \mu_{ij} \\ \nu_j^+ = \max \nu_{ij} \\ o_j^+ = \max o_{ij} \\ \pi_j^+ = \max \pi_{ij} \\ \lambda_j^+ = \max \lambda_{ij} \end{cases} \tag{7-7}$$

因此，正理想解的得分为 $F_{A^+} = (F_{A^+}^1, F_{A^+}^2, \cdots, F_{A^+}^n)$。

4. 计算方案到直觉模糊正理想解的距离

在计算中引入考虑各个评价指标 $(c_1, c_2, \cdots, c_n)$ 的权重 $\omega = (\omega_1, \omega_2, \cdots, \omega_n)$，则可以得到每一个方案 a_i 到直觉模糊正理想解的距离：

$$d_{i,A^+} = \sqrt{\frac{1}{5} \sum_{j=1}^{n} \left(\omega_j \left(F_i^i - F_{A^+}^j \right)^2 \right)} \tag{7-8}$$

5. 计算各个方案的综合评价指数

综合评价指数的表示形式为 $K_i = \dfrac{1}{d_{(i,A^+)}}$。可以看出，当综合评价指数 K_i 值越大时，其所对应的方案的得分到直觉模糊正理想解的距离就越小，也就是说该方

案就越接近直觉模糊正理想解的方案，该方案就越能得到专家们的认可。

在研究过程中，考虑到每一位专家彼此之间相对权威性不尽相同。有些专家更资深更权威，因此他的意见比另一些资历稍浅的专家的意见更重要。因此在实际的实证过程中有必要考虑每位专家的相对重要权重。

6. 专家重要性权重的确定步骤

首先，在全部专家中选出权威度最高，或者专业领域经验最丰富且学历最高的专家，将其视为最重要的专家，权重定为1。

其次，将第 k 位专家与权威度最高的专家进行比较，得到第 k 位专家的相对比较权重 r_k，$k=1, 2, \cdots, m$。

最后，得到第 k 位专家相对于最权威专家的重要性权重 ω_k：

$$\omega_k = \frac{r_k}{\sum_{i=1}^{m} r_k}(k=1,2,\cdots,m) \tag{7-9}$$

如果每位专家的重要性都相等，则 $\omega_1 = \omega_2 = \cdots = \omega_m = 1/m$。

将专家的相对权重代入评价尺度得分中，可以得到更精确的直觉模糊集正理想解。

在本章，由于调查对象都是企业的中高层，所以将每位被调查者的重要性权重视为相同，即相对重要权重等于1。

7.3   问卷调研与直觉模糊集模型构建

7.3.1   指标体系的构建原则

基于直觉模糊集的思路，本小节提出一种评价方法，具体如下：

（1）评价交通企业内部控制能力，根据内部控制的概念，从企业的控制环境、风险评估、信息与沟通、监控四个方面着手，表示为 $C = (C_1, C_2, C_3, C_4)$，每个指标视为论域的一个模糊集。

（2）控制环境（C_1）可以细分为六个方面，分别是企业的文化、企业的治理结构、企业对机构设置和岗位责权分配、企业建立的人力资源政策、企业的内部审计、法律。

（3）风险评估（C_2）细分为设置目标、风险识别、风险分析和风险应对四个方面。

（4）信息与沟通（C_3）细分为信息搜集、传递与共享以及反舞弊机制两个方面。

（5）监控（C_4）细分为持续监控、个别评价和报告缺陷。针对各个细分方面进一步细化出若干评价的问题和内容，从而更具体地考察公司的内部控制情况。

内部控制指标体系图如图 7-4 所示。

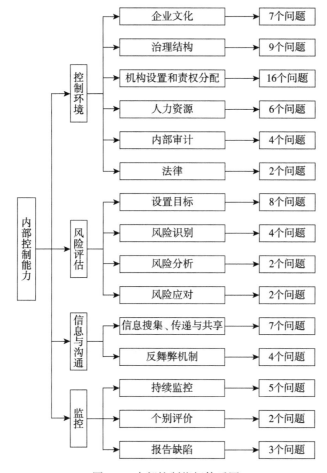

图 7-4　内部控制指标体系图

根据图 7-4，将指标体系分为四个层次：第一层次是研究的根本目的，也是本章的研究意义所在，即企业的内部控制能力；第二层次是根据企业内部控制的内涵，结合研究对象的实际情况选择四个指标，分别从企业的控制环境、风险评估、信息与沟通、监控四个方面来衡量；第三层次是对上述四个指标的进一步细化，能够较为全面地概括所要研究的方面；第四层次就是对第三层次的具体细化，以若干主观问题的形式体现，采用打分的方式，得到专家对内部控制现状的评价。

7.3.2 数据来源和应用方法

1. 研究样本和指标

实地走访广东省交通集团的下属子公司,包括粤高速、省建设公司、省汽运、南粤物流,以及实业投资下属的恒建公司、台山公司和西部沿海。基于直觉模糊集理论,主要采用调查问卷专家访谈的方式,共发放问卷 264 份,回收 227 份,其中 210 份有效,有效回收率约为 79.55%。问卷对象全部是企业的中高层管理人员,假设每位参与调研的专家权威性相同。

剔除了无效问卷之后,得到如下最原始的打分表(七家单位的分数总和),数值代表勾选了该分数的人数,即对应分数的投票人数(表 7-2)。

表 7-2　七家受访单位的得分汇总表(投票数)

第二层次	第三层次	第四层次	1分	2分	3分	4分	5分
		1	8	2	8	52	140
		2	12	4	19	88	87
		3	9	3	25	73	100
	企业文化	4	6	1	19	84	100
		5	7	4	41	67	91
		6	7	8	26	74	95
		7	12	7	47	75	69
		8	3	4	32	75	96
		9	5	2	33	68	102
		10	0	4	30	88	88
控制环境	治理结构	11	2	4	57	61	86
		12	3	6	42	67	92
		13	0	1	30	58	121
		14	0	1	28	46	135
		15	3	5	33	60	109
		16	1	2	29	77	101
		17	1	5	15	66	123
		18	0	3	15	78	114
	机构设置	19	0	3	13	89	105
		20	0	2	11	97	100
		21	0	1	23	63	123
		22	1	5	16	69	119

续表

第二层次	第三层次	第四层次	1 分	2 分	3 分	4 分	5 分
控制环境	机构设置	23	2	1	23	83	101
		24	2	5	23	91	89
		25	2	3	37	81	87
		26	4	10	31	88	77
		27	3	1	29	89	88
		28	2	4	24	91	89
		29	2	3	29	90	86
		30	3	5	29	89	84
		31	4	2	37	89	78
		32	2	4	20	97	87
	人力资源	33	3	6	25	93	83
		34	2	5	28	89	86
		35	2	2	19	100	87
		36	1	4	27	86	92
		37	1	6	38	82	83
		38	3	8	31	86	82
	内部审计	39	2	5	25	88	90
		40	3	3	26	92	86
		41	3	2	25	94	86
		42	3	4	26	92	85
	法律	43	0	4	20	94	92
		44	4	8	28	95	75
风险评估	设置目标	45	4	7	27	71	101
		46	4	4	37	83	82
		47	0	6	35	89	80
		48	0	3	36	86	85
		49	0	2	34	96	78
		50	0	7	33	90	80
		51	1	3	38	84	84
		52	0	2	26	98	84
	风险识别	53	0	3	40	86	81
		54	0	3	49	85	73
		55	0	3	50	67	90
		56	2	3	37	87	81
	风险分析	57	0	1	48	71	90
		58	2	12	47	78	71
	风险应对	59	0	7	42	79	82
		60	2	5	43	71	89

续表

第二层次	第三层次	第四层次	1分	2分	3分	4分	5分
信息与沟通	信息搜集、传递与共享	61	0	4	49	79	78
		62	0	3	48	85	74
		63	2	4	39	79	86
		64	1	7	36	69	97
		65	2	4	36	81	87
		66	2	5	27	93	83
		67	2	4	32	91	81
	反舞弊机制	68	5	9	33	85	78
		69	4	6	39	78	83
		70	3	7	36	84	80
		71	3	6	32	78	91
监控	持续监控	72	2	6	37	84	81
		73	1	5	35	90	79
		74	1	3	32	90	84
		75	1	8	32	91	78
		76	1	3	37	89	80
	个别评价	77	2	6	42	81	79
		78	2	6	40	79	83
	报告缺陷	79	2	10	32	72	94
		80	1	6	24	89	90
		81	1	6	22	88	93

　　由于本章的研究使用了四个层次，假设第四层次上的若干主观问题的重要性程度一致，另外三个层次的不同指标有不同的重要性程度，通过实地走访，最后可以将各个层次指标的重要性权重概括为图 7-5。

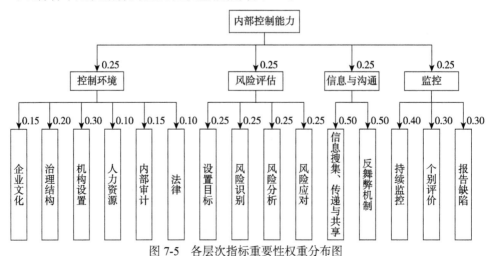

图 7-5　各层次指标重要性权重分布图

2. 数据导入分析

假设第四层次中的 81 个问题之间的重要性程度相当，即权重 ω_i 一样，因此在计算过程中对第四层次的得分取算数平均值即可。将第四层次的投票人数从 1 分、2 分、3 分、4 分、5 分分别表示为 $V_{4,i}^1, V_{4,i}^2, V_{4,i}^3, V_{4,i}^4, V_{4,i}^5$，即每一个第三层次的次要指标的加权得分（加权投票数）都等于：$V_{3,i} = \dfrac{1}{n}\sum V_{4,i}^x$，其中 n 代表第三层次项下的次要指标中所包含的第四层次的问题个数。

以第三层次中的第一个次要指标"企业文化"为例，在"企业文化"项下包含了第四层次的七个问题，可以通过以下的计算得到"企业文化"1 分的投票数：

$$得分（投票数）=\frac{1}{7}(8+12+9+6+7+7+12)\approx 8.714，四舍五入后取 9。$$

但根据正理想解的定义，正理想解中的每一个指标都是取最大值 max_i，因此对第四层次的 81 个问题进行了最大值筛选，得到第三层次 15 个次要指标的得分表（最大值），如表 7-3 所示。

表 7-3　第三层次得分表

第三层次	1 分	2 分	3 分	4 分	5 分
企业文化	12	8	47	88	140
治理结构	5	6	57	88	135
机构设置	4	10	37	97	123
人力资源	3	8	38	100	92
内部审计	3	5	26	94	90
法律	4	8	28	95	92
设置目标	4	7	38	98	101
风险识别	2	3	37	87	90
风险分析	2	12	48	78	90
风险应对	2	7	43	79	89
信息搜集、传递与共享	2	7	49	91	97
反舞弊机制	5	9	39	85	91
持续监控	2	8	37	91	84
个别评价	2	6	42	81	83
报告缺陷	2	10	32	89	94

根据第三层次 15 个次要指标的重要性权重 ω_i 设定，即第三层次的次要指标

对第二层次主要指标的重要性贡献程度如表 7-4 所示。

表 7-4　第三层次次要指标权重

第三层次次要指标	权重
企业文化	0.15
治理结构	0.20
机构设置	0.30
人力资源	0.10
内部审计	0.15
法律	0.10
设置目标	0.25
风险识别	0.25
风险分析	0.25
风险应对	0.25
信息搜集、传递与共享	0.50
反舞弊机制	0.50
持续监控	0.40
个别评价	0.30
报告缺陷	0.30

以第二层次的"控制环境"指标为例,根据"控制环境"项下包含了第三层次的六个指标,并且由权重 ω 可知,"控制环境"1 分的加权投票数为

得分(投票数)$=0.15\times12+0.20\times5+0.30\times4+0.10\times3+0.15\times3+0.10\times4=5.2$

将权重因素考虑到第三层次的 15 个指标得分中,得到加权加总后的第二层次四个主要指标的得分,如表 7-5 所示。

表 7-5　第二层次主要指标得分

第二层次	1 分	2 分	3 分	4 分	5 分
控制环境	5	8	40	94	117
风险评估	3	7	42	86	93
信息与沟通	4	8	44	88	94
监控	2	8	37	87	87

对第二层次的每一个指标的得分进行加总,对得分矩阵进行规范化处理,即规范得分=得分数(投票数)/总数,得到标准化后的得分表(表 7-6)。

表 7-6 第二层次主要指标规范化得分

第二层次	1 分	2 分	3 分	4 分	5 分
控制环境	0.02	0.03	0.15	0.36	0.44
风险评估	0.01	0.04	0.18	0.37	0.40
信息与沟通	0.01	0.03	0.19	0.37	0.40
监控	0.01	0.04	0.16	0.40	0.39

通过加权平均值的处理,进而可以得到第二层次四个主要指标的得分值矩阵,根据直觉模糊集正理想解的定义,用来代表由七家单位作为抽样调查的企业内部控制能力的正理想解(最佳水平),也作为七家单位内部控制能力的参照标杆的等式如下:

$$F_A^+ = (4.17, 4.13, 4.10, 4.13)$$

由于实地走访了企业下属的七个平级单位,对各个单位的内部控制分别进行评价,最后进行各单位间的横向比较,同时与平均水平进行比较,可以更加直观地了解到各个单位内部控制能力的水平高低情况。这样得出的结论也更具有针对性,更加科学。

因此,按照上文计算方式,得出各个单位的得分表。

省汽运得分表如表 7-7 所示。

表 7-7 省汽运得分表(37 份有效问卷)

第二层次	1 分	2 分	3 分	4 分	5 分
控制环境	0.01	0.01	0.12	0.37	0.49
风险评估	0.00	0.01	0.13	0.35	0.51
信息与沟通	0.01	0.00	0.12	0.39	0.49
监控	0.01	0.00	0.08	0.40	0.51

省汽运的得分矩阵为

$$F_{A1} = (4.33, 4.35, 4.35, 4.40)$$

粤高速得分表如表 7-8 所示。

表 7-8 粤高速得分表(25 份有效问卷)

第二层次	1 分	2 分	3 分	4 分	5 分
控制环境	0.01	0.00	0.10	0.49	0.40
风险评估	0.00	0.00	0.10	0.53	0.37
信息与沟通	0.03	0.00	0.16	0.54	0.27
监控	0.01	0.00	0.08	0.57	0.34

粤高速的得分矩阵为

$$F_{A2} = (4.26, 4.27, 4.03, 4.23)$$

省建设公司得分表如表 7-9 所示。

表 7-9 省建设公司得分表（24 份有效问卷）

第二层次	1 分	2 分	3 分	4 分	5 分
控制环境	0.01	0.01	0.07	0.20	0.71
风险评估	0.00	0.01	0.07	0.23	0.69
信息与沟通	0.00	0.01	0.04	0.30	0.65
监控	0.00	0.03	0.06	0.18	0.73

省建设公司的得分矩阵为

$$F_{A3} = (4.62, 4.61, 4.59, 4.60)$$

恒建公司得分表如表 7-10 所示。

表 7-10 恒建公司得分表（23 份有效问卷）

第二层次	1 分	2 分	3 分	4 分	5 分
控制环境	0.01	0.03	0.23	0.52	0.21
风险评估	0.01	0.01	0.35	0.50	0.13
信息与沟通	0.00	0.02	0.21	0.57	0.20
监控	0.00	0.02	0.28	0.56	0.14

恒建公司的得分矩阵为

$$F_{A4} = (3.90, 3.74, 3.95, 3.80)$$

南粤物流得分表如表 7-11 所示。

表 7-11 南粤物流得分表（43 份有效问卷）

第二层次	1 分	2 分	3 分	4 分	5 分
控制环境	0.04	0.04	0.19	0.42	0.31
风险评估	0.01	0.08	0.43	0.30	0.18
信息与沟通	0.02	0.11	0.35	0.35	0.17
监控	0.00	0.08	0.35	0.42	0.15

南粤物流的得分矩阵为

$$F_{A5} = (3.92, 3.57, 3.55, 3.65)$$

西部沿海得分表如表 7-12 所示。

表 7-12　西部沿海得分表（44 份有效问卷）

第二层次	1 分	2 分	3 分	4 分	5 分
控制环境	0.01	0.02	0.11	0.38	0.48
风险评估	0.00	0.02	0.14	0.39	0.45
信息与沟通	0.01	0.01	0.14	0.34	0.50
监控	0.02	0.03	0.14	0.34	0.47

西部沿海的得分矩阵为

$$\boldsymbol{F}_{A5} = (4.30, 4.28, 4.31, 4.22)$$

台山公司得分表如表 7-13 所示。

表 7-13　台山公司得分表（14 份有效问卷）

第二层次	1 分	2 分	3 分	4 分	5 分
控制环境	0.00	0.00	0.05	0.34	0.61
风险评估	0.01	0.03	0.03	0.43	0.50
信息与沟通	0.01	0.01	0.05	0.31	0.62
监控	0.00	0.01	0.02	0.32	0.64

台山公司的得分矩阵为

$$\boldsymbol{F}_{A5} = (4.56, 4.39, 4.54, 4.60)$$

直觉模糊正理想解的距离为

$$d_{i,A^+} = \sqrt{\frac{1}{5}\sum_{j=1}^{n}\left(\omega_j\left(F_i^i - F_{A^+}^j\right)^2\right)}$$

可以得到七家单位与正理想解之间的距离，具体计算方法以省汽运与正理想解 F_A^+ 的 d_1 为例，因为第二层次中的四个主要指标控制环境、风险评估、信息与沟通、监控的权重一样，即都为 0.25。

$$d_{(A1,A^+)} = \sqrt{\frac{1}{5}\left\{0.25\times\left[(4.33-4.17)^2 + (4.35-4.13)^2 + (4.35-4.10)^2 + (4.40-4.13)^2\right]\right\}}$$
$$\approx 0.143$$

由此得到，综合评价指数 K_1=6.993。

依照上述计算方式，可以得到其余六家公司到正理想解的距离。

（1）粤高速到正理想解的距离为 $d_{(A2,\ A^+)} = 0.046$，综合评价指数 K_2=21.739。

（2）省建设公司到正理想解的距离为 $d_{(A3,\ A^+)} = 0.211$，综合评价指数 K_3=4.730。

（3）恒建公司到正理想解的距离为 $d_{(A4,A+)}$=0.133，综合评价指数 K_4=7.490。

（4）南粤物流到正理想解的距离为 $d_{(A5,A+)}$=0.213，综合评价指数 K_5=10.213。

（5）西部沿海到正理想解的距离为 $d_{(A6,A+)}$=0.068，综合评价指数 K_6=14.770。

（6）台山公司到正理想解的距离为 $d_{(A7,A+)}$=0.178，综合评价指数 K_7=5.618。

根据各方案到直觉模糊集正理想解之间距离的定义，综合评价指数越大，则说明该方案到正理想解所代表的方案之间的距离越小，也就是说该方案就越靠近正理想解，该方案的实施效果就越好。在本次调研中，各单位到正理想解的距离可以理解为，各单位目前的内部控制能力和受访单位的内部控制能力平均水平之间的差距。

通过衡量实证结果，可以由大到小做出如下的综合评价指数排名：$K_2>K_6>K_5>K_4>K_1>K_7>K_3$，其中 K_2 代表的是粤高速，K_3 代表的是省建设公司。

实证结果显示，粤高速的综合评价指数最大，说明它的内部控制能力现状最接近受访的七家公司的内部控制的正理想解，即内部控制的最佳水平。其次是西部沿海和南粤物流，而恒建公司、省汽运、台山公司之间的差异不大，但三者与正理想解都存在较大的差距。尤其是省建设公司与正理想解之间的差异非常大，说明其内部控制水平亟待提升。

但通过衡量七家公司的得分矩阵与正理想解（内部控制最佳水平）的差距，只了解到各个公司与正理想解的差距情况，还不能定量地判断各个单位内部控制能力的具体水平。

为了能够更加全面和具体地了解七家公司的内部控制管理现状，还设计了其他的问题进行更加细致化的调查，问题的形式是客观选择题，同样覆盖了控制环境、风险评估、信息与沟通、监控四个层面，同时增加了受访者对内部控制和风险管理的认知调查，并且将监控的内容糅合到了控制环境中。

7.4　模型结果分析

7.4.1　企业内部控制现状分析

1. 内部控制和风险管理的认知调查

上文选取了广东省交通集团下属的五家二级、三级单位进行分析，本书扩展到七家交通企业进行分析。

根据企业内部控制和风险管理的认知进行调查，调查内容涵盖企业对员工的内部控制培训情况，员工对内部控制的了解程度，以及企业对内部控制制度的执行情况等多个方面。调查结果如图 7-6 所示。

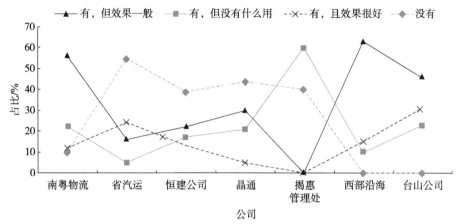

图 7-6　企业员工参与培训的内部控制/风险管理培训的情况

被调查对象中超过 60%的员工表示接受过内部控制的相关培训，但在参与内部控制的员工中有 50%认为培训没有效果或者效果一般，且大多数人只参加过一到两次内部控制相关的知识培训，主要接受培训的渠道是通过企业内部自行组织的上课培训。超过 60%的员工是在最近一年内才开始接触到内部控制这个概念。虽然已经有超过 80%的员工能够较为清楚地认识到内部控制是涉及企业内部各个层次的管理控制，但仍有 10%的员工对内部控制的概念非常模糊。目前企业对内部控制的重视程度得到了 70%以上的受访者的认可，并且认为目前内部控制状态有效的人数占比达到了 62%，但仍有超过 50%的受访者认为自己所在的单位对内部控制管理采取的措施只是个别措施，并没有比较系统全面的内部控制措施导入，如图 7-7 所示。

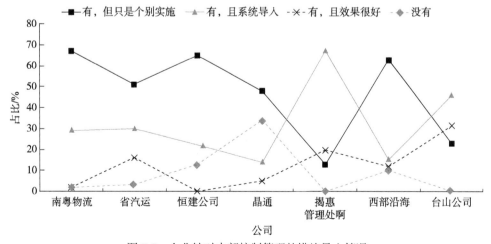

图 7-7　企业针对内部控制管理的措施导入情况

　　通过调查发现，一半以上的单位是在最近两年内才开始系统性地导入内部控制管理系统，仍有单位还没有开始导入内部控制管理系统。同时已经开始导入管理系统的单位其所取得的效果差强人意，一半以上的受访者认为并没有得到显著的效果。40%以上的受访者认为没有取得较好管理效果的原因在于员工本身缺乏相应的内部控制专业技能。被调查的单位中有一半都出现过内部控制的风险事故。内部控制的重要性还是得到了绝大多数人的认可，但超过60%的受访者对COSO委员会一无所知，甚至有超过70%的受访者完全不了解财政部、中国证监会、审计署、中国银监会和中国保监会发布的《企业内部控制基本规范》。

　　由此可见，企业已经在近两年内陆续开展了内部控制管理，管理层对内部控制的重视程度也较高，但企业内部员工素质不匹配，内部控制管理的措施开展不到位，导致内部控制并未取得良好的效果，甚至还出现了一些内部控制风险事故。因此，员工素质亟待提升，应该更加频繁地开展内部控制的培训，将内部控制的概念深入人心，自上而下地重视内部控制管理。

2. 控制环境现状调查

　　针对企业的控制环境进行调查，主要考察企业目前已建立的岗位责任制度和组织架构是否能够满足企业内部控制的要求。调查内容涵盖了企业的组织架构建设情况、企业对岗位责任制度的落实情况，以及企业的战略制定情况等多个方面，调查结果如图7-8所示。

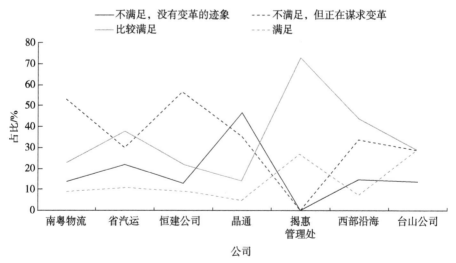

图 7-8　企业现有治理结构是否满足风险管控的要求

　　从企业内部的组织架构来说，一半的人认为组织架构不能满足公司的风险管控，而具体原因则较多。例如，董事会未能发挥出重大风险事项的决策控制职能；董事会和经理班子的权责配置不清；监事会未能发挥风险管理监督职能；等等。但接近 50%的人认为企业对子分公司的控制管理是较为有效的，组织机构较为完善。企业目前有较为系统的、成文的岗位责任制，权责分配能够做到主要岗位较为清晰，但其他岗位还有待细化。同时可以看到企业的制度建设还是较为完善的，并且能够较为有效地执行。在员工的职位描述中，也引入了风险管理职能，只是可操作性还有待提高。多数单位专设了内审部门，一半的单位虽然并未专设内审部门，但有内审岗位，或者将内审部门与财务部门合并在一起。

有一半的受访者认为目前企业已经建立了明确的风险管理制度和体系，并且实施程度较高，是因为内部制度完善、管理团队优秀。而对于发展战略，受访者认为虽然自己所在的单位开展过发展战略规划，但并没有得到有效实施，或者单位正在计划开展发展战略规划工作，但还未实施。同时大多数人对企业的发展战略概念并没有直接且清楚的认知。在已有的发展战略中，对风险管理并没有做出详细规划，或者根本没有引入风险管理的内容。

由此可见，企业的控制环境是较为严峻的，并不能满足企业开展内部控制管理的需要和现状，企业高层的权责分配还需要得到明晰，监督职能需要进一步强化。企业需要及时梳理自己的发展战略，加强对风险管理的重视程度，将风险管理纳入战略规划。但企业目前对员工的岗位职能安排还是比较明确、详细的，这也是企业做得较好的方面。

3. 风险评估现状调查

受访者认为其所在的单位偶尔会发生风险，所面临的风险也主要是行业共性风险。而企业的自身经营风险则主要集中于以下几种风险环节，即法律合规性风险、市场风险、信用风险和操作风险。实际的经营过程中，2013~2015 年企业因为风险暴露而产生损失的事件屈指可数。而在为数不多造成损失的风险中，主要来源于工程施工环节和材料采购存储环节。近30%的受访者认为目前企业在经营过程中的潜在风险属于较高或高水平风险，需要引起重视。在受访者自身的岗位工作中，能感知到一些风险，但目前还是能够得到及时的管理。同时在部门和公司的会议中，风险管理也经常提到，要求内部开展风险管理工作。在企业对风险进行识别的过程中，主要运用问卷调查法、现场调查和风险清单列明。而对风险进行分析时主要运用定性分析法和关键风险指标法。

企业员工对风险识别及分析方法的掌握能够在很大程度上帮助企业防范风险，增强抵御风险的能力。通过调查发现，企业员工对风险识别及风险分析方法的掌握情况程度如图 7-9 所示。

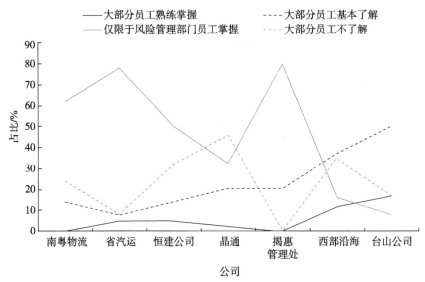

图 7-9　员工风险识别和分析方法的掌握情况

由图 7-9 可知，目前企业的大部分员工基本上了解风险管理的概念，但是在具体的风险管理控制的操作中，只有风险管理相关部门的员工才能熟练掌握相关的方法和工具。

由此可见，企业对风险管理还是相当重视的，并且员工自身对风险管理的重视程度也较高，只是由于员工专业知识和素质较低，还不能够完全满足和匹配目前风险管理的要求。企业对风险管理的力度较强，因此将风险控制在一个较低的水平。

7.4.2　控制活动现状调查

企业的内部控制活动包括对施工项目的流程控制：①关键业务流程的梳理情况；②企业对资金管理和财务预算管理控制情况；③信息沟通状况。

1. 关键业务流程状况

针对企业关键业务流程的建立和管理情况做出调查，结果发现被调查的 7 家单位都存在不同程度的关键业务流程没有系统化的问题。有 3 家单位的员工认为企业没有建立起关键业务流程制度，分别是恒建公司、晶通及西部沿海，而被调查的 50% 以上的员工认为企业已经建立起关键业务流程,但是流程并没有系统化,但在被调查的 7 家单位中有 4 家单位的 60% 以上的员工认为目前企业的关键业务流程已经实现了系统化管理。

2. 企业资金管理和财务预算控制状况

通过调查发现，受访的 7 家单位都存在不同程度的资金管理和财务预算管理不善的问题。目前所有单位都已经建立了资金管理和财务预算管理制度，但在受访的员工中仍有近 30%认为企业的资金管理和财务预算制度与实际情况不吻合，说明企业的相关制度体系亟须得到改善。

由此可见，企业对控制活动已经初步建立了相应的体系，但是目前相应的业务流程还不完善，企业的控制活动没有取得良好的效果，特别是对财务预算和资金管理的不合理，会使企业遭遇财务等风险，带来经济损失。

3. 信息沟通状况

企业的信息沟通是自上而下以及自下而上双向交互的沟通模式。通过信息沟通，可以使企业的管理层和员工及时了解到企业面临的风险，从而及时做出应对措施。本章对企业信息沟通现状的调查主要涵盖了以下几个方面：管理层通报风险管理的状况，员工报告其岗位风险状况的情况，企业在风险管理过程中的工作流程运转情况，等等。

通过调查发现，绝大多数员工表示没有接受过管理层向员工通报风险管理的状况，而且在员工向上级汇报自身岗位风险管理状况中，目前有该制度的企业也仅限于风险管理部门的员工提交该风险管理汇报，其余员工对该工作不知情。针对企业目前在风险管理工作方面，采取的风险辨识、评估、应对和监控并改进的工作流程，多数员工认为目前该工作在企业内部的持续运转程度一般。而在风险管理过程中，多数员工表示企业目前可以按章应对，在灵活性上较为欠缺。

由此可见，在信息沟通环节，企业的管理层和员工并没有做到充分沟通，企业内部控制的相关信息并没有得到及时传递，很多工作流程并没有落实到位。信息沟通不畅将会给企业带来风险，影响到企业内部控制的效果。

7.4.3　企业内部控制中的风险分析

因为风险评估是内部控制中极为重要的一个环节，也是内部控制能够有效执行的决定因素，所以对企业目前面临的风险进行详细分析是相当必要的。通过多次走访企业，并结合企业目前的现状，得出如下的风险分析。

从风险影响程度和发生可能性两维属性来看，企业目前面临的最重要的风险有四个，即融资债务风险、战略执行风险、政策法规风险和成本管理风险（包括建设成本风险和营运养护成本风险）。

在融资过程中，企业的财务管理受到宏观政策变化的直接影响。2010 年发布的《国务院关于加强地方政府融资平台公司管理有关问题的通知》从政策上收紧了高速公路企业的资金来源，约束了高速公路企业的融资渠道，而且货币政策一直趋紧，严格把控通货膨胀，这些对以高速公路业务为主的交通企业来说，都会直接影响企业的融资能力。

对企业的发展战略执行层面而言，战略执行是企业实现未来愿景的必要保证，企业在明确了未来发展的战略之后，还需要借助外部政策和资源，第一时间识别企业面临的各类风险因素，持续监督并不断优化战略执行的效率和效果。在企业执行战略的过程中会面临战略执行风险，具体表现如下：外部环境和资源对企业的支持不足，资源配置的进度缓慢，自身资源数量和规模具有局限性，自身内部业务水平与战略实施要求的偏差，等等。我国高速公路行业的项目一方面具有行政化的属性，是带动经济发展的主要选择；另一方面又是社会基础设施的重要组成部分，带有一定的公益性质，投资效益差，补贴不到位。因此企业目前的外部环境及资源配置支持不足，自身业务水平和战略实施的要求之间也存在偏差。

就企业面临的政策法规风险而言，这些风险主要是指由中央及地方政府所出台的高速公路行业相关政策法规，这些政策法规的不确定性有可能给企业的长远发展带来一定的不利影响。交通建设涉及区域经济发展、大众民生和企业发展等多个方面，行业本身受到政策的影响较大，近年来政府策略的力度和频率都在提高。广东省交通建设走在我国前列，受到的影响更明显。2009 年，国务院颁布的《关于转发发展改革委交通运输部财政部逐步有序取消政府还贷二级公路收费实施方案的通知》，在很大程度上直接反映了未来国家对交通运输产业的态度，也就是在长期内将会逐步降低甚至取消高速公路收费的政策取向。2012 年以来国家推行了节假日高速公路免费通行的政策，对交通企业，尤其是高速公路企业的影响最为显著，特别是影响到了高速公路企业的利润来源。另外，地方政府的换届、地方规划的调整和配套资金等问题，也会导致项目的变更以及承诺的配套补偿和资源无法到位，进而影响项目投资建设的预期。

对建设成本而言，简而言之就是企业的运营类风险。它是劳动用工、设备和原材料等价格的上升，造成项目建设成本的增加。或者前期调查工作不到位，设计不合理，而造成方案变更，所导致的成本大幅增加。另外，近年来我国大力倡导建设资源节约型、环境友好型的道路行业，各级主管部门相继出台了一系列政策措施，要求交通企业，尤其是高速公路建设要与环境保护协调发展。这一因素也会大大增加施工单位的成本。另外，专业技术力量及造价审核人员配备不足，可能会造成对养护工程的方案及造价预算把关不严，造成工程养护成本不必要的扩大。

7.5　本章小结

本章对广东省交通企业的内部控制能力现状进行了系统且全面的研究，主要研究内容和结论如下。

首先，本章对内部控制的概念进行了阐述，对目前国内外关于内部控制理论研究的现状及发展状况进行了归纳总结。通过实地走访了解了交通企业自身的行业特点，结合国资委《中央企业全面风险管理指引》的要求，对广东省交通企业在进行内部控制中的各项环节辨识进行分类。最终确定广东省交通企业的内部控制环节主要包括控制环境、风险评估、信息与沟通、监控四个方面，并针对各个方面有针对性地设计了调查问卷。

其次，对交通企业下属的七个单位进行了实地走访，面向企业的中高层管理人员发放调查问卷，并开展专家访谈。调查问卷包括客观选择题和主观打分题，并且有部分主观补充填写题型。将内部控制能力的测评分为针对企业内部控制环境的测评、企业对风险评估的重视程度和已采取的措施、企业对信息与沟通体系的建设情况，以及企业在内部控制中是否有效地执行了监控措施。其中针对企业内部控制环境现状，从企业文化、治理结构、机构设置和责权分配、人力资源、内部审计、法律制度六个方面考虑，可以自上而下地了解和把握企业的现状；对风险评估环节主要从设置目标、风险识别、风险分析和风险应对四个方面考虑，这四个方面是企业对有效处理风险事件的前中后三个维度的全面概括；对信息与沟通从信息搜集、传递与共享以及反舞弊机制两个方面来把握；而对监控主要从持续监控、个别评价和报告缺陷三个方面来衡量，可以看做企业对普遍事件和个别事件的不同管理。

再次，通过搜集和处理专家对问卷中的主观问题的打分，利用直觉模糊集模型对受访的七个单位进行总体的和具体的实证分析，通过七家单位与正理想解（最佳水平）的对比，可以了解各家单位目前的内部控制能力水平现状。可以看出在七家单位中内部控制能力还是存在较大差异的，内部控制能力参差不齐，不能够满足企业对内部控制的要求。

最后，借助客观选择题的问卷结果，结合实证分析的结果，对目前企业面临的问题做出了详细的分析，并且提出了解决方案。

随着我国经济水平的不断发展，企业对内部控制的重视程度越来越高，内部控制成为企业在市场化大潮中决定市场地位的重要环节。一个有着较高内部控制管理水平的企业才能够有效地防范风险、把握发展机会，并在竞争中扬长避短。

交通企业在改革开放后得到了快速发展,尤其以广东为代表的交通企业更是在市场经济中发挥了不可小觑的力量,交通企业的发展对区域经济的发展作用很重要。因此关于交通企业内部控制能力的研究,在国内的理论界及企业界都值得学者和企业家们不断探索研究。由于研究时间较短,研究开展过程中受到一定的局限性,本章的研究还不足够深入,以下是有待进一步完善研究的方向:

（1）本章采集的样本量有限。由于本章的研究对象是广东省交通集团,通过对该企业下属的七家企业进行实地走访,发放调查问卷,收集到了一手数据,但调研过程受时间、人力和物力等因素的限制,获得的数据已具有一定的代表性,但如果能更大范围地收集相关数据将则更具有说服力,样本量更多时得到的结果将更有代表性。

（2）内部控制内涵深厚,无法完全覆盖。本章的整个研究框架体系参照了COSO 委员会针对内部控制的定义,以及结合我国颁布的相关法律条文进行设计的。在大方向上能够概括内部控制的含义,但是内部控制牵涉方方面面,有许多细枝末节,且评判内部控制的标准有很多,因此对交通企业的内部控制能力判断还需要进行更加深入和全面的研究。

（3）实证模型较为单一。本章主要利用模糊数学与决策中的直觉模糊集对企业的内部控制能力进行定量研究。直觉模糊集的优势在于能够对主观世界的判断做出较为全面的概括和形容,但是内部控制能力的考量应该还要借助其他的定量模型,共同分析判断,得出的结果才全面,因此在方式和方法上仍需要进一步探索。

（4）交通企业内部控制能力的适用性研究。本章对交通企业内部控制能力进行了研究分析,但这些分析是基于交通企业内部已有的共性角度开展进行的。不同时期、不同企业内部控制的目标大致相同,但在企业发展的不同阶段,针对内部控制的具体实施和操作的过程可能是不相同的,并且交通企业下设的公司单位业务不尽相同,因此对不同的企业需要进行实地调研,结合企业自身的特点以及存在的问题进行内部控制管理。

第8章 交通企业的财务危机预警分析

8.1 关于企业财务预警的研究

8.1.1 财务危机预警理论研究状况

财务危机预警就是通过建立一个适合企业运营发展的有效系统，对企业的财务状况进行预测分析，及时告知管理者企业出现的问题。而财务危机预警系统，就是通过企业的一些财务数据及报表资料，运用对应的数据化的管理方式，对企业的财务状况进行预警的一个系统，在预测的同时，分析研究出现财务状况的原因，发现在企业营运过程中出现的问题，提醒高层管理者提前做好防范准备，并提供相应的应对策略的财务分析系统。

财务预警的研究起源于 20 世纪中期，到 20 世纪后半叶公司林立，企业危机形态更是复杂多样，危机爆发的频率越来越高。随着企业的经营风险越来越大，危机出现的周期越来越短，财务危机预警也越来越受重视，财务预警的研究也显得更加重要。

随着经济的发展，西方国家出现了大量的公司，但是每年又有大批公司消失，西方学者开始关注这些破产企业，并从中发现财务危机对企业发展的影响，进而引发了对财务危机预警问题的深入探索。从 20 世纪 30 年代开始，西方学者从定性和定量两种思路出发，提出了进行财务危机预警的不同方法与模型。定性财务危机预警模型以标准化调查法、管理评分法和四阶段症状法为代表，从定性方面对财务危机进行预警，由于这些预警方法受个人影响较大，主观性过强，学者的研究开始逐渐转向定量模型。随着数理统计的发展，关于财务预警的定量分析逐渐发展并不断完善，可以归纳为以下几个方面。

1. 线性判定模型的研究

线性模型包括一元模型和多元模型，Frizpatrick（1932）对公司财务指标进行逐一分析，寻找能够显著区别财务危机公司和正常公司的指标，这种思路的特点就是在不考虑其他因素的情况下，只分析单个指标的影响。通过研究发现，股东权益/负债和净利润/股东权益这两个指标在正常公司与财务危机公司之间具有显著差异，这也是历史上最早的一元模型。

Beaver（1966）在总结前人研究成果的基础上，首次提出了立面分析、两分法检验及一元预测模型的研究方法和概念，并以 79 家企业作为样本，结合 30 个财务指标进行一元判定分析。由于一元线性模型的变量选择，即指标选取具有随意性，当选取指标发生变化时预测结果可能出现截然相反的结论，所以预测结果的不确定性较大，很难根据一元判定结果做出准确的财务危机预警。

为了克服一元判定模型的随意性和不确定性，并提高模型的预测精度，Altman（1968）对 22 个财务指标进行了分析，按照流动性、获利能力、偿债能力、财务杠杆和活动性选出五个最具解释力的财务指标，构建多元线性 Z-Score 模型。之后 Altman 对 Z-Score 模型进一步修正，构造出了 Zeta 模型。Zeta 模型将指标由 Z-Score 模型的五个扩展为七个，在原有基础上增加了资本比率和企业规模两个指标。

类似研究还有 Edmister（1972）提出的针对小公司的财务危机分析模型。相对一元判定模型来说，多元线性模型在财务危机预警方面具有更好的表现，判别精度也相对较高，但是，相应的数据处理工作量较大，预测精度也会随着时间推移而急剧下降，同时由于在多元线性模型中，数据往往需要满足严格假设，而现实企业中的实际样本数据往往很难满足这一要求，这些特点都局限了多元线性模型的应用与发展。

2. 离散型模型的研究

Logistic 模型和 Probit 模型都属于离散型财务危机预警模型。Logistic 模型是在累计概率函数的基础上找出观察目标的条件概率，从而判断观察目标的具体财务状况和面临的经营风险，在此模型中自变量不必满足多元正态分布及协方差相等的假设。

Ohlson（1980）最早在财务危机预警领域使用了 Logistic 方法，他发现企业规模、资本结构、企业业绩和现有资产的变现能力四类变量对企业的破产概率具有显著影响，并以此建立了 Logistic 预警模型。

Lau（1987）选用 10 个变量，使用 Logistic 模型根据财务危机的演变规律，分五个不同阶段进行分析，并建立预警模型。Logistic 模型最大的优势是能够克服线性方程受到统计假设约束的局限性，变量不需要满足严格的统计假设，因而适用范围更加广泛。但是，Logistic 方法在计算过程中有很多近似处理，这些处理难免会影响模型预测结果的精度。Probit 模型和 Logistic 模型的处理思路基本相似，两种模型最大的不同在于参数和破产概率的求解方法。Probit 模型的前提条件严格，要求样本必须完全符合标准正态分布，同时概率函数的 p 分位数要能用财务指标线性解释。

3. 人工神经网络模型的研究

人工神经网络方法在财务危机预警模型中的应用最早开始于 20 世纪 90 年代。从目前的文献来看，Odom 和 Sharda（1990）以不同公司的财务数据为样本，将多层前馈（back propagation，BP）神经网络方法和多元判别分析方法结果进行比较，得出 BP 神经网络预测更加准确的结论，这是神经网络方法在财务预警领域最早的应用。

Tam 和 Kiang（1992）基于银行数据，分别使用神经网络方法、多元线性判定分析、逻辑回归分析、K-邻近法和 ID3 决策树法进行预测，实证结果表明，神经网络方法预测准确性和适应性明显高于其他方法。

Zmijewski（1984）提供了一个用以理解神经网络如何在企业财务危机判别中产生作用的一般性框架，结合神经网络在财务预警中的应用，分析了其与传统贝叶斯方法的内在联系，并利用 220 家配对样本企业数据进行实证研究。结果表明，神经网络方法在分类预测精度上显著优于逻辑回归分析法。神经网络在分类过程中的优势基于其对样本方差的鲁棒性（robustness），即变量分布特征在一定范围内的变化不会影响系统的稳定性，而且也不需要主观对企业的财务危机状态进行定性。但是，神经网络分析的理论基础相对薄弱，在对人脑思维方式模拟的科学性和准确性上需要进一步研究。

4. 支持向量机模型

支持向量机（support vector machine，SVM）方法出现于 20 世纪 90 年代中期，是一项数据挖掘的新技术，借助最优化方法解决机器学习问题，它的一个显著优点就是以结构风险最小为准则，这一优点提高了模型的泛化能力，在小样本学习中更加突出。

SVM 方法在财务危机领域的应用始于 21 世纪初，Min 和 Lee（2005）将 SVM 方法应用到企业财务危机预警问题中，并引用网络搜索技术寻找最优参数值。同时，为了评价模型的预测准确度，他们将 SVM 模型结果与多元判别分析、逻辑回归分析及神经网络分析的结果进行比较，结果表明 SVM 模型准确度优于其他模型。

Shin 等（2005）研究了 SVM 在财务危机预警中的应用效果，研究结果表明 SVM 模型在财务危机预警问题处理方面比 BP 神经网络模型表现得更好，尤其是随着样本的缩小，SVM 模型的精确度和泛化能力都优于 BP 神经网络。

Min 等（2006）将 SVM 与遗传算法（genetic algorithm，GA）相结合，并应

用于财务危机预警，与神经网络模型、逻辑回归分析等方法进行比较。结果表明SVM模型具有计算简单、速度快，同时预测精度高的优点，但是模型中核函数及参数的选择理论基础薄弱，有待进一步深入研究。

5. 熵理论模型的研究

熵的概念最早代表一种物理状态，后来随着熵的应用越来越广泛，国外学者开始将熵引入财务危机预警领域，尤其是指标筛选和权重确定方面。最早将熵引入财务危机预警领域的是 Theil、Lev 和 Schwartz，他们用信息熵理论对危机公司和正常公司进行对比分析，发现两类公司在资产和权益结构上有所不同，从而证明了利用熵进行财务危机预警是可行的（Ross et al., 1999；Carminchael，1972）。

Quinlan（1979）比较分析了多个预警模型后发现，这些模型在衡量财务指标时，往往存在大量繁杂信息，信息冗余情况严重，而使用熵值法建立预警模型则能够有效地解决这一问题。Hsieh 和 Wang（2001）用熵值法对财务指标的权重进行排序，选出对财务危机企业具有显著影响的指标，实证结果表明，这种方法不仅使计算过程更加方便，结果也更加精确。

Sandow 和 Zhou（2007）发现了熵模型在解决数据匮乏问题上的优势，当数据信息由于客观原因不够充分时，基于相对最小熵方法的预警模型能够从有限信息中挖掘最大信息量，最大限度地发挥信息的效率。

熵理论在预测精度方面也有优势，Aziz 和 Humayon（2006）在统计分析前人关于财务危机预警实证研究的基础上，发现在这些学术研究中采用熵理论进行预警的模型预测精度高达 85%，高于其他预警方法。这些研究说明，熵理论不仅能够有效地解决其他模型出现的信息冗余和信息匮乏问题，而且对样本数据要求较低，也具有更好的预测效果和更高的预测精度。

国内关于财务预警模型的研究起步较晚，大体上始于 20 世纪 90 年代，与国外相比，有关财务危机的研究相对滞后，对财务预警模型的研究也比较少，这是因为我国市场经济体制的建立和资本市场的发展历史相对较短。在宏观经济领域，预警系统的应用最为广泛，尤其以宏观经济预警和宏观金融预警为代表；在微观经济领域，随着市场环境的复杂性和不确定性增加，企业财务预警系统更加受到重视。我国学者对财务预警的实证研究主要借鉴国外的研究成果，将西方发展成熟的财务预警理论方法与我国国情相结合，与我国企业相适应，使之适用于对我国的公司财务危机进行预警研究。

吴世农和黄世忠（1986）采用平均数区间估计的单变量判定方法和费希尔线性判定分析方法的多元线性判定方法分别对同行业内 20 个企业进行预测，并得出线性判定分析方法预测能力更好的结论，这是我国最早出现的有关研究财务危机预警的研究。

周首华等（1996）对 Z-Score 模型加以改进，加入现金流量指标，考虑到公司财务状况的发展及相关标准的变化，建立起 F-Score 模型，并采用 1991~1996 年中 4 160 家公司的财务数据进行实证分析，数据验证结果准确率高达 70%。

陈静（1999）把 1998 年的 27 家 ST（被特别处理）公司和 27 家非 ST 公司随机分成一个估计样本和一个有效样本，分别进行了单变量判别分析和多元线性分析，找出在 ST 1996~1998 年能够预测财务危机的指标。

陈晓和陈治鸿（2000）选择我国上市公司中被特别处理的 ST 公司数据验证多元逻辑回归模型，实证结果表明多元逻辑模型在我国同样适用。

张玲（2000）建立了两类线性判别模型，庞素琳（2003）以 BP 网络、概率神经网络（probabilistic neural network，PNN）、径向基础数（radical basis function，RBF）神经网络为基础建立模型，杨淑娥和黄礼（2005）基于神经网络工具建立模型。这些学者的研究都集中在模型预测和模型适用性上，主要是通过将我国数据代入国外模型进行研究。

还有一些学者是对国外经典模型结合我国国情加以改进，如吴世农和卢贤义（2001）利用逻辑回归和多元概率化回归方法进行研究，分别选取 70 家财务危机的公司与 70 家财务正常的公司作为样本，从企业的盈利能力、偿债能力、成长能力、营运能力及企业规模五个方面选取财务指标，应用 Fisher 线性判别分析、多元线性回归分析与 Logistic 回归分析，构建三个财务危机预警模型。研究结果表明，三个模型在短期的预测效果较好，其中财务危机前一年的误判率最低。

随着我国学者对财务危机预警研究的不断深入，国内学者开始探索新的可能性，而不仅仅局限于国外已有模型的框架下，许多新变量和新方法被引入财务危机预警的研究。

姜秀华和孙铮（2001）分析了治理弱化与财务危机的关系，将公司治理结构的直接表征股权集中系数引入预警模型，并建立多元逻辑回归模型。张友棠（2004）和陈志斌（2007）研究了现金流量指标在财务预警方面的应用。宋杰鲲等（2006）为了解决传统模型存在的局限性问题，将 SVM 引入财务危机预警领域。阎娟娟等（2006）采用上市公司财务数据比较 SVM 模型和 BP 神经网络模型，得出 SVM 模型在分类和预测能力上均高于各类神经网络模型的结论。邱玉莲和朱琴（2006）结合 SVM 的基本原理，探讨了该方法用于财务危机预警的可行性和有效性。

熵理论在财务危机预警领域的应用在我国起步于 21 世纪初，此时熵理论已经在管理科学领域得到全面应用，许多学者开始探索熵在财务危机领域的应用，而熵能够衡量不确定性的这一特征开始被广泛地应用于指标筛选和赋权的研究。

王平心和杨冬花（2005）采用熵值法对财务预警模型中的指标进行赋权，并利用我国上市公司的具体数据进行验证，结果表明，利用熵值法进行赋权在评价上市公司财务状况方面是可行的，而且熵值法克服了传统人为赋值法主观因素过强的缺陷，评价结果更加客观实用。

韩伟和李杰（2007）利用熵权法对变量进行筛选，提取出其中解释能力高的指标，选取沪深股市 30 家 ST 公司和 30 家正常公司进行实证研究，实证结果可信度较高，说明熵权法在非线性条件下进行变量选择是一个新的探索。

8.1.2　研究的思路

首先，介绍国内外研究现状，分别对国内外的财务危机预警研究成果及文献进行综述，阐述本章的研究目的及意义，概述本章所用的研究方法。

其次，介绍传统的财务危机预警理论模型，分别以国内外学者的观点对财务危机进行定义，对传统的财务预警指标体系及其局限性进行评析，系统介绍财务预警系统的基本模型以及前人的研究方法，并对其不足做出评价。

再次，对道路客运企业现状进行分析，开展财务风险因素识别分析广东省道路客运企业的现状及存在问题，从偿债能力、财务效益能力、资产运营能力和发展能力四个方面对广东省道路客运企业的风险因素进行识别。

最后，基于熵理论的财务危机预警模型构建及实证研究——以广东省交通集团下属道路客运企业为例，介绍样本和数据的选择问题，建立财务预警模型的指标体系，运用熵理论建立道路客运企业的财务危机预警模型，以企业调研数据对模型进行实证检验和结果分析。再构建传统的财务预警系统，对相同的样本进行实证检验，对比基于熵理论的财务危机预警系统与传统预警系统预测性高低。

8.2　财务危机预警理论概述

8.2.1　财务危机的界定

财务危机又称财务困境，它是指财务出现状况而导致整个企业经营状况不良甚至发展为经营失败的一个动态过程。一个企业出现财务危机往往表现为收入下降，企业的盈利能力持续降低，现金流逐渐减少，企业慢慢丧失对到期债务的偿付能力，最终企业资不抵债而破产。因此，财务危机的本质特点就是企业因失去现金流而丧失偿还债务的能力。

1. 国外学者对财务危机的界定

Beaver（1966）将破产清算、延迟支付优先股股利、银行透支和无力偿还债券四种情形定义为财务危机。Carminchael（1972）则将财务危机的具体表现概括为低流动性、权益不足、资金匮乏和拖欠债务四个方面。Ross 等（1999）从企业失败、法定破产、技术破产和会计破产四个方面来定义财务危机。

从国外学者对财务危机的定义中可以看出，破产都被视为企业财务危机的标志之一。一般而言，破产是企业整体经营失败的最终结果，是财务危机最严重的形态。因此，财务危机并不能完全等同于破产，即财务危机是企业破产的必要条件而非充分条件。西方学者还提出了许多关于财务危机的其他表现形态，从企业的经营、债务、资本和权益等多个方面定义财务危机的概念。

2. 国内学者对财务危机的界定

国内财务危机预警的研究对象主要是上市公司，因而我国学者一般将财务危机定义为上市公司因为财务状况异常而"被特别处理"。这是因为我国上市公司尚未出现破产的先例，所以无法将破产的上市公司作为研究对象。在我国股票上市制度规则中，规定因财务状况异常而被特别处理的情形如下：最近两年连续亏损，即最近两个会计年度报告披露的当年净利润为负。因此，ST 公司可以认为是财务状况不良。陈静（1999）、陈晓和陈治鸿（2000）在研究中都将 ST 公司作为财务危机公司样本进行研究。

3. 财务危机预警研究的可行性

财务危机不仅仅取决于企业盈利或者亏损，有的企业盈利却依然面临财务危机，有的企业亏损而财务状况良好，因此财务危机预警不能只关注盈利能力，要对企业进行全面综合的评价。对财务危机进行预警就是以企业具体财务报表信息为基础，选取一些敏感性程度高的指标建立预警体系，分析这些指标的变动对企业可能出现的财务状况随时监控和预测警报，使管理层能够有所准备，提早做好防范措施。之所以能够通过分析具有显著性的财务指标的变动来预测财务危机是基于两方面的原因：一方面是财务指标内在包含的企业经营信息；另一方面是财务危机本身具有渐进性的特点。这两个原因使以敏感性财务指标的变化预测企业财务危机成为可能。

1）财务指标的内涵

财会理论认为：企业财务报表中各个财务指标提供的信息能够综合反映一个

企业的现实财务状况和近期经营成果，企业经营和管理水平的成果能够在这些指标上得到直观的展现。对使用者（管理者、投资者或其他）而言，通过企业财务报表中的各项指标数据进行比率和比较分析就能了解企业具体财务情况。例如，通过流动资产和流动负债指标得出企业流动比率，该比率较直观地反映了企业短期偿债能力的大小；若企业负债总额和资产总额已知，则还能计算企业的资产负债率，用以了解企业的资产利用情况和长期偿债能力。

报表分析能够对企业的偿债能力、效益状况、持续发展能力和实际运营状况等进行深入分析，通过这些方面的能力研究综合得出企业的财务状况评价。因此，能够对企业财务危机进行预警就是因为财务指标能够反映企业的经营成果和管理状况，对财务指标进行单项和综合研究，实际上都是在全面分析企业的经营管理状况。

2）财务危机的渐进性

通过对多个陷入经营危机的企业进行研究发现，在企业出现经营问题前，大部分都曾出现财务危机。深入分析这些企业的财务危机不难发现，在危机爆发前，已经有了一系列的征兆，当这些征兆没有引起管理者的重视时，就会慢慢累积、恶化直至爆发，财务危机实质就是一个由量变到质变的动态变化过程，这就是财务危机的渐进性。

最初，管理水平低下、风险防范失当或者市场战略失误等原因使企业内部开始出现危机隐患，这些隐患如果不能受到足够重视并及时消除，就会进一步积累，此时企业财务状况不断恶化，隐患带来的危机逐步扩大，企业资金周转出现问题，不能及时偿付到期债务，甚至可能出现现金链断裂或违约拒付，财务危机的极端表现就是企业因资不抵债而破产清算。

大部分的财务危机都不是某一瞬间发生的，而是一个累进的过程，小隐患不断积累，最终从小问题质变为大危机，在这个渐进的过程中，如果能对期间的小隐患小征兆进行紧密的监控就能够对财务危机进行有效防范。因此，财务危机预警能够实际操作就在于财务危机具有渐进性的特点，这是建立预警模型的前提和隐含假定。

8.2.2　财务预警领域基本模型分类

从上文关于财务危机预警模型的概述中可知，随着经济的迅速发展，全球企业数量呈爆炸式增长，但是同时每年也有越来越多的企业因为财务危机而出现经营问题甚至消失，在这种情况下，研究学者都将关注点放到了财务危机预警的研究上。

随着研究的不断深入，财务危机预警理论逐步完善，同时越来越多的新方法也被应用到财务危机预警中，实证研究也逐渐丰富。财务预警模型的发展经历从简单到复杂的过程，以单变量模型为起点，逐渐过渡到多变量回归模型，近年来也有学者尝试将神经网络技术和 SVM 技术应用到财务预警系统研究中。下面将介绍几种财务危机预警系统的基本模型及其基本应用。

1. 一元判定模型

一元判定模型，简单来说就是选取单一的财务指标作为变量判断企业是否处于财务危机状况的预测模型。Beaver（1966）最早提出一元预测模型的研究方法和概念，并以 79 家破产企业和 79 家正常企业作为样本结合 30 个财务指标进行一元判定分析，得出预测效果最佳的财务指标从大到小的排序如下：①现金流量/总负债；②净收益/总资产；③总债务/总资产；④营运资本/总资产。

Beaver 的研究主要从偿债能力和盈利能力两个方面对企业财务状况进行判别，研究结果显示现金流量/总负债指标对企业财务状况的预测效果最好，其次是资产负债率，且预测周期越短，模型的正确率越高，出现误判的可能性越小。

2. 多元判定模型

1）Z-Score 模型

Altman（1968）尝试采用多元判定方法预测企业财务危机，对 22 个财务指标进行分析，按照流动性、获利能力、偿债能力、财务杠杆和活动性选出五个最具解释力的财务指标，构建多元线性 Z-Score 模型。模型表达式如下：

$$Z=1.2X_1+1.4X_2+3.3X_3+0.6X_4+0.99X_5$$

其中，X_1=营运资本/总资产；X_2=留存收益/总资产；X_3=息税前利润/总资产；X_4=股东权益市场价值总额/总负债；X_5=销售收入/总资产。

Altman 通过研究发现，当企业 Z 值大于 2.675 时，企业破产的可能性极小；而当企业 Z 值低于 1.81 时，Z 值越小，企业面临破产的可能性越大。

2）F-Score 模型

周首华等（1996）对 Z-Score 模型加以改进，加入现金流量指标，建立起 F-Score 模型，并采用 1990 年以来 4 160 家公司的财务数据进行实证分析。模型判别函数如下：

$$F=-0.177\,4+1.109\,1X_1+0.107\,4X_2+1.927\,1X_3+0.030\,2X_4+0.496\,1X_5$$

其中，X_1=期末营运资本/期末总资产；X_2=留存收益/总资产；X_3=（税后纯利润+折旧）/平均总负债；X_4=期末股东权益的市场价值/期末总资产；X_5=（税后纯收益+利息+折旧）/平均总资产。

F-Score 模型相对 Z-Score 模型最大的不同之处在于加入了现金流量指标，用于反映企业偿债能力和创造现金流量的能力。实证研究结果表明，危机公司与正常公司的临界值为 0.274，即 F 值。

3. 多元 Logistic 模型

Ohlson（1980）最早在财务危机预警领域使用了 Logistic 方法，他发现企业规模、资本结构、企业业绩和现有资产的变现能力四类变量对企业的破产概率具有显著影响，并以此建立了 Logistic 预警模型。吴世农和卢贤义（2001）运用多元逻辑回归分析，以 1：1 选取财务危机公司和正常公司共 140 家作为样本进行财务预警分析，得到的 Logistic 模型如下：

$$p_i = \frac{e^{Y_i}}{1 + e^{Y_i}}$$

$$Y_i = -0.867 + 2.5313X_2 - 40.2758X_4 + 0.459X_8 + 3.2292X_{12}$$
$$- 3.954X_{13} - 1.7814X_{20}$$

其中，X_2=净利润/平均净资产；X_4=主营业务利润/主营业务收入；X_8=速动资产/流动负债；X_{12}=营运资本/总资产；X_{13}=留存收益/总资产；X_{20}=总资产。

研究结果表明，$p = 0.5$ 为预测临界点，若 $p < 0.5$，则判定为财务危机企业；反之，则判定为财务正常企业。

4. 人工神经网络模型

人工神经网络就是通过研究大脑神经网络的生理特征，对大脑的反应和决策机制进行模拟。该模型一般由输入层、隐藏层与输出层构成，输入层每个节点对应一个预测变量，输出层对应目标变量。隐藏层位于输入层和输出层之间，它所包含的层数与节点数决定了整个神经网络模型的复杂程度。Tam 和 Kiang（1992）基于银行数据，将神经网络方法预测结果与多元线性判定分析、逻辑回归分析、K-邻近法和 ID3 决策树法预测结果进行对比，实证结果表明神经网络方法预测准确性和适应性明显高于其他方法。

5. SVM 模型

SVM 方法建立在统计学习理论的 VC（vapnik-chervonenkis）维理论和结构风险最小原理基础上，根据有限的样本信息在模型的复杂性（即对特定训练样本的学习精度，accuracy）和学习能力（即无错误地识别任意样本的能力）之间寻求最佳折中，以期获得最好的推广能力。

SVM 的主要思想是建立一个超平面作为决策曲面，使正例和反例之间的隔离边缘最大化。Min 和 Lee（2005）最早将 SVM 方法应用到企业财务危机预警问题中，并引用网络搜索技术寻找最优参数值。Shin 等（2005）研究了 SVM 方法在财务危机预警中的应用效果, 研究结果表明, SVM 模型在小样本问题上精确度和泛化能力都优于神经网络模型。

8.2.3 财务危机预警领域基本模型评价

线性判定模型、离散模型、人工神经网络模型和 SVM 模型等目前在财务危机预警方面应用十分广泛, 但是这些模型的应用都具有局限性, 具体原因如下。

1. 理论基础薄弱

这些模型的理论基础十分薄弱, 对其研究都集中在实证分析方面, 即通过对样本进行分组, 以一组作为参照组, 另外一组作为预测组, 由参照组寻找规律再以此对预测组进行验证从而得出预警模型, 这种方式使模型缺少理论基础, 只是验证了模型的预测效果。同时缺乏理论指导, 在建立模型时变量的选取具有很大的任意性和不确定性, 变量选取水平的高低全凭建模者的主观经验能力, 使选取变量缺乏说服力。

2. 处理信息有限

这些模型处理的只能是定量信息, 对定性信息的处理则无从下手。然而企业作为一个复杂系统, 必然包括大量的定性信息, 定量信息并不能全面反映其实际状况, 这是现有模型的一个不足之处。

3. 适用条件高或适用范围有限

从目前在实际中运用的结果来看, 这些方法都必须要满足一定的前提条件, 且在一定范围内才能使用, 具体假设和适用范围如表 8-1 所示。如果实际数据不能满足模型的假设, 则预测效果将受到直接影响, 预测效果较差。例如, 多元判定模型不仅要求自变量要服从正态分布, 还要求参照组和预测组的样本协方差要相等, 在实际生活中, 企业财务数据可能无法全部满足这些要求, 如果继续采用此方法建立模型, 那么将难以保证模型的正确性和预测的可靠性。还有一些模型适用条件要求很低, 但是实际适用过程中计算过程十分复杂, 如Logistic 模型在应用过程中数据不需要满足前提假设, 但是在实际操作过程中计算过程十分复杂, 而且存在大量近似处理, 预测结果的精度很可能由于近似处理而损失。

表 8-1　财务危机预警基本模型对比

模型		前提条件	适用范围	模型描述	优缺点
线性判定模型	一元判定模型	无	适用范围广	以单一财务指标为判定标准	简单易行，但精确度不高；选取指标不同会出现不同的预测结果
	多元判定模型	自变量呈正态分布，两组样本协方差相等	较广，但多为近似使用	通过统计技术，将多个标志变量转换为分类变量，获得高预测精度的多元线性判别方程	精度较高，应用范围广；要求样本服从正态分布，临界点较难确定，计算复杂
离散型模型	Logistic模型	无	适用范围广	以观察对象的条件概率判断目标的财务状况和经营风险	不需要严格的假设条件，预测精度较高，但计算过程非常复杂，且有很多近似处理；最佳临界点难以确定
	Probit模型	服从标准正态分布，概率函数的 p 分位数可用财务指标线性解释	较广	利用极大似然函数求出公司破产的概率	预测精度高，但前提条件严格，计算过程复杂，多处近似处理
人工神经网络模型		对样本分布没有要求	理论抽象，适用性大打折扣	通过网络学习和数据修正得出期望输出，并据此分类	没有严格假设，有很强的学习能力。但科学性和准确性有待提高
SVM 模型		没有具体要求	不太广泛	基于 SVM 建立了一种新的公司财务危机预警模型	对样本量要求不高，解决了小样本问题，但理论抽象

综上所述，虽然目前财务危机预警领域的研究已经有了很大的进展，但是在理论方面仍然薄弱。财务危机预警研究的深入发展离不开坚实的理论基础和完善的实证，深入理论研究，增强模型理论支撑，使模型更具说服力，不断改进并完善实证方法是推动其发展的重要途径。

8.2.4　基于熵理论的财务危机预警模型理论分析

1. 熵理论的国内外研究现状

熵最初只是热力学的一个状态参量，与温度、体积具有类似的功能，是物质系统状态的一个函数。Clausius 于 1865 年在研究热力学时发现，在可逆过程 Q 中，系统从 P_0 到 P 的状态变化与系统经过的路径无关，积分 $\int \dfrac{dQ}{T}$ 只与系统的初态 P_0 和末态 P 相关，并由此引入态函数熵 S，$\Delta S = S_P - S_{P_0} = \displaystyle\int_{P_0}^{P} \dfrac{dQ}{T}$ 为两状态间的熵变，表示系统所吸收或释放的热量与热源温度之比。同时 Clausius 将热力第二定律运用熵的定义表述为，孤立系统的熵永不会减少，即 $dS \geq 0$。Clausius 的这一表述也就是著名的熵增加原理。

随后，奥地利物理学家 Boltzmann 从分子运动论的角度给出熵的物理学表达式：$S = \kappa \ln \omega$，其中 κ 为波尔兹曼常数，ω 为该宏状态对应的微观状态。此关系式表明，熵是系统处于某一宏观状态可能性的度量，熵越大系统处于该状态的概率越大，熵越小系统处于该状态的概率越小。

随着熵理论在各领域应用的深入，20 世纪中叶熵概念又有了新发展，Schrodinger（1944）结合生物学提出负熵的概念，但是他对负熵的解释遭到各方的质疑。Shannon 和 Weaver（1948）将熵的概念引入信息量研究中，创立了信息论，并给出了信息熵的数学公式 $H = -\kappa \sum_{t=1}^{n} P_t \log P_t$，其中 P_t 表示第 t 个状态出现的概率，Shannon 的信息熵使熵的概念具有了普遍意义。法国物理学家 Brillouin（1956）提出信息就是负熵的原理；Weaver 认为一个系统的信息量度量了系统组织化程度，而一个系统的熵度量的是无组织程度，因此信息量可以看做一个负熵，这些成果都标志着熵概念在自然科学和社会科学领域中泛化应用的开始。Prigogine（1969）在研究热力学远离线性平衡状态的情况下提出耗散结构理论，并给出总熵变公式 $dS = d_i S + d_e S$，这一公式的提出对熵理论的深化发展做出了巨大贡献。

经过多位学者对熵理论的不懈钻研和创新探索，熵这个概念正在远离热力学的范畴，已经进入概率论、数论、信息论、语言学、生物学、生态学和环境科学等领域，成为一个更具普遍意义的概念。

Schrodinger（1944）将熵的概念引入生物学领域，标志着熵泛化的开始，日本理化研究所槌田敦和朴昌根（1990）创立了资源物理学这门学科，并对社会经济系统进行熵分析，系统地将熵的概念引入了经济学。Bifkin 和 Howard（1980,1981）指出，"熵定律是自然界一切定律中的最高定律"。Weber（1988）把熵、信息和创新联系起来进行综合研究。Allesina 等（2012）利用信息熵理论对供应链网络的复杂度进行定量分析，并将此分析方法运用到工业生产领域。

熵的概念在中国出现于 1923 年，当时德国科学家普朗克来中国讲学，胡刚教授作为翻译将 Entropy 命名为熵，改革开放后，钱三强将普利高津的耗散结构理论带到中国，自此熵理论在国内得到广泛传播。现在熵理论已经在经济、政治和社会等各个研究领域广泛运用。

随着熵理论迅速从自然科学领域拓展到社会科学领域，我国涌现出了一大批熵理论的研究者，熵理论在气象学、股票投资学、管理学和工学等领域取得重大成就。例如，张学文和赵文桐（2001）将熵理论应用到气象学方面；鲁晨光（1997）将熵理论运用到股票投资方面；胡霞和任佩瑜（2003）将熵理论运用到经济管理学科；宋华岭和王今（2000）将熵理论应用到管理科学与工程领域；刘明等（2011）首次将熵理论引入系统的控制算法中，并提出脆性熵理论，且以此为基础与传统的 PID（proportion-integration-differentiation）控制算法相结合，提出"E-PID"（entropy-PID）控制算法。

2. 熵理论的基本原理

美国数学家 Shannon 和 Weaver（1948）在其论著《通信的数学理论》中，在概率论和数理统计学的基础上，将熵的概念引入信息论，首次从定量分析的角度给出了信息的量化描述、转换模型等理论框架，提出用信息熵来度量事物所包含的信息量以及事物状态演化过程的信息传输量，目前在很多领域得到广泛应用。

Shannon 关于熵的具体定义如下：设一个离散随机变量 $X=\{x_1,x_2,\cdots,x_n\}$ 包括的信息源以 $p_i=P(x_i)(i=1,2,\cdots,n)$ 的概率出现，且 $\sum_{i=1}^{n}p_i=1$，则 X 的信息熵可用式（8-1）表示：

$$H(X)=\sum_{i=1}^{n}p_i\log_2\frac{1}{p_i}=-k\sum_{i=1}^{n}p_i\ln p_i \qquad（8-1）$$

一般来说，如果某个指标的信息熵 H_i 越大，表明这个指标的变异程度越小，其所提供的信息量也越小，在综合评价中起到的作用也越小，那么它的权重就越小。反之，某个指标的信息熵 H_j 越小，就表明其指标值的变异程度越大，它所提供的信息也会越大，在综合评价中所起到的作用就越大，那么它的权重也就越大。信息熵具有对称性，即各个 p_i 的顺序不会影响熵值的大小，同时信息熵具有可加性，在实证时可以不考虑各个变量的排序直接简单地将熵相加。因此，用熵理论给指标赋权可以避免各评价指标权重的人为因素干扰，使评价结果更符合实际，克服了现阶段评价方法存在指标的赋权过程受人为因素影响较大的问题。确定指标权重对任何一种综合评价模型者是非常重要的。通过对各指标熵值的计算，可以衡量出指标信息量的大小，从而确保所建立的指标能反映绝大部分的原始信息。

3. 熵理论在财务危机预警中的应用

纵观财务危机管理的发展历程，对这方面的实证模型，经过几代人的艰苦研究，已有较多成熟的成果。相对于目前广泛应用的单变量模型、多元逻辑模型及一些神经网络模型等人工智能模型，熵理论的应用还并不常见，但从现有的有限资料来看，在财务危机管理中的应用，熵理论是有其独特作用的。

从熵的内涵看，它是一种不确定性程度的度量，它的值越大，则说明评价对象提供的信息量越少，也就意味着对需要决策的问题了解得越少。因为风险或危机是与不确定性紧密相连的，而熵在本质上是不确定性的体现，财务危机预警应用熵值法进行预警也就是根据可能发生财务危机的公司和财务状况健康的公司的一系列财务或非财务指标提供的信息量，确定指标的重要程度并决定指标的取舍。

如果指标的熵值较大则表明该指标在各个评价对象中差异性较小，指标就相对不重要，相对得到的熵权（即权重）就较小，则对评价对象综合值的影响较小；相反，熵值较小的指标对区分财务危机公司与正常公司的作用较大，因而可以作为财务危机的预警指标。将指标矩阵与得到的熵权相乘可得评价对象的综合值，对公司综合值进行排名以比较各企业的相对危机状况。熵对数据的评析，具有处理过程简单有效和预测精度高的特点，所以有充分的理由相信在这一研究领域，熵理论将大有用武之地。

综上所述，建立基于熵理论的道路客运企业财务危机预警模型是切实可行的。

8.3　道路客运企业现状及财务风险因素识别

8.3.1　道路客运的特点

道路客运企业就是以道路旅客运输为主要经营活动，以售票收入为主要经济来源的传统企业。道路客运企业与其他企业最大的不同在于它本身并不生产产品，而是通过提供载客工具实现旅客位移的一种服务。道路客运行业历史悠久，在国有计划经济体制下，各地道路客运企业由当地政府部门直接管辖，改革开放后，我国陆续放开道路客运企业的经营权，道路客运行业迎来蓬勃发展的高峰期，道路旅客运输也在旅客运输行业中一枝独秀。20 世纪 80 年代以来，国家政策逐步向高速铁路、城际轻轨倾斜，各种运输方式快速发展，道路旅客运输的优势虽不如以前明显，但依然占据绝对比重。道路旅客运输具有以下四大特点。

1. 客运网络基本形成

经过多年发展，道路客运网络已基本完善，客运线路纵横交错、干支相连、分布广阔，连接内地与边疆、城市与乡村，是各类客运方式中网络密集程度最高的运输方式，而且能够方便地根据实际情况进行线路调整，为旅客乘车创造便利，更好地满足旅客出行的需要。

2. 适应性强

道路旅客运输的主要运输方式是汽车，因此对道路的适应能力强，能够到达其他客运方式不易到达的山区、林区和高原等地区。

3. "门对门"运输

既能大规模、大批量输送旅客，也可以单车作业、小批量运输旅客，还能为铁路、航空和水运等运输方式提供旅客集散服务，具有机动、灵活和方便等特点，能够实现其他运输方式难以具备的"门对门"运输。

4. 季节性明显

道路旅客运输最显著的特点就是淡季和旺季旅客运输量差别很大，特别是在一些黄金线路上表现得更为明显。小长假和春节期间都是旅客运输的高峰期，此时人流量可能是平时的两倍甚至三倍，对客运企业来说既是创收的一个关键时期，也是对企业承受能力和管理能力的考验时期。

道路客运企业的主要业务以旅客运输为主，因为在运输过程中，旅客的性质并未发生实质的变化，而仅仅是位置发生了变化，因此道路客运企业不同于其他类型的生产经营企业。在西方，经过几次并购浪潮之后，道路客运早已形成了高度集约化和专业化，整个市场以大型公司为主导，提供高效优质服务。而在我国，虽然有新国线、辽宁虎跃、江西长运和湖北捷龙等知名品牌，但是还未形成一家或多家能够在我国独大或具有高度影响力的企业。国内的客运市场目前还是以大量中小道路客运企业为主，这些道路客运企业不仅需要面对行业内的激烈竞争，还需要应对外部各种新兴交通方式带来的冲击，如城市轨道交通、高铁等，很多企业面临的财务危机一触即发。

8.3.2 广东省道路客运企业的发展现状

1. 广东省道路客运市场情况

根据广东省交通集团的发展战略，道路客运产业是集团的五大主业之一。作为产业的整体状况而言，属于高度竞争性的产业。尤其是近年来，广东省高铁、城际轻轨得到快速发展，轻轨广深线、广珠线和广佛线等路线相继开通，以及各地轻轨新建里程的增加，不断冲击现有的黄金客运班线；随着高铁网络的逐步完善成形，铁路的速度、发车密度和服务水平不断提升，对道路客运企业的冲击越来越大。

"高铁+动车+普通列车"的组合能够满足不同层次消费者的不同出行需求，进一步分流现有的市场份额；同时客运企业的庞大数量造成了运力过剩以及过度竞争的局面，道路客运企业面临越来越复杂的市场环境。中小型道路客运企业由于规模小、资金匮乏、组织结构松散、缺乏有效管理，在激烈的市场竞争中面临极大的经营风险。外部环境的难以控制和内部极大的经营风险也使企业面临较大的财务风险，因此，增强中小型道路客运企业预防和控制财务风险的能力，建立财务危机预警系统，对加强这些企业的内部控制系统建设，以及促进道路客运企业持续健康发展具有重要意义。

2012 年广东省全社会旅客客运量为 58.6 亿人、旅客周转量为 4 372.06 亿人千米（表 8-2），分别比上年增加 6.42 亿人、520.22 亿人千米，相比 2011 年分别增长 12.2%和 13.5%。

表 8-2　**2008~2012 年广东省各种运输方式的客运量及旅客周转量**

年份	客运量/万人					旅客周转量/亿人千米				
	合计	公路	铁路	水路	民航	合计	公路	铁路	水路	民航
2008	484 161	462 997	13 739	1 593	5 832	2 551.92	1 276.12	420.12	7.54	848.14
2009	428 705	406 704	13 394	1 873	6 734	2 853.30	1 470.06	407.72	7.06	968.46
2010	467 049	442 224	14 956	2 241	7 628	3 342.23	1 736.34	456.46	8.36	1 141.07
2011	522 095	493 618	17 902	2 594	7 981	3 851.84	2 082.68	505.16	9.63	1 254.37
2012	586 299	556 510	18 528	2 725	8 535	4 372.06	2 470.11	514.88	10.01	1 377.06

资料来源：2012 年广东省统计年鉴

图 8-1 和图 8-2 显示了广东省四种客运方式的总运量都具有明显的增长趋势，说明广东省的运输结构正在逐步改善，民航和铁路运输占比有所上升，但道路客运依然占据绝对比重。

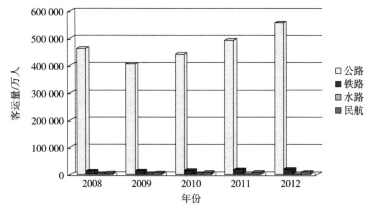

图 8-1　2008~2012 年广东省客运量构成

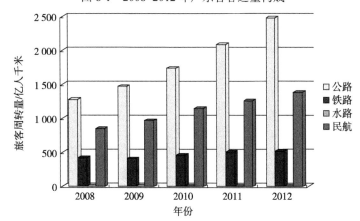

图 8-2　2008~2012 年广东省不同客运方式的旅客周转量

2. 广东省道路客运企业现状

自 1978 年改革开放以来，广东省客运市场逐步由计划经济向市场经济转变，一大批不同规模、不同类型的中小型客运企业涌现出来。数量较多、规模较小、竞争力较弱成为广东省道路客运市场的一个显著特点，根据统计广东省的道路客运企业有 3 000 家左右，遍及每个县市，其中加入广东省道路运输协会的道路客运企业就有 60 多家，不过这些企业也一样存在规模较小的问题，据统计，2013 年"中国道路运输百强诚信企业"的评选中，广东省客运企业仅仅入选了 12 家，入选国家第一批道路旅客运输一级企业广东省占 4 家、道路旅客运输二级企业广东省有 66 家、道路货物运输二级企业广东省占 4 家，其余都是三级及以下企业。广东省入选国家第一批道路运输一级企业名单及营运车辆数如表 8-3 所示。

表 8-3　广东省一级道路旅客运输企业名单及营运车辆统计表

序号	广东省一级道路旅客运输企业名单	营运车辆数/辆
1	省汽运	3 305
2	广州交通集团有限公司	3 600
3	广州市第二公共汽车公司	4 000
4	深圳市运发实业有限公司	4 300

资料来源：互联网

广东省的道路客运企业虽然数量较多，但是拥有较强的市场竞争力、公司进行网络化经营、规模较大，并且能进行区域化经营的大型道路客运企业较少，规模报酬率（constant return scale，CRS）较低；由于众多小规模道路客运企业的存在，行业内存在激烈的竞争。同时，小型的道路客运企业在建设初期的资金来源以贷款和集资为主，企业自身的稳定没有保障，抗风险的能力较差，一旦遇到油价、材料价格上涨等各种不可控成本支出因素的影响时，企业应对这些突发问题的能力较差，难免会出现资金无法及时跟上的问题，这时企业经常会考虑采用一些能获得短期利益的手段，长此下去，将严重影响企业的长远发展，导致企业缺乏市场竞争力。

当前广东省道路客运市场管理混乱，市场上恶性竞争问题仍然存在，大量非法黑车的存在，抢占了正规道路客运企业的客源，使正规道路客运企业的班线实载率不到 40%，甚至在某些地区由于黑车的不正当竞争，客运企业只能将线路承包给私人，实行挂靠经营，企业亏损现象较为严重，存在生存压力。同时，随着高铁、城际轻轨网络的不断完善，以及私家车数量的不断增加，道路客运企业面临越来越严峻的经营环境，企业出现财务危机的可能性大大上升。

8.3.3　道路客运企业存在的财务问题及成因分析

1. 道路客运企业财务管理现状

通过调研发现，中小型道路客运企业财务管理存在一些普遍问题。

1）财务预算方面

根据 COSO 的 ERM-IF 框架，财务预算是一项非常严谨的工作，既是内部控制的前提和目标指向，也是企业风险偏差管理的依据。但是实际中，大部分企业对财务预算的重视程度不够，企业预算过于形式化，很难付诸实施；预算的编写未能体现企业的整体利益和发展方向，系统性不足，在执行过程中难免会出现偏差；编写方法落后，有些企业的财务预算方法落后，不能有效地对企业未来的活动进行估算，这样的财务预算形式意义远大于实际意义。

2）资金管理方面

对中小型道路客运企业来说融资是一个共同的难题，就直接融资来说，创业板融资条件苛刻，发行企业债券又难以满足发行债券的最低限额，银行贷款由于企业资产规模和信用体制问题也相对较难。部分道路客运企业在融资时未能从企业全局出发，对筹资成本控制的观念不够深入，造成筹资成本过高对企业正常经营活动产生不利影响。资金运用效率低下也是很多企业的通病，当资金运用不够高效时，流动资金周转期较长，为了保证企业正常运转从而对流动资金需求较大，牺牲了企业的经济效益。还有一些企业的资金管理制度不够完善，资金管理工作不能及时跟进，各部门间的执行标准不同，执行力度也参差不齐，极易造成资金闲置与资金紧张现象并存。

3）客运投资方面

中小型道路客运企业的投资主要包括两个方面：一是对原有车辆进行更新改造、回收承包线路、站场建设等固定资产投资；二是企业的并购活动投资。道路客运行业属于微利行业，而大部分客运企业缺乏明确的发展战略规划，盲目投资，追逐短期利益，投入资金过大，而回报较小，或对并购企业认识不够全面，并购完成后未能给企业带来新的利润增长，反而成为企业的负担，这些行为都会使企业承受市场风险的能力下降，市场发生波动时会直接影响企业的现金流量，使企业容易发生财务危机。

4）营运管理方面

对中小型道路客运企业而言，由于规模较小，业务量不大，财务人员素质相对偏低，企业内部管理制度也不够健全，营运水平低下，资产损失浪费严重。道路客运企业以旅客运输为主，存货主要是一些维持交通工具正常运输和设备正常运转所需的燃料、轮胎及损耗类的维修材料，因此基本不存在存货问题。但是如果管理人员存货控制理念薄弱，就很难使存货库存量保持合理水平，从而造成资金浪费或周转失灵，影响生产经营活动的正常经营。例如，一些维修材料，如果库存过大，不仅占用流动资金，降低企业流动性，还需要支付保管费用，并且这些材料可能随着技术进步而失去作用，形成资产损失。

2. 道路客运企业财务风险成因

道路客运企业财务风险的成因分析，即财务危机预警的警源分析，可以分为外部警源和内部警源。

外部警源主要是指财务管理的宏观环境，包括政局环境、政策环境、经济环境、金融环境、法律环境、税务环境、行业竞争环境和季节性经营风险等企业难以改变的外部因素所带来的财务风险，这些因素的改变往往会对道路客运企业的财务状况产生重大影响。例如，受 2008 年经济危机影响，我国经济形势遇冷，2009年道路客运需求相对下降，企业盈利能力下降，财务状况恶化，道路客运企业面临极大的困难，不少企业遇到生存危机。

季节性经营风险对道路客运企业也是一个比较重要的影响因素，春节前后人们出行需求大大提高，客运企业迎来全面的客运高峰，此时，如果企业不能合理安排资源进行运转，一方面，如果规模较小不能满足春运需求，很可能造成旅客不满，丧失市场份额，经营收入减少；另一方面，如果盲目扩张，投资成本过大，短期内难以收回成本，同时造成高峰后运力过剩，资产闲置。

内部警源主要是指企业性质、规模水平、行业特征、营运水平、管理人员素质和经营状况等因素所带来的风险。大部分中小型道路客运企业产权单一，管理模式落后，管理水平有限，企业内部控制制度不健全，财务管理不完善，同时受各种条件限制，在营运车辆质量、线路资源保有量和客源等方面均不占优势，因此更易受到市场的冲击，导致财务风险的产生。

这些警源的发生虽然不会立刻显现在企业的财务指标中，但是却会对企业财务指标的变化产生直接影响。例如，当经济环境恶化或行业内竞争激烈，企业客源减少，经营收入随之下降，由此造成流动资金匮乏，此时如果企业有长期债务到期，短期资金周转不足以应付到期债务，就很可能引发财务危机。如果企业管理人员素质不高，营运能力较差，在企业融资过程中未考虑债务构成，很可能造成某一段时期内企业到期债务压力剧增，对企业的正常经营运转产生巨大影响。因此，关注这些警源对财务指标变化的影响，可以提前掌控企业可能面临的风险，并对之加以控制。

8.3.4　广东省道路客运企业财务风险因素识别

本章的研究目的在于建立基于广东省道路客运企业的财务危机预警系统,而财务危机就是出现经营亏损、流动资金匮乏、无力偿还到期债务,资不抵债,因此以偿债能力为主,财务效益能力、资产营运能力为辅,兼顾企业未来发展能力对其财务风险因素进行识别。

1. 偿债能力

企业偿债能力是经营者、投资人和债权人都十分关注的重要问题,为企业的各项活动提供重要参考依据。偿债能力反映了企业以其资产所能承担的债务大小,因此偿债能力直接影响企业出现财务危机的可能性。

对企业的偿债能力进行分析时,一般从短期和长期两个方面进行分析,短期偿债能力能够反映企业目前的财务状况和风险,长期偿债能力主要衡量企业偿还长期借款的能力,可以了解企业整体的负债水平和企业偿还债务的保障程度。企业盈利能力下降同时资产负债率持续高于行业内同规模企业的资产负债率水平,是企业极有可能出现财务危机的重要信号,整体资产负债结构失衡会损害企业的偿债能力,极易引发财务危机。

而资产结构是否合理也是企业是否可能出现财务危机的重要判断依据之一。企业在不同时期的负债结构,能够反映企业在现实中面临的财务风险,因为企业财务危机的主要来源是短期负债,长期负债主要构成企业未来的财务危机,在近期内不会形成实际的财务危机,但是需要注意的是,企业负债是一个动态变化的过程,长期负债随着时间的发展也会转变为短期负债,因此,在分析企业债务状况时要密切关注企业债务结构的变化,提前准备好资金以应付即将到期的负债。

对道路客运企业来说,采用短期负债所能筹措的资金较少且偿还期短,但所需支付的借债成本对企业经营相对较少,而长期负债往往数额巨大、偿还周期长,但借入成本较高,道路客运企业在筹备资金时,往往需要综合考虑企业自身能力和负债结构,在长短期负债中做出合理选择。结合道路客运企业特点,选取流动比率、现金比率和资产负债率衡量企业偿债能力。

2. 财务效益能力

进行企业财务分析最需要重点关注的就是企业的财务效益能力,因为一个财务效益持续亏损的企业面临财务危机的可能性会大大高于财务效益良好的企业。

道路客运企业的主要收入来自班线经营收入,班线上座率低、全天班线数量少和黄金班线竞争激烈等因素都会影响企业的售票收入，如果企业长期财务效益很差，企业主营业务收入不足以应付企业的运营成本和各种费用开销，企业长期处于亏损状态，相应的企业流动资金必然会减少，逐渐不能满足企业偿还短期债务的需求，而一旦企业出现债务延付又将影响企业信用，借债难度加大，这种状况持续发展将会使企业的长期偿债能力下降。

在分析企业是否可能出现财务危机时不能仅仅从某些单个指标进行分析，企业在一段时期内可能出现偿债能力良好但财务效益能力较差的情况，此时如果仅以单个指标进行判断就可能忽略企业未来可能发生的财务危机，因此要综合有关企业财务效益能力的指标进行综合分析。结合道路客运企业的经营特点，选择主营业务收入利润率、成本费用利润率和总资产收益率衡量道路客运企业的财务效益能力。

3. 资产运营能力

经营状况的好坏是引发企业财务危机的一个重要原因，本小节的经营状况是指企业长期以来的经营状况，即排除了短期突发事件影响或季节性影响的实际经营状况。企业营运能力的高低不仅能够反映企业的资产流动情况，而且能反映一个企业的资产是否得到合理利用，即资产的利用效率，通过对企业营运能力进行分析，了解企业资产流行性和利用效率，以便有针对性地制定发展策略，挖掘企业资产的潜在发展能力。

一般情况下，一个长期经营亏损的企业迟早会出现财务问题，如果没有及时采取措施扭转亏损的状况，企业的经营状况将不断恶化，企业可能很快就会面临财务危机。企业经营状况如果一直落后于同业一般水平，就说明本企业在整个行业中缺乏基本的市场竞争力，这种情况下，企业管理者必须加以重视，深入了解并分析企业经营状况不良的具体原因，结合企业实际情况制订改进方案，对企业的经营战略和实施方针进行调整，使企业摆脱经营困境。

对中小道路客运企业来说，各个公司的规模和资产水平相差不大，但是经营状况却差别很大，有的客运企业经营得红红火火，有的客运企业却经营惨淡，甚至倒闭，这其中的差距就在于资产营运能力的高低，即对资产的有效充分利用。在一般财务预警模型中，经常采用存货周转率和应收账款周转率衡量企业经营状况，但是鉴于道路客运企业经营的特殊性，基本不涉及存货及应收账款问题，因此，只选用总资产周转率、流动资产周转率和流动资产率对企业运营状况进行分析。

4. 发展能力

对企业来说，发展能力代表企业未来发展的后劲，即企业的发展前景和发展潜能。对经营者来说，企业不仅要在现期保持良好的经营状况，还要在能够保证持续发展的情况下，具有不断扩大的潜在能力。如果一个企业只是短期发展良好，而不具备可持续发展壮大的生存能力，在别的企业不断发展壮大的情况下，此消彼长，这个企业必然将面临财务危机。因此，在竞争激烈、迅速变化的客运市场环境中，既要关注企业目前的财务状况，也要关注企业未来的发展能力。

在衡量企业发展能力时不能只关注某增长额，增长额只代表了指标在一定时期增加了多少或者减少了多少额度，不能直观地表现该指标的增长水平，各个企业的基数有所不同,可能同样的增长额在不同的公司代表了完全不同的发展意义，因此，主要采用增长率分析企业发展能力，既能够准确反映企业的发展能力，也便于在不同规模的企业间进行横向比较。

对大部分中小道路客运企业来说，主营业务收入还是企业主要收入来源，因此主营业务增长率对企业发展至关重要，如果企业主营业务发展缓慢甚至出现萎缩，长期持续下去必然引发财务危机。净利润增长率则反映了企业净利润的增长幅度，净利润是企业发展壮大的主要资金来源，只有净利润不断增长，企业才有更多的资金用于发展。资产是企业发展的基石，采用总资产增长率衡量企业总资产的增长水平，其本质就是衡量企业资产能够为未来发展所做的贡献。因此，采用主营业务增长率、净利润增长率和总资产增长率来衡量企业的发展能力。

8.4　财务预警模型构建

8.4.1　财务危机预警模型的总体框架分析

1. 模型构建的目的

在财务危机预警领域中学者研究的主要对象都是上市公司，上市公司样本容易获取，财务数据经过会计师事务所审计可信度高，危机公司特征也相对明显，而非上市公司由于具有数据获取难度大，会计信息人为失真可能性高，以及危机公司难以区分的特点，很少有学者进行研究，且已有相关研究也主要集中在财务危机预警理论方面，很少有学者采用非上市公司财务数据进行实证分析。本章研究选取的研究对象是广东省道路客运企业中的非上市公司，构建基于熵理论的财务危机预警系统是为了从财会方面对道路客运企业进行预警。模型构建以传统财务预警模型指标体系为基础，结合道路客运企业的行业特点加以改进，建立更加合适的预警指标体系。指标体系构建完成后，为了验证模型的有效性和实用性，采用道路客运企业的财务报表、会计数据等与企业经营状况和财务状况密切相关的资料对模型进行验证。模型构建的根本目的是通过对财务指标波动进行分析，提早发现企业可能存在的财务风险或隐患，企业经营者能够利用所建立的预警模型对企业财务状况进行综合评价，并据此了解企业出现财务危机的风险状况，从而对企业经营进行预警，在危机发生前或者萌芽期将其扼杀，化解风险。设计广东省道路客运企业财务危机预警模型的具体目标如下：

（1）建立指标体系。在分析广东省道路客运企业特点及存在问题的基础上，对传统指标体系进行改进，明确道路客运企业财务活动中的关键影响因素，对关键指标进行分析，确定道路客运企业财务危机的根源，分析关键指标波动可能引发的危机，并从根源上找出化解危机的方法。

（2）构建模型评价风险指标。在指标体系的基础上，选择熵理论建立道路客运企业的财务危机预警模型，结合道路客运企业财务报表、财务数据及其他与经营相关的资料进行分析，综合评价企业的财务风险状况。

（3）对风险进行预警。根据模型对企业财务风险状况进行综合评价，判断企业财务的危机状态，对经营者起警示作用，以便及早防范，减少企业实际损失。

2. 指标体系构建的原则

1）重要性

分析企业财务状况时发现影响企业财务状况的因素很多，这些因素的重要程度却有所差别，构建财务危机预警指标体系时就需要对这些指标进行识别，找出其中会对企业财务活动重要环节产生影响的指标，这样既能保证对关键指标的监测，又能排除非主要指标对预测质量的负面影响。因此，财务预警指标体系的设计过程要遵循重要性原则，有重点地选取指标，选择重要指标时要兼顾全面性，指标不能孤立存在，只有全面系统的指标体系才能真实反映企业的整体状况，保证模型的预测精度。

2）敏感性

财务危机预警模型之所以能够对企业财务状况产生预警作用就在于财务指标能够反映企业财务活动和经营状况的变化，各个财务指标的敏感程度差别明显，有的指标在企业财务状况发生很小的改变时就会产生明显波动，有的指标则具有延迟性，只有财务状况恶化到一定程度才会发生波动，也就是敏感性高的指标能及时反映企业财务状况的微小变化，敏感性低的指标可能延迟反映企业财务状况的变化。因此，在设计道路客运企业的财务危机预警指标体系时必须选择敏感度高的指标，这样指标才能及时反映企业财务活动中的异常或者隐患，并将信息反馈给经营者，预警可以使异常活动或风险隐患被消除在萌芽状态，从而维持企业财务状况的健康状态。

3）可比性

建立财务危机预警模型对广东省道路客运企业的财务风险状况进行评价，各个企业的评价结果不仅可以与企业自身往年财务状况进行纵向对比，也应该与同行业其他企业进行横向对比。因此，在选取指标时，应尽量选择具有可比性和通用性的指标，而避免使用个别企业的专用指标或不能进行比较的指标，这样的预警系统评价结果才能让企业经营者了解企业相对往年财务状况的变化和企业财务状况在行业中所处的位置。

4）可获得性

上市公司数据可以从每年公布的年报中获取，数据获取难度低，信息全面，年报经过专业会计师事务所审计一般可行度较高，而广东省道路客运企业大部分为中小企业，企业财务从业人员素质高低不齐，有些公司的账目相对简单，难免存在信息不全和信息失真的情况。同时上市公司与非上市公司有些财务指标实质上也存在一定的区别，不能将上市公司指标直接套用在非上市公司上。因此，在选择指标时，也需要遵循可获得性原则，如果空有指标却找不到数据进行支持，建立的模型也就难以发挥实际作用。

8.4.2　模型构建

设计广东省道路客运企业的财务危机预警模型指标体系时，在遵循重要性、敏感性、可比性和可获得性的基础上，结合道路客运企业的行业特点和现实状况，将指标体系分为偿债能力、财务效益能力、资产营运能力和发展能力4个指标预警模块，各个模块中又选取相应预警指标，共计12个，建立一个全面、灵敏的指标体系，使之能够发挥财务危机预警的作用。

8.5　财务危机预警指标设置

8.5.1　偿债能力模块设置

1. 流动比率

流动比率=流动资产/流动负债

流动比率是用来衡量企业短期偿债能力的重要指标，是企业流动资产与流动负债之比，即企业流动负债由多少流动资产来承担支付保障，反映了企业流动资产可以变现用于偿还短期债务，维持企业正常经营的能力。

流动比率越高，表明企业偿还流动负债的资产能力越强，企业发生短期流动性风险的可能性越小，对债权人来说，债务安全系数就越高。对所有者来说，流动比率属于适度指标，比率过高说明企业资金积压在流动资产上，资金使用效率不高；比率过低则说明企业的短期偿债能力低，必然会影响企业的筹资能力，进而影响企业的正常生产经营活动。一般认为流动比率的最佳比例为 2∶1，理论上流动比率大于 1，企业便具备偿还短期债务的能力，但是往往不同行业、不同企业由于自身性质和经营环境的不同会有较大的差异。

2. 现金比率

现金比率=（货币资金+交易性金融资产）/流动负债

现金比率度量的是企业所有资产中相对于当前负债最具流动性的项目，是企业现金类资产与流动负债的比率，反映了企业在不考虑存货和应收账款的情况下，偿还短期债务的能力。在衡量流动性的三个指标中，现金比率指标相对最保守，采用该指标更能直接反映企业偿付流动负债的能力。

对道路客运企业而言，企业应收账款和存货都较少，因此现金比率与速动比率计算结果相似。一般现金比率在 20%以上，说明企业即时付现能力能够支付企业的流动负债，企业短期偿债能力有所保证。现金比率属于适度指标，比率过低说明企业短期偿债能力还有一定的风险；比率过高就意味着企业流动资产没有合理利用，企业流动资金大量积压在获利能力较低的现金类资产上，也会导致企业机会成本上升。

3. 资产负债率

资产负债率=负债总额/资产总额

资产负债率是衡量企业财务风险大小的重要指标，表示企业资产总额中由负债产生的资产所占的比例，直观地反映了企业的资产负债结构，是评价企业负债水平的综合指标。该指标不仅能够反映债权人向企业发放借贷的风险程度，也能够反映企业利用债权人资金举债经营的能力。对债权人来说，该指标越小越好，即企业资产总额中负债所占比例越低，企业资产对债权人权益的保障程度越高，当公司进行破产清算时债权人因资产变现贬值所遭受的损失也就越小。资产负债率达到 100%或者超过 100%，说明企业负债总额大于资产总额，企业资不抵债，债权人遭受损失的风险非常大。

对投资人或股东来说，当借债资本产生的收益大于借债产生的成本时，股东所获得的利润上升，因此资产负债率越大越好。对企业经营者来说，资产负债率应该是一个适度性指标，资产负债率过低说明企业资产利用率较低，未能充分利用财务杠杆的作用；如果资产负债率过高，企业债务负担过重，往往会损害企业的筹资能力，产生筹资风险，进而影响企业持续经营活动，最终面临债务危机。

因此，将资产负债率作为衡量企业长期偿债能力预警指标，也是判断财务危机的基本指标，当该指标出现异常波动或超出正常水平时，经营者应该及时查找原因，尽早排除警源。

8.5.2　财务效益模块设置

1. 主营业务利润率

主营业务利润率=主营业务利润/主营业务收入

该指标是衡量企业最基本获利能力的指标，对企业来说，主营业务收入是企业经营活动中收入的重要来源，主营业务利润也是企业最终利润的重要组成部分，如果主营业务利润率较低，企业最终利润也会受到影响。主营业务利润率越高，则表明在主营业务领域，企业盈利能力越强，企业在主营业务上的竞争力也就越强。

本章的研究对象是广东省道路客运企业，且大部分为中小企业，主营业务收入即客运业务收入占其营业收入的比例极高，其他营业收入相对较少，因此，客运业务利润率对企业的经营状况产生直接影响，如果主营业务利润率过低，就很难为企业持续经营提供充足的现金流支持，影响企业正常运转，从而引起财务危机。

2. 主营业务成本费用利润率

成本费用利润率=利润总额/成本费用总额

成本费用利润率表示企业在一定时期内形成的利润总额与其所耗费成本费用总额的比率，该比率反映了企业耗费的单位成本费用所能获得的利润，体现了企业耗费成本所产生经营成果。成本费用利润率越高，说明企业单位费用成本产生的利润量越大，企业的经济效益越好。

本章研究的在实际计算中采用成本费用利润率实质上是指主营业务成本费用利润率，即采用主营业务利润总额与主营业务成本费用之比分析道路客运企业经济效益。道路客运企业尤其是中小型道路客运企业的主要经济来源都是企业客运收入，主营业务的经济效益直接影响企业整体经济效益，主营业务成本费用利润率的高低决定了企业所能获取的最终利润。同时，主营业务成本费用利润率排除了与主营业务无关的其他营业成本费用对利润率的影响，一旦指标出现异常波动，企业经营者能够及时发现问题、究其根源，从而采取措施，避免财务危机的产生。

3. 总资产收益率

总资产收益率=净利润/平均资产

总资产收益率衡量了企业经营资产而获取利润的能力，体现了企业资金运用的效率及效果之间的内在关系，表明企业投入单位资产所能赚取的利润净额，是分析企业财务效益能力的重要指标。该指标越高，表明企业的盈利能力越好，经营管理水平越高，企业持续稳定经营的可能性越高，因而企业所面临的风险越小，反之，说明企业财务效益能力差，获利能力的稳定性和持久性都相对较差，企业可能出现财务危机的可能性越大。

对道路客运企业进行总资产收益率分析衡量道路客运企业利用其资产获取利润的能力大小，需要将行业内不同企业的总资产收益率进行比较，找出该指标的影响因素，在其使企业遭受损失前进行防范和规避。

8.5.3 资产运营模块设置

1. 流动资产周转率

流动资产周转率=主营业务收入/平均流动资产总额

流动资产周转率是分析流动资产周转情况的一个综合指标，反映的是全部流动资产的利用效率。流动资产周转率反映了企业流动资产的周转速度，是从企业全部资产中流动性最强的流动资产角度对资产的利用率进行分析，以进一步揭示资产质量的主要因素。

该指标将主营业务收入净额与资产中最具活力的流动资产相比较，既能反映一定时期流动资产的周转速度和使用效率，又能进一步体现每单位流动资产实现价值补偿的高与低，以及补偿速度的快与慢。一般情况下，该指标越高，说明企业流动资产周转速度越快，利用越好。在较快的周转速度下，流动资产会相对节约，其意义相当于流动资产投入的扩大，在某种程度上增强了企业的创收能力；而周转速度慢，则需补充流动资金进行周转，造成资金浪费，降低企业创收能力。

2. 流动资产率

流动资产率=流动资产/总资产净额

流动资产率反映了流动资产和总资产净额之间的比例关系，表示企业流动资产占所有者权益的比例，可以用来衡量企业流动资产的利用效率。就资金利用角度来讲，流动资产率越高，说明企业生产经营活动越重要，其发展势头越旺盛，反之则说明企业生产经营活动正在萎缩。

3. 总资产周转率

$$总资产周转率=营业收入总额/平均资产总额$$

总资产周转率是用来衡量企业总资产利用效率的重要指标，它从周转速度的角度反映了企业利用资产获取收入的能力，是企业总体资产营运能力的直接体现。总资产周转率高说明企业充分利用现有资产获得了高收益；反之，则说明企业资产利用率低，存在资源闲置或浪费的情况。总资产周转率综合反映了企业总体资产的营运能力，一般来说，资产的周转次数越多或周转天数越少，表明其周转速度越快，营运能力也就越强。

8.5.4　成长能力模块设置

1. 主营业务收入增长率

$$主营业务收入增长率=营业收入增长额/上年营业收入总额$$

主营业务收入增长率是反映企业主营业务增长情况的财务指标，它是将本期的主营业务收入与上一期的主营业务收入相比较，以说明企业主营业务收入的增长情况。不断增加的主营业务收入是企业生存的基础和发展的条件。因此，只有实现企业营业收入的不断增长，企业的净利润增长率才有保证，企业的规模扩大才能建立在一个稳固的基础之上。

2. 总资产增长率

$$总资产增长率=本年总资产增长额/年初资产总额$$

总资产增长率指标从企业资产总量扩张方面衡量企业的发展能力，表明企业规模增长水平对企业发展后劲的影响。总资产增长率指标为正，说明企业本年度资产增加，生产经营规模扩大。总资产增长率指标为负，说明企业本年度资产减少，生产经营规模萎缩。总资产增长率越高，说明企业本年内资产规模扩张的速度越快，获得规模效益的能力越强。

3. 净利润增长率

$$净利润增长率=（本年净利润–上一年净利润）/上一年净利润$$

净利润增长率指标用来考核企业净利润，即税后利润增长情况的指标。净利润是指利润总额减所得税后的余额，是当年实现的可供出资人（股东）分配的净收益，也称为税后利润。它是一个企业经营的最终成果，净利润多，企业所有者权益才能增加，企业增长才有根基，企业的经营效益才好；净利润少，企业的经营效益就差，它是衡量一个企业经营效益的重要指标。

综上所述，建立的道路客运企业财务危机预警指标体系如图 8-3 所示。

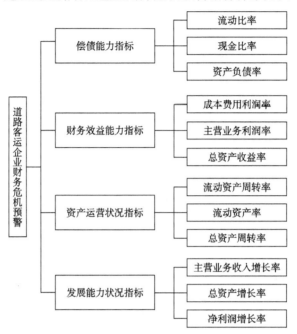

图 8-3　道路客运企业财务危机预警指标体系

8.6　基于熵理论的财务危机预警实证分析

8.6.1　熵值法计算步骤

为了保证选用数据的可比性，在具体指标计算中，需要对原始数据进行无量纲处理。数据无量纲化的方法主要有极差正规化法、标准化法和均值化法，根据数据的具体情况，本小节采用极差值法对指标变量进行无量纲化。

设共有 i 家企业，每家企业有 j 个指标变量，则 X_{ij} 表示第 i 家公司的第 j 个指标，x_{ij} 表示无量纲后的数据。分别采用式（8-2）~式（8-4）对正指标、负指标及适度指标进行无量纲化处理。

$$x_{ij} = \frac{X_{ij} - \min\left(X_{1j}, \cdots, X_{mj}\right)}{\max\left(X_{1j}, \cdots, X_{mj}\right) - \min\left(X_{1j}, \cdots, X_{mj}\right)} \qquad （8-2）$$

或者

$$x_{ij} = \frac{\max(X_{1j}, \cdots, X_{mj}) - X_{ij}}{\max(X_{1j}, \cdots, X_{mj}) - \min(X_{1j}, \cdots, X_{mj})} \qquad (8\text{-}3)$$

$$x_{ij} = \begin{cases} 1 - \dfrac{L_{1j} - X_{ij}}{\max\left[L_{1j} - \min(X_{1j}, \cdots, X_{mj}), \max(X_{1j}, \cdots, X_{mj}) - L_{2j}\right]}, & X_{ij} < L_{1j} \\ 1, & L_{1j} \leqslant X_{ij} \leqslant L_{2j} \\ 1 - \dfrac{X_{ij} - L_{2j}}{\max\left[L_{1j} - \min(X_{1j}, \cdots, X_{mj}), \max(X_{1j}, \cdots, X_{mj}) - L_{2j}\right]}, & X_{ij} > L_{2j} \end{cases} \qquad (8\text{-}4)$$

其中，$[L_{1j}, L_{2j}]$ 表示适度指标的最佳取值区间。

对数据进行无量纲化后，可根据以下步骤对企业综合值进行计算。

（1）求出企业各项指标在该项指标总和中的比重，即计算第 j 项指标下第 i 个待评价对象的比重 p_{ij}：

$$p_{ij} = \frac{x_{ij}}{\sum\limits_{i=1}^{m} x_{ij}} (i = 1, 2, \cdots, m; j = 1, 2, \cdots, n) \qquad (8\text{-}5)$$

（2）计算第 j 项指标的熵值：

$$H_j = -\frac{1}{\ln m} \sum_{i=1}^{m} p_{ij} \ln p_{ij} \ (i = 1, 2, \cdots, m; j = 1, 2, \cdots, n) \qquad (8\text{-}6)$$

由熵原理可知，指标熵值越大，则该指标的差异性越小，能提供信息的效用价值也越小，该指标在评价公司发生财务危机的可能性时作用较小；反之，指标熵值越小，能提供信息的效用价值越大，对公司财务危机的判断作用较大。

（3）计算第 j 项指标的变异度，即信息效用价值函数：

$$V_j = 1 - H_j \quad (1 \leqslant i \leqslant n) \qquad (8\text{-}7)$$

（4）计算第 j 项指标的权重 w_j：

$$w_j = \frac{V_j}{\sum\limits_{j=1}^{n} V_j} \ (j = 1, 2, \cdots, n) \qquad (8\text{-}8)$$

权重 w_j 越大说明该指标越重要，判断财务危机的能力越卓越。

（5）求各企业的综合值 Y_i：

$$Y_i = x_{i1}w_1 + x_{i2}w_2 + \cdots + x_{ij}w_j \ (i = 1, 2, \cdots, m; j = 1, 2, \cdots, q) \qquad (8\text{-}9)$$

企业的综合值越大，说明其陷入财务危机的可能性越低。

8.6.2　研究样本的选取

总结已有的研究成果不难发现，绝大多数财务危机预警研究都以上市公司作为研究对象，主要是因为上市公司的数据容易获取，数据可信较高，同时财务危机公司也比较容易界定，一般都以因"财务状况异常"而被 ST 公司作为财务危机公司，非 ST 公司为正常公司。但是本小节的研究对象是广东省的道路客运企业，因此界定财务危机公司成为本小节的一个难点。在查阅文献及实地调研的基础上，本小节选取广东省省企业经营状况极差、连续亏损甚至资不抵债的道路客运企业作为危机公司，企业经营良好并能预见未来依然能够持续经营良好的企业作为正常公司样本。

8.6.3　实证分析

鉴于本章主要是探讨道路客运企业财务危机预警分析的方法，同时由于样本数据的可获得性和可比性，选取的研究对象个数相对较少，选取 2013 年连续两年出现亏损或者由于经营管理不善资不抵债面临破产的 20 家企业作为财务危机企业。危机企业和正常企业按照 1:1 的比例进行配对，选取 20 家经营正常的企业样本，对其进行财务预警分析，样本资料来源于调研活动中获取的各企业 2010 年财务报表中的实际数据，由于财务数据属于企业内部信息，所以隐去企业名称，将正常企业标号为 A_1~A_{20}，危机企业标号为 B_1~B_{20}。

由于本章所选用的指标只包括正指标和适度指标，所以利用式（8-2）和式（8-4）对原始数据进行无量纲化处理，无量纲后数据的取值范围为[0，1]，且数值越大越好。无量纲之后的数据中存在零，但是在后面的计算步骤中要对无量纲数据取对数，因此为了保证计算熵值取对数有意义，对数据整体向右平移一个单位，利用式（8-5）~式（8-8）计算各指标的熵值和熵权，结果见表 8-4，得到每个财务指标的熵权后，通过式（8-9）得出每个企业的综合负熵值，如表 8-5 所示。

表 8-4　各财务指标熵值法计算结果

指标类型	指标	熵值	权重
偿债能力	流动比率 x_1	0.740 773	0.131 002
	现金比率 x_2	0.808 449	0.096 802
	资产负债率 x_3	0.799 927	0.101 108

续表

指标类型	指标	熵值	权重
财务效益能力	成本费用率 x_4	0.898 259	0.051 416
	主营业务利润率 x_5	0.888 822	0.056 185
	总资产收益率 x_6	0.826 394	0.087 733
运营能力	流动资产周转率 x_7	0.817 552	0.092 201
	流动资产率 x_8	0.865 597	0.067 921
	总资产周转率 x_9	0.844 439	0.078 614
成长能力	主营业务增长率 x_{10}	0.833 209	0.084 289
	总资产增长率 x_{11}	0.937 006	0.031 834
	净利润增长率 x_{12}	0.760 773	0.120 895

表 8-5　各公司综合值及排名

公司	类型	综合负熵值	公司	类型	综合负熵值
A_1	正常企业	0.513 772	B_1	危机企业	0.505 043
A_2	正常企业	0.442 303	B_2	危机企业	0.378 518
A_3	正常企业	0.367 745	B_3	危机企业	0.444 563
A_4	正常企业	0.326 016	B_4	危机企业	0.423 868
A_5	正常企业	0.473 696	B_5	危机企业	0.499 809
A_6	正常企业	0.491 550	B_6	危机企业	0.408 447
A_7	正常企业	0.336 001	B_7	危机企业	0.468 689
A_8	正常企业	0.289 062	B_8	危机企业	0.368 908
A_9	正常企业	0.346 415	B_9	危机企业	0.451 895
A_{10}	正常企业	0.204 371	B_{10}	危机企业	0.422 612
A_{11}	正常企业	0.431 057	B_{11}	危机企业	0.483 477
A_{12}	正常企业	0.474 127	B_{12}	危机企业	0.380 798
A_{13}	正常企业	0.293 213	B_{13}	危机企业	0.425 831
A_{14}	正常企业	0.223 417	B_{14}	危机企业	0.435 979
A_{15}	正常企业	0.304 730	B_{15}	危机企业	0.456 137
A_{16}	正常企业	0.384 209	B_{16}	危机企业	0.508 890
A_{17}	正常企业	0.235 847	B_{17}	危机企业	0.509 990
A_{18}	正常企业	0.506 597	B_{18}	危机企业	0.415 552
A_{19}	正常企业	0.466 480	B_{19}	危机企业	0.571 785
A_{20}	正常企业	0.473 880	B_{20}	危机企业	0.528 503

　　显然综合熵值越低表明企业越处于正常经营状况，反之则可能存在危机。这其中可以设一个门槛，低于该门槛为正常区域，高于该门槛则属于危机区域，见图 8-4。

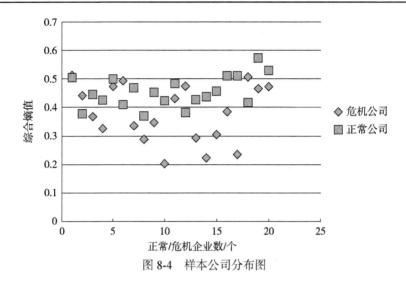

图 8-4　样本公司分布图

8.7　财务危机预警实证研究结果分析

8.7.1　指标分析

根据熵值法计算结果对 12 个财务指标进行排序,结果如表 8-6 所示。

表 8-6　财务指标重要度排序

指标	权重	排名
流动比率 x_1	0.131 002	1
净利润增长率 x_{12}	0.120 895	2
资产负债率 x_3	0.101 108	3
现金比率 x_2	0.096 802	4
流动资产周转率 x_7	0.092 201	5
总资产收益率 x_6	0.087 733	6
主营业务增长率 x_{10}	0.084 289	7
总资产周转率 x_9	0.078 614	8
流动资产率 x_8	0.067 921	9
主营业务利润率 x_5	0.056 185	10
成本费用率 x_4	0.051 416	11
总资产增长率 x_{11}	0.031 834	12

从表 8-6 可以发现,流动比率的熵权最大,也就是说在财务危机预警中,企业流动负债与流动资产的比率对企业财务危机的发生有至关重要的影响。在整理原始数据时,本章也发现与财务正常公司相比,财务危机公司的流动比率明显较低,这

意味着企业短期偿债能力相对较低，对道路客运企业来说，其资产主要以固定资产为主，流动资产规模较小，可用于变现偿还短期债务，且流动资产中又以货币资金为主，以及小部分应收账款和小额存贷，大部分企业没有交易性金融资产，企业流动资产可用于变现偿还短期债务，维持企业正常经营活动的主要来源就是企业的货币资金，因此流动比率越高，表明企业偿还流动负债的资产能力越强，企业发生短期流动性风险的可能性越小，比率越低则说明企业的短期偿债能力越低，必然会影响企业的筹资能力，进而影响企业的正常生产经营活动，从而引发财务危机。

净利润增长率在预测企业是否发生财务危机时也起了关键作用。在上文分析道路客运企业财务危机风险因素识别时，提到由于外部受到高铁、轻轨、航空和水运等多种交通方式对市场的分割，内部面临激烈的竞争局面，线路牌资源取得日益困难，黄金线路班线重复率高，私家车的日益增多，这些都使中小型道路客运企业的经营越来越难。而净利润增长率不仅体现了企业获利能力的增长，也意味着企业能够产生现金流，从而实现企业发展壮大。

观察道路客运行业的危机企业不难发现，大部分企业处于持续亏损状态，净利润多年保持负值，此时企业出现财务危机也就不足为怪了。因此，当企业净利润增长率持续下降甚至为负时，经营者应该引起注意，找出原因，如果不能遏制净利润增长率持续下降，当企业净利润持续为负时，财务危机已经不远了。

资产负债率在 12 个指标中位列第三，再次说明了企业偿债能力的重要性，本章采用流动比率、现金流比率和资产负债率衡量道路客运企业的偿债能力，这三个财务指标的熵权之和超过 0.35，即偿债能力指标在企业四个方面指标中重要性超过三分之一。因为企业偿债能力低下时，经常会引起连锁反应，企业一旦无力偿付到期债务，银行就会停止对企业发放新的贷款，而债权人则会加紧要借款，此时企业往往面临巨大的偿付风险，甚至可能会此被起诉要求破产清算。

通过熵理论对那些可能影响企业财务危机发生的指标进行排序，给出各个指标的熵权，当这些导向性指标发生异常波动时，经营者就应该提高警惕，及时做好防范准备，尽早消除可能引发财务危机的不利因素。

8.7.2　综合值分析

在确定不同指标的熵权之后计算各个企业的综合负熵值，通过表 8-5 和图 8-4 可以看出，危机企业的综合负熵值明显低于正常企业，下面计算两类企业综合负熵值的平均值，以此分析系统内部的熵值差距。

从表 8-7 可以看出，危机企业的平均综合负熵值为 0.379 24，比正常公司的 0.454 46 低 16.56%。由于本章采用的是企业发生财务危机前的财务数据，说明建立的基于熵理论的财务危机预警模型能够发现两组样本公司在正常经营状态时存在的内在差异。

表 8-7　两类企业综合值比较分析

类别	危机企业	正常企业
平均综合负熵值	0.379 224	0.454 465

当道路客运企业的综合负熵值大于 0.454 5 时，说明企业处于良性经营状态，企业财务状况良好，在未来发生财务危机的可能性较低；当道路客运企业的综合负熵值为 0.379 2~0.454 5 时，企业内部可能已经存在一些财务危机隐患，如果不能及时消除，任其发展则可能会在未来引起财务危机。当道路客运企业的综合负熵值低于 0.379 2 时，企业经营者就要引起高度注意，此时企业已经处于高风险阶段，财务危机随时可能爆发。

8.7.3　模型预测效果分析

为验证模型的预测效果，选取 20 家企业作为样本进行分析，其中财务危机公司和正常公司的比例依然为 1:1，将这 20 家企业标号为 C_1~C_{20}，其中前 10 家为正常企业，后 10 家为危机企业。选取这 20 家公司 2010 年的财务数据，各项指标的原始数据 X_{ij} 如表 8-8 所示。

表 8-8　广东省 20 家道路客运企业 2010 年财务指标

公司	x_1	x_2	x_3	x_4	x_5	x_6	x_7	x_8	x_9	x_{10}	x_{11}	x_{12}
C_1	2.850 3	0.028 3	1.602 8	0.319 6	0.304 1	1.519 5	6.255 1	6.479 2	0.014 5	0.041 7	0.052 7	0.052 7
C_2	3.629 3	0.181 7	1.432 9	0.259 7	0.302 0	1.240 4	6.112 9	6.234 2	10.50 6	0.499 0	1.281 4	1.281 4
C_3	2.238 0	0.295 7	1.459 0	0.337 8	1.000 0	2.036 0	5.472 4	5.925 4	0.276 5	0.241 4	0.402 4	0.402 4
C_4	3.162 0	0.412 7	1.421 3	0.248 0	0.207 0	0.534 0	2.633 4	3.003 1	0.416 8	0.227 5	0.857 0	-0.857 0
C_5	2.312 3	0.222 4	1.681 9	0.244 6	0.257 1	1.675 8	8.596 0	8.655 5	3.343 4	0.188 8	2.848 1	2.848 1
C_6	4.713 1	0.241 1	1.485 0	0.307 4	0.324 6	1.212 4	4.770 6	5.433 6	0.149 0	0.171 4	0.371 2	0.371 2
C_7	0.796 3	0.212 0	1.309 2	0.385 9	0.346 4	2.129 5	6.877 3	7.304 6	0.083 9	0.099 7	0.212 9	0.212 9
C_8	1.048 2	0.025 5	0.914 6	-0.723 0	0.366 5	-1.516 0	0.571 4	0.610 7	-0.748 0	-0.856 0	0.626 3	0.626 3
C_9	1.093 3	0.435 3	1.971 8	-0.696 0	0.053 3	-1.075 0	0.045 1	0.542 1	-0.099 0	-0.124 0	-0.164 0	-0.164 0
C_{10}	0.507 1	0.194 6	0.554 1	1.401 7	0.877 3	0.454 8	0.831 0	0.835 5	0.387 4	-0.372 0	0.815 2	0.815 2
C_{11}	0.623 9	2.727 1	0.275 6	-0.068 0	-0.001 0	0.061 9	6.108 7	3.797 0	3.956 6	-0.175 0	-2.499 0	2.498 1
C_{12}	0.718 5	1.890 7	0.374 8	-0.034 0	0.001 3	0.119 8	9.856 5	42.62 9	3.343 4	0.233 6	-0.245 0	-0.245 0
C_{13}	0.685 4	0.976 9	0.179 4	-0.072 0	-0.085 0	0.221 4	5.228 3	3.691 5	0.144 5	0.119 2	-0.154 0	-0.154 0
C_{14}	0.703 6	1.664 0	0.704 7	0.032 1	0.011 6	0.029 5	1.366 7	0.738 9	-0.013 0	0.083 0	0.060 6	0.060 5
C_{15}	0.594 6	0.851 9	0.827 2	0.059 5	0.054 5	0.043 2	1.793 4	0.792 1	28.283 0	-0.043 0	-0.098 0	-0.098 0
C_{16}	0.683 1	7.334 1	0.603 6	0.999 8	0.024 4	0.114 2	1.451 4	0.325 5	0.800 4	0.114 2	0.901 7	0.901 7
C_{17}	0.861 4	0.536 4	0.954 0	-0.301 0	-0.206 0	-0.141 0	6.149 2	1.241 5	-9.439 0	0.036 3	0.266 6	0.266 5
C_{18}	1.557 9	0.562 4	0.639 3	-0.274 0	-15.440 0	-0.008 0	0.007 7	0.021 4	1.800 9	0.113 0	-0.745 0	-0.744 0
C_{19}	2.399 5	0.120 3	0.491 4	0.162 3	0.252 8	0.213 4	0.631 0	1.469 1	0.233 5	-0.030 0	0.697 9	-0.698 0
C_{20}	3.462 7	1.451 9	0.948 5	0.252 0	0.411 0	0.058 3	0.914 9	0.291 8	-0.186 0	-0.202 0	1.123 3	1.123 3

将原始财务指标进行无量纲，无量纲后数据组成矩阵如表 8-9 所示。

表 8-9　无量纲后数据

公司	x_1	x_2	x_3	x_4	x_5	x_6	x_7	x_8	x_9	x_{10}	x_{11}	x_{12}
C_1	0.861 4	0.000 4	1.000 0	0.490 7	0.957 7	0.832 6	0.588 1	0.621 2	0.151 6	0.250 6	0.662 5	0.245 5
C_2	0.896 3	0.021 4	0.808 5	0.462 5	0.957 5	0.756 1	0.574 7	0.622 8	0.145 8	0.528 7	1.000 0	0.577 2
C_3	0.884 1	0.037 0	0.893 2	0.499 2	1.000 0	0.974 4	0.514 4	0.620 8	0.138 6	0.257 6	0.809 8	0.339 9
C_4	0.890 7	0.053 0	0.726 4	0.223 5	0.933 1	0.406 4	0.247 2	0.619 5	0.070 0	0.261 3	0.799 6	0.000 0
C_5	0.850 6	1.000 0	1.000 0	0.455 4	0.954 8	0.875 5	0.808 5	0.624 5	0.202 6	0.338 9	0.771 0	1.000 0
C_6	0.883 2	1.000 0	0.976 8	0.484 9	0.958 9	0.748 4	0.448 4	0.613 0	0.127 0	0.254 2	0.758 2	0.331 5
C_7	0.924 9	1.000 0	1.000 0	0.521 9	0.960 2	1.000 0	0.646 7	0.607 7	0.170 9	0.252 4	0.705 2	0.288 8
C_8	1.000 0	0.000 0	0.868 6	0.000 0	0.961 5	0.000 0	0.053 1	0.000 0	0.013 8	0.230 4	0.000 0	-0.403 0
C_9	1.000 0	0.056 1	0.902 2	0.012 5	0.942 4	0.120 8	0.003 5	1.000 0	0.012 2	0.247 6	0.539 9	0.187 0
C_{10}	0.818 3	0.023 1	0.314 9	1.000 0	0.992 5	0.540 5	0.077 5	0.613 4	0.019 1	0.260 5	0.357 3	0.451 3
C_{11}	0.686 6	0.369 6	0.459 9	0.308 3	0.939 1	0.432 8	0.574 3	0.651 0	0.088 6	0.355 1	0.502 5	0.905 5
C_{12}	0.399 5	0.255 2	0.437 6	0.324 1	0.939 3	0.448 7	0.927 2	0.647 6	1.000 0	0.338 9	0.804 1	0.421 4
C_{13}	0.912 3	0.130 2	0.469 8	0.306 4	0.934 0	0.476 5	0.491 5	0.647 1	0.086 1	0.254 1	0.719 7	0.438 5
C_{14}	0.571 7	0.224 2	0.247 4	0.355 4	0.939 9	0.423 9	0.127 9	0.641 0	0.016 8	0.249 9	0.693 6	0.478 6
C_{15}	0.884 9	0.113 1	0.415 4	0.368 2	0.942 5	0.427 6	0.168 1	0.650 1	0.018 1	1.000 0	0.600 2	0.448 9
C_{16}	0.000 0	0.704 7	0.565 5	0.810 9	0.940 7	0.447 3	0.135 9	0.646 3	0.007 1	0.271 4	0.716 0	0.635 9
C_{17}	0.948 9	0.069 9	0.000 0	0.198 9	0.926 6	0.377 1	0.578 2	0.638 7	0.028 6	0.000 0	0.658 5	0.517 1
C_{18}	0.984 5	0.073 5	1.000 0	0.211 4	0.000 0	0.413 6	0.000 0	0.642 8	0.000 0	0.298 0	0.715 0	0.328 1
C_{19}	0.778 7	0.013 0	0.992 6	0.416 6	0.954 6	0.474 3	1.000 0	0.637 7	0.034 0	0.256 4	0.609 6	0.597 8
C_{20}	1.000 0	0.195 2	0.873 3	0.458 9	0.964 2	0.431 8	0.085 4	0.712 0	0.006 3	0.245 3	0.482 4	0.677 4

利用表 8-9 中各财务指标的熵权计算 20 家企业的综合值，并以此为基础对企业未来财务状况进行预测，结果如表 8-10 所示。

表 8-10　20 家道路客运企业综合值及排名

企业	综合负熵值	排名	预测财务状况	未来财务状况
C_1	0.480 22	1	正常	正常
C_2	0.542 38	3	正常	正常
C_3	0.517 24	5	正常	正常
C_4	0.507 99	6	正常	正常
C_5	0.473 83	2	正常	正常
C_6	0.341 86	15	危机	正常
C_7	0.539 73	4	正常	正常

企业	综合负熵值	排名	预测财务状况	未来财务状况
C_8	0.414 05	12	可能财务危机	正常
C_9	0.505 41	8	正常	正常
C_{10}	0.513 87	7	正常	危机
C_{11}	0.371 32	13	危机	危机
C_{12}	0.367 89	14	危机	危机
C_{13}	0.505 71	9	正常	危机
C_{14}	0.149 67	19	危机	危机
C_{15}	0.282 01	18	危机	危机
C_{16}	0.287 16	17	危机	危机
C_{17}	0.141 59	20	危机	危机
C_{18}	0.412 86	11	可能财务危机	危机
C_{19}	0.390 19	10	可能财务危机	危机
C_{20}	0.337 85	16	危机	危机

从表 8-10 可以看出，10 家财务正常公司中只有 C_6 被误判为财务危机公司，C_8 被判定为可能财务危机，即存在一定的财务隐患；而 10 家财务危机公司中有一家被误判为正常公司，C_{18}、C_{19} 则被判定为可能财务危机。从预测结果可以看出，基于熵理论的道路客运企业财务危机预警模型的预测准确度较高。

观察这三家判定为可能财务危机的公司从 2010 年到 2013 年的财务报表会发现，之所以三家公司的财务状况完全不同，在于 C_8 公司经营者发现危机隐患后，改善主营业务的管理，提高主营业务收入同时降低企业的费用成本，使企业内部综合负熵值增加，企业财务状况好转，从而摆脱财务危机的威胁。而 C_{18}、C_{19} 公司经营者未能对企业出现的隐患加以重视，放任隐患扩大，财务状况不断恶化，最终酿成财务危机。

8.8　本章小结

本章通过对财务危机预警领域现状进行梳理，比较分析了线性回归模型、离散型模型、神经网络模型和 SVM 模型在该领域的应用及不足，随后对熵理论的基本原理及其本质特征进行了论述，指明在财务危机预警领域使用熵理论是切实可行的。

通过对道路客运企业财务危机风险因素进行识别，找出 12 个影响企业财务危机风险的财务指标，围绕企业偿债能力、财务效益、资产运营及发展能力 4 个方面建立道路客运企业的财务危机预警模型指标体系,并结合广东省 40 家道路客运企业的财务数据进行实证分析,给出 12 个指标的权重值和 40 家企业的综合负熵值,验证了熵理论在财务危机预警领域中的应用具有一定的有效性。

本章通过分析道路客运企业面临的财务危机警源,选取相关指标建立道路客运企业财务危机预警模型,选取样本进行实证分析,得出各指标的熵值和权重,并以此给出企业的综合负熵值。企业经营者可以通过该模型衡量企业的财务状况以及出现财务危机的可能性,一旦企业出现综合负熵值低于合理水平或者财务指标出现异常波动,经营者应该提高警惕,尽早消除隐患。众所周知,财务危机管理对管理者来说不是一蹴而就的工作,而是一项复杂的、动态的、系统性工程,想要有效地降低企业出现财务危机的可能性,需要加强企业的财务风险管理,动态地分析及预防财务风险。根据本章的研究成果,对企业的财务风险管理提出以下建议。

1. 建立和完善财务风险预警机制

财务风险预警机制是在企业现存的财务成本管理机制下,设定重点观测的财务指标和财务危机预警标准,监测企业的资金运用情况和财务管理水平,对企业潜在的财务风险进行预警的一种机制。完善企业财务风险预警机制需要从两方面做起:一是建立完善的风险防范体系,健全财务分析管理机制,明确财务风险监管责任,落实好分级负责制,完善企业的财务管理制度和组织建设,提高风险防范能力;二是构建以偿债能力、盈利能力、营运能力和发展能力等为主要指标的长期财务风险预警系统,对企业在经营管理中的潜在风险进行实时监控,一旦发现异常征兆,及时采取应变措施,以避免和减少风险损失。

2. 建立和强化企业财务内部控制制度

内部控制是企业持续有序发展的有力保证。它是企业内部经济活动和管理制度是否合规、合理和有效的独立评价系统,从某种意义上讲是对其他控制过程的再控制。内部控制制度对一个企业来说至关重要,企业的内部控制制度越完善,财务危机预警的准确性越高。在对广东省道路客运企业的调研中发现,大部分企业内部控制制度不完善,企业内部分工并不明确。道路客运企业加强对企业财务管理的监管降低财务风险,细化分工,规范组织行为,实现对风险的有效控制。

3. 建立行之有效的财务信息沟通环境、流程和渠道

规范真实的财务信息是进行财务危机预警的前提,因为预警系统需要对大量的财务数据和财务报表进行分析,系统的预测精度在很大程度上依赖于财务数据的真实性和可靠性。建立行之有效的财务风险信息沟通环境、流程和渠道,能够

从根本上加强对财务数据的控制，实现组织内部早发现、早汇报、早沟通和早行动，将财务风险可能引起的损失降低到最低点，避免财务危机的出现。

4. 提高财务管理人员的专业水平和风险意识

员工素质不高，职位分工不明确，在很大程度上阻碍了企业财务管理。所以，应该提高财务人员自身素质，高素质的管理人员是企业财务风险预警体系正常运行的基础。因此，要提高财务管理人员的专业水平和风险意识，使其充分意识到，财务风险存在于企业财务管理工作的每个环节，任何一个环节的工作失误都可能会给企业带来财务风险。财务管理人员必须将风险防范意识贯穿财务管理工作的始终，加强其专业知识水平的学习，提高防风险意识。

第9章 交通企业资产管理内部控制体系建设

9.1 交通企业资产管理现状分析

9.1.1 第二次问卷调研分析：资产管理

第二次调研是第一次调研的拓展，第一次调研是基于 COSO 委员会 IC-IF 的四个层面（控制环境、风险评估、控制活动、信息与沟通、监督）展开的。本次调研则正是对 IC-IF 架构的另一个立面，即针对单位、业务活动、流程展开的，如图 9-1 所示。

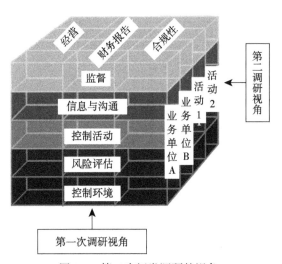

图 9-1 第二次问卷调研的视角

在第一次调研的基础上，第二次调研进一步扩大了调研的企业范围和调研内容的范围，将调研从原来的五家企业扩展到广东省交通集团下属的其他二级单位，具体如下：①省汽运；②晶通；③南粤物流；④粤高速；⑤省建设公司；⑥路桥公司；⑦实业投资及其下属子公司；⑧恒建公司；⑨揭惠管理处；⑩台山公司；⑪西部沿海。

本次调研面向的企业有 11 家，共发放问卷 411 份，回收 325 份，有效问卷 305 份，有效问卷率约为 74%。具体情况如下：①省汽运（发放 40 份，回收 40 份，有效问卷 38 份）；②恒建公司（发放 30 份，回收 27 份，有效问卷 23 份）；③晶通下属的部分企业（发放 75 份，回收 58 份，有效问卷 46 份）；④南粤物流（发放 60 份，回收 43 份，有效问卷 43 份）；⑤揭惠管理处（发放 20 份，回收 15 份，有效问卷 15 份）；⑥台山公司（发放 20 份，回收 14 份，有效问卷 14 份）；⑦西部沿海（发放 50 份，回收 48 份，有效问卷 46 份）；⑧粤高速（发放 33 份，回收 25 份，有效问卷 25 份）；⑨省建设公司（发放 33 份，回收 24 份，有效问卷 24 份）；⑩实业投资（发放 30 份，回收 22 份，有效问卷 22 份）；⑪路桥公司（发放 20 份，回收 9 份，有效问卷 9 份）。

对回收的问卷进行了数据统计归类，如表 9-1 所示。

表 9-1 问卷回收情况统计表

调研公司	发放问卷数	回收问卷数	有效问卷数	有效问卷率/%
省汽运	40	40	38	95
恒建公司	30	27	23	77
晶通	75	58	46	61
南粤物流	60	43	43	72
揭惠管理处	20	15	15	75
台山公司	20	14	14	70
西部沿海	50	48	46	92
粤高速	33	25	25	76
省建设公司	33	24	24	73
实业投资	30	22	22	73
路桥公司	20	9	9	45
合计总数及平均有效问卷率	411	325	305	74

9.1.2 资产管理问题的认知

企业面临自身经营风险调研数据统计如表 9-2 所示。

表 9-2　企业面临自身经营风险调研数据统计（单位：%）

公司	描述	市场风险	操作风险	法律/合规性风险	信用风险	环境风险	资产、资金、流动性风险	项目风险	总计
		你们企业面临的自身经营风险主要是哪几类（可选3项）（50）							
省汽运	比例	17	24	10	6	17	25	1	100
恒建公司	比例	16	10	8	8	6	32	18	98
晶通	比例	22	14	15	9	1	24	15	100
南粤物流	比例	35	19	14	9	14	9	0	100
揭惠管理处	比例	0	23	0	27	32	18	0	100
台山公司	比例	0	0	14	0	0	43	43	100
西部沿海	比例	23	7	11	7	17	27	8	100
粤高速	比例	30	0	14	2	20	16	18	100
省建设公司	比例	14	6	10	8	16	28	18	100
实业投资	比例	7	6	7	9	11	31	29	100
路桥公司	比例	40	0	0	0	10	10	40	100

注：统计表中的比例=选择该项的人数/问卷有效份数；总计中少于100%的，说明该公司有一部分受访人员没有对该题做出选择

公司对企业面临的自身经营风险，从调研数据来看，除了南粤物流、粤高速及路桥公司之外，其他8家公司有较多的受访者表示其公司面临的企业自身经营风险大部分集中在资产、资金和流动性风险上，而其中恒建公司与实业投资的人数达到了1/3，比例最高的是台山公司，42%的员工表示公司自身的经营风险是资产、资金、流动性风险。80%的受访公司人员表示资产、资金、流动性风险是他们企业目前面临的自身主要经营风险，该类风险是当前交通企业在自身经营风险上普遍面临的一个重大难题，为下文交通企业资产管理构建内部控制体系提供了强有力的数据依据，见图9-2。

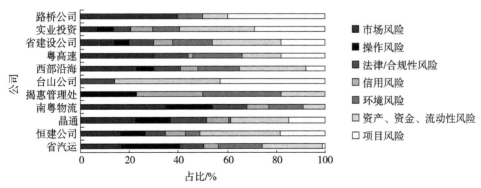

图 9-2　企业面临自身经营风险分布情况统计图

大部分交通企业近3年来因风险暴露产生的损失都较少，恒建公司、揭惠管

理处、台山公司、西部沿海、粤高速、省建设公司、实业投资及路桥公司 7 家公司都至少有超过一半甚至超过三分之二的受访者表示其公司在近 3 年因风险暴露产生的损失为零。情况最为恶劣的是南粤物流及省汽运两家公司，南粤物流 58% 的受访者表示公司近 3 年来，因风险暴露产生的损失超过了 200 万元（不超过 500 万元），省汽运则有 40% 的受访者表示该损失小于 100 万元，另外有 32% 的受访者认为该损失为 200 万~500 万元（表 9-3）。

表 9-3　企业因风险暴露产生的损失调研数据统计（单位：%）

公司	描述	无	损失≤100 万元	100 万≤损失≤200 万元	200 万≤损失≤500 万元	500 万元≤损失	总计
				你能记得最近三年内企业因风险暴露产生损失中，最大的损失大概是多少吗？（52）			
省汽运	比例	28	40	0	32	0	100
恒建公司	比例	70	17	0	0	0	87
晶通	比例	39	14	26	21	0	100
南粤物流	比例	33	7	2	58	0	100
揭惠管理处	比例	100	0	0	0	0	100
台山公司	比例	86	0	0	0	0	100
西部沿海	比例	57	9	9	7	0	80
粤高速	比例	70	5	10	15	0	100
省建设公司	比例	81	6	6	6	0	100
实业投资	比例	64	36	0	0	0	100
路桥公司	比例	67	0	17	17	0	100

注：表中部分公司的总计未达到 100%，说明有受访者选择了"未详议"项

从统计数据可以看到，虽然交通企业在近几年的经营过程中，因为风险暴露而产生损失的总体情况较少，但不能忽略有个别企业存在损失较为严重的情况。另外从图 9-3 可以看到，在受访的 11 家公司中，有 7 家公司的受访者表示其公司因为风险暴露带来的损失超过了 200 万元，因此，加强对风险的管理是交通企业目前急需解决的问题，交通企业资产管理构建内部控制体系在当前是较为紧迫的，见图 9-3 和图 9-4。

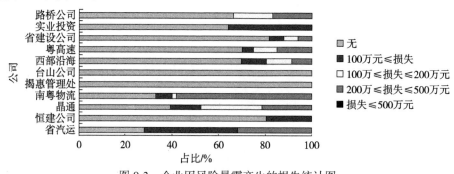

图 9-3　企业因风险暴露产生的损失统计图

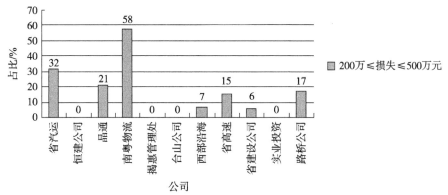

图 9-4　企业因风险暴露产生的损失为 200 万~500 万元的公司统计图

资产管理主要是对存货、固定资产和无形资产的管理，存货主要包括原材料、在产品、产成品、半成品、商品及周转材料等。具体到交通企业的资产管理环节，主要包括以下几点：①材料、设备采购、存储环节；②融资与信贷环节；③资产处置与维护环节。交通企业的受访者在接受调研的过程中，除了西部沿海的受访人员在该题的回答中很多都是空白无法得到有效数据暂不列入分析范围内之外，其他 10 家企业都至少有超过 25%甚至超过一半的员工（省汽运 71%，南粤物流 72%，揭惠管理处 60%，实业投资 64%）表示造成近 3 年来其因为企业风险暴露而带来的损失主要集中在这三个环节（路桥公司除外）。这为下文交通企业资产管理构建内部控制体系的着重点提供了数据基础，见表 9-4、图 9-5 和图 9-6。

表 9-4　企业因什么环节的风险暴露而产生损失调研数据统计（单位：%）

公司	描述	材料、设备采购、存储环节	工程施工的技术、质量、成本、安全控制等环节	融资与信贷环节	资产处置与维护环节	市场开拓、项目合作与并购环节	灾害	其他环节	总计
省汽运	比例	32	16	29	10	4	4	3	98
恒建公司	比例	13	31	5	8	18	10	3	88
晶通	比例	12	45	14	8	10	4	0	93
南粤物流	比例	44	12	19	9	16	0	0	100
揭惠管理处	比例	13	20	7	40	13	7	0	100
台山公司	比例	7	0	21	7	0	0	21	56
西部沿海	比例	0	15	0	4	0	20	13	52
粤高速	比例	5	10	10	10	14	10	38	97
省建设公司	比例	0	33	11	19	4	19	15	101
实业投资	比例	14	36	21	29	0	0	0	100
路桥公司	比例	0	14	14	0	14	14	43	99

注：表中部分公司的总计未达到 100%，说明有受访者选择了"未详议"项

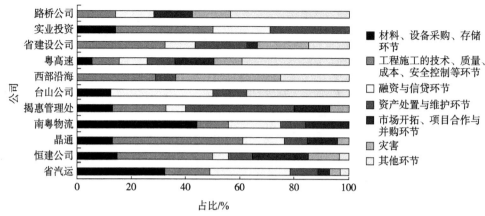

图 9-5　企业因哪个环节出现风险而产生损失统计图

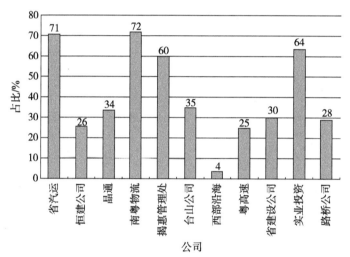

图 9-6　企业因风险而产生损失集中的三个环节统计图

三个环节如下：①材料、设备采购、存储环节；②融资与信贷环节；③资产处置与维护环节

从表 9-5、图 9-7 和图 9-8 可以很直观地看到，交通企业在资金的管理情况上，总体较为乐观。除了省汽运之外，其他 10 家公司（包含二级公司下面的三级公司在内）远远有超过一半的受访者表示，其公司在资金管理上，并没有发生未经适当审批或越权审批的事件。但是从另外一个侧面，结合图 9-8 来看，有 8 家公司存在超过 20% 的受访人员对该问题表示"不清楚"，其中恒建公司在这个问题的反馈上，表示"不清楚"的人数比例达到了 65%，这在一定程度上证明交通企业在对资金管理方面制度及操作流程并不透明，员工在其所在的职位或工作中，还需要加强对资金管理方面相关制度的学习，企业也需要加强对资金管理制度的制定、完善与实施。

表 9-5　企业的资金管理情况调研数据统计表（单位：%）

公司	描述	不清楚	没有	偶尔有	经常有	总计
		资金管理：是否感知到企业存在未经适当审批或越权审批现象？（61）				
省汽运	比例	31	16	53	0	100
恒建公司	比例	65	22	13	0	100
晶通	比例	40	25	21	14	100
南粤物流	比例	18	56	21	5	100
揭惠管理处	比例	0	87	13	0	100
台山公司	比例	7	86	0	7	100
西部沿海	比例	22	57	9	7	95
粤高速	比例	25	67	4	4	100
省建设公司	比例	34	50	8	8	100
实业投资	比例	23	59	1	0	83
路桥公司	比例	33	50	17	0	100

注：表中部分公司的总计未达到100%，说明有受访者选择了"未详议"项

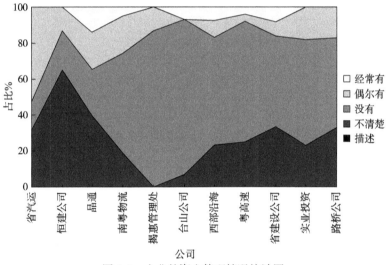

图 9-7　企业的资金管理情况统计图

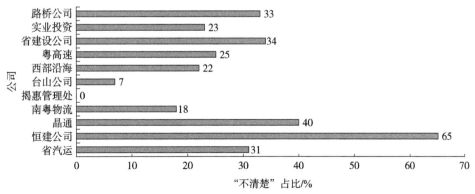

图 9-8　企业的资金管理情况统计图

根据 10 家交通企业受访人员的反馈可以看到,交通企业在财务预算上已经有较为完善的管理制度,调研总体情况如下:11 家交通企业平均约有 18%的受访者表示其企业在财务预算上有决策层面的预算委员会,约 34%的受访者表示有职能层面的预算与计划部门,约 36%的受访者表示有决策层面的委员会和职能层面的职能部门(表 9-6)。

表 9-6　企业财务预算管理情况调研数据统计表(单位:%)

财务预算管理:你单位是否有预算职能委员会/机构? (62)						
公司	描述	无	有决策层面的预算委员会	有职能层面的预算与计划部门	有决策层面的委员会和职能层面的职能部门	总计
省汽运	比例	5	11	63	21	100
恒建公司	比例	9	22	30	35	96
晶通	比例	24	39	24	12	99
南粤物流	比例	2	40	9	49	100
揭惠管理处	比例	13	0	87	0	100
台山公司	比例	7	7	21	50	85
西部沿海	比例	7	9	48	33	99
粤高速	比例	4	17	33	46	100
省建设公司	比例	9	13	4	74	100
实业投资	比例	11	5	37	47	100
路桥公司	比例	17	33	17	33	100

注:表中部分公司的总计未达到 100%,说明有受访者选择了"未详议"项

由此可见,交通企业的财务预算管理制度较为完善,不仅有职能层面的管理部门,还有决策层面的管理部门,这说明交通企业对财务预算管理的重视。所以,交通企业资产管理构建内部控制体系是符合交通企业当前形势的,见图 9-9 和图 9-10。

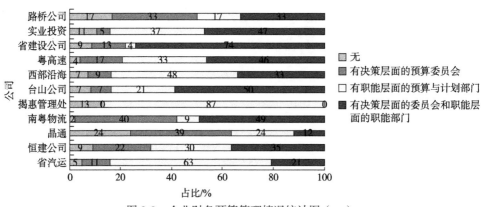

图 9-9　企业财务预算管理情况统计图(一)

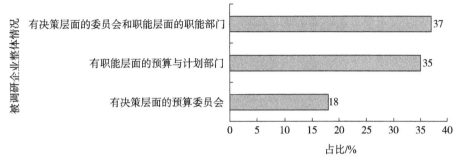

图 9-10　企业财务预算管理情况统计图（二）

　　交通企业的财务预算管理制度与实际的吻合程度较高,在这 11 家受访的交通企业中,超过 40%的受访人员表示其公司的财务预算管理与实际较为吻合的公司有 7 家,情况较好的是揭惠管理处、台山公司与粤高速,分别有 93%、86%、64%的受访人员认为他们公司的财务预算管理能与实际吻合。同时,也存在 3 家公司,即省汽运、晶通、南粤物流分别有 58%、34%、35%的受访人员表示,其公司虽然有财务预算管理制度,但是在制定过程中并不严肃,不细致,与实际情况不吻合。

　　从上文的数据分析可以看出,交通企业财务预算管理制度制定的情况参差不齐,虽然从上文的统计结果看出交通企业的管理者对财务管理存在主管认识上的重视,也有相对应的部门对其进行管理,但是由于经验不足或制度不完善,造成财务预算管理制度制定过程存在一定缺陷,且无法实现与现实情况的完全吻合。所以,交通企业的财务预算管理仍需加强管理,见表 9-7 和图 9-11。

表 9-7　企业财务预算管理和实际吻合与否调研数据统计表（单位：%）

财务预算管理: 是否感知到存在财务预算管理不善?（63）						
公司	描述	无财务预算管理	有, 制定过程不严肃, 不细致, 与实际不吻合	有, 与实际比较吻合	有, 能与实际吻合	总计
省汽运	比例	3	58	18	21	100
恒建公司	比例	4	17	43	9	73
晶通	比例	15	34	34	17	100
南粤物流	比例	2	35	44	9	90
揭惠管理处	比例	0	0	93	7	100
台山公司	比例	0	0	86	14	100
西部沿海	比例	9	4	52	24	89
粤高速	比例	5	5	64	27	101
省建设公司	比例	10	0	20	70	100
实业投资	比例	0	17	56	28	101
路桥公司	比例	17	0	33	50	100

注：表中部分公司的总计未达到 100%,说明有受访者选择了"未详议"项

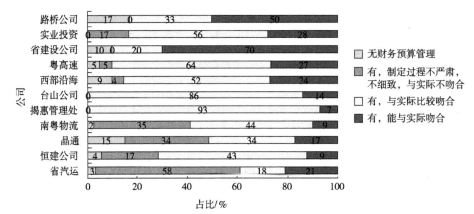

图 9-11 企业财务预算管理与实际吻合与否情况统计图

结合交通企业对预算计划的调整频率统计情况可以看到，受访的 11 家交通企业单位的人员基本都表示其公司的预算计划是每年中期调整一次。根据企业面临的环境和问题，对预算计划进行适当的调整，可以使其更好地适合交通企业的实际情况，使预算计划发挥其最大的效用。同时，可以看到，交通企业对预算计划的调整如此频繁，说明预算计划在企业资产管理中的作用非常重要，所以，预算计划调整制度的建设是资产管理内部控制体系构建中不可缺少的一个环节，见表 9-8 和图 9-12。

表 9-8 企业预算计划调整情况调研数据统计表（单位：%）

预算管理：你们单位的预算计划每年是否中途调整？（64）						
公司	描述	不调整	偶尔调整	每年中期调整一次	几乎频繁调整	总计
省汽运	比例	19	14	51	16	100
恒建公司	比例	39	9	22	0	70
晶通	比例	20	24	44	12	100
南粤物流	比例	2	26	67	5	100
揭惠管理处	比例	7	33	60	0	100
台山公司	比例	36	14	50	0	100
西部沿海	比例	26	37	15	9	87
粤高速	比例	4	9	83	4	100
省建设公司	比例	9	26	65	0	100
实业投资	比例	0	21	79	0	100
路桥公司	比例	20	40	40	0	100

注：表中部分公司的总计未达到 100%，说明有受访者选择了"未详议"项

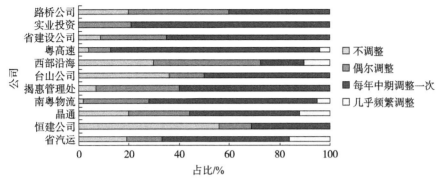

图 9-12　企业预算计划调整情况统计图

公司是否对预算计划执行考核，受访的 11 家交通企业中，共有 8 家拥有超过 39%甚至超过 50%（省汽运、恒建公司、南粤物流、粤高速、省建设公司、实业投资）的人员表示，其公司对预算计划考核的执行情况是比较严肃的，另外，台山公司高达 57%的受访人员表示他们在这方面的执行情况是非常严肃的。总体上看，交通企业在预算计划的执行考核上情况较为乐观，同时反映出预算计划执行考核对企业的资产管理具有非常重要的意义，见表 9-9 和图 9-13。

表 9-9　企业有无预算计划的执行考核调研数据统计表（单位：%）

公司	描述	无	有，但是形式化	有，比较严肃	有，非常严肃	总计
		预算考核：你们单位有无预算计划执行考核？（65）				
省汽运	比例	8	29	54	8	99
恒建公司	比例	9	9	52	9	79
晶通	比例	13	55	28	5	101
南粤物流	比例	0	16	60	23	99
揭惠管理处	比例	0	33	40	27	100
台山公司	比例	0	14	21	57	92
西部沿海	比例	13	9	39	33	94
粤高速	比例	0	9	77	14	100
省建设公司	比例	0	13	57	30	100
实业投资	比例	0	14	62	24	100
路桥公司	比例	0	50	33	17	100

注：表中部分公司的总计未达到 100%，说明有受访者选择了"未详议"项

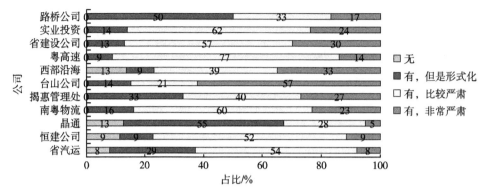

图 9-13　企业有无预算计划的执行考核统计图

交通企业对债务的管理上，有 6 家受访公司拥有超过三分之一的人员表示其公司"债务管理较好"，对公司债务管理情况表示"不清楚"的受访人员超过三分之一的公司有 4 家。从统计数据来看，交通企业的债务管理情况并不乐观，债务管理不善的问题还要加强重视，需要公司及时建立更加完善的债务管理制度，见表 9-10 和图 9-14。

表 9-10　企业债务管理情况调研数据统计表（单位：%）

债务管理：是否感知到债务管理不善？（66）

公司	描述	不清楚	债务管理不善	债务管理较好	债务得到有力的管理	总计
省汽运	比例	24	5	29	42	100
恒建公司	比例	70	0	17	4	91
晶通	比例	35	20	33	13	101
南粤物流	比例	12	12	70	7	101
揭惠管理处	比例	53	0	40	7	100
台山公司	比例	21	0	57	21	99
西部沿海	比例	52	0	26	15	93
粤高速	比例	14	19	43	24	100
省建设公司	比例	33	4	42	21	100
实业投资	比例	33	10	38	19	100
路桥公司	比例	33	17	17	33	100

注：表中部分公司的总计未达到 100%，说明有受访者选择了"未详议"项

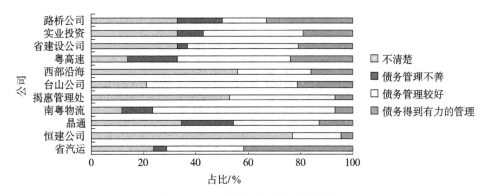

图 9-14　企业债务管理情况统计图

企业票据/记录/文档管理情况调研数据统计表如表 9-11 所示。

表 9-11　企业票据/记录/文档管理情况调研数据统计表（单位：%）

公司	描述	票据/记录/文档管理：是否感知到存在票据/记录/文档管理不善？（67）				
		不清楚	没有，或不严重	偶尔有，严重	经常有，严重	总计
省汽运	比例	52	32	12	4	100
恒建公司	比例	39	43	9	0	91
晶通	比例	38	54	5	3	100
南粤物流	比例	23	60	16	0	99
揭惠管理处	比例	0	100	0	0	100
台山公司	比例	21	57	0	7	85
西部沿海	比例	24	59	9	2	94
粤高速	比例	33	62	5	0	100
省建设公司	比例	39	52	9	0	100
实业投资	比例	27	68	0	0	100
路桥公司	比例	40	60	0	0	100

注：表中部分公司的总计未达到 100%，说明有受访者选择了"未详议"项

从图 9-15 和图 9-16 可以直观地看到，交通企业的受访人员在被访问到其公司是否存在票据/记录/文档管理不善的问题时，他们的反馈几乎都集中在"不清楚""没有，或不严重"这两个答案上。其中，11 家受访公司平均有 59%的受访人员选择了"没有，或不严重"这个选项，由此可见，交通企业在对票据/记录/文档的管理比较到位，很少出现管理不善的情况。

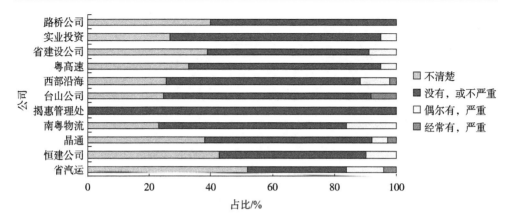

图 9-15　企业票据/记录/文档管理情况统计图

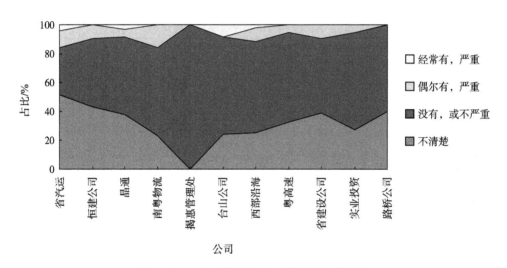

图 9-16　企业票据/记录/文档管理情况统计图

交通企业在对材料/设备的管理上，总体情况较为乐观，没有出现较大的管理不善方面的问题。受访的 11 公司平均有 61%的人员表示其公司的材料/设备管理不善的情况是"没有或不严重"。但是同时可以看到，其中省汽运有高达 36%的受访人员表示他们公司在材料/设备的管理上偶尔出现管理不善的问题，且严重程度较高。材料/设备的管理是资产管理上非常重要的一环，从统计数据中，虽然看到总体情况较为乐观，但是也看到了个别公司存在缺陷与不足，所以，需要构建科学的内部控制体系对整个行业进行规范与引导，使其运行能够更加规范、科学与高效，见表 9-12、图 9-17 和图 9-18。

表 9-12　企业材料/设备管理情况调研数据统计表（单位：%）

公司	描述	材料/设备管理：是否感知到存在材料/设备管理不善？（68）				
		不清楚	没有或不严重	偶尔有且严重	经常有，严重	总计
省汽运	比例	16	48	36	0	100
恒建公司	比例	30	65	0	0	95
晶通	比例	40	45	15	0	100
南粤物流	比例	21	70	7	2	100
揭惠管理处	比例	20	80	0	0	100
台山公司	比例	21	71	7	0	99
西部沿海	比例	33	54	7	0	94
粤高速	比例	33	62	5	0	100
省建设公司	比例	38	63	0	0	101
实业投资	比例	33	62	5	0	100
路桥公司	比例	50	50	0	0	100

注：表中部分公司的总计未达到100%，说明有受访者选择了"未详议"项

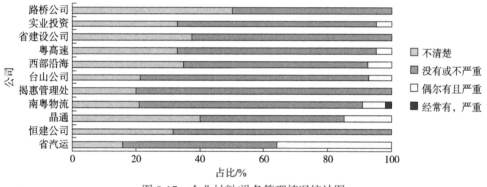

图 9-17　企业材料/设备管理情况统计图

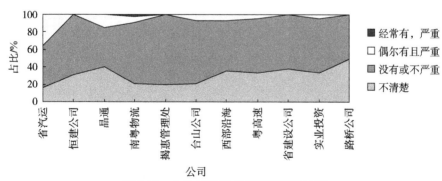

图 9-18　企业材料/设备管理情况统计图

从表 9-13、图 9-19 和图 9-20 直观看到，交通企业的受访人员超过了三分之

一对公司的项目成本管理中是否出现管理不善的情况感到"不清楚",这在一定程度上反映了交通企业对项目成本管理的相关信息没有及时披露,造成大部分员工不了解该情况。

表 9-13 企业项目成本管理情况调研数据统计表(单位:%)

公司	描述	不清楚	没有或不严重	偶尔有且严重	经常有,严重	总计
省汽运	比例	24	61	16	0	101
恒建公司	比例	52	48	0	0	100
晶通	比例	31	36	26	7	100
南粤物流	比例	33	49	14	2	98
揭惠管理处	比例	13	87	0	0	100
台山公司	比例	29	71	0	0	100
西部沿海	比例	35	59	0	2	96
粤高速	比例	33	67	0	0	100
省建设公司	比例	43	57	0	0	100
实业投资	比例	33	57	10	0	100
路桥公司	比例	33	50	17	0	100

项目成本管理:是否感知到存在项目成本管理不善?(71)

注:表中部分公司的总计未达到100%,说明有受访者选择了"未详议"项

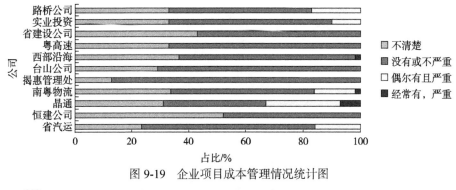

图 9-19 企业项目成本管理情况统计图

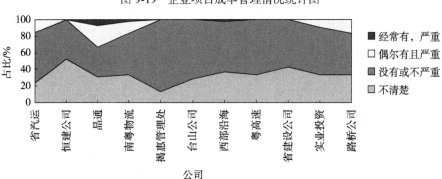

图 9-20 企业项目成本管理情况统计图

　　在交通企业资产管理构建内部控制体系的过程中，信息与沟通是不可或缺的一个步骤，信息的披露是否及时，沟通是否顺畅，都对企业的管理造成很大的影响。从这一角度来看，需要加强企业的信息沟通建设，为项目成本管理的顺利进行提供制度保障。

　　在项目过程管理中是否出现管理不善的问题上，受访者的反馈集中在"不清楚"与"没有或不严重"上，人数总和达到了90%左右，只有8%和2%的受访人员分别表示项目过程管理不善的情况"偶尔有且严重"和"经常有，严重"。结合表 9-14、图 9-21 和图 9-22 可以清晰地看到，交通企业对项目过程的管理较为严格，可以较好地控制风险。

表 9-14　企业项目过程管理情况调研数据统计表（单位：%）

项目过程管理：是否感知到存在项目过程管理不善？（72）						
公司	描述	不清楚	没有或不严重	偶尔有且严重	经常有，严重	总计
省汽运	比例	16	60	24	0	100
恒建公司	比例	43	57	0	0	100
晶通	比例	26	40	27	7	100
南粤物流	比例	33	47	16	2	98
揭惠管理处	比例	13	87	0	0	100
台山公司	比例	29	71	0	0	100
西部沿海	比例	26	63	4	2	95
粤高速	比例	23	77	0	0	100
省建设公司	比例	42	58	0	0	100
实业投资	比例	29	57	14	0	100
路桥公司	比例	33	50	17	0	100

注：表中部分公司的总计未达到100%，说明有受访者选择了"未详议"项

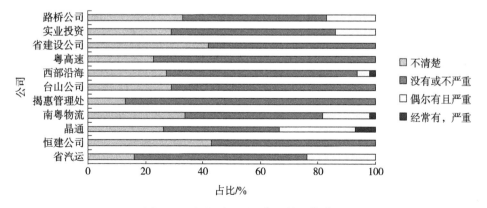

图 9-21　企业项目过程管理情况统计图

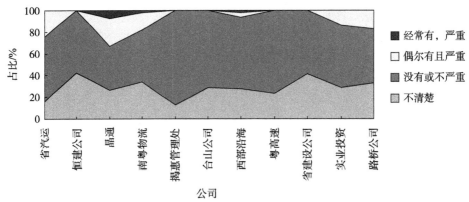

图 9-22　企业项目过程管理情况统计图

　　在被访问到是否感知到公司存在投资项目论证管理不善的问题时，11 家交通企业公司中，平均有 39% 的人员表示"不清楚"，53% 的人员表示"没有或不严重"（表 9-15、图 9-23 和图 9-24）。对投资项目的论证管理，涉及较多的是相关职能部门的工作，其他部门的人员对其都不了解。这在一定程度上反映了交通企业在信息交流与沟通上的机制不完善。

表 9-15　企业投资项目论证管理情况调研数据统计表（单位：%）

投资项目论证管理：是否感知到存在投资项目论证管理不善？（73）						
公司	描述	不清楚	没有或不严重	偶尔有且严重	经常有，严重	总计
省汽运	比例	20	72	8	0	100
恒建公司	比例	57	43	0	0	100
晶通	比例	55	26	14	5	100
南粤物流	比例	37	47	14	2	100
揭惠管理处	比例	13	80	7	0	100
台山公司	比例	29	71	0	0	100
西部沿海	比例	46	48	2	0	96
粤高速	比例	21	79	0	0	100
省建设公司	比例	46	54	0	0	100
实业投资	比例	43	48	6	5	100
路桥公司	比例	67	16	0	17	100

注：表中部分公司的总计未达到 100%，说明有受访者选择了"未详议"项

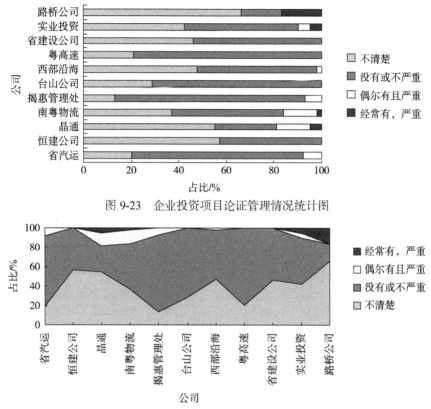

图 9-23　企业投资项目论证管理情况统计图

图 9-24　企业投资项目论证管理情况统计图

从图 9-25 的统计情况来看，对于债务管理、票据/记录/文档管理、材料/设备管理、项目成本管理、项目过程管理和投资项目论证管理六个关于资产管理上的问题，交通企业的受访人员中，对其管理是否出现管理不善的反馈中，表示"不清楚"的人员约占总受访人员的三分之一。这揭示了交通企业在资产管理上，关于信息与沟通的相关机制并没有落实到位，造成了接近三分之一，甚至超过三分之一的企业员工对资产管理的六个较为重要的问题都感到"不清楚"。

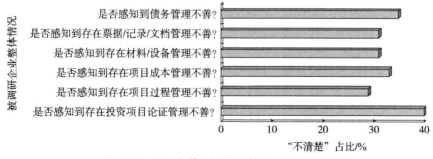

图 9-25　企业投资项目论证管理情况统计图

9.1.3　现状及存在问题剖析

基于以上的问卷数据统计分析，对交通企业目前资产管理及对内部控制体系认知的现状做如下剖析。

1. 交通企业资产管理现状

（1）交通企业面临的企业自身经营风险大部分集中在资产、资金、流动性风险上，该类风险是当前交通企业在自身经营风险中普遍面临的一个重大难题，而该类风险也给交通企业带来了一定程度的损失。

（2）2010~2013年交通企业因风险暴露而产生的损失主要集中在三个环节：材料、设备采购、存储环节；融资与信贷环节；资产处置与维护环节。

（3）交通企业在财务预算上已经有较为完善的管理制度，不仅有职能层面的管理部门，还有决策层面的管理部门，且交通企业的财务预算管理制度与实际的吻合程度较高，但是在资金的管理上，对资金管理的制度及操作流程并不清晰。

（4）交通企业在预算计划方面基本是每年中期调整一次，能够严肃执行预算计划考核，但债务管理情况并不乐观，债务管理不善的问题还要加强重视。

（5）交通企业未对项目成本管理的相关信息做出及时披露，关于信息与沟通的相关机制并没有落实到位。

2. 对企业内部控制与风险管理的认知

（1）大部分企业的人员并没有接受过内部控制或风险管理相关的理论知识的培训，尤其是业务层面的人员，接受该培训的机会尤为缺乏。而接受了该培训的人员反映，培训效果也较为一般。

（2）对内部控制的重视程度有待加强。虽然受访人员大多表示，企业的内部控制管理是比较重要甚至是非常重要的，但是，目前大部分交通企业对内部控制的重视程度只停留在关注与初步重视层面，并没有采取系统的内部控制措施来保障企业的运营活动，在对内部控制的管理上，只是开展了个别措施。

（3）对内部控制相关知识体系的认识程度不够。交通企业的受访人员对COSO委员会及其1992年颁布的IC-IF和2004年颁布的ERM-IF的了解程度都很低。

通过分析可以看到，交通企业人员对企业内部控制与风险管理的认知程度总体上都比较低，同时存在一些有利于内部控制体系构建的积极因素。

9.2　交通企业资产管理内部控制体系的构建

9.2.1　建立资产管理内部控制体系的必要性

通过对问卷数据的统计、对比和分析，不难得出如下结论：对交通企业的资产管理构建内部控制体系已迫在眉睫。

（1）资产是企业重要的经济资源，由于交通企业资产种类繁多，分布广泛，且变动频繁，以及资金比重大的特点，所以资产管理是企业内部管理的重中之重。

（2）交通企业的资产管理面临很多问题，如过度负债、产权关系不明确等。目前交通企业面临的自身经营风险中，资产、资金、流动性风险占据了很大比重，而且该类风险给交通企业带来的风险损失在企业整体的风险暴露所带来的损失中也有较大的占比。加强对交通企业的资产管理，在目前已显得非常迫切。

（3）交通企业没有建立完善的内部控制体系。交通企业对内部控制只停留在关注层面，没有真正重视并引进、构建该体系。通过上文的数据统计分析，交通企业对内部控制与风险管理的认知，以及对控制环境、风险评估、控制活动、信息与沟通和监控等内部控制要素的理解程度还不到位，急需加强交通企业人员对内部控制的认知水平，引导其认识建立内部控制体系的重要性。

（4）COSO 内部控制体系是一个完整规范、系统严密的体系，在企业的现代经营管理中起到很大的引导与推进作用。该体系提出了很多有价值的新观点，对内部控制做了比较明确的定义，作为内部控制的纲领性文件，已经被全世界许多企业所应用。交通企业想要对资产管理进行系统、全面的管理，建立该体系在一定程度上能够推进企业资产管理的高速运转。

交通企业资产管理构建内部控制体系的必要性如图 9-26 所示。

图 9-26　交通企业资产管理构建内部控制体系的必要性

9.2.2 交通企业资产管理特点

交通企业在资产管理上面临投资大、运营生命周期长、环节多、利益相关者多元化、成本控制难、资本筹措和运作专业性强、对运作的信息化协同要求高以及风险暴露的机会、环节和规模大等特点，具体表现如下。

1. 投资大、运营生命周期长

投入大量的资金是高速公路建设的保证，一条高速公路通常的投资规模都在每千米 3 000 万元以上，建设一条高速公路往往需要几十亿元，甚至上百亿元。在建成运营期间，为保证正常运营及期满交还政府，根据交通部《公路养护技术规范》（JTGH10—2009），要求每年都要投入资金进行日常维护，每隔 3~5 年还要对公路进行大中修。日常维护和大中修次数多量大且涉及外部因素，在采购和施工过程中容易存在弊端。

2. 资产规模大，管理难

交通企业资产主要由公路（或收费权）及其附属设施构成，一般将交通企业的资产分为公路及构筑物、通信设施、监控设施、收费设施、房屋及建筑物以及其他固定资产。其中，公路及构筑物占公路经营企业固定资产的绝大比重，并且其价值巨大、回收期长。而该类资产线路长、分布广，完全暴露于自然之中，资产的保管工作难度大，资产很容易受自然侵蚀和人为破坏，因而日常对资产的控制难度较大。另外，部分高速公路通常线路长，跨多个城市甚至不同地区，且各收费站点位置分散，进行资产清查时，费时费力。

3. 现金流规模多

资金流量大是交通企业经营活动的又一大特点，尤其是高速公路收取的通行费在总收入占了很大比例。收费多为人工收费，车辆驾驶者通常以现金形式缴纳。高速公路每天过往车辆多，导致交通企业具有现金收入量大、参与收费人员多、收费站点多且分散、收费时间长的特点，给交通企业的现金管理带来了相当大的难度。

在交通企业的流动资产管理中，应收账款、应收票据、其他应收款和存货在交通企业财务中所占的比例很小，不属于流动资产管理的重点。目前，交通企业对流动资产管理的重点是要加强对现金收入与支出的管理。

4. 经营多样化

交通企业产业链长，除了高速公路建设、施工、营运和养护外，还有公路客运。如果细分，则还包括房屋租赁、加油站营业、设备租赁、实物租赁、高速公路自有产权、广告牌租赁、服务区经营和园林绿化等经营范围。虽然比重不大，但经营多样化远远超出一般公司。

5. 交通企业同时具有公益性和市场竞争性

高速公路是一种具有商品性和公益性双重属性的准公共产品，交通企业主要目的是通过投资获取高速公路收费权，通过收费等一系列经营活动收回投资并取得合理的回报。其商品性决定了交通企业必须遵循市场经济规律、商品经济规则，这就决定了其经营目标应当是经营收益最大化。

高速公路除了商品性还有公益性。其公益性决定了交通企业具有明确的社会职责。交通企业必须不断改善和提高公共服务水平，为社会提供安全、便捷、舒适和愉悦的高速交通环境，这既是义务也是责任。

9.2.3　资产管理内容

资产指的是任何公司、机构和个人拥有的任何具有商业或交换价值的东西。按照不同的分类类型，可以有很多的分类。按照流动性可分为流动资产和固定资产，按照形态不同可分为货币资产、实物资产、有形资产与无形资产，按照生产性质不同可分为经营性资产和非经营性资产，等等。下文对资产的分类进行阐述。

1. 流动资产

流动资产是指可以在一年或超过一年的一个营业周期内变现或耗用的资产，主要包括现金、有价证券、应收账款和存货等。

1）流动资产的特点

（1）流动性强、变现速度快。流动性，是指将非货币资产转变为现金的能力。流动资产一般是按照现金—材料—在产品—产成品—应收账款—现金的顺序转化，在这种转化模式下，企业可以在遇到意外情况需要现金时，迅速变卖流动资产以获得现金，这对满足财务上临时性资金需要具有重要意义。

（2）投资回收期短。投资于流动资产的资金通常在一年或一个营业周期内回收。

（3）占用数量上的波动性。占用在流动资产上的投资，随着流动资产占用量的变动，流动负债的数量也会相应变化，要求财务上应有与之相适应的、灵活的筹资渠道和筹资方式。

（4）占用形态的并存性。

2）流动资产的分类

（1）生产性流动资产和流通性流动资产。生产性流动资产，如原材料、燃料、在产品和半成品等，是指在产品生产过程中发挥作用的流动资产，其数量较为稳定，规律性明显，管理难度较低。流通性流动资产是指在商品流通过程中发挥作用的流动资产，如产成品、现金和应收账款等，其占用数量不稳定，流动性强，这些都是资产管理过程中的重点和难点。

（2）速动资产和非速动资产。速动资产是指能迅速转化为现金的流动资产，如现金、有价证券和应收账款等；非速动资产是指不能马上转化为现金的资产，如存货和待摊费用等。

（3）按照实物形态不同划分。流动资产包括现金、存货、营收及预付账款、有价证券等。

根据交通企业的资产特点及管理现状，本章在对交通企业资产管理构建内部控制体系时，关于流动资产的内部控制主要集中在现金与存货上。

第一，现金，是指在生产经营过程中暂时停留于货币形体的资金，包括库存现金、各种形式的银行存款以及以银行存款形式存在的银行本票、银行汇票等。现金是流动性最强的资产，具有普遍可接受性，是企业重要的支付手段。现金同时作为一种非收益性资产，持有量过多会给企业造成较大的机会损失，降低资产的收益水平。因此，对现金管理的重要目标如下：权衡现金的流动性和收益性，合理安排现金收支，最大限度地获取收益。具体包括以下两个方面：①满足生产经营的需要，防止因现金不足而出现生产交易中断。②最大限度地利用现金，避免出现资金闲置。

第二，存货，是指企业在日常生产经营过程中为生产或销售而储备的物资，包括各类材料、商品、在产品、半成品和产成品等。

存货在企业生产经营过程中的作用主要包括以下几点：①防止停工待料；②适应市场变化；③降低进货成本；④维持均衡生产。

存货对企业的生产经营具有重要意义，如何在存货的收益与成本之间进行利弊权衡，在充分发挥存货功能的同时降低成本、增加收益、实现它们的最佳组合、是存货管理的基本目标。

2. 固定资产

固定资产是指同时具有为生产商品、提供劳务、出租或经营管理而持有的、使用期限超过一年、单位价值较高特征的有形资产，包括使用期限超过 1 年的房屋、建筑物、机器、机械、运输工具以及其他与生产经营有关的设备、器具和工具等资产，也包括不属于生产经营的主要设备，单位价值在 2 000 元以上并且使用期限超过两年的物品。

1）固定资产的特点

（1）用途相对固定。固定资产如房屋、建筑物、机器、设备等，一般都具有其专门用途，不易改变，管理相对简单。

（2）数量比较稳定。固定资产相比流动资产，在数量上比较稳定，不会明显地随着产销量的变化而变化。

（3）流动性弱，周转速度慢。固定资产通常使用期限都比较长，使用途中难以改变用途，不易变现，要数年或数十年才能完成一次循环周期，周转速度慢。

（4）价值补偿与实物更新相分离。固定资产在生产经营过程中不断损耗的价值，通过提取折旧的形式，从营业收入中逐步得到补偿。通过这样的方式，固定资产已损耗的价值就脱离了它的实体，逐步被收回。而固定资产的实物更新是在其完全丧失了使用效能时才进行的，这样就产生了价值补偿与实物更新在时间上的不一致。

2）固定资产的分类

（1）生产经营用固定资产与非生产经营用固定资产。生产经营用固定资产直接服务于企业生产、经营过程；非生产经营用固定资产是指不直接服务于企业生产与经营过程的固定资产，如企业员工宿舍、食堂等。

（2）使用中的固定资产、未使用固定资产、不需用固定资产。这种分类有利于反映企业固定资产的使用情况及其比例关系，便于分析固定资产和利用效率，促使企业更加合理地使用企业资源。

（3）自有固定资产与租入固定资产。自由固定资产是指企业通过各种渠道取得的、拥有法定所有权的固定资产；租入固定资产是指企业从其他单位租入的，只拥有使用权而不拥有所有权的固定资产。

对交通企业而言，固定资产主要是公路及构筑物、通信设施、监控设施、收费设施、房屋及建筑物，对这些类型的资产管理重点主要是对固定资产取得、处置及在建工程的管理。对在建工程的管理包括在建工程的计价、在建工程施工前的管理、施工中的管理、竣工后的管理及在建工程清理的管理。

3. 无形资产

无形资产是指企业为生产商品、提供劳务、出租给他人，或为管理目的而持有的没有实物形态的非货币性长期资产。

（1）无形资产的特点：①不具有实物形态；②能在较长的时期内为企业带来经济效益；③所提供的经济利益具有不确定性；④其经济价值与其成本之间无直

接因果关系；⑤取得是有偿的。

（2）无形资产的内容及分类：①有期限无形资产与无期限无形资产；②可辨认的无形资产与不可辨认的无形资产。

（3）无形资产的管理重点：①无形资产的计价。无形资产应按照其取得时的实际成本计价，然而各种无形资产均有其特殊性，取得的途径也不尽相同，因此无形资产的计价极为复杂。无形资产的计价包括对专利权的计价、非专利技术的计价、商标权的计价、著作权的计价、土地使用权的计价、特许权的计价和商誉的计价。②无形资产取得的管理。③无形资产出租、出售的管理。④无形资产摊销的管理。

9.3　资产管理内部控制体系的构建

资产管理在交通企业的管理中具有非常重要的意义，结合交通企业资产管理以及企业对内部控制的认知和重视程度的现状，根据资产的内容、特点，首先从建立良好的内部控制氛围开始，按照交通企业的资产类型着手构建资产管理的内部控制体系。根据交通企业的资产类型，将其分为存货、固定资产、流动资产及无形资产。将存货不归属到流动资产而独立出来是因为交通企业的存货管理与流动资产的管理存在较大的区别，且存货管理在交通企业资产管理中的地位非常重要，故将其独立出流动资产进行分析。

1. 建立内部控制的良好文化氛围

良好的内部控制文化氛围是 COSO 委员会 IC-IF 的基本要求。对交通企业顺利建立系统、完善的内部控制体系而言尤其重要，建议应从以下几个方面着手。

1）加强管理者和企业全员的内部控制意识

除了企业的管理者之外，企业的其他全体员工都必须有内部控制的意识，这样才不会出现企业在推进内部控制体系构建的过程中收效不明显的尴尬局面。交通企业的高管对内部控制与风险管理的重视程度不够，他们没有在企业内部倡导构建完善的内部控制体系。"上梁不正下梁歪"，企业的高管一旦对内部控制不够重视，甚至觉得其可有可无，那么企业的员工很有可能就会采取类似的态度去对待，这样就会使内部控制体系的构建遇到很大的阻碍。加强高管对内部控制的重视，首先要让他们充分认识到企业内部控制的现状及其可能带来的潜在风险，可以通过讲座、行业论坛等形式引起相关高管的重视，并促使其采取相应的有效措施来保障企业内部控制体系的顺利构建。

2）塑造企业文化，建立诚信、崇尚道德的企业价值观

交通企业的资产属于国有资产，在国有资产的管理上，很容易出现浪费、闲置等不良现象，甚至是贪污和以公谋私的违法行为。建立诚信、崇尚道德的企业价值观，首先，应该从建立良好的公司文化入手。公司文化是一种无形力量，它对员工的影响是极其深远的，包括员工的思维方式和行为方式。通过建立积极的公司文化，促进员工自觉地推进企业内部控制体系的构建。其次，企业诚信的价值观与选人机制是紧密联系的，在选人上，对品德不佳的人员，坚决不纳其成为交通企业的员工，同时要摒除靠关系进入企业的不良风气。最后，企业领导层要以身作则，带头倡导诚信教育，将诚信纳入业绩考核范围。

3）加强员工内部控制体系理论的培训

交通企业的员工普遍没有接受过内部控制体系理论的培训，对内部控制体系理论的了解不到位。为了消除内部控制体系在构建过程中的障碍，在员工中普遍展开内部控制体系相关理论的培训具有举足轻重的作用。只有让企业的员工充分认识内部控制体系，并了解建立该体系的必要性，才能保证该体系在构建过程中可以较为顺利地进行。

4）明确企业关键岗位的责任配置，加强企业不同岗位之间的信息沟通

企业组织结构的好坏，对企业内部控制体系的构建有直接影响。交通企业要建立以组织目标为拉动力，并具有清晰层级关系的组织结构。尤其是在对关键岗位的责任配置与权责分配上，一定不能模棱两可，要做到清晰明了。而不同岗位之间的信息沟通，对企业构建内部控制体系，甚至整个企业的高效运作，都起着举足轻重的作用。交通企业要努力在不同岗位、不同部门之间搭建沟通渠道，以促进组织目标的顺利实现。

2. 存货管理

对一般的生产性企业而言，存货主要包括原材料、在产品、产成品、半成品、商品及周转材料等，具体到交通企业，存货主要是钢材、水泥与沥青等建筑材料，对应的存货业务流程主要包括存货取得、验收入库、仓储保管、领用发出和盘点清查五个环节。下面对这五个环节可能存在的主要风险及内部控制措施加以阐述。

1）存货取得

根据交通企业的行业特点及存货特点，存货的取得形式主要是外购。钢材、水泥和沥青等建筑材料的购买，要综合建设计划和市场这两大要素，做出科学的采购计划。该环节面临的主要风险有存货预算编制不科学、采购计划不合理、可能导致的存货积压或短缺。

内部控制措施：①加强财务预算部门对存货预算的监控。交通企业的财务预算部门在审批存货预算编制时，要结合企业的当前库存、建设计划及市场供求等

因素，合理审批存货预算。②建立存货采购部门，完善存货采购计划。交通企业的存货，即钢材、水泥、沥青等都有量大的特点，在采购过程中要注重对质量的检查，这就需要设置专门的部门对其进行专业化的检验。同时，存货的采购计划要适应、符合企业当前的发展战略，不能盲目大量采购或采购不及时，从而避免造成存货的积压或短缺。

2）验收入库

一般情况下，交通企业的存货采购数量都较大，这就更加要求验收环节必须严格控制好，以保证存货的数量和质量符合企业的要求。该环节面临的主要风险有验收程序不规范、标准不明确，以及可能导致数量克扣、以次充好、账实不符等。

内部控制措施：①规范验收程序、明确验收标准。交通企业主要的存货是钢材、水泥与沥青，这些建筑材料的验收程序与标准的规范化非常重要，同时，要加强对采购合同、发票等原始单据的验收与核对。如有必要，要设置专门的检验部门或外聘专家协助验收，以保证货物的数量、质量与合同一致。②落实责任到人的验收制度。为了防止存货验收过程中验收人员疏忽职守，没有严格检查货物，尤其是像钢材、水泥、沥青这样大宗容易出现货不对板的货物，交通企业在对存货验收入库的工作中要落实验收人员的责任。

3）仓储保管

为了保证公路建设过程的连续性，交通企业必须对存货进行仓储保管。交通企业在该环节面临的主要风险是存货仓储保管方法不当和监管不严密。

内部控制措施：①加强存货的流动登记。交通企业应当对存货的转移或流动办理出入库手续，详细记录入库、出库及库存情况，做到存货记录与实际库存相符，并定期与财会部门、存货管理部门进行核对。②建立严格的仓储标准。根据交通企业的存货特点，制定与货物相符的仓储标准。尤其是水泥，要注意防水、防潮、防变质。③加强对存货的保险投保。交通企业的存货（如钢材）不仅量大，价值也高，为了保证存货的安全，要对存货进行保险投保，合理降低存货意外损失的风险。

4）领用发出

交通企业建设部门领用建筑材料主要用于公路建设，涉及存货的领用与发出问题。交通企业在该环节面临的主要风险是存货领用发出审核不严格、手续不完备。

内部控制措施：①明确存货发出和领用的审批及发出流程。交通企业的存货领用发出环节，要重视对发货单审批真伪情况的检验，尤其是对大批存货的发出应当实行特别授权。仓储部门要严格审批发货单，严格按照发货单的数量准确发出存货，做到单据齐全，名称、规格和计量单位准确。②及时登记领用发出记录。

仓储部门发出存货时，要与领用部门（人）当面核对，点清交付，及时做好相关登记以便随时检验查证。

5）盘点清查

存货的盘点清查对交通企业来说，工作量非常大，但是在存货管理上，盘点清查是一个不可疏漏的重要环节。对交通企业而言，存货盘点清查过程中面临的主要风险是存货盘点机制不完善、计划不可行，以及可能导致工作流于形式、无法查清存货真实状况。

内部控制措施：①完善存货盘点机制。交通企业要根据企业的建设情况制定完善、可行的盘点机制，确定科学的盘点周期、盘点流程、盘点方法、盘点对象，做到定期、科学的盘点。②制订可行的盘点计划。为了避免存货盘点清查流于形式，要拟订详细的盘点计划，为盘点工作做出切实可行的引导。盘点计划要包括盘点人员、盘点方法、盘点对象和盘点报告，通过具体可行的盘点计划保证盘点清查工作的真实性与有效性。③加强对盘点工作人员的相互监督。对交通企业存货的盘点，由于工作量巨大，工作人员有可能会勉强应付，这就需要制定一个相互制衡与相互监督的机制引导工作人员认真、严格地做好盘点工作。④及时汇报盘点情况。对盘点工作中发现的存货损毁问题，如水泥遇潮和钢材遇盗等情况，应当及时向仓储管理部门汇报，按照规定权限批准后处置。⑤加强跨省路线的资产清查。交通企业由于固定资产的特殊性，对跨越不同地区的路线，要加强沟通与合作，认真做好盘点清查工作，做到不交叉，不遗漏。

3. 固定资产

对交通企业而言，固定资产主要是公路及构筑物、通信设施、监控设施、收费设施、房屋及建筑物以及其他的固定资产，其中公路及构筑物在固定资产中占据了较大的比重。任何一个企业都要重视固定资产的维护和更新改造，不断提升它们的使用效能，积极促进固定资产处于良好的运行状态。交通企业作为国有企业，其固定资产管理必须首先符合国家对国有资产管理的要求，即维护国有产权的合法权益，保卫资产安全，实现资产保值增值，提高资产利用效率。由于交通企业的大部分固定资产是公路及构筑物，所以交通企业固定资产内部控制的目标应当包括保护固定资产的安全完整以及加强资产的维护管理以提升其使用效能。

要真正落实固定资产内部控制，必须建立科学、系统、明晰的固定资产管理组织机构和权责运行体系。根据交通企业固定资产的特点，建立由建设管理部门、财务部门、公路管理部门及固定资产使用部门共同组成的固定资产全过程与全方位的立体管理格局，该管理格局如表 9-16 所示。

表 9-16 交通企业固定资产管理格局

部门	角色	职责	职责说明
工程建设部	建设管理部门	在建工程（公路）、固定资产零购等资本性支出的管理	固定资产投资建设环节,有利于控制建设成本
计划财务部	价值管理部门	在建工程核算、固定资产价值核算及折旧计提	财务部门不仅是固定资产的价值管理部门和资产管理牵头部门,还要对固定资产进行监督,保证固定资产内部控制制度的执行和落实
	资产管理牵头部门	牵头开展账目、卡片、实物核对、组织开展资产盘点清查	
	资产管理监督部门	对固定资产投资建设、实施管理和使用管理环节进行监督	
实物管理部	实物管理部门	负责通信设施、监控设施的实物管理工作	除公路及构筑物之外,其他所有的固定资产均由实物管理部门统一管理,便于落实固定资产实物管理职责,有利于企业资产资源的统一管理和分配,提高资产管理利用效率
		负责对收费设施、房屋及建筑物的实物管理工作	
使用部门	固定资产使用部门	各使用部门负责本部门固定资产实物管理	对实物管理部门负责

1）工程建设部

在交通企业固定资产内部控制的管理上,首先要建立工程建设部,工程建设部承担的是对公路建设环节的管理工作,担任建设管理部门的角色,其主要的控制工作如下:

（1）编制项目建议书及可行性研究报告。项目建议书的编制是投资公路建设决策前的一个必要步骤。项目建议书应当包含项目的实施方案、环境条件、投资估算及项目实施的可行性分析。而可行性研究报告主要是对项目的可行性、效益性进行分析和评审,并出具评审意见。

（2）制定工程管理的相关制度,明确各部门的工作职责。工程建设部是项目管理过程中的带头部门,需要承担统筹大局的职责。

（3）负责对项目建设过程的监督。

（4）配合完成固定资产管理工作,参与全生命周期管理,并负责资产估价时和资产清查时资产管理所需资料的提供。

2）计划财务部

计划财务部不仅是固定资产的价值管理部门和资产管理牵头部门,还要对固定资产进行监督,保证固定资产内部控制制度的执行和落实,同时还要发挥财务部门的监督职能。其主要的控制工作如下:

（1）制定、修改和完善交通企业固定资产管理办法。

（2）做好交通企业固定资产的相关会计工作,包括设置固定资产总账、明细账和计提固定资产折旧等。

（3）综合分析固定资产的使用效益,并及时向相关部门提出改进和完善的建议。

（4）组织开展固定资产的盘点清查工作。

（5）对固定资产进行监督，确保固定资产的安全完整和保值增值。

3）实物管理部

考虑到交通企业固定资产种类繁多，为了企业资产资源的统一调配和管理，建议交通企业在资产管理内部控制体系的构建过程中设置实物管理部，加强对除了公路之外的其他所有固定资产的统一管理。实物管理部的主要控制工作如下：

（1）制定固定资产实物管理办法，并指导落实。

（2）指导对通信设施、监控设施的实物管理工作。通信设施与监控设施作为公路设备不可缺少的一部分，加强对其管理是交通企业在整个资产管理过程中不可或缺的重要工作。

（3）负责对收费设施、房屋及建筑物的实物管理工作。

（4）负责对其他固定资产的实物管理工作。

（5）加强与计划财务部的沟通，协助固定资产的盘点清查工作。

（6）加强对各使用部门使用固定资产的监督。

4）固定资产使用部门

交通企业固定资产种类繁多，各部门对资产的要求、使用情况都不尽相同。所以建议交通企业在进行资产管理的过程中，对各使用部门进行授权管理，各使用部门负责本部门固定资产保管和日常维护管理，其主要控制工作如下：

（1）制订本部门固定资产零购及投资需求计划。

（2）按照"谁使用，谁保管，谁维护"的原则进行固定资产的维护工作。

（3）负责本部门固定资产实物的盘点清查工作。

4. 流动资产

流动资产，是指企业可以在一年或者超过一年的一个营业周期内变现或者运用的资产，是企业资产中必不可少的组成部分，其特点是具有较快的周转速度与较强的变现能力。根据交通企业流动资产的内容与特点，对流动资产的管理主要是对现金收入及现金支出的管理。现金收入主要是高速公路通行费，现金支出主要是企业各部门的零星开支。

1）现金收入的内部控制

对交通企业现金收入的内部控制，首先要从对高速公路通行费的控制入手。高速公路通行费多为人工收费，车辆驾驶者通常以现金形式缴纳，由于每天车辆繁多，所以交通企业高速公路收费部门面临现金收入量大、参与收费人员多、收费站点多且分散、收费时间长的问题。如何对现金收入进行内部控制，笔者提出了以下几点建议：

（1）加强现金收入全过程的管理，明确落实各有关人员在收费过程中的职责。

（2）制定科学、系统的现金收入流程，明确现金收入操作标准。对交通企业而言，现金收入主要集中在对高速公路收取通行费上，这就要求收费人员需要及时、准确地开好票据，对齐钱数并入账。收费部门应当每天做好现金日记账的登记，并进行严格审核。

（3）定期整理、汇报现金收入总账。交通企业投资大量的资金建设公路及其他相关设备，前期的资金投入较为巨大，高速公路建设竣工后，交通企业的成本回收主要是高速公路收取的通行费。为了保障整个工程项目回款工作的清晰明了，高速公路收费部门应当定期整理并汇报现金收入总账。

2）现金支出的内部控制

交通企业的现金支出主要是各部门的零星支出。内部控制可从以下几点入手：

（1）建立现金支出申请审批制度。交通企业各部门在可预计的现金支出之前，应当向部门经理或财务部提交申请单，说明现金使用理由，经审核同意后，出纳人员根据申请单，预支现金给申请人，同时会计人员做好记账工作。

（2）明确现金支出报销程序。交通企业零星开支的报销必须填制报销单，附上所有原始凭证，经部门主管或经理审批签字，并经财务部门复审通过后，出纳人员对其支付现金。

5. 无形资产

无形资产是指企业为进行生产经营活动而有偿取得或自创的，能在未来较长时期内为企业提供不确定性经济利益的，并且没有物质实体的资产。无形资产作为资产的重要组成部分，在企业经营活动中起着日益重要的作用。我国《企业会计准则第6号——无形资产》第3条规定"无形资产，是指企业拥有或者控制的没有实物形态的可辨认非货币性资产"，包括专利权、商标权、著作权、土地使用权、非专利技术、商誉等。

无形资产内部控制制度就是为保护无形资产的安全完整，保证无形资产财务记录的准确可靠而建立的一种企业内部自我协调和制约的控制措施。

对交通企业而言，无形资产是品牌、商标、专利、专有技术和土地使用权等，交通企业建立资产管理内部控制体系，不能忽视无形资产内部控制制度的建立，下文笔者将探讨如何对交通企业的无形资产建立内部控制制度。

1）梳理无形资产管理的主要风险点

无形资产的管理包括预算、取得与验收、使用与保全、处置四个环节，每个环节面临的风险点都不同，首先要对其进行梳理。

（1）无形资产预算环节风险点梳理。交通企业投资无形资产的预算没有经过规范化的可行性分析，或未经适当审批或越权审批，导致预算编制不全面，存在数据和信息风险。

（2）无形资产取得与验收环节风险点梳理。无形资产采购不符合交通企业要求，造成资产损失或资源浪费；无形资产自主研发未经适当审批或越权审批，研发失败，浪费资产与人力；取得的无形资产缺乏技术自主权，或权属不清，导致产生法律纠纷和经济损失；无形资产验收过程不规范，记录不完整，可能导致无形资产流失。

（3）无形资产使用与保全环节风险点梳理。如果缺乏保密机制，可能造成无形资产被盗用；无形资产若长期闲置，可能降低使用效益；忽视对无形资产的及时检查及更新，导致无形资产效能发挥不到位。

（4）无形资产处置环节风险点梳理。无形资产处置流程不规范，造成处置成本增加，浪费企业资产；转让或售卖过程违背相关的法律法规，可能引起法律诉讼，破坏企业形象。

2）无形资产内部控制的措施

通过分析交通企业在无形资产管理过程中可能遇到的主要风险点，结合内部控制在企业现代管理中的作用和地位，建立无形资产内部控制制度是交通企业管理过程的必然要求。笔者同样从无形资产的预算、取得与验收、使用与保全、处置四个环节分别进行分析，提出无形资产建立内部控制制度的建议：

（1）无形资产预算环节内部控制措施。加强交通企业无形资产管理部门对无形资产投资预算的审批制度。交通企业无形资产的投资决策，要综合考虑其投资方向、投资规模、产生效益，并严格分析其可行性，编制完整的投资预算。尤其是对资金规模较大的投资，应当考虑聘请业内的专业人士进行评估，防止决策失误。

（2）无形资产取得与验收环节内部控制措施。交通企业应当建立专门的无形资产管理部门，加强对无形资产的统一管理，以避免造成无形资产取得的重复或遗漏，或取得的无形资产不符合交通企业的发展要求。同时，交通企业应当建立严格的验收制度，对无形资产的验收要仔细查看有效证明文件，审核合同协议等法律文件，验收完成后，及时办理移交使用手续。

（3）无形资产使用与保全环节内部控制措施。无形资产的使用应当遵循交通企业的管理制度，不能违背国家法律法规及其他相关规定。尤其是涉及交通企业商业秘密的无形资产，不能随意借用或提供信息给他人。另外，无形资产要及时备份，包括纸质备份与电子备份。另外，为了加强无形资产的保全管理，交通企业应当建立无形资产的清查制度，无形资产管理部门、技术部门、使用部门和财务部门要定期进行资料的核对及评估，对无形资产及时更新或淘汰。

（4）无形资产处置环节内部控制措施。交通企业无形资产的使用不可能是无限期的，因而需要建立处置无形资产的管理制度。对无形资产的转让或售卖，应当由无形资产管理部门、使用部门和财务部门等按规定报批后才予以处理,财务部门要对无形资产的价值做出准确的估值,同时保证合同协议的完整性。另外,对试用期满、正常报废的无形资产,相关部门要及时估值出售并购买或自主研发新的无形资产以保证企业的正常运营。

9.4　本章小结

本章结合广东省交通集团下属 11 家企业(包括二级、三级公司)的问卷数据进行对比分析,得出交通企业资产管理的现状不容乐观以及面临诸多不足的结论。通过理论与实证研究相结合的方法,揭示了交通企业资产管理构建内部控制体系具有必要性。根据内部控制的体系要求,结合广东省交通企业资产管理的特点,按照内部控制环境、存货、固定资产、流动资产及无形资产五个要素对交通企业的资产管理进行逐一剖析,构建完善的内部控制体系。在分析交通企业资产内容及特点的基础上,结合交通企业资产管理调研的现状及内部控制理论,从内部控制环境、存货、固定资产、流动资产及无形资产五个方面入手,对交通企业资产管理构建内部控制体系提出了建议。

第10章　交通企业工程管理内部控制体系建设

10.1　交通企业工程管理现状分析

10.1.1　中国交通企业工程管理的内部控制现状

目前我国交通企业的工程管理方式依然落后，各种工程事故频发，为投资主体和国家带来了损失。这其中的原因很多，如体制因素。本章只探讨企业层面能够管控的因素。归根结底是企业内部控制体系缺失或尚且流于形式。

一些单位完全把内部控制体系架空，既不对管理层进行有关内部控制思想的教育和培训，也不在实际操作中应用这些先进的管理理念。一些工程管理的重点环节，如招标管理，虽然国家出台了《中华人民共和国招标投标法》（以下简称招标投标法），但是由于内部控制制度不完善、实施不到位，依然存在虚假招标和恶意串标等违法现象。一些建设项目不进行合理的资金进度安排，建设中途资金不到位就导致停工现象。

例如，2011年11月广东省媒体报道贵广、南广高铁部分路段停工，原因就是资金不到位。一些建设项目在立项前严格遵守规定，立项后却马上疏于管理，对工程建设盲目指挥，出现工期延长、成本超出预算和质量低下等问题。

又如，2011年8月山东聊莘公路建设中期因备土不足导致工期延长，2012年9月连霍高速公路（柳沟河至忠和段）路基出现穿孔，路面塌陷约40平方米，深度达两米。这些工程建设事故的发生归根结底在于没有对工程管理进行严格、系统的内部控制，我国交通企业工程管理的内部控制现状不容乐观。这样的案例经常见诸报道。

10.1.2　交通企业工程管理内部控制存在的问题

1. 工程立项阶段内部控制存在的问题

立项是工程项目前期阶段与项目实施阶段的分界岭。立项前的工作主要包括项目规划、可行性研究和初步设计等，称为项目前期；立项后的工作主要包括施工图设计、招投标、签约、建设和验收等，称为项目实施。只有获得立项批文，即获得政府投资计划主管机关的行政许可，一项工程才可以进入项目实施阶段。

目前我国一些交通工程违反基本建设程序，项目前期工作准备不当，有的单位不重视可行性研究，项目已经施工却还没有通过可行性报告审批，最后建成运行后却发现实际效益远远低于预期，不仅造成巨大的经济损失，也浪费了社会资源。更有一些单位打造无立项、无报批、无图纸的"三无"工程，严重违反了我国的建设程序和相关条例。

2. 工程设计阶段内部控制存在的问题

工程设计不仅是施工图纸的设计，还包括对建设所需的经济、资源和技术等进行综合考察论证，可以说工程设计直接关乎工程建设的造价确定与控制。目前我国交通建设存在工程设计上的严重漏洞，不乏一些项目不通过施工图审批就盲目开工，一旦施工图不符合城市规划要求被责令进行修改时，就要进行拆工返工，造成巨大的经济损失。另外一些项目不进行经济合理的工程设计，在建筑材料、结构规划、储运设备和技术条件等方面盲目设计，不利于工程造价的确定与控制，甚至有一些单位为了在招投标环节中标，故意进行虚假设计从而压低设计概算、提高工程技术水平和效益水平，出现不少"钓鱼"工程。

3. 工程招标阶段内部控制存在的问题

首先，一些职能部门利用职权限制或排斥某些优秀的施工队伍参与投标，或与一些投标人有非法利益勾结，帮助其在招标环节中获胜，搞"明招暗定"；一些建设单位压迫投标人以低于成本的价格竞标，否则不给予其竞标资格。

其次，一些建设单位对投标人的资质审查也不严格，不考虑投标人的能力和经验，导致一些资质不够的施工单位参与施工，对工程的质量安全问题造成严重威胁。例如，2011 年 10 月沈阳宇松铁路"骗子承包、厨子施工"的现象被曝光，铁路工程质量极其不能保证，之后铁道部对在建的宇松铁路相关责任单位和人员做出了严肃处理；还有一些建设单位宣布某施工单位竞标成功后，对其不再进行监督，导致有的施工单位随后把工程违法分包给其他单位，"转包"现象再次导致工程质量没有保证。

另外，还存在投标人之间相互串通以及恶意串标的现象，他们互相商定后提高或压低投标价格，侵害建设单位的合法利益。

4. 工程建设阶段内部控制存在的问题

工程建设阶段是整个工程项目的重点实施阶段，涉及环节多、任务重，影响巨大。我国交通企业目前工程建设阶段的内部控制存在很多问题，严重影响了交通建设的整体效益：

（1）工程质量低下已造成多起铁路、公路和高架桥等工程质量事故。2008年2月14日广州至深圳高速公路路面发生塌陷；2011年5月6日广州北环高速公路再次出现路面坍陷，而2011年的"7·23"动车事故经调查认定，是列控中心设备存在严重的设计缺陷、上道使用审查把关不严、雷击导致设备故障后应急处置不力等因素造成的。

另外，有些施工单位不遵守合同的约定按质量完成项目建设，他们为了降低成本谋取暴利往往偷工减料，购买质次价高的物资或者以次充好。工程监理单位又不及时跟踪监督纠正错误，甚至有些工程监理人员被施工单位买通，按照施工方的要求随意更改签证，纵容这种非法行为。"豆腐渣"工程严重威胁了人民的生命财产安全。

（2）成本控制不严格，建设成本超支现象频频出现。目前我国交通企业工程管理的成本控制主要由项目经理负责，项目经理负责把成本预测、实施、核算和考核等编织为成本报告，同时对工程进行同步监督。但在实际操作中，成本报告往往流于形式，简单估算，并没有精细严格地制订成本计划，对成本的考核监督更是无从谈起。同时，目前我国交通工程建设中管理系统复杂，层次不清，职责权限相互交叉，作业层之下也相互牵连，分工不明，管理层难以对各个作业层进行成本目标分解。

（3）进度监管不到位，缺乏进度控制体系，一些项目在建设中不重视库存管理和物资采购的进度安排，导致工程难以按计划进行。还有一些建设单位资金安排不当造成资金流通困难，无法及时支付工程进度款（这与成本控制不严格也有密切关系）造成工程中途停工，延长了工程工期。

（4）一些单位在工程建设中只管生产不管安全，对施工机具和高空作业设备不进行定期检查，甚至使用不合格的机器设备，危险作业、危险施工。

10.1.3　二次问卷调研分析：工程管理

1. 交通事业发展与工程管理

交通建设事业属于基础设施建设，涉及民生。整个行业的特点是投资成本巨大、资金回收期限长、成本控制和建设过程操控难、资本筹措和资金运作专业性强，风险暴露的机会和规模大。根据广东省交通集团公布的数据，仅2015年集团属下完成的高速公路投资就达1 150亿元，在建项目总投资超过了3 000亿元。

尤其是高速公路产业链，巨大的投资是以工程的举办完成的。因此，构建有效的工程管理内部控制体系可以防范工程风险（项目本体风险和施工各个环节的各类风险），而防范投资风险具有重要作用。

下文的分析是基于第二次问卷调研的结果整理的，关于第二次调研的范围见上文，本节不再重复。

2. 各单位的风险发生环节分析

南粤物流内部控制风险主要产生环节如图 10-1 所示。

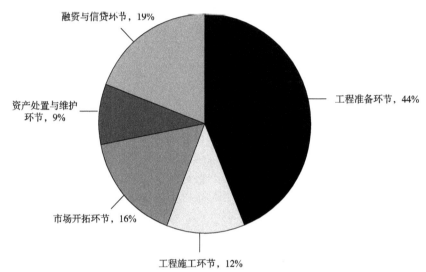

图 10-1　南粤物流内部控制风险主要产生环节

省汽运内部控制风险主要产生环节如图 10-2 所示。

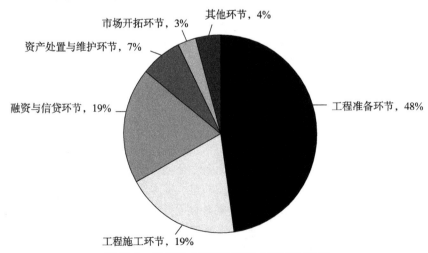

图 10-2　省汽运内部控制风险主要产生环节

恒建公司内部控制风险主要产生环节如图 10-3 所示。

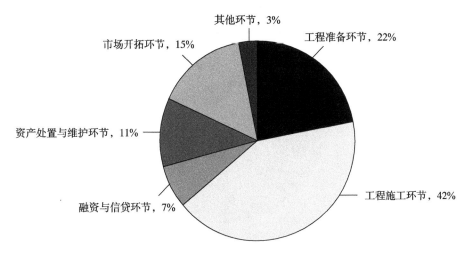

图 10-3　恒建公司内部控制风险主要产生环节

晶通公司部分下属企业内部控制风险主要产生环节如图 10-4 所示。

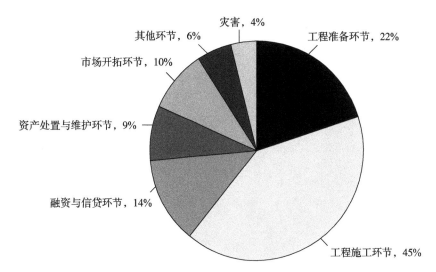

图 10-4　晶通公司部分下属企业内部控制风险主要产生环节

图中比例根据被调研者的问卷选择数除以总问卷数得到

路桥公司内部控制风险主要产生环节如图 10-5 所示。

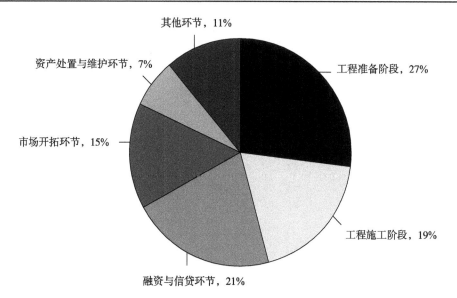

图 10-5 路桥公司内部控制风险主要产生环节

西部沿海内部控制风险主要产生环节如图 10-6 所示。

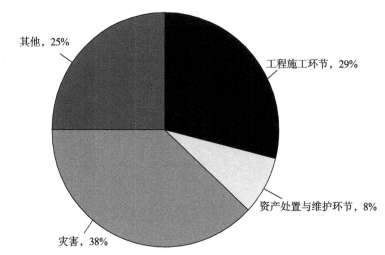

图 10-6 西部沿海内部控制风险主要产生环节

台山公司内部控制风险主要产生环节如图 10-7 所示。

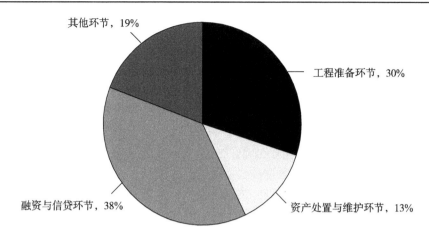

图 10-7　台山公司内部控制风险主要产生环节

高速公路产业链长，分布于该产业链不同环节的企业风险发生的类别和重要程度自然不同。

由图 10-1~图 10-7 可知，广东省交通企业内部控制的风险主要产生于工程准备环节和工程施工环节。具体而言：工程准备阶段主要涉及材料、设备采购及存储等多个环节，因而任意一个环节存在风险隐患均增加工程准备环节风险发生的可能性。这其中可能存在的风险隐患主要是材料、设备管理不善，出现材料毁坏、设备使用寿命短，进而增加了项目建设和管理成本。工程施工环节主要是指项目建设过程中的技术、质量、成本和安全控制等内容，这一环节中可能存在的风险隐患主要如下：①施工质量管理存在缺陷，导致施工质量不过关，从而增加返工次数以及建设成本；②由于施工安全管理不到位，员工安全防范意识较低，从而给项目建设带来不必要的损失。

10.2　交通企业工程管理的内部控制体系构建与风险管理

10.2.1　工程管理内部控制体系的构建原则与目标

构建内部控制体系应当合法、合理、科学和有效，所以必须遵循一定的原则。

第一，从实际出发，按照现行法律法规的规定对企业内部存在的薄弱环节进行内部控制管理，明确工程建设的远期目标和近期目标，将内部控制与风险控制消化在工程建设过程中的各个环节。

第二，全面控制，突出重点。内部控制的控制范围要全，遵循全面性原则，要涵盖企业及其所属单位的各种业务和流程，包括工程立项阶段、工程招标阶段、工程建设阶段、工程验收和评价阶段。同时在全面控制的基础上，还要着眼于风险、突出重点，关注重要业务单位、重大业务事项和高风险领域，即遵循重要性原则。

第三，节约成本，经济合理。交通企业实施工程项目管理内部控制的目的在于提高工程建设的质量，降低损失的影响，那么在进行内部控制活动时更要兼顾经济效率，不能因为进行内部控制制度的构建而使建设成本大大超出预支，保证规避风险的成本要低于项目获取的经济收益。

第四，合理分工，权责分离。内部控制制度应该对每个环节、每种工作性质的岗位进行细致的划分，根据工作要求进行合理分工，而且必须要求对某些职务进行分离，不能一人共担两职，如财务管理部门人员与内部审计部门人员要严格分离。

按照上述原则构建内部控制体系是为了达到以下预期的内部控制效果。

首先，贯彻国家相关法律法规，建立更加合理规范的企业治理结构，从而有效地完成工程建设的预期目标，实现经济效益和社会效益。

其次，同步监控，降低风险。内部控制对工程的立项、招标、建设、验收和评价环节等各个环节的严格监督与管理，保证一旦出现风险能立即进行相应的紧急情况处理，将风险降到最低，确保工程建设的顺利进行。

10.2.2　工程管理过程的内部控制与风险评价构建

1. 加强项目立项的内部控制管理

项目立项是整个工程的开始环节，立项决策的正确与否直接关系到整个工程的建设意义，通过分析投资方向、经济利润和社会影响等，判断工程项目是否应该实施。立项是工程项目前期阶段与项目实施阶段的分界岭。立项阶段的工作主要包括项目规划、可行性研究和初步设计等，称为项目前期；立项后的工作主要包括施工图设计、招投标、签约、建设和验收等，称为项目实施。只有获得立项批文，即获得政府投资计划主管机关的行政许可，一项工程才可以进入项目实施阶段。可见，项目立项直接关乎整个工程项目的成败。

基于 COSO 内部控制框架，本章对立项阶段的各个环节提出控制建议。

1）项目建议书编制的控制措施

项目建议书编制的控制目标是确保项目建议书的编制程序符合国家法律法规、内容真实详细、规划统筹科学合理。要实现这个控制目标，必须从几个关键控制点入手：①熟悉相关政策和法规。例如，2007 年 10 月 28 日第十届全国人民代表大会常务委员会第三十次会议通过《中华人民共和国城乡规划法》，要求通过完善、合理、科学的城乡规划管理活动，协调城乡空间布局，改善人居环境，从而促进城乡经济社会全面、协调、可持续发展。土地使用规划管理规章主要包括《城市国有土地使用权出让转让规划管理办法》和《建设项目选址规划管理办法》，公共设施规划管理规章主要包括《公路网规划编制办法》和《城市道路交通规划设计规范》等。②项目建议书的格式和内容。③投资估算。

在实际操作中，由于某些工作人员或业务能力薄弱，或道德操守败坏，不能胜任项目建议书的编制；项目建议书没有按照规定的格式和内容进行编制；一些工程项目的投资方向和投资目的与国家产业政策及发展战略相违背，这些都将导致项目立项的失败。要对这些问题进行内部控制管理，必须从关键控制点入手，实施具体的控制措施：①加强建议书编制人员的业务能力培养和道德操守监督，职责分工并建立岗位责任制；②熟悉所处行业（交通行业）的相关建设管理制度，项目建设要符合国家和当地的相关法规；③明确项目建议书的格式、内容，严格按照要求进行编制；④必要时可聘请外部专业机构进行投资分析，编制项目建议书。

2）项目可行性研究的控制措施

工程项目的可行性研究，是在投资之前研究该项目是否能产生经济价值、是否具有先进的技术、资源环境能否支持工程建设等，以确定该项目是否值得投资、规模应有多大、建设时间和投资应如何安排、采用哪种技术方案最合理等，以便为决策提供可靠的依据。工程项目的可行性研究报告是否合理直接影响后期工程项目的设计、招标、施工阶段，更是能否通过银行贷款审批的重要依据，因此对可行性研究报告的内部控制不容忽视。

与项目建议书的控制目标一样，项目可行性研究同样要保证报告内容真实全面、符合国家法律法规、对可能影响工程建设的因素考察细致严谨。为此可以采取以下控制措施：

（1）内容控制。工程项目的可行性研究一般包括六大方面，分别是经济、社会、市场、文化、资源、技术等对项目的影响分析。例如，工程项目所在地经济发展水平，国民经济评价，当地法律法规的有关规定，当地市场现状和未来发展潜力，当地文化氛围和主流价值观，当地资源储备、气候状况、地质条件，技术研究水平和技术人才储备，等等，这些因素都会对工程项目的建设产生影响，进行可行性研究报告时要考虑全面，分析仔细。

（2）质量控制。工程项目的可行性研究报告流于形式、质量低下，也将对整个工程建设带来威胁。具体操作时，应当严格按照规定的内容、格式进行编制，应指定业务能力优秀、职业道德操守优秀的合格人员进行研究分析，必要时可聘请外部专业机构进行研究分析，保证可行性研究报告的真实准确和完备。

3）项目评审与决策的控制措施

项目评审与决策是立项阶段的最后环节，前期建议书的编制、可行性研究报告的编制都是为了能够通过最后的评审，获得立项许可。可以说项目评审与决策是该项目能否立项以及进入建设实施阶段的最后把关，因此必须确保该阶段的客观公正。该阶段的关键控制点在于：①评审人员素质；②审批授权；③决策程序。

从上述三个关键控制点入手，可以提出具体的内部控制措施：①组建专家评审组进行最后的评审和决策，或聘请外部资质深厚的专业机构进行评审和决策；②实行严格的评审问责制，要求评审人员必须对自己出具的评审意见负责；③严格职责分工制，参与项目可行性研究的人员与参与评审的人员必须分开，不得一人担两职；④按照规定的程序进行评审和决策，决策过程要有书面记录，确保责任追究时有证可循；⑤决策时既要严厉禁止个人独断专权、一手遮天单独决策，也不能简单地"少数服从多数"，要重点考察项目的经济技术可行性，同时兼顾投资、质量、安全和进度等多方因素进行考量。

2. 加强工程勘察设计环节的内部控制管理

工程项目建设的勘察设计要求对社会政策、经济资源、技术水平和环境条件等进行全方位的研究论证，由此编制工程建设的设计文件。

项目立项后，怎样才能节约成本，怎样才能保证项目功能最大限度地发挥，怎样才能在加快建设进度的同时保证建设质量，勘察设计工作起着至关重要的作用。工程项目建设的勘察设计应当随着社会生产力和经济发展的变化而变化，在追求经济效益的同时，还要兼顾社会效益和环境效益，努力做到三者的最优结合。

为此，必须坚持先勘察、后设计、再施工的原则，并鼓励在勘察设计活动中采用先进技术、先进工艺、先进设备、新型材料和现代管理办法。一般而言，勘察设计包括初步设计和施工图设计两个流程，分别对这两个流程进行内部控制管理的分析研究。

1）初步设计的内部控制措施

初步设计一般包括设计依据和指导思想、产品方案、主要设备选型及配置、总图运输、主要材料用量、工艺流程、各项技术经济指标、建设顺序和期限、总概算等。要保证初步设计的质量，需要从以下几个关键控制点入手：①设计单位的能力；②设计深度；③设计文件的审批与修改。

针对这三个关键控制点，提出如下具体控制措施：①对勘察设计单位的选择引入竞争机制，通过招标投标的方式在所有投标人中筛选出最专业的设计单位。②严格勘察设计的合同控制，明确勘察设计单位的权利与义务，明确勘察设计的对象、质量要求和违约责任等，明确初步设计的深度应满足以下要求，即设计方案的必选和确定、主要设备材料订货、土地征用、基建投资的控制、施工图设计的编制、施工组织设计的编制、施工准备和生产准备等。③初步设计的审查和批准应当实行"分级管理、分级审批"的原则，层层把关，严格要求，对一些重大技术方案还要进行重点审查，并对其进行技术试验和可操作性分析。

2）施工图设计的内部控制措施

施工图设计应根据已获批准的初步设计进行。它的主要风险点在于：①概预算严重脱离实际；②随意修改和变更设计文件，工程设计与实际施工衔接不当。

为此提出以下具体控制措施：①加强预算人员的培训，提高他们的专业技能和业务水平；②明确预算人员的权利、义务和责任，实行责任问责制；③加强对施工图设计的管理制度，要求施工图设计必须严格按照国家和行业的相关规定进行编制；④严格交底制度，施工图一经审查，不得擅自进行修改，同时严格审查工程设计与后续施工是否一致。

3. 加强工程招标环节的内部控制管理

建设工程招标投标是市场经济活动中的一种竞争方式，它是以招标的方式，使投标竞争者分别提出有利条件，而由招标人选择其中最优者，并与其订立合同的一种经济活动。招标投标法第 5 条规定："招标投标活动应当遵循公开、公平、公正和诚实信用的原则。"对一些大型基础设施、公用事业等关系社会公共利益、公共安全的工程项目，我国招标投标法第 3 条和第 4 条明确规定必须进行强制性招标。例如，我国广东省交通企业工程建设项目就必须进行强制性招标。推行强制性招标的意义如下：

（1）国有资产投资量大，其质量直接关系着社会安定和国民经济的发展，强制性招标可以防范投资风险，避免投资浪费，提高经济效益。

（2）市场竞争中的盲目性、随意性、自发性，往往导致决策失误，招标制度为民主科学的投资决策提供保障。

（3）强制招标可以杜绝一些内幕操纵、贪污受贿，有效遏制投资领域的不正之气。

（4）强制性招标的严密程序和规范化操作，能够使所有符合条件的供应商在公开、公平、公正的竞争环境中投标，能够保证工程项目的质量。

（5）强制性招标制度有利于打破垄断行为，这种垄断主要发生在采购供应领域，具体表现为地方垄断、行业垄断和部门垄断。

工程项目的招标环节包括招标、投标、开标、评标和定标。对每一部分，都从控制目标、关键控制点、主要风险点和控制措施进行分析讨论。

1）招标的内部控制管理

招标投标法第 10 条规定："招标分为公开招标和邀请招标。公开招标，是指招标人以招标公告的方式邀请不特定的法人或者其他组织投标。邀请招标，是指招标人以投标邀请书的方式邀请特定的法人或者其他组织投标。"采用公开招标不仅可以使招标人有更多的选择空间,尽量选择工程造价、质量和进度三者同时最优的投标人,而且可以给所有的承包商一个平等的竞争环境,采用邀请招标的,由于被邀请参加竞争的投标者数量有限,节省了招标费用,而且能提高每个投标者的中标概率,所以对招标、投标双方都有利。招标的关键控制点主要包括以下几点:①相关法律法规;②招标程序;③标底的规定;④招标公告。

招标的控制措施具体可以从以下几方面入手:①严格招标管理制度,按照招标投标法的规定,保证招标过程的公开、公平、公正和诚实信用。②明确招标方式和招标程序,尤其对需要划分标段进行招标的,更要考虑其工程项目的专业要求,严格遵循相关法律规定。③对投标人的状况及标底实行严格的保密制度。招标人向他人透露已获取招标文件的潜在投标人的名称、数量及可能影响公平竞争的有关招标投标的其他情况,泄露本应当保密的标底的行为,都直接违反了招标投标法的相关规定,从而使招标投标流于形式,损害其他投标人的利益,严重破坏了社会主义市场条件下的正当竞争秩序,因此,必须加以禁止。④招标公告必须公开透明,不得弄虚作假。招标投标法第16条规定:"招标人采用公开招标方式的,应当发布招标公告。依法必须进行招标的项目的招标公告,应当通过国家指定的报刊、信息网络或者其他媒介发布。"

2)投标的内部控制管理

投标是与招标是相对应的概念,招标人发出招标公告是想要寻找能胜任工程项目建设的单位,而投标人是为了获取建设该工程项目的资格,投标要在规定时间、规定地点按照招标公告规定的要求向招标人发送投标文件。投标环节的控制目标在于保证投标人信息的保密以及投标文件真实完整,主要风险点如下:①投标人之间恶意串通投标;②投标人资格审查不严格。

为了保证投标环节的客观公正,应当采取以下控制措施:①依法对投标人的资格进行审查,确保投标人的质量,从而保证工程项目的质量;②对投标人的信息严格保密,禁止任何形式的泄露,杜绝恶意串通投标行为的发生;③投标文件应当符合有关法律规范,应当满足招标文件中对投标文件设置的实质性要求;④投标文件应当由专人负责妥善保管,在开标前不得开启。

3)开标、评标和定标的内部控制管理

开标是招标人在规定的时间、地点开启所有投标人的投标文件,宣读投标人名称、投标价格和投标文件等其他主要内容的过程。评标是招标人根据招标文件的要求,对投标人所报送的投标文件进行审查及评议的过程。它应在开标后立即进行,通过对投标书在经济、文化、政策和技术等方面的考量评价,以推荐合格的中标候选人,或直接确定中标人,为决标提供基础。这三个环节的主要风险点如下:①开标没有公开透明;②评标成员业务能力低,评标水平受到限制;③评标委员会缺乏独立性。

为保证开标、评标和定标的质量，提出以下具体控制措施：①开标时，要检查投标文件的密封情况，并由公证机关公证。开标过程应当记录，并存档备查。②聘请专业技能高、经验丰富的评标人员组成评标委员会，确保评标结果的专业性和可靠性。③评标委员会成员一律不得接受投标人的任何贿赂，禁止与投标人串通。④要确保评标委员会的客观性、独立性，不得以任何形式对评标成员施加压力。

4. 加强工程建设环节的内部控制管理

工程项目建设的内部控制不仅包括对工程建设质量、进度、安全和成本的控制，还包括对工程物资的采购、结算和管理的控制。下文对这些控制内容进行具体阐述。

1）工程项目的质量控制

狭义的工程质量是指工程符合业主需要而具备的使用功能。这一概念强调的是工程的实体质量。广义的工程质量不仅包括工程的实体质量，还包括形成实体质量的工作质量。工作质量是指建设者为了了解自己的工作水平和改进自己的工作质量而进行的活动，包括社会工作质量（如报修保修、社会调查和质量回访等）和生产过程工作质量（如管理工作质量、技术工作质量和后勤工作质量等）。工作质量直接决定了实体质量。要确保工程的实体质量，必须从工程建设的各个方面进行内部控制和管理。本小节将重点考虑施工建设环节的质量控制。

交通企业的工程项目质量管理不同于一般的产品质量管理，它具有以下一些特点：

（1）影响因素多，质量变动大。交通企业的工程项目建设和一般的工业产品生产相差甚远，它不像工业产品生产那样有固定的生产流水线、规范化的生产工艺和完善的检测技术、成套的生产设备和稳定的生产环境。交通工程项目的建设质量与施工单位的质量、物资采购的质量、监督管理的质量及地质气候自然条件的变化密切相关，影响因素众多。

（2）隐蔽性强，终检局限大。交通工程项目在施工过程中，由于工序涉及较多环节，如果没有及时发现每个环节的质量问题，在进行下一个环节时，尽管第二个环节质量过关，但是第一个环节的质量低下也可能导致后面的环节都无法合格。有些事后表面上质量尽管很好，但这时混凝土可能已经失去了强度，钢筋已经被锈蚀，这些工程质量问题在终检时很难通过肉眼判断出来，有时即使使用检测工具，也不一定能发现问题。

（3）对社会影响大。交通工程的建设在国民经济发展中占有重要地位，其建设质量的好坏不仅关乎交通企业的经济效益问题，更直接影响人民群众的生产生活，关乎人民群众的生命财产安全。

交通工程项目的施工阶段是影响工程质量的决定性环节。只有通过施工才能将工程建设从图纸计划变成实实在在的工程建筑物。交通企业工程项目建设阶段的质量控制措施可以从以下几点把握：

（1）施工单位必须依法取得相应的资质等级证书，并且只能在证书规定的选课范围内承揽工程。

（2）施工单位要严格按照施工设计图规定的设计方案和技术指标要求进行建设，不得擅自更改。

（3）建立健全的质量责任制度，对施工阶段的各个环节建立全面的质量控制体系，并严格责任问责制。

（4）交通工程建设实行质量保修制度，施工单位应履行保修义务。

（5）严格工程质量监督管理制度。我国政府非常重视工程质量的监督管理，将公共安全、人民群众的生命财产安全放在第一位。《建设工程质量管理条例》为政府对建设工程质量的监督管理提供了法律依据，主要内容包括建设工程质量管理职责、范围的划分以及质量监督管理的实施机构和有权采取的强制性措施等。工程监理单位应当与被监理工程的相关单位保持各自独立，不得与被监理工程的施工承包单位、设备材料供应单位有隶属关系或者其他利害关系，应当保持实质上的客观性和独立性。

（6）建立工程项目质量的检举、控告和投诉制度，利用群众和社会舆论监督给工程建设单位施加压力，也是保证建设工程质量的一项有效措施。

2）工程项目的进度控制

交通工程是一项大型的施工建设活动，对施工进度的把握可能直接影响工程建设的成本和质量，既不能拖延时间，浪费资金与资源，也不能匆忙赶工，忽视建设质量，因此必须对工程项目的进度进行计划和控制。

要开展进度控制首先必须确定进度计划。进度计划要进行工程项目建设的每个环节开展顺序的编排，对每个环节的开始时间、使用时间和最后期限进行规定。通过进度计划的编制，项目实施形成一个有机整体。进度计划是进度控制和管理的依据。进度控制通常分为三类，即按照不同层次的不同进度控制要求，分为总进度控制、主进度控制和详细进度控制。这些不同的进度计划构成了项目的进度计划系统。

制订项目计划是为了控制项目时间，因为工程项目的特点之一就是具有期限性，必须在规定时间内完工，所以进度计划对工程项目整个事件的掌控和安排十分重要。进度计划应当对每一项工作的最后期限和所需时间进行安排与标注，有时还应当标注完成这项工作所需要的人力、物力和财力。安排这些日期和时间有下列五个目的：①保证按时获利以补偿已经发生的费用支出；②协调资源；③使资源在需要时可以利用；④预测工程建设在每个环节、每个时间点的物资需求情况，以便进行物资安排；⑤满足严格的完工时间约束。

在进行项目进度计划时，只是根据传统的经验和推算而对未来做出的安排，然而，这种经验主义往往适用性有限，在工程建设过程中会发生难以预见的问题，出现或大或小的偏差，这就需要进度管理人员随时跟踪工程建设进度，消除与预定计划偏离的问题，确保工程建设在规定时间内完工。因此，在交通工程建设过程中要随时跟进，不断掌握即时进度情况，并将实际情况与预定计划进行比较分析，设想该偏差会导致的影响，提出相应的解决对策，避免工程建设延长工期。这一过程称之为进度控制，项目进度控制过程如图 10-8 所示。

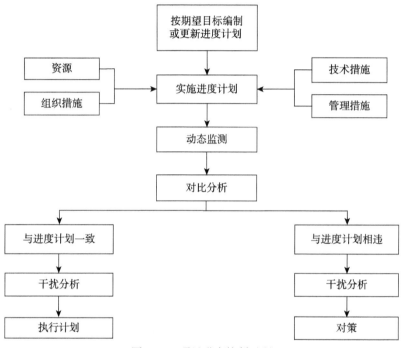

图 10-8　项目进度控制过程

进度控制通常分为三类，即按照不同层次的不同进度控制要求分为总进度控制、主进度控制和详细进度控制。项目总进度控制是项目经理等高层次管理部门对项目中的各里程碑事件的进度控制。项目主进度控制是项目部门对交通工程建设中每一个主要环节或事件进行进度控制，在交通工程建设这种多级别项目中，这些主事件通常是各个分项目，通过对每个分项目分别进行进度控制，保证每个分项目按预定计划进行，就能保证项目总进度按预定时间完成。项目详细进度控制是不同部门对各自的业务进行针对性进度计划的控制。要想使进度得到较强的控制，就必须进行这一步骤，这样才能保证进度按照预先的计划进行，使项目目标在规定时间内顺利完成。

3）工程项目的成本控制

项目成本计划是项目管理的一个重要方面。在现代项目管理中，它是项目管理中与成本管理、进度管理并重的要素之一。项目的成本计划是项目成本控制的基础，因此项目成本计划的质量直接影响项目进行的质量，成本计划的执行情况也是考察项目经理绩效的一个主要指标。

项目成本计划的内容具体见图 10-9。

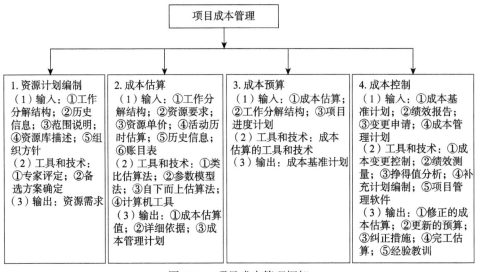

图 10-9　项目成本管理框架

在进行项目成本计划之后，就要对项目成本进行控制操作，主要内容如下：①为保证成本按照预定的设想发展，要时刻对影响成本的因素进行监督控制；②确定实际发生的成本是否已经出现偏差；③当出现成本偏差时，要分析该偏差可能对未来产生什么影响，并制定相应的解决措施。项目成本控制框架如图 10-10 所示。

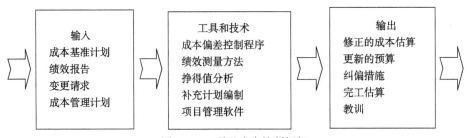

图 10-10　项目成本控制框架

在项目执行过程中，成本与进度是相关的；如果降低成本，一些技术和资源就会缺乏或不能及时到位，工程进度也就降低；如果赶进度，成本有可能提高；

但是，如果工期拖延时间过长，人力消耗、物力消耗增加必然导致财力消耗也相应增加，成本上升。成本和工期的关系如图 10-11 所示。因此，在进行项目的进度控制和成本控制时，还要考虑进度与成本的相互作用，设法使进度和成本两个指标同时达到最优，如图 10-11 中的点 C1 和点 T1。

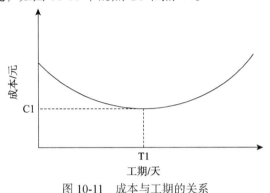

图 10-11　成本与工期的关系

5. 工程项目的安全控制

工程项目的安全控制主要是保护生产活动中劳动者的安全健康，保证生产活动的顺利进行。《中华人民共和国安全生产法》规定安全生产管理，坚持安全第一、预防为主的方针。也就是将生产活动中的安全管理放到第一位，随时排查威胁劳动者安全与健康的因素，将安全事故的发生率降到最低。将安全问题放在工程建设中的首要位置表明了国家重视保护和发展生产力，重视人民群众的生命。预防为主是指在交通工程建设过程中，对每个建设环节进行安全管理，对可能存在的安全隐患及时排查，将安全事故消灭在萌芽状态，保证劳动者的生命安全与健康。安全第一、预防为主的方针，体现了国家对工程项目建设过程中坚持"以人为本"，以及保护劳动者权利、保护社会生产力、保护工程建设生产的高度重视。

广东省交通企业在工程建设的过程中要确保安全第一，必须严格对安全问题进行内部控制管理，建立健全的安全内部控制体系，具体的控制措施可以从以下几点把握。

（1）完善安全管理体制。我国的安全生产管理体制是"企业负责、行业管理、国家监察、群众监督、劳动者遵章守纪"。具体而言就是，交通企业应认真执行劳动保护，遵守安全生产的政策、法令和规章制度，对本企业的劳动保护和安全生产负责。交通行业主管部门应根据"管建设必须管安全"的原则，制定交通行业的安全规章制度和安全规范标准，对交通行业安全生产工作进行计划、组织、监督、检查和考核。劳动部门应按照国务院要求实施国家劳动安全监察，监察国家法规政策的执行情况，预防和纠正违反法规政策的偏差。群众监督通常是指工会组织监督，工会对危害职工安全健康的现象有抵制、纠正及控告的权利。同时，劳动者在生产过程中应该严格按照技术操作指引进行操作，严格遵守劳动纪律和相关安全制度。

（2）明确交通建设安全管理的基本制度，主要包括安全生产监督管理制度、生产经营单位安全保障制度、从业人员安全生产权利义务制度、生产经营单位负责人安全责任制度、安全生产责任追究制度，以及事故应急救援和处理制度。

（3）明确交通工程项目施工单位的安全责任。施工现场的安全生产总责任应当由施工总承包单位负责。分包单位应当服从总承包单位的安全生产管理，由分包单位不服从管理而导致生产安全事故的，分包单位承担主要责任。施工单位主要负责人依法对本单位的安全生产工作全面负责。

（4）坚持安全教育培训制度。安全教育培训包括以下几个方面：第一，施工单位的主要负责人应当经考核合格后方可任职；第二，施工单位应当对员工进行安全生产教育培训，考核不合格的人员不得上岗，同时将培训情况记录在个人工作档案中，这种培训应当每年至少一次；第三，在引进新技术、使用新设备、采用新工艺时，施工单位应当对员工进行使用操作说明和进行安全生产教育培训。

10.2.3　工程管理的内部控制绩效评价

交通企业工程管理的内部控制体系建设首先需要对每个过程、环节进行内部控制制度设计，正如10.2.2小节所述，另外，就是要确保内部控制制度在实际建设管理活动中得到有效运行。那么如何判定内部控制的设计是否完善？运行是否有效？还有哪些需要改进、完善之处？等等，这一切都需要进行诊断，需要按照一定的标准进行检验和衡量。对工程项目管理的内部控制制度进行诊断、检验、衡量和明确结论的过程就是工程项目管理的内部控制绩效评价。

1. 内部控制绩效评价概述

内部控制绩效评价是指企业董事会或类似权力机构对内部控制的有效性进行全面评价、形成评价结论以及出具评价报告的过程。

实施内部控制评价至少应当遵循全面性、重要性和客观性三项原则。全面性原则是指内部控制评价的范围要全面，要包括企业各个层面、各个物业阶段的内部控制设计和运行。重要性原则是指内部控制评价在全面性的基础上，还要突出重点，对关键业务进行考察和评价，关注重点事项。客观性原则是指内部控制评价应当实事求是，不能舞弊掩盖问题，要准确、如实地反映内部控制系统的问题和风险状况。只有遵循客观性原则，才能保证内部控制评价的有效性，坚持客观性是实现有效性的基本要求和保证。

内部控制绩效评价的内容是由内部控制的五大要素决定的。因此交通企业应当根据《企业内部控制基本规范》，结合企业内部控制的实际情况，围绕内部环境、风险评估、控制活动、信息与沟通、内部监督五大要素，确定内部控制评价的具体内容，对内部控制设计与运行情况进行全面评价。

1）内部环境评价

企业组织开展内部环境评价，应当以组织架构、发展战略、人力资源、企业文化和社会责任等应用指引为依据，结合本企业的内部控制制度，对内部环境的设计及实际运行情况进行认定和评价。其中，组织架构可以从信息传递效率、权责划分、专项职责控制力、部门相互制约与牵制等方面进行；发展战略应当考虑战略制定、战略执行和战略调整三个方面；人力资源应当从员工引进来源、员工构成合理性、奖惩机制和激励机制等方面进行；企业文化应当从建设和评估两方面进行；社会责任可以从劳动者权益保护、社会贡献、产品安全、产品质量和节能环保等方面进行。

2）风险评估评价

企业组织开展风险评估机制评价，要针对企业的内部控制制度，分别对企业的目标设定、风险识别、分析和应对进行考察与评价。其中，目标设定应当主要评估目标设定的全面性和合理性；风险识别应当重点关注其准确性、及时性和重要性；风险分析应当重点评估其科学性、客观性和合理性；风险应对应当重点关注风险应对策略选择和确定的恰当性与有效性。

3）控制活动评价

企业组织开展控制活动评价，应当以《企业内部控制基本规范》和各项应用指引中的控制措施为依据，结合本企业的内部控制制度，对相关控制措施的设计和运行情况进行认定与评价。重点评价各项业务流程的设计与运行、关键控制点和具体控制目标的设定以及控制措施的制定与实施等内容。

4）信息与沟通评价

企业组织开展信息与沟通评价，应当结合企业的内部控制制度，对财务报告、信息传递的效率和安全，以及内部控制制度的信息与沟通方面的有效性进行考察和评价。

5）内部监督评价

进行内部控制评价的重要作用表现在以下几点：第一，有助于企业进行内部控制的自我监督和完善。"内部控制评价是通过评价、反馈、再评价，报告企业在内部控制建立与实施中存在的问题，并持续地进行自我完善的过程"。通过内部控制来排查风险、认定缺陷并进行相应的整改，可以及时发现问题，将风险扼杀在摇篮里，最大限度地实现既定目标，并举一反三，促进企业内部控制体系的不断完善。第二，有助于提升企业市场形象和公众认可度。企业开展内部控制评价，需形成评价结论，出具评价报告。通过把企业的发展战略、经营能力、内部控制能力和风险管理水平等信息公布于众，投资者及其他利益相关者可以对企业更加了解，增加企业的诚信度和透明度，有利于增强公众对企业的认可度和信任度。第三，内部控制评价有助于实现与政府监管的协调互动。交通工程建设关乎国家经济建设，关乎人民群众生活的水平和质量，因此必然受到政府的严格监管。根据有关法规，政府部门有权对企业内部控制建立与实施的有效性进行监督检查。企业进行内部控制自我评价可以发现漏洞、排查风险，可以尽早进行改进，在被监管过程中赢得主动，同时企业再通过政府的监管进一步改进方案，将风险降到最低，实现企业自我评价和政府监管的良性互动促进作用。

2. 内部控制绩效评价的实施

内部控制绩效评价的事实主要包括内部控制评价的组织和内部控制评价的程序两个方面的内容。企业应当根据《企业内部控制基本规范》和《企业内部控制评价指引》的规定，根据公司的实际情况一切从实际出发，明确内部控制评价的组织形式，明确各有关方面在内部控制评价中的职责安排，要结合内部监督情况，定期或不定期地对内部控制的有效性进行自我评价，出具内部控制自我评价报告。

1）内部控制绩效评价的组织

内部控制绩效评价的组织机构一般可分为责任主体、监督主体、实施主体和其他主体四个层次。内部控制评价是指企业董事会或类似权力机构对内部控制的有效性进行全面评价、形成评价结论、出具评价报告的过程。因此，毫无疑问，董事会是内部控制评价的责任主体。它不仅要对企业内部控制评价承担领导责任，而且要对内部控制评价报告的真实性负责。对内部控制的评价进行组织、监督和领导可以由企业审计委员会进行，但是，董事会要对内部控制评价的过程和结果负最终责任。《企业内部控制基本规范》第12条规定："监事会对董事会建立与实施内部控制进行监督。"监事会的监督是整个内部控制监督机制的重要组成部分，在内部控制评价中起着重要作用。监事会在内部控制评价方面的主要职责是监督检查企业内部控制评价制度的制定与执行情况；监督企业内部控制评价实施情况；审议企业内部控制评价报告；对企业内部控制体系建设提出改进意见。内部控制评价的具体实施主体一般为内部审计机构或专门机构。这些机构经过董事会授权后负责内部控制评价的具体组织实施工作。要想授权某机构进行内部控制评价，这个授权机构本身也必须具备一定的资格条件：第一，该授权机构能独立行使对内部控制体系建立与运行进行监督的权力；第二，该授权机构自身要具备对内部控制监督和评价的专业技能，即不通过专门的内部控制评价机构，该机构自身也能进行内部控制监管评价；第三，该授权机构能够与其他专门的内部控制评价机构在监督与评价内部控制系统方面保持协调一致，在工作中相互配合、相互制约，在效率效果上满足企业对内部控制系统进行监督与评价所提出的有关要求；第四，该授权机构应当具备足够的权威性来指挥并监督内部控制评价工作的进程。内部控制评价的其他主体包括公司经理层、各职能部门和企业所属单位。

内部控制评价的组织方式主要有定期评价和不定期评价，这两种方式有各自的特点和适用范围。定期评价是指企业按照一定周期组织的内部控制评价活动。定期评价的特点是评价范围比较全面、实施时间较长。定期评价的适用范围一般为企业内部控制的全面评估或某一业务领域的专项评估。例如，对采购业务活动的内部控制每半年进行一次等。不定期评价是指企业根据需要随时开展的内部控制评价活动。不定期评价的特点是评价范围比较灵活，它既可能是全面评价，也可能根据需要对某一领域、某一环节、某一要素或某一事项进行专项评价，不定期评价的实施时间相对较短。不定期评价的适用范围一般为非全面评估活动，其评价活动往往与日常监督活动密切结合，即结合日常监督发现内部控制设计或运行缺陷，及时进行的评价活动。例如，针对发生的物资采购人员串通舞弊、以次充好以及损害企业行为而进行的销售业务内部控制评价活动等。

内部控制评价的组织形式包括三种。第一，单纯内部审计机构或特定的专业评价机构人员组成评价工作组。这种组织形式的特点是评价规模较小、参与人员较少，实施时间较短。一般适用于对某一环节、某一事项或某一要素进行的不定期评价活动。第二，以内部审计机构或专门机构人员为主，吸收企业有关部门人员组成评价工作组。这种组织形式的特点是评价规模较大，参与人员较多，实施时间较长。一般适用于企业定期进行的内部控制全面评价或针对某一业务领域进行的定期或不定期评价活动。采用这种组织形式的注意事项有两点：一是参加评价工作组的企业有关部门人员，应当熟悉相关业务活动；二是严格实行回避制度，即对某部门进行内部控制评价时，在该部门供职的评价工作组成员应当回避。第三，聘请社会中介机构或外部专家组成评价工作组。这种组织形式的特点是评价规模较大，参与人员较多，实施时间较长。一般适用于企业定期进行的内部控制全面评价活动。

2）内部控制绩效评价的程序

内部控制评价程序一般包括制订评价方案、建立评价工作组、现场检测、评定缺陷、汇总结果和编制评价报表等。这些环节按照工作性质可以划分为评估准备、评估实施、汇总结果与编制报告、提出整改意见与跟踪落实四个阶段：①评估准备阶段，主要包括制订评价工作方案和组成评价工作组两个环节。②评估实施阶段，主要包括了解基本情况、确定评价内容与方法、实施现场测试三个环节。③汇总结果与编制报告阶段，主要包括汇总评价结果和编制评价报告两个环节。④提出整改意见与跟踪落实阶段。对已经认定的内部控制缺陷，评价工作组或者评价机构应当提出整改建议，建议应当考虑企业董事会和审计委员会的要求。提出整改建议后还要督促责任单位及时整改，并跟踪其落实的情况；对已经造成损失或负面影响的，则应按照责任负责制对相关人员追究责任。

内部控制绩效评价的业务流程示意图如图 10-12 所示。

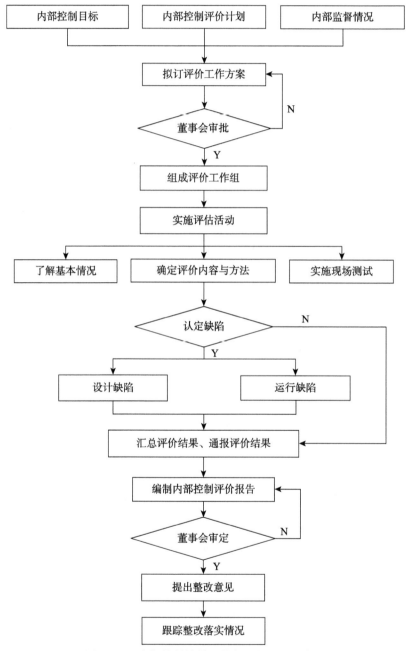

图 10-12 内部控制绩效评价的业务流程示意图

10.3　本章小结

本章首先概述了我国交通企业工程管理现状和存在的问题，然后从内部控制和企业风险管理两个基本框架出发，对交通企业工程管理内部体系的建设进行分析。笔者认为要对工程管理进行内部控制，就要对工程管理的每个过程建立一系列自我调整、约束、检查的控制系统。

从工程项目的实施步骤分析，该控制系统可分为立项控制子系统、设计控制子系统、招标控制子系统、施工控制子系统、验收和评价控制子系统。每个控制子系统又包括控制环境、风险评估、控制活动、信息与沟通和监督等控制体系，这些控制体系相互依赖、相互交错，共同构成工程项目管理的整体逻辑框架。本章的创新之处在于将内部控制整体框架和企业风险管理整体框架结合起来，对每个控制子系统分别从关键控制点、主要风险和控制措施进行讨论，并提出了具体建议。

第11章 交通企业信息与沟通内部控制系统构建

11.1 信息及信息管理

11.1.1 信息及信息需求

信息是通过对数据一层一层加工处理后的最终产品，是经过收集、筛选和处理等程序后，有价值的可使用的数据或事实，而信息管理（information management）正是基于此，对相关信息进行搜寻、集中、整理并加以利用的管理过程。在信息管理的基础上，产生了企业信息管理（enterprise information management，EIM）理论。企业信息管理服务于企业的生产、经营、销售、行政、人力、管理和战略等方面活动，而展开的对相关信息进行搜寻、集中、整理、加工和利用的管理工作。在科技发达的今天，企业信息管理更多的是结合信息技术和计算机技术等处理手段发挥功效。

企业中，不同层次的人员对信息的要求不同。COSO 的 ERM-IF 框架指出，"一个组织中的各个层级都需要信息，以便识别、评估和应对风险，以及从其他方面去经营主体和实现其目标。要利用与一个或多个目标类别相关的大量信息"。

身处经营管理的基层管理人员，其需要的是相关作业信息，如生产、销售中的信息，以此提高基本业务的效率。身处中层的管理人员则不然，其需要的更多是控制信息，他们往往是部门的领导、负责人，需要的更多是部门的控制信息。而公司的高层管理人员，由于其负责的方面往往是从企业发展的制高点出发，制定公司的发展规划，所以他们需要的更多是计划或决策方面的信息（表 11-1）。

表 11-1 企业不同层次员工对信息需求的差异性

所处位置	所需信息
基层管理人员	作业信息
中层管理人员	控制信息
高层管理人员	计划或决策信息

信息需要管理才能发挥作用，尚新丽和崔波（2005）指出：信息管理是为满

足企业的现实控制、实现企业长远战略、解决企业内部控制信息不对称而对相关信息资源进行的一种战略管理手段，包括对信息的提取、集中、开发和利用等手段。在国外，对信息管理理论的理解，则分为狭义和广义两个层次。

狭义而言，对信息资源的搜集、处理和利用等，并指引其向设定的方向而进行，就是信息管理。

而广义上，信息管理涉及的要素则更多更广，包括人与机器、信息、组织机构等，并将各要素进行有效科学的集中控制和组织，以符合社会信息需求，从而起到合理科学配置和利用相关资源的作用。信息管理发展经历了三个阶段：①传统管理时期，以在图书馆中进行为特征；②技术管理时期，以计算机信息系统为基础；③资源管理时期，把信息上升为资源的高度，以管理信息资源为重点。

另外，从实际出发，邱均平和段宇锋（2000）指出，信息管理就是相关部门为服务其他部门而对信息进行整理分析的工作。而从社会的角度出发，信息管理是一切工作的基点，综合人力、物力、财力进行信息方面的管理工作，以期达到社会管理的要求，满足信息需求。

11.1.2　各类信息管理系统

在信息化时代，信息的管理都已经计算机化和网络化，企业一般都会建立起专门的管理信息系统（management information system，MIS），根据 COSO 委员会的 ERM-IF 框架，将信息系统分为两类：第一类是一般控制，它适用于许多并非全部是应用系统的情形，并且有助于确保它们持续、适当地运行。第二类是应用控制，它在应用软件中包含计算机化的步骤，以便对处理过程进行控制。一般控制和应用控制，在必要的时候与人工实施的控制结合起来，共同起作用以确保信息的完整性、准确性和有效性。

企业信息管理涉及的系统繁多，有办公自动化（office automation，OA）、管理信息系统企业资源计划（enterprise resource planning，ERP）等。对不同层次的人员，涉及的信息管理系统亦不相同。目前，有很多类别的信息系统可以帮助企业建立起针对性的信息化管理体系。根据管理的功能及管理的层级，可以将不同类型的信息管理系统加以分类，见图 11-1。

1. MIS

MIS 是指服务于企业的战略准备、优化企业运营情况、提高企业效率的一套以人为主体、结合电子计算机及其他相关通信设备等软、硬件技术的管理系统。MIS 系统的概念由 Walter T. Kennevan 提出，其强调信息的作用应该为决策服务。然而由于当时科技水平的限制，并未将 MIS 与计算机联系在一起。真正提出计算

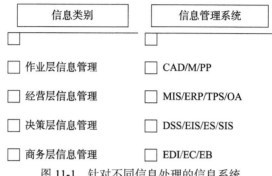

图 11-1　针对不同信息处理的信息系统

CAD/M/PP：computer aided design/manufacturing/process planning，计算机辅助设计/制造/工艺过程设计；TPS：transaction processing systems，事务处理系统；EIS/ES/SIS：executive information systems/expert system/supervisory information system，主管信息系统/专家系统/监控信息系统；EDI/EC/EB：electronic data interchange/ electronic commerce/electronic business，电子数据交换系统/电子商务/电子商务

机技术应用于 MIS 系统中的是 Gordon B. Davis，其指出结合相关技术，尤其是计算机技术，为企业构建人-机信息交互系统，为公司各层管理服务。目前，MIS 包括 OA、决策支持系统等几个子系统。

2. ERP

ERP 系统是综合企业各项资源，为企业发展制订完善计划的一个集成系统，一个优秀的 ERP 系统应涉及物资资源计划（manufacturing resource planning，MRP）、财务资源管理（finance resource management，FRM）、供应链管理（supply chain management，SCM）、人力资源管理（human resource management，HRM）、客户关系管理（consumer relationship management，CRM）、信息资源管理（information resource management，IRM）六个子系统，每个子系统之间相互支持，相互交融，ERP 流程如图 11-2 所示。

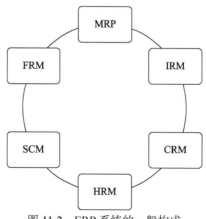

图 11-2　ERP 系统的一般构成

3. COBIT

信息及相关技术管理控制框架（control objectives for information and related technology，COBIT）是目前国际上通用的信息系统审计的标准，是由信息系统审计与控制协会（Information Systems Audit and Control Association，ISACA）于 1996 年公布的，基于 IT 治理概念的、面向 IT 建设过程的 IT 治理实现指南和审计标准，用于对信息化建设成果进行评价。按照系统属性可以划分为若干方面，如对最终成果评价、对建设过程评价、对系统架构评价等。

COBIT 5.0 为企业 IT 治理和管理提供的新一代指引，是以来自商务、IT、风险、安全与鉴证团体的众多企业与用户对 COBIT 超过 15 年的实际使用及应用为依据而构建的，目前已经提升到 5.0 版本，COBIT 5.0 提供一种全面的框架，以支持企业实现其企业 IT 治理和管理的目标。简而言之，就是帮助企业通过维持实现利益、优化风险等级及资源利用之间的平衡，从而创造源于 IT 的最佳价值。COBIT 5.0 能够为整个企业使 IT 在整体上得以治理和管理，并承担整个端到端业务和 IT 功能区域的责任，同时兼顾内外部利益相关者与 IT 相关的利益。COBIT 5.0 通用和实用于各种规模的机构，无论是商务、非营利或公共机构。

COBIT 与 COSO 的内部控制系统紧密相连，是目前世界上使用率最高且最权威的信息管理评价系统。该标准体系已在世界一百多个国家的重要组织与企业中运用，指导这些组织有效利用信息资源，有效地管理与信息相关的风险。在产业信息化和社会信息化的今天，COBIT 在企业信息管理领域的重要性越发突显。

11.1.3　IC-IF 及 ERM-IF 对信息与沟通的要求

信息管理与内部控制系统息息相关。信息管理是内部控制体系的前提要求。无论是 COSO 的 IC-IF 架构，还是 ERM-IF 架构，都对企业的信息化建设和沟通提出了明确的要求。

例如，IC-IF 架构将信息与沟通作为内部控制的五个要素之一，对信息与沟通的表述摘要如下：

（1）为了业务经营和达成企业所有类别的目标——经营的、财务报告的和合规性的目标，组织的各个层次都需要信息。信息被多元应用。信息由信息系统来识别、掌握、加工和报告。

（2）对很多机构来说，战略性地运用信息系统就意味着成功。

（3）信息系统的战略性运用表现了这样一种变化：从纯粹的财务系统变为整合进企业经营中的系统。这些系统帮助控制商业流程，跟踪和记录实时基础上的交易，通常还包括整合性的、复杂系统环境中的许多经营行为。

（4）沟通是信息系统固有的。正如上文讨论过的，信息系统必须把信息提供给相应的人员，使他们能够履行经营性的、财务报告及合规性方面的职责，分为内部沟通和外部沟通。沟通可以采用诸如政策手册、备忘录、布告通知、录像、录音带和口头等的形式。另外一种有影响力的沟通手段是管理层对下属采取的行为。经理应该提醒自己"做比说更有效"。

11.1.4　二次问卷调研分析-信息管理

1. 交通企业信息管理现状

1）粤高速

粤高速成立于 1993 年 2 月，主营高速公路、桥梁的建设施工，以及公路、桥梁的收费和养护管理业务，旗下拥有的路桥资产主要位于广东省的珠江三角洲，构成了连接省外的主要通道。

（1）信息传递与共享。

第一，管理人员方面。由表 11-2 中的数据可知，粤高速对信息搜集的工作是比较重视的。其中，96%的员工赞同或完全赞同公司的管理人员能够及时获取与粤高速目标相关的外部信息（市场环境、竞争者等）和内部信息（服务质量报告、产品线毛利率等）。但也有 4%的员工对此问题的看法是不太确定，这说明粤高速对管理人员获取相关信息的工作还有提升的空间。

表 11-2　管理人员能够及时获取与粤高速目标相关的外部信息和内部信息（一）

评价	完全赞同	赞同	不太确定	不太同意	完全反对
人数/人	9	15	1	0	0
比例/%	36	60	4	0	0

第二，员工方面。表 11-3 中的数据显示，80%的员工完全赞同/赞同公司中员工能够得到足够详细的信息，以便高效地履行其职责。这说明在实际日常工作中，粤高速对员工的信息获取建立起较好的信息获取通道，这是十分难能可贵的。然而，仍有 20%的员工对此问题不太确定，以此可看出对员工的信息传递与共享工作仍有进步的空间。

表 11-3　员工能够得到详细信息，以高效地履行其职责（一）

评价	完全赞同	赞同	不太确定	不太同意	完全反对
人数/人	8	12	5	0	0
比例/%	32	48	20	0	0

第三，公司方面。在公司利用信息技术进行信息集成与共享方面，84%的员工赞同或完成赞同粤高速能够利用信息技术促进信息的集成与共享，充分发挥信息技术在信息与沟通中的作用。12%的受访人员对此持不太确定的观点。值得注意的是，4%的员工对此持完全反对观点，由此可知在信息技术的利用范围内，公司是有所侧重的，某些部门的信息技术建设有所欠缺（表 11-4）。

表 11-4　粤高速利用信息技术促成信息集成与共享（一）

评价	完全赞同	赞同	不太确定	不太同意	完全反对
人数/人	8	13	3	0	1
比例/%	32	52	12	0	4

表 11-5 表明，关于粤高速内部信息能否畅通传递的问题，88%的员工赞同或完全赞同，说明总体而言内部信息传递畅通。但仍有 8%的员工对此不太确定，另外还有 4%的员工对此完全反对，说明内部信息传递工作仍然有进步空间，另外应注意部分部门内部信息传递不畅通的问题。

表 11-5　粤高速内部信息能够畅通传递

评价	完全赞同	赞同	不太确定	不太同意	完全反对
人数/人	7	15	2	0	1
比例/%	28	60	8	0	4

（2）信息搜集。

由表 11-6 中的数据可知，88%的员工赞同或完全赞同粤高速有信息系统，并对其进行资源投资。说明粤高速有自己的信息系统，并对其有相关的人力、技术等适当的资源投入进行支持。12%的员工对此不太确定，可见粤高速虽然有信息系统，但员工并非普遍了解。

表 11-6　粤高速有信息系统，对其有资源投资

评价	完全赞同	赞同	不太确定	不太同意	完全反对
人数/人	7	15	3	0	0
比例/%	28	60	12	0	0

对信息系统的及时更新问题，84%的员工赞同或完全赞同公司能够根据计划变更改变信息系统，这说明为了服务于公司的战略计划和经营计划的变更，粤高速能对信息系统进行相应调整，以适应其发展。然而仍有 16%的员工对此不太确定，这与员工对信息系统的认识度有关，应加强信息系统的宣传工作（表 11-7）。

表 11-7　粤高速根据计划的变更相应改变信息系统

评价	完全赞同	赞同	不太确定	不太同意	完全反对
人数/人	8	13	4	0	0
比例/%	32	52	16	0	0

　　对粤高速是否对客户、供应商等建立了良好的沟通反馈渠道，80%的员工对此表示赞同或完全赞同，说明粤高速能较好地与客户、供应商进行沟通，从而进行相关信息的搜集工作。16%的员工对此表示不太确定，应注意 4%的员工对此完全反对，由此看来这方面的工作仍有部分没有做好，没有建立起与客户、供应商等的沟通渠道（表 11-8）。

表 11-8　粤高速对客户、供应商等建立了良好的沟通反馈渠道

评价	完全赞同	赞同	不太确定	不太同意	完全反对
人数/人	7	13	4	0	1
比例/%	28	52	16	0	4

　　（3）反舞弊机制。

　　由表 11-9 中的数据可知，68%的员工对粤高速是否建立关于报告不当行为的完善沟通渠道持赞同或完全赞同的意见，说明粤高速为防止举报人被报复，建立的供员工报告不当行为的渠道基本完善，基本保障了举报机制的安全性。然而高达 28%的员工对此表示不太确定，甚至有 4%的员工对此持完全相反意见，可见举报不当行为的渠道虽基本完善，但仍需加强。

表 11-9　报告不当行为的完善沟通渠道（一）

评价	完全赞同	赞同	不太确定	不太同意	完全反对
人数/人	5	12	7	0	1
比例/%	20	48	28	0	4

　　表 11-10 中的数据显示，84%的员工完全赞同或赞同公司建立基层员工向上传递信息的渠道，说明粤高速对信息的向上传递渠道基本畅通，保障信息向上的流通。但同时 12%的员工对信息向上传递渠道并不确定，4%的员工对粤高速建立信息向上渠道持完全反对意见，可见信息向上传递的渠道建设仍有进步空间。

表 11-10　向上传递信息的渠道（一）

评价	完全赞同	赞同	不太确定	不太同意	完全反对
人数/人	7	14	3	0	1
比例/%	28	56	12	0	4

　　对管理层能否接受员工关于生产、质量等方面的意见和建议，84%的员工对

此持肯定意见，可见大部分管理层人员能够接受员工的意见并进行改进。但仍有 12%的员工不太确定管理层能否接受员工建议，4%的员工认为管理层并不能很好地接受员工的改进建议，这暗示着某些管理层接受并采纳员工建议的工作仍需加强（表 11-11）。

表 11-11　管理层能接受员工建议（一）

评价	完全赞同	赞同	不太确定	不太同意	完全反对
人数/人	7	14	3	0	1
比例/%	28	56	12	0	4

综上可知，粤高速的信息管理工作较为完善，能高效地进行信息的搜集、传递与共享工作，同时反舞弊机制的建设工作也进行顺利。但仍需关注关于信息传递与共享、反舞弊机制中欠缺的地方。

2）省建设公司

（1）信息传递与共享。

第一，管理人员方面。从表 11-12 中的数据可知，在省建设公司中，96%的员工认为管理人员能够获取公司发展的相关信息。这说明公司中管理人员的信息获取渠道畅通，能及时了解公司的相关信息，管理人员的信息传递与共享工作十分优秀。

表 11-12　管理人员能够获取与省建设公司发展目标相关的信息

评价	完全赞同	赞同	不太确定	不太同意	完全反对
人数/人	9	15	1	0	0
比例/%	36	60	4	0	0

第二，员工方面。由表 11-13 中的数据不难发现，对员工方面的信息传递与共享，只有 9%完全赞同员工能够及时得到详尽信息，以更高效地履行其工作与职责。高达 74%的员工不太同意他们能够获得详尽信息以提高其工作效率的观点。不难看出，省建设公司对员工的信息传递与共享方面的建设工作亟待加强，需要完善公司信息管理工作。

表 11-13　员工能获得相关详尽信息（一）

评价	完全赞同	赞同	不太确定	不太同意	完全反对
人数/人	2	3	1	17	0
比例/%	9	13	4	74	0

第三，公司方面。在企业信息技术的利用上，表 11-14 中的数据显示，只有 13%的员工认为省建设公司利用了相关的信息技术进行信息的集中利用与共享，充分利用科学技术在信息与沟通方面的工作。57%的员工对此表示不太确定，另

外还有 30%的员工对此不太同意。省建设公司在利用相关技术进行信息传递与共享方面的工作并不尽如人意，局面不容乐观。

表 11-14 省建设公司利用信息技术促成信息集中利用与共享

评价	完全赞同	赞同	不太确定	不太同意	完全反对
人数/人	0	3	13	7	0
比例/%	0	13	57	30	0

表 11-15 中的数据显示，39%的员工完全赞同，52%的员工认为公司内部信息传递畅通，另外还有 9%的员工对此不太确定。

表 11-15 省建设公司内部信息能够畅通传递

评价	完全赞同	赞同	不太确定	不太同意	完全反对
人数/人	9	12	2	0	0
比例/%	39	52	9	0	0

（2）信息搜集。

表 11-16 中的数据显示，仅有 9%的员工完全了解公司的信息系统，同时对其有相应的资源投资。大部分员工（65%）对此表示不太确定。不难看出，公司对信息系统的建设工作较为缺乏，应加大相关的投资力度，加强公司信息系统建设，提高信息搜集能力。

表 11-16 省建设公司有信息系统，对其有资源投资

评价	完全赞同	赞同	不太确定	不太同意	完全反对
人数/人	2	6	15	0	0
比例/%	9	26	65	0	0

另外，根据表 11-17 中的数据可知，仅有 10%的员工完全赞同公司有信息系统同时能对其进行及时更新调整。高达 70%的员工不太同意省建设公司有能紧贴其发展步伐而进行相应调整的信息系统，由此可见，省建设公司对信息系统更新、调整的建设工作缺乏，亟须提高。

表 11-17 省建设公司根据计划的变更相应调整信息系统

评价	完全赞同	赞同	不太确定	不太同意	完全反对
人数/人	2	0	4	14	0
比例/%	10	0	20	70	0

另外，对客户及供应商方面的沟通渠道，33%的员工完全赞同公司与客户供应商之间的沟通反馈渠道是优良的，42%的员工对此表示不太确定，还有 21%的

员工对此表示不太同意（表 11-18）。由此可知，省建设公司在信息搜集，尤其是对供应商与客户的信息方面的建设工作怠慢，需要加强相关的建设工作。

表 11-18　客户、供应商等与省建设公司沟通的反馈渠道

评价	完全赞同	赞同	不太确定	不太同意	完全反对
人数/人	8	1	10	5	0
比例/%	33	4	42	21	0

（3）反舞弊机制。

当发现不当行为时，公司内部有较为完善的举报沟通渠道，以保护举报人的信息。37.5%的员工完全赞同公司对此有完善的沟通渠道，62.5%的员工赞同此观点（表 11-19）。反舞弊机制的举报渠道畅通，相关建设工作出色。

表 11-19　报告不当行为的完善沟通渠道（二）

评价	完全赞同	赞同	不太确定	不太同意	完全反对
人数/人	9	15	0	0	0
比例/%	37.5	62.5	0	0	0

表 11-20 中的数据显示，33%的员工完全赞同及 63%的员工赞同公司内向上传递信息的渠道是畅通良好的，4%的员工对此表示不太确定。所以，向上传递信息的局面整体优良。

表 11-20　向上传递信息的渠道（二）

评价	完全赞同	赞同	不太确定	不太同意	完全反对
人数/人	8	15	1	0	0
比例/%	33	63	4	0	0

关于上下级沟通方面，38%的员工表示完全赞同管理层能良好地接受员工建议，62%的员工对此表示赞同（表 11-21）。整体而言，公司管理层能接受员工关于运营、管理、生产方面的建议，以提高公司生产、运营、管理水平。

表 11-21　管理层能接受员工建议（二）

评价	完全赞同	赞同	不太确定	不太同意	完全反对
人数/人	9	15	0	0	0
比例/%	38	62	0	0	0

综上可知，省建设公司在信息传递与共享方面的工作有失偏颇，重管理人员的信息获取能力而轻普通员工对相应信息的获取能力。信息搜集方面的工作并不良好，对公司自有信息系统及客户、供应商的信息搜集的建设工作有待提高。另外，反舞弊机制方面的工作出色，举报渠道及公司氛围良好。

3）晶通

（1）信息传递与共享。

第一，管理人员方面。表 11-22 中的数据显示，对管理人员是否能够及时获取相关信息的问题，22%的员工表示完全赞同，39%的员工表示赞同，17%表示不太确定，19%的员工对此不太同意，另外有 3%的员工完全反对公司的管理人员能够获取相关信息。所以，管理人员对相关公司相关信息的获取情况，大致是满意的，管理人员对信息的传递与共享渠道一般，仍有加强的空间。

表 11-22　管理人员能够获取与晶通发展目标相关的信息

评价	完全赞同	赞同	不太确定	不太同意	完全反对
人数/人	8	14	6	7	1
比例/%	22	39	17	19	3

第二，员工方面。由表 11-23 中的数据可以看出，仅有部分员工能够获得相关详尽的信息（14%表示完全赞同及 27%表示赞同），另外有 24%的员工对此不太同意，值得注意的是有 8%的员工完全不能获得相关详尽信息。在员工方面的信息传递与共享情况并不乐观，员工信息传递与共享工作需要加强。

表 11-23　员工能获得相关详尽信息（二）

评价	完全赞同	赞同	不太确定	不太同意	完全反对
人数/人	5	10	10	9	3
比例/%	14	27	27	24	8

第三，企业方面。对企业是否利用信息技术的问题（表 11-24），51%的员工对此完全赞同或赞同，27%的员工不太确定，19%的员工却对此持相反意见，3%完全反对。由此可见晶通并未充分利用信息技术以促进信息的集中利用与共享，应加强信息技术的建设工作。

表 11-24　晶通利用信息技术促成信息集中利用与共享

评价	完全赞同	赞同	不太确定	不太同意	完全反对
人数/人	7	12	10	7	1
比例/%	19	32	27	19	3

总体而言，晶通内部信息传递的情况基本令人满意，57%的员工赞同或完全赞同公司内部信息能够畅通传递（表 11-25）。

表 11-25　晶通内部信息能够畅通传递

评价	完全赞同	赞同	不太确定	不太同意	完全反对
人数/人	9	11	8	4	3
比例/%	26	31	23	11	9

（2）信息搜集。

关于晶通是否自有信息系统进行信息搜集工作，51%的员工表示完全赞同或赞同；22%的员工对公司的信息系统不太了解，8%的员工持完全相反意见（表 11-26）。分析可知，晶通对信息系统建设方面的工作虽有成效，但仍有较高的提高空间。部分部门或领域并未建设信息系统，应加强相关部门的信息系统建设，提高信息搜集能力。

表 11-26　晶通有信息系统，对其有资源投资

评价	完全赞同	赞同	不太确定	不太同意	完全反对
人数/人	7	12	8	7	3
比例/%	19	32	22	19	8

表 11-27 中的数据显示，晶通的信息系统并不尽如人意，不能依据公司情况的变更进行相应的调整。仅有 39%的员工认同此方面的工作，61%的员工对此不太了解或认为系统的更新工作并不完善。

表 11-27　晶通根据计划的变更相应调整信息系统

评价	完全赞同	赞同	不太确定	不太同意	完全反对
人数/人	6	8	12	8	2
比例/%	17	22	33	22	6

根据表 11-28 中的数据可知，对客户及供应商的信息反馈渠道，晶通相关的工作并不完善。47%的员工对此不太确定，21%的员工对此持否定意见。

表 11-28　客户、供应商等与晶通沟通的反馈渠道

评价	完全赞同	赞同	不太确定	不太同意	完全反对
人数/人	6	6	18	6	2
比例/%	16	16	47	16	5

（3）反舞弊机制。

分析表 11-29 可知，对举报不当行为的沟通渠道是否完善，27%的员工表示不太确定，30%的员工持相反意见，由此可见，晶通并未完全建立起一条供员工举报不当行为的秘密通道，以保护举报人，相关的沟通渠道建设工作亟待完善。

表 11-29　报告不当行为的完善沟通渠道（三）

评价	完全赞同	赞同	不太确定	不太同意	完全反对
人数/人	7	9	10	7	4
比例/%	19	24	27	19	11

表 11-30 表明，员工向上传递信息的情况基本良好，57%的员工赞同或完全赞同晶通内部构建了向上传递信息的沟通渠道，上下级信息交流基本顺畅。

表 11-30　向上传递信息的渠道（三）

评价	完全赞同	赞同	不太确定	不太同意	完全反对
人数/人	8	13	8	6	2
比例/%	22	35	22	16	5

表 11-31 中的数据显示，仅 18.9%的员工完全赞同管理层能接受员工建议，27%的员工对此不太确定，27.0%的员工持相反意见，即赞同。由此推断可知，对员工反映的问题、建议，部分管理层能认真对待并接受，仍有部分管理层对此方面的反应并不尽如人意。

表 11-31　管理层能接受员工建议（三）

评价	完全赞同	赞同	不太确定	不太同意	完全反对
人数/人	7	10	10	6	4
比例/%	18.9	27.0	27.0	16.2	10.8

综上所述，晶通集团在信息搜集、传递与共享方面的建设工作虽有成效，但范围不大，应提高信息管理建设的范围与深度，另外反舞弊机制虽有作用，但仍有较大的提升空间。

4）省汽运

（1）信息传递与共享。

第一，管理人员方面。针对管理人员的信息获取情况，选择性挑取 16 位管理层人员的问卷。表 11-32 中的数据显示，43.8%的管理人员认为能够完全及时获取相关的外部及内部信息，43.8%能获取信息，仅有 12.5%的管理人员对此表示不太确定。可见省汽运对管理人员的信息渠道建设工作是十分到位的，管理人员之间能够畅通的进行信息传递与共享。

表 11-32　管理人员能够及时获取与省汽运目标相关的外部信息和内部信息

评价	完全赞同	赞同	不太确定	不太同意	完全反对
人数/人	7	7	2	0	0
比例/%	43.8	43.8	12.5	0	0

第二，员工方面。就普通员工的信息获取渠道问题，选取 13 位普通员工的问卷进行分析。表 11-33 中的数据表明，61.5%的员工完全赞同，30.8%的员工赞同，仅 8%的员工对此不太确定。由此分析得出，省汽运在员工信息获取方面的工作也是十分到位的，基层员工能得到详尽信息以高效履行其职责。

表 11-33　员工能够得到详细信息，以高效地履行其职责（二）

评价	完全赞同	赞同	不太确定	不太同意	完全反对
人数/人	8	4	1	0	0
比例/%	61.5	30.8	7.7	0	0

第三，公司方面。关于省汽运的信息技术利用方面，46.9%的员工完全认同公司使用信息技术促成信息集成与共享的观点。仅 10.8%的员工对此表示不确定（表 11-34）。可见公司的信息技术水平较高，能利用信息管理技术进行信息的传递与共享。

表 11-34　省汽运利用信息技术促成信息集成与共享

评价	完全赞同	赞同	不太确定	不太同意	完全反对
人数/人	17	15	4	0	1
比例/%	46.0	40.5	10.8	0	2.7

（2）信息搜集。

对于自有信息系统问题，83.8%的员工对此表示赞同，13.5%的员工不太确定，值得注意的是，2.7%的员工完全反对公司自有信息系统并对其有进行资源投资（表 11-35）。由此可见，虽然省汽运在信息系统建设方面有投入，但部分部门及领域投入并不够高，信息搜集工作不能有失偏颇。

表 11-35　省汽运有信息系统，对其有资源投资

评价	完全赞同	赞同	不太确定	不太同意	完全反对
人数/人	21	10	5	0	1
比例/%	56.8	27.0	13.5	0	2.7

对于客户、供应商的信息反馈，13 名业务层的员工中，61.5%的员工完全赞同，38.5%的员工赞同，无持否定观点的员工（表 11-36）。分析可知，省汽运在客户、供应商等信息沟通的反馈渠道工作上十分完善，能利用良好的反馈渠道对客户层的信息及时获取。

表 11-36　省汽运对客户、供应商等建立了良好的沟通反馈渠道

评价	完全赞同	赞同	不太确定	不太同意	完全反对
人数/人	8	5	0	0	0
比例/%	61.5	38.5	0	0	0

（3）反舞弊机制。

由表 11-37 中的数据可知，对举报不当行为的渠道，92.3%的员工持正面观点，仅 7.7%的员工对此不太确定。由此可见，省汽运对举报不当行为的普通员工的保护措施得当，有完善的沟通渠道进行促进反舞弊机制的建设。

表 11-37　报告不当行为的完善沟通渠道（四）

评价	完全赞同	赞同	不太确定	不太同意	完全反对
人数/人	9	3	1	0	0
比例/%	69.2	23.1	7.7	0	0

关于省汽运内部是否有向上传递信息的渠道，仅 7.7%的员工对此不太确定，其余均持正面观点（表 11-38）。

表 11-38　向上传递信息的渠道（四）

评价	完全赞同	赞同	不太确定	不太同意	完全反对
人数/人	7	5	1	0	0
比例/%	53.8	38.5	7.7	0	0

由表 11-39 中的数据可知，在普通员工看来，92.3%的员工认为管理层完全赞同或赞同接受员工的建议，对提高生产效率、提高质量及管理的相关信息能虚心听取接受。仅 7.7%的员工对此不太确定。

表 11-39　管理层能接受员工建议（四）

评价	完全赞同	赞同	不太确定	不太同意	完全反对
人数/人	8	4	1	0	0
比例/%	61.5	30.8	7.7	0	0

综上所述，省汽运在信息搜集、传递与共享方面的工作十分到位，同时反舞弊机制的建设比较完善，企业内部信息与沟通的信息管理得当。

2. 企业内部控制现状分析：基于信息与沟通的视野

1）恒建公司

（1）控制环境。

根据 IC-IF 及 ERM-IF 框架，信息和沟通管理是内部控制与风险管理的要素之一，良好的内部控制只是培训有助于信息和沟通管理水平的提升。调查发现，关于内部控制/企业风险管理的相关理论与知识的培训，86.4%的员工有过相关培训，但大部分（45.5%）员工认为培训效果一般，另外 13.6%的员工甚至没有接受过内部控制的相关培训。可见实业投资虽然有相关培训，但覆盖面不广，培训不深，且效果一般，见表 11-40 和图 11-3。

表 11-40　是否接受过内部控制相关知识培训

评价	没有	有，但没成效	有，效果一般	有，效果很好
占比/%	13.6	27.3	45.5	13.6

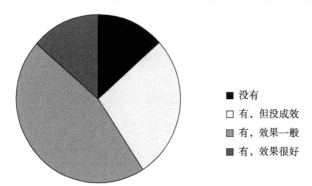

图 11-3　是否接受过内部控制相关知识培训

在内部控制理论与知识的认知方面，绝大部分（72.7%）员工对此不了解，没有员工对内部控制理论有深刻认知，比较了解的员工也仅有 4.6%（表 11-41 和图 11-4）。员工普遍对 COSO 理论缺乏认识，认知度低，所以应加强对员工的相关培训。

表 11-41　是否了解 COSO 1992 的 IC-IF 报告

评价	不了解	大概了解	比较了解	很了解
占比/%	72.7	22.7	4.6	0.0

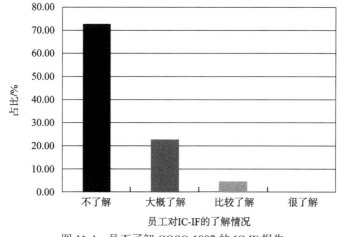

图 11-4　是否了解 COSO 1992 的 IC-IF 报告

综上所述，实业投资员工整体风险意识不足，对内部控制理论缺乏认识。虽有相关培训，但效果一般。

（2）控制活动。

从信息与沟通管理的视野来看，健全有效的业务流程是规范沟通的基础，也是信息传递的有效渠道。因此，在控制活动方面，企业是否建立系统的业务流程相当重要。调查发现，65.2%的员工认为，虽然有相关的业务流程，但并不系统；26.1%的员工甚至认为没有相关系统。可见在建立系统的业务流程方面，公司需要大力加强相关建设，见表 11-42 和图 11-5。

表 11-42　企业是否建立系统业务流程

评价	没有	有，但不系统	有且系统
占比/%	26.1	65.2	4.4

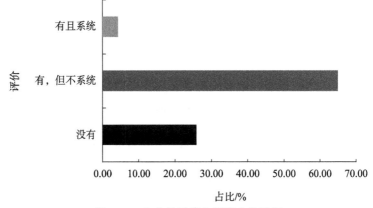

图 11-5　企业是否建立系统业务流程

（3）信息沟通。

定期提交风险报告是信息沟通的一大方面。表 11-43 中的数据显示，高达 61.5%的员工对此表示不清楚，9.3%的员工认为仅风险部门需要，仅 26.2%的员工认为所有员工都需要。由此可见，在定期报告风险的工作方面，大部分员工并没有正确的意识，同时报告风险的信息沟通并不畅通（表 11-43 和图 11-6）。

表 11-43　员工是否需要定期进行风险报告（一）

评价	所有员工都需要	仅风险部门需要	所有部门都不需要	不清楚	未评价
占比/%	26.2	9.3	0	61.5	3.0

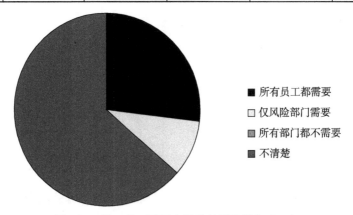

图 11-6　员工是否需要定期进行风险报告（一）

（4）监控。

从信息与沟通的视野来看，对内控制度执行情况的定期评审，也是及时发现信息与沟通问题的手段之一。调查数据显示：69.7%的员工认为内审部门定期检查各岗位执行控制制度的情况，但同时 26.3%的员工表示不确定。分析可知，各岗位执行控制制度的情况，内审部门是有进行尽责检查的，但检查并不全面，某些部门并未涉及（表 11-44 和图 11-7）。

表 11-44　内审部门定期检查各岗位执行控制制度的情况（一）

评价	完全赞同	赞同	不确定	不太赞同	完全反对
人数/人	6	10	6	1	0
占比/%	26.3	43.4	26.3	4.0	0

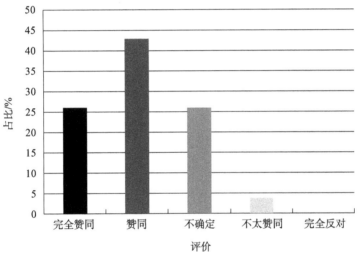

图 11-7　内审部门定期检查各岗位执行控制制度的情况（一）

综上所述，恒建公司的风险管控环境应保持改革节奏，使组织架构向满足风险管控的方向改革；风险控制方面的工作略有成效，但应继续加强；业务流程的系统性需要提高；员工的信息沟通工作不足；内部控制工作的监控情况良好，但仍有较大的提升空间。

2）南粤物流

（1）控制环境。在组织架构的内部控制环境方面，仅 32.7%的员工认为公司治理是满足或较满足风险管理要求的。53.1%的员工认为不满足但谋求变革。可见现阶段南粤物流的内部控制环境是不完善的，但是有改革措施，应坚持此方向以提高内部控制环境质量（表 11-45 和图 11-8）。

表 11-45 现有公司治理是否满足风险管控（一）

评价	不满足且无改革迹象	不满足但谋求变革	较满足	满足
占比/%	14.2	53.1	23.4	9.3

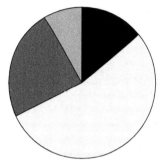

- ■ 不满足且无改革迹象
- □ 不满足但谋求变革
- ■ 较满足
- □ 满足

图 11-8　现有公司治理是否满足风险管控（一）

（2）风险评估。分析数据可知，60.5%的员工认为公司面临的是自身经营风险，对比之下行业共性风险仅占 39.5%。可见企业自身风险防范意识不高，导致经营风险威胁企业发展。应提高自身经营能力，防止经营风险的发生（表 11-46 和图 11-9）。

表 11-46　南粤物流面临的主要风险类型

风险类型	行业共性风险	自身经营风险
占比/%	39.5	60.5

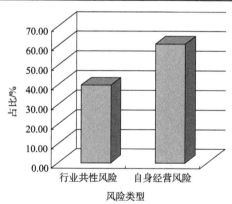

图 11-9　南粤物流面临的主要风险类型

（3）控制活动。值得注意的是，在员工看来，南粤物流并无系统的业务流程，65.1%的员工认为有，但并不系统。在关键业务的流程上，应建立一套系统的操作要求，南粤物流在这方面的工作有待提高（表 11-47 和图 11-10）。

表 11-47　南粤物流是否建立系统业务流程

评价	没有	有，但不系统	有且系统
占比/%	34.9	65.1	0

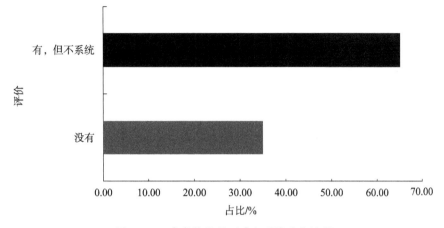

图 11-10　南粤物流是否建立系统业务流程

（4）信息沟通。在内部控制的信息沟通方面，员工需定期向上级领导提交其工作中遇到的风险状况报告。然而很明显，南粤物流这方面的工作是不足的。高达 51.1% 的员工对此表示不清楚，仅 12.1% 的员工认为所有员工都要定期提交风险报告，可见南粤物流内部风险控制报告意识有所欠缺（表 11-48 和图 11-11）。

表 11-48　员工是否需要定期进行风险报告（二）

评价	所有员工都需要	仅风险部门需要	所有部门都不需要	不清楚	未评价
占比/%	12.1	21.3	14.5	51.1	2.0

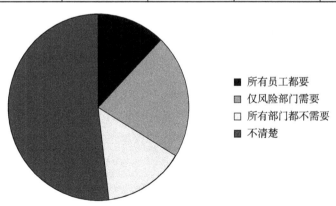

图 11-11　员工是否需要定期进行风险报告（二）

（5）监控。由表 11-49 和图 11-12 中的数据可知，在内部控制要素的监控方面，内审部门定期检查执行情况并不良好。44.2%的员工对内审部门的检查工作并不确定，仅 53.5%的员工对此表示赞同。

表 11-49　内审部门定期检查各岗位执行控制制度的情况（二）

评价	完全赞同	赞同	不确定	不太同意	完全反对
人数/人	8	15	19	1	0
占比/%	18.6	34.9	44.2	2.3	0

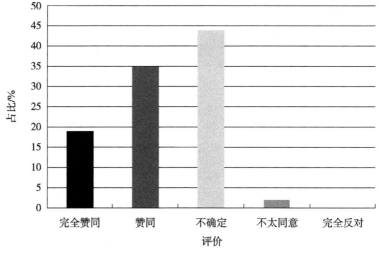

图 11-12　内审部门定期检查各岗位执行控制制度的情况（二）

综上所述，南粤物流的组织架构安排并不太满足公司的风险管控要求，但正不断改革进步；另外自身经营导致的风险高于行业风险，应加强经营风险管控；建立的业务流程并不系统，应加强其系统性调整；信息沟通方面有待加强，风险报告意识不高；内部控制执行情况的内部审计检查不严谨，近半数员工对此情况不了解。

3）台山公司

（1）控制环境。数据显示，关于台山公司内部控制环境的组织架构是否满足风险管控要求的问题，58%的员工认为满足或较满足，29%的员工认为不满足，但谋求改革，约 14%的员工认为不满足且无改革迹象。所以，台山公司的组织架构较能满足风险管控要求，但仍有提升空间，见表 11-50 和图 11-13。

表 11-50　现有公司治理是否满足风险管控（二）

评价	不满足且无改革迹象	不满足但谋求变革	较满足	满足
占比/%	14	29	29	29

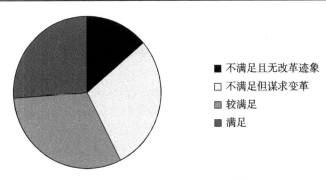

图 11-13　现有公司治理是否满足风险管控（二）

（2）风险评估。数据显示，54.6%的员工认为，台山公司面临的主要风险为自身经营风险，剩余员工认为其为交通行业共性风险（表 11-51 和图 11-14）。可见交通企业应提高其自身经营能力，防止自身经营导致的风险发生。

表 11-51　台山公司面临的主要风险类型

风险类型	行业共性风险	自身经营风险
占比/%	45.4	54.6

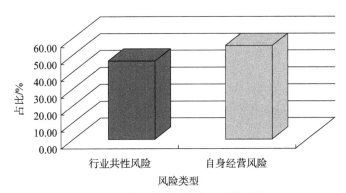

图 11-14　台山公司面临的主要风险类型

（3）控制活动。关于内部控制框架的要素，在控制活动方面，100%的员工认为台山公司建立了相应的业务流程，但其中有 33.3%的员工认为是不系统的，另外 66.7%的员工认为是系统的。可见台山公司对业务流程的控制工作上基本到位，其系统性也良好，但仍有提高的空间（表 11-52 和图 11-15）。

表 11-52　台山公司是否建立系统业务流程

评价	没有	有，但不系统	有且系统
占比/%	0.00	33.3	66.7

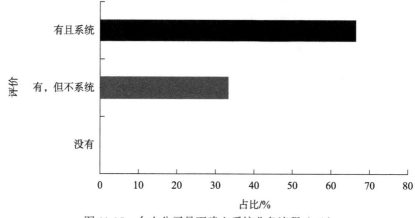

图 11-15　台山公司是否建立系统业务流程（三）

（4）信息沟通。对于员工是否需要进行定期风险报告，57.0%的员工存在误区，认为仅风险部门需要，而 28.9%的员工对此并不清楚，仅 14%的员工认为所有员工都需要。分析得知，信息沟通的问题，导致员工的风险意识不高，仅少部分员工有正确的风险防范意识。应提高内部控制的风险信息沟通工作（表 11-53 和图 11-16）。

表 11-53　员工是否需要定期进行风险报告（三）

评价	所有员工都需要	仅风险部门需要	所有部门都不需要	不清楚
占比/%	14.1	57.0	0	28.9

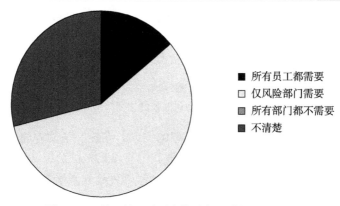

图 11-16　员工是否需要定期进行风险报告（三）

（5）监控。监控方面：内部审计部门对各岗位的内控制度情况定期检查工作，92.7%的员工对此表示肯定，另有 7.1%的员工却不太同意。总体而言，内控执行情况的内部审计工作大体完善，但仍存在监控漏洞，应查漏补缺，使监控工作更完善（表 11-54 和图 11-17）。

表 11-54　内审部门定期检查各岗位执行控制制度的情况（三）

评价	完全赞同	赞同	不确定	不太同意	完全反对
人数/人	8	3	0	1	0
占比/%	57.1	35.7	0	7.1	0

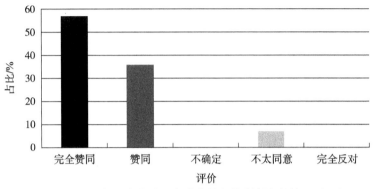

图 11-17　内审部门定期检查各岗位执行控制制度的情况（三）

综上所述，台山公司的内部控制环境基本完好，公司治理基本满足风险控制的要求；自身经营风险威胁较高，应提高此方面风险的防范工作；业务流程监控情况良好，也有系统的业务流程；员工风险意识不高，应加强风险信息沟通；内部控制监管大体完善。

4）路桥公司

对内部控制与风险管理认知。关于内部控制/企业风险管理的相关理论与知识的培训，89%的员工有过相关培训，但绝大部分（78%）员工认为培训效果一般或者没有效果，另外11%的员工甚至没有接受过内部控制的相关培训（表11-55）。可见路桥公司虽然有相关培训，但覆盖面不广，同时培训深度深度不够，培训效果一般。

表 11-55　是否接受过内部控制培训（一）

评价	没有	有，但没成效	有，效果一般	有，效果很好
占比/%	11	78	11	0

对于 COSO 1992 IC-IF 的了解程度，没有员工比较了解或很了解，高达67%的员工表示不了解，其余员工表示大概了解（表11-56）。

表 11-56　是否了解 COSO 1992 IC-IF

评价	不了解	大概了解	比较了解	很了解
占比/%	67	33	0	0

综上所述，路桥公司在内部控制的相关培训上进行了相关工作，但培训效果不佳，覆盖面不广。同时员工对 COSO 体系的了解不足。

5）揭惠管理处

由数据可知，60%的员工接受过内部控制的相关培训，但也有 40%的员工并未接受过相关培训。培训效果方面，33.3%的员工表示培训效果很好。可见揭惠管理处对内部控制的员工培训进行了相关工作，部分部门的培训效果很好。但培训范围不广，并非所有员工都接受了相关培训，同时不同部门不同员工之间的培训效果也有所差异，见表 11-57 和图 11-18。

表 11-57　是否接受过内部控制培训（二）

评价	没有	有，但没成效	有，效果一般	有，效果很好
占比/%	40.1	13.5	13.1	33.3

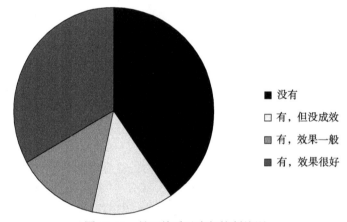

图 11-18　是否接受过内部控制培训

6）西部沿海

（1）控制环境。在内部控制环境方面，西部沿海有近半数的员工认为，公司的组织架构是不满足风险管控要求的，但其中 34%认为虽然不满足，但正谋求变革。另外半数员工认为公司架构是满足风险管控要求的。分析可知，公司治理基本满足其风险管理要求，同时应保持变革态势，加强公司组织架构建设，见表 11-58 和图 11-19。

表 11-58　现有公司治理是否满足风险管控（三）

评价	不满足且无改革迹象	不满足但谋求变革	较满足	满足
占比/%	15	34	44	7

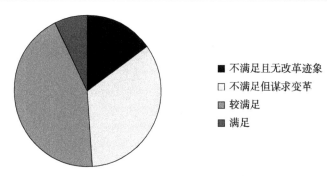

图 11-19　现有公司治理是否满足风险管控（三）

- 不满足且无改革迹象
- 不满足但谋求变革
- 较满足
- 满足

（2）风险评估。如表 11-59 中的数据显示，21.43% 的员工认为公司面临的风险是自身经营风险，高达 78.57% 的员工认为是行业共性风险。可见对交通企业而言，其行业风险性较高，应加强交通行业的风险评估，见表 11-59 和图 11-20。

表 11-59　西部沿海面临的主要风险类型

风险类型	行业共性风险	自身经营风险
占比/%	78.57	21.43

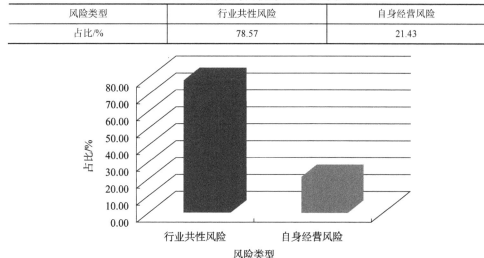

图 11-20　西部沿海面临的主要风险类型

（3）控制活动。关于企业的业务流程，约 7.0% 的员工认为西部沿海并未建立相关流程规定，高达 65.1% 的员工认为西部沿海建立了相关业务的系统流程。可见在关键业务流程的系统控制工作上，西部沿海做了足够的功夫，活动控制情况良好（表 11-60 和图 11-21）。

表 11-60　西部沿海是否建立系统业务流程

评价	没有	有，但不系统	有且系统
占比/%	7.0	27.9	65.1

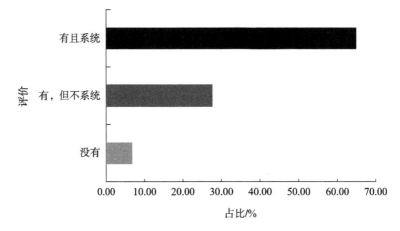

图 11-21　西部沿海是否建立系统业务流程

（4）信息沟通。由数据分析可知（表 11-61 和图 11-22），36%的员工对于与其岗位相关风险进行定期报告不清楚，甚至 16%的员工认为所有部门均都不需要，27%认为仅风险部门需要，只有 22%的员工认为所有员工都需要定期进行风险报告。可见西部沿海内部风险信息意识不高，风险报告工作不充分，信息沟通渠道不完善。

表 11-61　员工是否需要定期进行风险报告（四）

评价	所有员工都需要	仅风险部门需要	所有部门都不需要	不清楚
占比/%	22	27	16	36

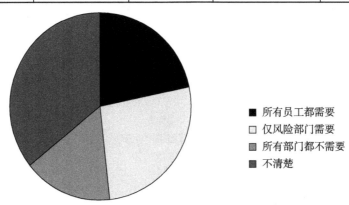

图 11-22　员工是否需要定期进行风险报告（四）

（5）监控。关于内部审计部门对各岗位内部控制执行情况的定期检查工作，75%的员工完全赞同或赞同，20%的员工表示不确定，4%对此持反对意见（表 11-62 和图 11-23）。分析得出西部沿海内部控制的监控工作较为到位，但仍有进步空间。

表 11-62　内审部门定期检查各岗位执行控制制度的情况（四）

评价	完全赞同	赞同	不确定	不太同意	完全反对
人数/人	15	18	9	1	1
占比/%	34	41	20	2	2

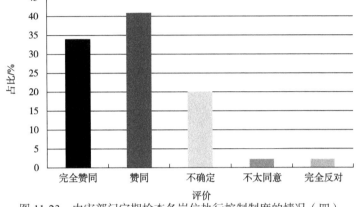

图 11-23　内审部门定期检查各岗位执行控制制度的情况（四）

　　综上可知，西部沿海的内部控制环境较满足其发展的风险控制要求；风险方面要留意交通企业的行业共性风险；业务流程的控制到位；风险管理的信息沟通略有欠缺；监控各岗位的内部控制制度执行情况工作良好。

　　总之，上文的调研分析表明，广东省交通集团虽然内部控制体系仍不够完善，风险管理模型并不完整，信息管理技术并不成熟，但其基本建立了内部控制体系与风险管理模型，同时信息管理技术也有了一定的基础。

　　目前，交通企业在信息化管理领域做了一些努力，如在高速公路建设环节采用了高速公路建设计量支付系统（highway construct system，HCS），在高速公路营运环节采用了收费管理系统。2011 年是信息化年，全面开展信息化建设，交通集团建立了基于用友软件的 ERP 系统，大部分二级单位都建立了自己的 OAS 和门户网站，起草了计算机信息管理规定等。此外，广东省交通集团还有自己的软件开发单位（新粤公司），开展不停车收费系统的开发等。

11.2　交通企业信息管理内部控制体系构建

11.2.1　信息及信息沟通管理的总体要求

　　交通企业进行 MIS 控制包括以下两方面内容：一方面要加强对交通企业电子信息系统本身的控制；另一方面要运用电子信息技术手段建立交通企业控制系统，

减少和消除内部人为控制的影响,确保交通企业内部控制的有效实施。

随着信息技术科学的发展,企业利用计算机从事经营管理的方式越来越普遍,除了会计电算化和电子商务等的发展外,企业的生产经营与购买、销售、储存和运输等都离不开计算机,交通企业也不例外。为此,交通企业必须加强对电子信息系统的控制,包括系统开发、系统组织、管理控制、维护控制、文件资料、数据控制、系统设备、程序、网络安全的建设及日常应用的控制等。

由于交通企业普遍存在资本存量大、风险高和周期长等行业共性,交通企业信息系统不仅对数据进行处理,还为组织的高层决策、中层控制和基层运营提供必要的信息、管理决策方法和模型,它服务于不同的管理层次,而不仅仅是某一个层次。所以,交通企业信息系统不仅仅是简单的计算机应用程序的叠加,而是集成的、系统的、综合的有机结合。企业信息系统支持或构成业务活动,并对交通公司经营管理活动提供支持。

对信息及信息沟通管理的需求服务于整个内部控制体系建设的需求,而不是独立于内部控制体系之外的孤立系统。

11.2.2　信息系统控制建设的关注点

交通企业根据发展战略和业务需求进行信息系统的开发与建设,主要注重以下几个方面。

1. 制定信息系统开发的战略规划

交通企业信息系统开发的战略规划是信息化建设的起点,战略规划是以交通企业发展战略为依据制定的企业信息化建设的全局性、长期性规划。制定信息系统战略规划的主要风险如下:①缺乏战略规划或规划不合理,可能造成信息孤岛或重复建设,导致企业经营管理效率低下。②没有将信息化与企业业务需求结合,降低了信息系统的应用价值。

交通企业主要控制措施包括以下几点:①企业必须制定信息系统开发的战略规划和中长期发展计划,并在每年制订经营计划的同时制订年度信息系统建设计划,促进经营管理活动与信息系统的协调统一。②企业在制定信息化战略过程中,要充分调动和发挥信息系统归口管理部门与业务部门的积极性,使各部门广泛参与,充分沟通,提高战略规划的科学性和实用性。③信息系统战略规划要与企业的组织架构、业务范围和地域分布等相匹配,避免脱节。.

2. 选择适当的信息系统开发方式

信息系统的开发建设是信息系统生命周期中技术难度最大的环节。在开发建设环节，要将企业的业务流程、内部控制措施、权限配置、预警指标和核算方法等固化到信息系统中，因此，开发建设的好坏直接影响信息系统的成效。开发建设主要有自行开发、外购调试和业务外包等方式。

1）自行开发

自行开发是指企业依托自身力量完成整个开发过程，其优点是开发人员熟悉企业情况，可以较好地满足本企业的需求，尤其是具有特殊性的业务需求。通过自行开发，还可以培养锻炼自己的开发队伍，便于后期的运行和维护。缺点是开发周期长，技术水平和规范程度较难保证，成功率相对较低。因此，自行开发的使用条件通常是企业自身技术力量雄厚，且市场上没有能够满足企业需求的成熟商品化软件和解决方案。

2）外购调试

外购调试的基本做法是企业购买成熟的商品化软件，通过参数配置和二次开发满足企业需求。其优点是开发周期短，成功率较高，成熟的商品化软件质量稳定，可靠性高，专业的软件提供商实施经验丰富。其缺点是难以满足企业的特殊需求，系统的后期升级进度受制于商品化软件供应商产品更新换代的速度，企业自主权不强，比较被动。目前市面上已有成熟的商品化软件和系统，如大部分企业的财务管理系统、ERP 系统、人力资源管理系统等多采用外购调试方式。

3）业务外包

信息系统的业务外包是指委托企业单位开发信息系统，基本做法是企业将信息系统开发项目外包出去，由专业公司或科研机构负责开发、安装，由企业直接使用。其优点是企业可以充分利用专业公司的专业优势，量体裁衣，全面高效地满足企业需求，不必培养、维持庞大的开发队伍，相应地节约了人力资源成本。其缺点是沟通成本高，系统开发方难以深刻理解企业需求，可能导致开发出的信息系统与企业的期望存在较大偏差；同时，由于外包信息系统与系统开发方的专业技能、职业道德等存在密切关系，所以要求企业必须加大对外包项目的监督力度。业务外包方式的使用条件通常是市场上没有能够满足企业需求的成熟商品化软件和解决方案，企业自身技术力量薄弱或出于成本效益原则考虑不愿意维持庞大的开发队伍。

3. 自行开发方式的关键控制点和主要控制措施

1）项目计划环节

战略规划通常将完整的信息系统分成若干子系统，并分阶段建设不同的子系统。例如，可以将信息系统划分为财务管理系统、人力资源管理系统、计算机辅助设计和制造系统、客户关系系统和电子商务系统等若干子系统。

项目计划通常包括项目范围说明、项目进度计划、项目质量计划、项目资源计划、项目沟通计划、风险对策计划、项目采购计划、需求变更控制和配置管理计划等内容。项目计划不是完全静止、一成不变的，在项目启动阶段，可以先制订一个较为有原则的项目计划，然后根据项目的大小和性质以及项目进展情况进行调整、变更与完善。

2）需求分析环节

需求分析的目的是明确信息系统需要实现哪些功能。该项工作是系统分析人员和用户单位的管理人员在深入调查的基础上，详细描述业务活动设计的各项工作以及用户的各种需求，从而建立未来目标系统的逻辑模型。

3）系统设计环节

系统设计是根据系统需求分析阶段所确定的目标系统逻辑模型，设计出一个能在企业特定的计算机和网络环境中实现的方案，即建立信息系统的物理模型。交通企业主要措施如下：①系统设计负责部门就总体设计方案与业务部门进行沟通和讨论；②企业参照相关国家标准和交通行业标准，提高系统设计的编写质量；③建立设计评审制度和设计变更控制流程；④充分考虑信息系统建成后的控制环境，将生产经营管理业务流程、关键控制点和处理规程嵌入系统程序，实现手工环境下难以实现的控制功能；⑤考虑信息系统环境下的新的控制风险；⑥针对不同的数据输入方式，强化对进入系统数据的检查和校验功能；⑦充分考虑信息系统中设置操作日志功能，确保操作的可审计性；⑧预留必要的后台操作通道，加强管理必需的后台操作。

4）编程和测试环节

编程阶段完成之后，要进行测试，测试主要有以下目的：发现软件开发过程中的错误，分析错误，确定错误并予以纠正；通过系统测试，了解系统稳定性、实用性，以便做出综合评价。

5）上线环节

（1）企业应当制订信息系统上线计划，并经相关部门审核批准。

（2）在上线计划中应明确应急预案，防止突发事件导致上线受挫。

（3）当系统上线设计数据迁移时，应制订详尽的数据迁移计划。

4. 信息系统控制程序

1）信息系统的开发

交通企业应当根据信息系统建设整体规划提出项目建设方案，明确建设目标、人员设置、权责分配和经费安排等相关内容，按照规定的权限和程序审批后实施。企业开发信息系统可以采取自行开发、外购调试和业务外包等方式。选定外购调试或业务外包方式的，应当采用公开招标等形式择优确定供应商或开发单位。

对于交通企业开发信息系统，应当将生产经营管理业务流程、关键控制点和处理规则嵌入系统。在交通企业系统开发过程中，应按照不同业务的控制要求，同时结合交通行业的特点，有所侧重。同时，应当在信息系统中设置操作日志功能，确保操作可审计。对异常的或违背内部控制要求的交易和数据，应当设计自动报告和跟踪处理机制。

企业信息系统归属管理部门应当加强信息系统开发全过程的跟踪管理，组织开发单位与内部单位日常沟通和协调，监督方案实行、进度、质量要求等工作，对软、硬件设备的检查验收，组织系统上线运行等。

2）信息系统的运行与维护

交通企业应当加强信息系统运行与维护的管理，制定信息系统工作程序、信息管理制度以及各模块子系统的具体操作规范，及时跟踪、发现和解决系统运行中存在的问题，确保信息系统按照规定的程序、制度和操作规范持续稳定运行。

此外，在安全方面，应当根据业务性质、重要程度和涉密情况等确定信息系统的安全等级，建立不同等级信息的授权使用制度，采用相应的技术手段保证信息系统运行安全有序。建立信息系统安全保密和泄密责任追究制度。委托专业机构进行系统运行与维护管理的，应审查该机构的资质，并与其签订服务合同和保密协议。采取安装安全软件等措施防范信息系统受到病毒等恶意软件的感染和破坏。

同时，交通企业应当建立用户管理制度，加强对重要业务系统的访问权限管理，定期审阅系统账号。另外，也可综合利用防火墙、路由器等网络设备，扫描漏洞、入侵检测等技术以及远程访问安全策略等手段，加强网络安全，防范来自网络的攻击。

最后，应当建立系统数据定期备份制度，同时加强服务器等关键信息设备的管理，建立良好的物理环境，指定安排专人负责检查，及时处理异常情况。

5. 信息系统控制的实施：以 COBIT 为例

COBIT 是包含既定的一系列子系统，协同发挥作用以构建一个可监视、防御和修正不合法事件发生的系统的有机结合，COBIT 的目的在于降低内部风险产生的各种各样的企业损失，其包括管理控制、运行控制和应用控制三大内部控制。就交通企业而言，信息系统的管理控制是基于交通企业的管理视角，对整个交通信息系统的正常运作、数据安全和高效决策等方面进行全面控制；信息系统的运行控制基于交通企业各个子系统的视角，保证各系统相关的硬件、软件等正常运行；应用控制是基于交通企业实际运营行为的视角，保证输入、处理、输出等方面的应用控制，见图 11-24。

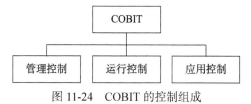

图 11-24　COBIT 的控制组成

COBIT 的模型结构：COBIT 模型将 IT 信息资源管理从高到低分为域、处理过程和活动任务三层工作。COBIT 模型设定了 34 个信息处理过程，同时每一相关的信息活动任务就是对应的处理过程，其对应被划分为四个域，即支付与支持（delivery and support）、规划与组织（planning and organization）、监控、获取与实施（acquisition and implementation）。对交通企业而言，交付与支持域隶属应用控制，集中于交通企业安全、数据、设备、运营支持、技术咨询等服务；规划与组织域是整个交通企业的战略部署，从战略的角度规划信息资源的利用，使其更好地服务于业务；监控域包括对整个过程的监控，保证交通企业部门效率、安全、独立地运行，同时对过程进行评审；获取与实施域结合相关技术、系统、程序对交通系统进行自动化、开发、安装和更新等操作，服务于实现交通企业信息战略。COBIT 模型将对 34 个处理过程从交通企业信息的可靠、兼容、可用、完整、保密、高效和有效 7 个指标进行评价，同时对交通企业的数据、人员、程序、技术和设施等方面进行信息资源审核，见表 11-63。

表 11-63　COBIT 4 个控制域的 34 个处理过程

交付与支持	规划与组织	监控	获取与实施
设定管理服务水平	设定 IT 战略规划	过程监控	设定自动化解决方案
管理第三方的服务	设定信息体系结构	评价内部控制适当性	获取维护应用程序软件
管理性能与容量	确定技术方向	获取独立保证	获取维护技术基础设施
确保服务的连续性	定义 IT 组织与关系	提供独立的审计	程序开发与维护
确保系统安全	管理 IT 投资		程序安装与鉴定
确保分配成本	传达管理方向目标		更新管理
教育并培训客户	人力资源管理		
信息技术咨询	确保外部需求一致		
配置管理	风险评估		
处理问题及突发事件	项目管理		
数据管理	质量管理		
设施管理			
运营管理			

COBIT 框架连接了企业信息管理战略与企业战略目标，使两者相互促进、相互利用。COBIT 模型将实现交通企业战略与信息管理间的互动，并形成不断修正不断进步的交通企业良性循环促进机制，为交通企业内部控制提供了具有实践意义的解决方案。针对我国交通企业的实际情况，借鉴 COBIT 模型的信息管理框架，同时结合 COSO 内部控制模型框架，科学有效地对交通企业信息及相关资源进行管理，防止并控制风险，建立信息管理内部控制体系及风险管理，对推动整个交通行业的发展具有非凡意义。

COBIT 模型具有普遍适用性，但正因为其共性而忽略了中国市场经济尤其是中国交通企业的行业特性及交通企业信息的特点，所以交通企业在利用 COBIT 模型时应根据各自的企业特点及具体情况进行实际构建。领导层在构建 COBIT 模型前应先对其有所了解，提取 COBIT 模型中将会涉及的信息资源；然后，结合 COBIT 的 34 个处理过程模块，对相应的流程进行处理及相应的指标评价，同时进行信息审核；另外，没有任何一个系统是完美的，需要及时对构建的交通企业 COBIT 进行更新、调整。

11.3　内部信息传递控制

11.3.1　内部信息传递控制流程

交通企业的报告沟通体系及要求如图 11-25 所示。

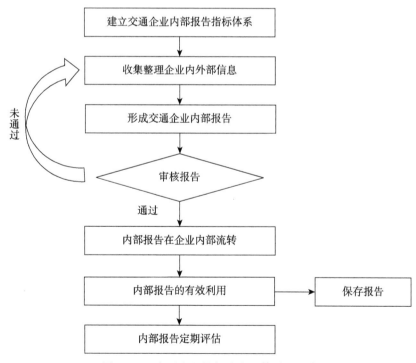

图 11-25　交通企业的报告沟通体系及要求

11.3.2　内部信息传递控制关键风险点

1. 建立科学的交通企业内部报告指标体系

交通企业应根据交通行业的行业共性特点，同时结合企业自身的运营情况，科学、系统、有效、规范地对不同部门不同层级不同范畴的内部报告设定相应的指标体系，内部报告目标的制定应以交通企业的战略目标及具体风险情况为依据。

2. 收集整理交通企业内外部信息

由于交通企业投资大、周期长和风险高等行业特点，了解市场情况、政府政策的变化十分重要。正确的内、外部信息收集工作，将有助于交通企业对市场风险的评估、政策导向的判断以及企业发展的战略规划。首先需要对自身行业有所认识，才能对相关信息产生搜索的能力；其次对搜集的信息进行甄别，确保信息的真实性、有效性和完整性；最后应注意搜集信息的效率，以低成本搜集更多信息的高效率为目标，提高信息搜集产出比。

3. 编制完成内部报告并审核

相关部门应将搜集到的信息进行分类、甄别，根据实际情况要求，结合第一步建立的内部报告指标体系要求，提取有用数据信息，完成模型构建与报告编制工作，不同层级不同部门不同类型员工的报告编制要求不一。内部报告应紧贴交通企业的需求，简洁明了、科学高效、针对性强，使管理人员和基层人员都能及时了解相关信息，更高效正确地完成工作。对审核不过关的报告，应返回第二步，重新搜集信息并编制科学合理可行的报告。

4. 构建交通企业内部报告流转及信息沟通渠道

交通企业由于对信息需求的迫切性，应充分利用信息管理技术，构建企业内部信息共享平台，完善内部报告流转渠道，加强信息共享能力，建立科学高效严密的内部报告共享体系。首先应根据交通企业信息的重要程度制定内部报告流转制度，设定不同的流转方式；其次应严格遵循既定流转程序进行报告传递，并对报告传递情况及时检查；最后确保报告传递渠道的畅通，应定时更新信息管理系统，对相关的软、硬件设备等进行更新。

5. 交通企业内部报告的有效利用

交通企业应结合自身需求，把内部报告融入平时生产、管理、行政和决策的过程中，同时应定时根据内部报告进行风险评估，准确识别交通企业的行业共性风险及自身经营过程中可能遇到的风险。在指导和管理交通企业的日常经营活动及绩效考核时，应充分发挥内部报告的作用；管理层应时刻关注潜在风险，充分利用内部报告提供的信息进行风险评估、风险识别和经营管理活动中可能遇到的内外部风险，发现重大风险时，及时启动应急措施；在内部报告的充分使用过程中，应严格遵循报告使用要求，防止报告泄露。

6. 内部报告的妥善保管

在交通企业的日常活动中会产生大量的信息，妥善搜集管理好这些信息，使其变成信息数据资源，对交通企业的发展有重要作用，尤其是决策性分析方面的作用不容小觑。

7. 企业内部报告定期评估

鉴于内部报告的重要性，交通企业应定期对报告的完整性、真实性和有效性进行评估。对不符合规定的报告，应及时改进、完善。这就要求交通企业做到以下两点：首先，建立科学有效的内部报告评估制度，定期严格遵循评估要求对内部报告进行审核，考察其实际效用，防止无用报告的采用，浪费企业资源。其次，对相关考核人员进行奖惩制度,使其严格按照公司规定对内部报告进行客观评估。

8. 反舞弊

舞弊是指以故意的行为获得不公平的或者非法的收益，有效的反舞弊机制是企业防范、发现和处理舞弊行为以及优化内部环境的重要制度安排。有效的信息沟通是反舞弊程序和控制成功的关键。

11.3.3　内部信息传递控制程序

1. 内部报告的形成

交通企业应当根据发展战略、风险控制和绩效考核要求，科学规范不同级别内部报告的指标体系，采用经营快报的方式，全面反映与企业生产经营管理相关的各种内外部信息。

企业应当制定严密的内部报告流程，充分利用信息技术，强化内部报告信息集成和共享，将内部报告纳入企业统一信息平台，构建科学的内部报告网络体系。同时，交通企业应当关注市场环境和政策变化等外部信息对企业生产经营管理的影响，广泛收集、分析、整理外部信息，并通过内部报告传递到企业内部相关管理层级，以便采取应对策略。另外，企业应当拓宽内部报告渠道，落实奖励措施等多种有效方式，广泛收集合理化建议。企业应当重视和加强反舞弊机制建设，通过设立员工信箱、投诉热线等方式，鼓励员工及企业相关方举报和投诉相关违法违规、舞弊等行为。

2. 内部报告的使用

企业各级管理人员应当充分利用内部报告管理和指导企业的生产经营活动，及时反映全面预算执行情况，协调企业内部相关部门和各单位的运营进度，严格绩效考核和责任追究，确保企业实现发展目标。

首先，交通企业应当有效利用内部报告进行风险评估，准确识别和系统分析企业生产经营活动中的内外部风险，确定风险应对策略，实现对风险的有效控制。企业对内部报告反映的问题应当及时解决；涉及突出问题和重大风险的，应当启动应急预案。

其次，应制定严格的内部报告保密制度，明确保密内容、保密措施、密集程度和传递范围，防止泄露商业秘密。

最后，交通企业应当建立内部报告的评估制度，定期对内部报告的形成和使用进行全面评估，重点关注内部报告的及时性、安全性和有效性。

3. 内部信息传递控制的组织体系和实施

1）企业内部报告编制工作实体

交通企业主要包括总部（事业部）、分公司、子公司财务人员。总部（事业部）、分公司、子公司财务人员作为基层会计人员，负责所在运营实体的内部报告编制工作。基层会计人员负责日常采购、生产和销售等经营活动的会计记录，严格按照会计准则和企业财务规范进行相关会计确认和计量，保证本经营实体的会计记录真实可靠。除此之外，总部（事业部）、分公司、子公司财务人员需以月为时间单位，定期将上月的本运营实体内部报告传递给企业财务人员。

企业财务人员在每月初收到各事业部、分公司、子公司上传的内部报告后，严格按照会计准则和企业财务规范将这些报告合并整理成企业内部报告。依据企业内部报告和各事业部、分公司、子公司内部报告整理的"简化"内部报告以简洁的报告形式突出主要的财务信息，供企业董事层使用。

内部报告编制实际实行实体主要为财务人员。主要会计人员中的财务人员，将负责其所属单位的日常运营内部报告编制工作，保证其内部报告的真实性、准确性和及时性是其职责所在，包括企业日常采购、运营、销售等流程的会计记录。除此之外，以月为单位，定期将运营内部报告报送给企业财务人员。企业财务人员按月定期搜集分公司、子公司、各部门上传的内部报告，严格按照企业要求及会计准则规范地将其整合成企业报告，同时编制的报告应简洁明了，易于阅读，真实有效，以供管理层查阅、使用。

2）交通集团企业内部报告传递流程

内部报告的流转流程应如下：财务人员完成编制内部报告，报送给各自部门、分公司和子公司的财务经理，经其审批后报送给企业财务人员，在这过程中财务经理应保证其内部报告的真实性、可靠性，并承担责任。企业财务人员收到报告后上交给企业财务经理，企业财务经理对报告进行审核批准后报送给企业管理层人员。企业内部报告分析层次具体如下：

（1）子分公司（分部）角度。各事业部、分公司、子公司财务人员对本运营实体的内部报告进行分析，利用内部报告的可比性作本运营实体的纵向分析和统计运营实体的横向比较，形成书面报告。

（2）企业角度财务分析。企业财务人员对各事业部、分公司、子公司的内部报告进行比较和分析，运用财务分析方法得出各运营实体财务数据的相对数，分门类、分明细地将财务状况集中体现。

（3）高级管理者角度财务分析。企业董事层和企业财务经理关注企业的长期问题并着重维系企业的生存、成长和总体有效性，他们的决策是否正确、职权的运用是否得当，直接关系到整个企业的兴衰成败。企业董事层向企业财务人员询问除"简化"内部报告数据之外的财务情况，以掌握企业整体财务状况，也可向企业财务经理寻求专业意见。

3）内部报告反馈机制

为保证交通企业内部报告渠道更加畅通，同时内部报告平台更加完善，企业内部应定期实行自上而下的反馈制度。首先企业管理层举行会议，各部门、分公司、子公司管理层及财务经理随同企业财务经理一同出席，对上阶段经营及财务情况进行分析总结，并安排下阶段的战略部署；其次企业财务经理与各部门、分公司、子公司财务经理进行讨论分析，就各部门、分公司、子公司实际情况进行讨论；最后分公司、子公司及部门管理层及财务经理对各自运营单位进行讨论，总结上阶段情况，并对即将开始的工作进行安排部署。

11.4　交通企业的几类信息化系统

交通企业的信息化系统，既有与一般企业有共性的系统，如财务系统（如 SAP、Orcale、用友、金蝶等 ERP 集成系统）、办公自动化系统（OA 系统），也有一些专业性系统，如高速公路建设监理管理系统、不停车收费系统等，以及公路客运企业的全球定位系统（global positioning system，GPS）、未来的客户关系管理系统等。本节选择性地概述如下。

11.4.1 OA：办公自动化系统

1. OA 系统概述

OA 能极大地提升交通企业办公效率，是将现代化办公和计算机网络功能结合起来的一种新型的办公方式，是现代信息社会的主要标志之一。OA 的核心问题是如何提高办公效率。工作流技术是办公自动化系统的关键技术之一，正确使用工作流技术可以提高效率，加快信息化步伐。工作流定义如下：工作流是一类能够完全或者部分自动执行的经营过程，它根据一系列过程规则、文档、信息或任务能够在不同的执行者之间进行传递与执行。

实际办公的特点是一项工作一般由多个办公人员协作完成，并且在他们之间符合一定的办公流程。每项工作都由一个任务集和任务之间的流程关系集组成。任务集是独立的工作项集合，分别由特定的人员来处理。任务之间的流程关系即是文档对象的传递和处理关系。OA 工作流程以模板形式存储，是工作流核心的一部分，可由管理工具进行定义与修改。当新的文档对象实例创建后，并且由负责者选择以何种工作流模板进行任务处理，此时系统创建相应的工作流实例，并交给该工作流实例完成。OA 工作流程是工作项之间的流程关系。

2. OA 系统功能

（1）登录管理：每个使用者都有自己的用户账号和密码，以区分每个用户在系统中的权限和使用功能，通过账号和密码登录系统确保身份与安全。

（2）公文收发管理：公文收发系统是办公自动化系统中重点实现的功能模块，主要用来实现收发文的自动化处理，缩短文件传阅和办理时间，进而提高各部门办公效率。通过系统菜单/网络办公中的/收文管理/发文管理可以方便地实现公文的办理和查阅。

（3）企业工作流：工作流是一类能够完全或者部分自动执行的经营过程，它根据一系列过程规则、文档、信息或任务能够在不同的执行者之间进行传递与执行。办公自动化系统运行之后，公司的办公流程全部转移到系统中操作。在企业工作流模块中，可以实现工作报告提交审批等各种办公业务流的操作。

（4）办公事务：通过办公事务系统可以实现请示汇报和及时发布相关信息，来提高了各项办公事务的处理效率。

（5）个人事务：实现个人邮件收发和修改个人资料，以及实现日程安排和密码修改及出差授权等功能。

（6）档案管理：实现文件的登记、检索、打印、统计、归档、注销和借阅登记等操作，还可以上传文件的实体或扫描件，以及对案卷进行排序、合并等编辑。该功能主要为系统档案管理员使用，其他工作人员主要使用在线借阅档案功能。

（7）网上交流：办公自动化系统集成了在线交流/论坛功能，可以满足工作人员实时交流和论坛发布帖子的需要，使办公自动化系统的使用更加灵活和人性化。

（8）辅助办公：可以进行车辆管理、办公用品管理，满足办公室对办公资源合理调配和管理的需要。

3. OA 系统实施目标

交通企业 OA 系统的最终目的在于对交通企业进行信息管理，进而实现内部控制体系构建与风险管理。

（1）提高办公效率：可以方便快捷地共享信息，合理使用办公资源。改变过去复杂、低效的手工办公方式，实现迅速、全方位的信息采集、信息处理。从而提高办公质量，改善办公条件，减轻劳动强度，高效地协同工作，实现管理和决策的科学化，防止或减少人为的差错和失误，提高工作效率。

（2）节约办公经费：以前一份公文从拟稿到成文，要修改多遍，发文时又要耗费大量的人力物力进行复印和分发，实施办公自动化后，各种文件资料全部电子化，通过电脑管理和存取，实现无纸化办公，减少损失浪费，节约经费支出，减少办公成本。

（3）工作人员责任心增强：实施办公自动化系统之后，工作人员在系统中办公的操作都会被系统记录，使每一步骤的细节都有据可查，出现问题时责任更加明确，提高了工作人员的责任心。

（4）提高工作人员的素质和管理水平：网络办公是管理方法的升华，是一种改革，要求每个工作人员对自身素质培养要更加重视，进一步学好计算机等知识，以适应时代的要求。同时，规范地操作，养成良好的习惯，使公司的管理也更加规范，管理水平逐步提高。

（5）保密性增强：原有的纸质办公文件，如果保管不当会造成信息泄露，而应用办公自动化系统之后，由于采用了账户密码的方式进行管理，权限分配明确，没有权限的人员看不到保密的文件，也不存在纸质文件流失的可能，大大降低了保密文件信息泄露的概率。

4. OA 系统设计与实施

办公室的工作种类繁多，办公自动化系统不仅要实现信息的采集和自动整理，而且要开发和利用信息辅助领导科学决策，以改善工作模式和管理模式。因此，办公自动化系统必须是一个综合的信息系统，具备多种办公信息处理功能。根据以上分析，建立如图 11-26 所示的典型的 OA 系统模型。

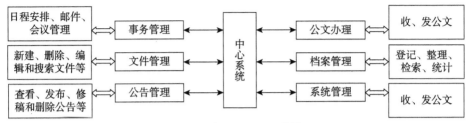

图 11-26　典型的 OA 系统模型

（1）事务管理：包括邮件管理、日程安排和会议组织安排三个方面。邮件管理包括邮件信息提醒、收发邮件、起草和删除等功能，方便内部员工间联系。

（2）文件管理：对电子文档集中统一管理，新建、编辑、删除文档和文件夹，对文档进行分类搜索，并设置用户对文档的权限，不同权限的用户对文档所作的操作不同。

（3）公告管理：管理员对公告进行新建、编辑、发布和删除操作，普通用户能够在公告栏阅读公告，查看公告的详细信息。公告管理保障了信息的及时发布，让办公人员及时获取各项重要通知。

（4）公文办理：对本单位的收文、发文进行有效管理，实现文件传递，包括拟稿、审批和归档等，也可以记录流程。

（5）档案管理：对各种办理完结后的公文和重要信息进行归档并有效管理，方便用户对档案文件进行查阅、检索。

（6）系统管理：管理用户登录、操作日志，增强系统安全性，设置用户基本信息、权限，更改用户角色，修改角色信息，角色与模块的关系，角色与用户的关系，用户修改密码等，主要是管理员的工作。

（7）工作流管理：是系统模型的核心部分，主要任务是解决办公环境的协作问题。

11.4.2　HCS：交通企业公路建设监理系统

1. 监理的任务和职责

交通企业公路建设监理是为使高速公路工程施工按照合同规定的工期、质量标准执行，尽量减少合同外的附加费用，而采取的对工程建设的质量、进度和费用进行全过程的监控和合同管理过程。

2. 监理的组织架构

监理单位承担监理任务，根据工程规模、难易程度、合同工期和现场条件等因素建立现场监理机构。

目前国内采用较多的是二级管理模式，即设置总监理办公室（以下简称总监办）和高级驻地监理工程师办公室（以下简称驻地办），并根据被监理工程的类别、规模、技术复杂程度和能够对工程实施监理有效控制的原则配备监理人员。监理人员包括总监理工程师、高级驻地监理工程师、专业监理工程师（路基、路面、桥梁、隧道、材料、试验、测量、合同管理等相关专业）、测量及试验人员和现场旁站人员，另外还有必要的文秘及行政事务人员等。

3. 公路建设监理系统分析

系统是指为实现特定功能或目标而相互作用的各部分或各独立实体构成的完整统一体。而 MIS 是将各种数据转化为信息以便帮助管理者进行计划、组织、领导和控制。其特征由边际、输出和输入、输入到输出的转换程序、系统界面等组成，且含有相互关联而又相对独立的子系统，从事与总系统整体目标相关的特殊工作。

监理 MIS 则是将单纯的公路设计的几何尺寸、材料设备的检验资料、总体施工进度计划、实际进度、现金流动计划、实际现金流量、动员预付款、工程变更和计日工等数据进行特殊的处理，转化为有价值的信息，以达到对公路工程建设的目的。

系统具有相互关联而又相对独立的子系统，按功能及目标监理 MIS 由三大子系统有机构成，即质量控制子系统、进度控制子系统和计量与支付子系统。HCS系统功能如图 11-27 所示。

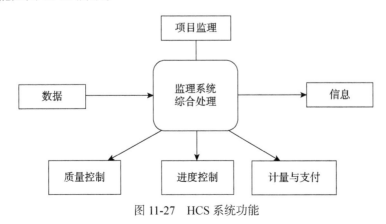

图 11-27 HCS 系统功能

（1）HCS质量控制子系统的运作过程（图11-28）。

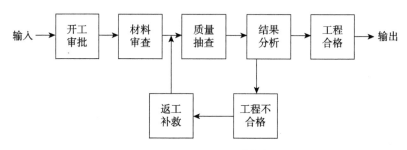

图11-28　HCS系统功能：质量控制模块

（2）HCS进度控制子系统的运作过程（图11-29）。

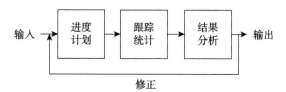

图11-29　HCS系统功能：进度控制模块

（3）HCS计量与支付子系统的运作过程（图11-30）。

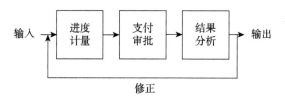

图11-30　HCS系统功能：计量与支付模块

11.4.3　不停车电子收费系统

1. 电子收费系统原理

电子收费系统（electronic toll collection，ETC）是智能运输系统的一部分，其应用领域涉及交通运输的方方面面，其应用前景是广阔的，有力地推动了交通企业信息管理的整体水平。道路收费系统的收费方式很多。以前的收费系统以人工收费为主；之后发展为半自动收费，由人工和计算机共同完成收费工作；现在正在广泛推广应用的方向是自动收费，收费过程完全不需要人工参与，自动完成。

电子收费又称为全自动收费或不停车收费。这一系统利用先进的信息交换技术使高速公路通行费、公共交通车费及停车场车费的收取可以采用电子支付方式进行，从而提高了交通部门进行交通管理的效率。电子收费系统利用车载——路旁通信技术（包括车辆自动识别技术），在车辆通过的收费站和收费机构与该车辆之间进行电子货币交易。最重要的一点是这项技术允许车辆在以正常行驶速度行驶的条件下进行交通费用的支付，从而减少车辆在收费站的延误时间，同时降低由于车辆停车排队交费而产生的尾气排放量。

2. 电子收费系统的优点

交通企业电子收费系统与传统系统相比，具有很多优点，它们主要包括以下几点：

（1）提高收费线路的通行能力。

（2）缩短车辆等候时间，收费线路车辆通行能力提高会有效地降低车辆在收费时的平均等候时间。

（3）降低车辆尾气排放量，减少消耗。采用电子收费系统后，通行费征收采用不停车操作，这就意味着不必频繁地启动、刹车，无谓的油耗和机件轮胎的损耗将降低。此外，车辆排放的废气也会因为不必再怠速等待而得以减少，这对环境的保护是有益的。

（4）提高交通效率，促进社会的现代化。道路通行能力的提高意味着同一段道路在一定时间内可以通过的车辆更多，每一车辆通过所需要的时间更短，公路乃至整个交通系统的运输效率由此得到显著的提高。

交通行业是国民经济的重要支柱之一，运输效率的提高为国民经济的发展提供了良好的前提条件，为参与国际竞争提供了有力的支持。在不久的将来，由电子技术所产生的电子货币及电子商务将取代传统的金融和商业，成为社会及经济中的主导流通方式。电子收费系统顺应了这一潮流，它采用电子货币的支付方式，不仅使其具有适应未来需求的强大生命力，也推动了社会实现现代化的进程。

3. 电子收费系统的构建

电子收费系统的基本原理是车辆上的专门装置（车上单元）通过无线电与安装在收费口上的天线进行信息交换，根据该装置中保存的与收费相关的数据，可以即时算出并征收通行费用。电子收费系统由识别、通信等多个子系统和设备构成。ETC 系统模型如图 11-31 所示。

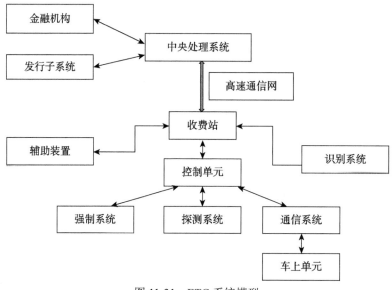

图 11-31　ETC 系统模型

11.5　本章小结

本章以 COSO 委员会的 IC-IF 及 ERM-IF 为基础，同时利用信息管理相关理论，结合我国《企业内部控制基本规范》，对广东省交通集团下属几个企业从信息与沟通的视野进行了现状问卷调研分析，进而对交通行业的政策、财务、战略和运营等共性风险进行剖析，发现并解决内部控制体系缺陷，然后在此基础上提出了加强内部控制环境涉及信息与沟通管理的建设，分析了现有的集中信息化系统。

正如 IC-IF 指出的那样，信息化系统分为广义系统和狭义系统。目前广东省交通集团下属各交通企业并不缺乏所谓的狭义信息化系统，如财务、办公自动化系统、HCS/ETC 等系统，信息与沟通管理同样关注广义的信息与沟通管理。广义的信息与共同管理属于内部控制的五要素之一，并不是孤立存在的，同样需要在职责配置、业务流程构建、信息与沟通管理文化、信息与沟通管理评价等多个层面进行提升，才能整体上提升交通企业的信息与沟通水平。

第12章 实业投资内部控制系统构建案例

12.1 企业内部控制系统建设的背景

12.1.1 实业投资背景

实业投资是广东省交通集团下属二级全资子公司,成立于1993年,已经有20余年的发展积累。20多年来,在广东省交通集团的战略引导下,实业投资逐步转型为高速公路建设单位,先后完成了西部沿海高速公路台山段、梅河高速公路和兴畲高速公路,共计234千米的建设,参股投资了揭普、阳茂、广清、粤赣高速公路等20多个公路桥梁项目的建设,专业营运管理里程达233千米,专业养护管理里程达378千米。实业投资负责兴建的平兴高速公路,已于2015年底建成通车。

相比广东省交通集团其他二级子公司,实业投资的业务范围跨度大,从高速公路的融投资、建设,到高速公路的运营、养护,再到非高速公路资产的营运管理等。管理业务的复杂性决定了经营管理的艰巨性以及经营风险的多样性。

实业投资的组织结构概述如下。

实业投资现有九个全资或控股子、分公司,包括从事高速公路建设的广东台山沿海高速公路有限公司、广东梅河高速公路有限公司、平兴高速公路有限公司、广东揭惠高速公路管理处(已经划出);从事高速公路营运管理的广东西部沿海高速公路营运有限公司、东御沿海高速公路营运分公司;从事高速公路专业养护管理的广东恒建高速公路发展有限公司;从事高速公路机电系统施工养护、智能交通系统集成及软硬件开发的广东路路通有限公司;从事交通相关产业资产管理的广东省交通开发公司,以及参股的一些公司。

在公司治理方面,设有董事会、监事会和经理班子。在职能管理方面,公司职能层面设置的职能管理部门包括投资计划部、基建养护部、经营管理部、法律事务部、人力资源部、财务管理部、综合事务部、党群工作部和审计监察部,还设有安全生产监督管理办公室、资产处置办公室、董事会办公室和工会办公室。

2006 年国资委发布的《中央企业全面风险管理指引》以及 2008 年财政部、中国证监会、审计署、中国银监会和中国保监会颁布的《企业内部控制基本规范》，对国有企业的内部控制和风险管理提出了新的要求。2012 年，广东省交通集团参照央企要求，启动了企业全面风险管理建设，并选择实业投资作为试点单位开展工作，这推动了实业投资内部控制建设的步伐。

早在 2010 年，实业投资公司治理层面已经意识到，针对实业投资当时经营管理的严峻现实，加强内部控制，开展全面风险管理是企业的必然选择，时不我待。

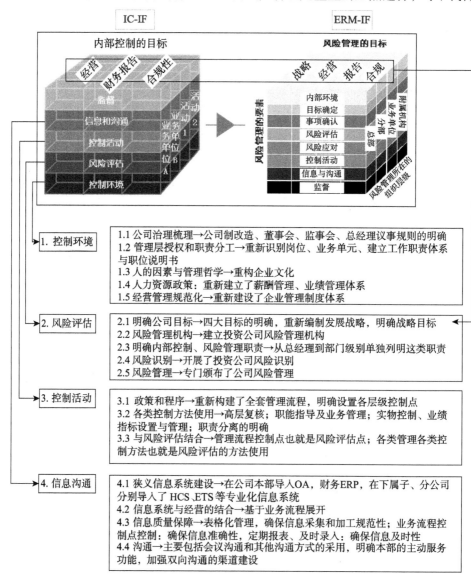

图 12-1　实业投资内部控制体系构建的思路

为此，实业投资开展了这方面系统性的有序推进工作，主要包括以下几点：①开展系统化的制度建设、工作职责重新配置、管理流程梳理；②公司发展战略编制；③企业文化的重塑；④强化了信息化建设和沟通管理；⑤加强应用研究，积极向广东省交通运输厅申请内部控制领域的课题，以课题研究支持公司内部控制体系构建。

目前上述工作都先后完成，并付诸实施。到 2014 年 8 月，实业投资还根据对 2011 年导入的新的管理制度完成了一次系统化的修编。实践证明，实业投资的内部控制体系建设是富有成效的，这些年来实业投资的高速公路投资建设规模不断扩大、高速公路营运养护片区化经营规模也在扩大，而有效的内部控制体系能够防范风险的发生，系统实施以来，生产经营平稳发展，公司整体范围内没有发生大的生产经营风险，获得了广东省交通集团的充分肯定。本章将以该公司的内部控制体系的构建过程作为案例进行分析。

当然，COSO 的 IC-IF 及 ERM-IF 的要求非常高，并且内部控制和风险管理是一个动态持续的过程，同时公司员工对这些框架体系的认识整体上还比较肤浅。实业投资依然面临强化内部控制和风险管理体系建设与维护的艰巨任务。

12.1.2　实业投资开展内部控制和风险管理体系建设的思路

实业投资在开展内部控制体系建设方面，分别从控制环境、风险评估、控制活动、信息与沟通几个方面开展工作，其整体思路见图 12-1。

12.2　企业内部控制系统建设内容简介

12.2.1　实业投资的内部控制环境建设

COSO 的 IC-IF 指出：控制环境决定了企业的基调，影响企业员工的控制意识。它是其他要素的基础，提供了基本规则和构架。而 ERM-IF 对控制环境领域的描述则是，内部环境是企业风险管理所有其他构成要素的基础，为其他要素提供约束和结构。它影响战略和目标如何制定、经营活动如何组织及如何识别、评估风险并采取行动。它还影响控制活动、信息与沟通体系和监控措施的设计及运行。

可见控制环境的建设是内部控制的前提，也是风险管理的前提，实业投资在控制环境方面系统地开展了以下工作。

1. 公司制改造

2011 年以前,实业投资一直是国有无限公司,在高速公路领域投资规模巨大、各条高速公路收费经营能力参差不齐、收费期限长的行业背景下,公司面临未来市场和经营的不确定性,为防范风险,实业投资依据《中华人民共和国公司法》（以下简称公司法）起草了新的公司章程,重新注册登记,完成了公司制改造,转变为有限公司制企业,在公司治理层面前进了一步,公司章程结构见图 12-2。

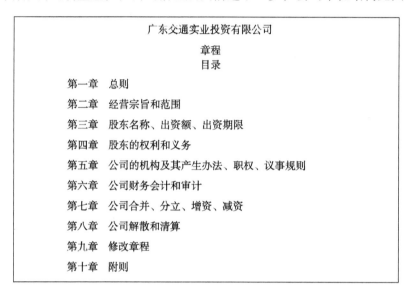

图 12-2　公司章程

2. 完善了股东会、董事会、监事会和经理班子的职责配置

依据公司法,进一步明确了三会①和经理班子的职责配置,并根据广东省交通集团的相关议事规则,重构了实业投资的三会和经理班子议事规则（图 12-3）。

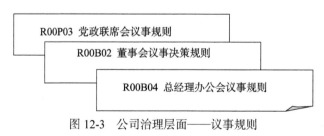

图 12-3　公司治理层面——议事规则

---

① 在国有公司制企业治理中,三会一般是指联席会议、董事会会议和总经理办公会议。

3. 管理层授权和职责分工

COSO 的 IC-IF 指出：企业的组织结构提供了一个构架，在此构架中规划、执行、控制和监督为实现企业目标而进行的活动。确立相关组织结构的主要方面，包括定义关键领域的权责分工以及确定合适的报告途径。每个企业都根据自己的需要确定组织结构。一些是集权型，一些是分权型。一些具有直接的报告关系，一些则更多的是矩阵型组织结构。

企业组织结构的适当性部分取决于企业的规模和所从事经营活动的性质。不管何种组织结构，应有利于组织实施为实现特定目标而制定的策略。

COSO 的 ERM-IF 在组织结构和职责配置（是指权利与职责的配置）方面进一步指出：

（1）组织结构方面。第一，一个主体的组织结构提供了计划、执行、控制和监督其活动的框架。相关的组织结构包括确定权利与责任的关键界区，以及确立恰当的报告途径。第二，不管采取什么样的结构，主体的组织方式都应该确保有效的企业风险管理并采取行动，以便实现其目标。

（2）权利和职责的分配方面。权利和职责的分配涉及个人与团队被授权并鼓励发挥主动性去指出问题和解决问题的程度，以及对他们权利的限制。它包括确立报告关系和授权规程、描述恰当经营活动的政策、关键人员的知识和经验，以及为履行职责而赋予的资源。

一个关键的挑战是仅仅针对实现目标所需要的范围进行授权。这意味着确保决策是基于合理的风险识别和评估活动，包括确定接受何种风险、如何对它们加以管理的过程中，以及估计风险的大小和权衡潜在的损失与收益。

另一个挑战是确保所有的人员了解主体的目标。每个人都知道他们的行为彼此之间有什么关联以及对实现目标有什么作用，这些是至关重要的。

内部环境受到个人对他们将要承担责任认识程度的极大影响。对 CEO 而言，也是如此，即在董事会的监督下对主体内部的所有活动负有终极责任。

基于对上述要求认识开展了组织重构，并基于委托代理原理开展了管理层授权和职责分工，一个职能部门的职责案例见图 12-4。同时基于系统理论，将岗位工作进行模块化设计，也就是识别各个业务单元。这里以经营管理部和人力资源部为案例。

（1）实业投资—经营管理部—部门职责（描述）图 12-4。

（2）实业投资—经营管理部/人力资源部—部门组织结构（部门→岗位→业务单元），见图 12-5 和图 12-6。

R 经营管理部 —— 工作职责（部门描述）

【生效日期】2014-07-31

【编号/版本】R/V2.0

【部门名称】经营管理部

【直线领导】分管副总经理

【部门描述】（1）本部门为公司中层职能管理单位，主要负责广东省交通集团对本公司经营业绩考核，公司系统内的高速公路营运管理，对直属单位的经营管理和经营业绩以及非高速公路项目的经营考核管理，并对参股高速公路项目的营运管理进行监督。

　　　　　　（2）本部门在分管副总经理的直线领导下开展工作，并对分管副总经理负责。同时接受公司领导班子、上级业务部门的业务指导和监督。

【业务单元】高速公路营运管理、收费管理、统计管理、参股高速公路项目营运管理、公司经营业绩考核、直属单位经营业绩考核、直属单位经营监管、非高速公路项目经营管理、经营信息管理和其他业务共 10 个业务单元。

【岗位设置】部长、副部长（1）、副部长（2）、路政管理、收费管理、统计管理、参股高速公路项目营运管理、经营考核管理、直属单位经营监管、非高速公路项目经营管理和经营信息管理共 11 个岗位。

【组织结构】

图 12-4　一个职能部门工作职责的规范化描述

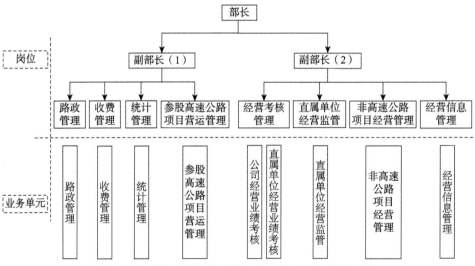

图 12-5　模块化设计的部门组织结构——经营管理部

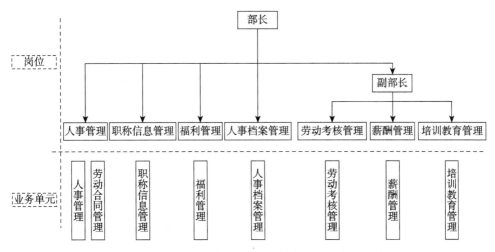

图 12-6　模块化设计的部门组织结构——人力资源部

（3）实业投资—经营管理部—部门工作职责（基于业务单元的职责配置）
（表 12-1）。

表 12-1　R 经营管理部的部门工作职责

业务单元	工作职责
高速公路 路政管理	（1）负责公司系统内营运公司路政、道路交通拯救业务、收费管理和服务区广告业务管理
	（2）负责系统内各运营公司路政管理水平提升和服务质量提升的监督管理
	（3）负责路政员/稽查员/收费员等岗前培训和上岗证、执法证办理协调管理
	（4）负责道路交通拯救业务和收费站场、服务区广告业务管理
收费管理	（5）负责公司系统内营运公司收费管理工作
	（6）负责公司下属高速公路项目通行费测算的审核和上报
	（7）协助办理公司高速公路项目收费站址的设置及车辆通行费标准的报批
	（8）负责系统内以及区域收费系统的联网工作组织、指导和协调
统计管理	（9）负责对营运、经营监管、业绩考核有关的信息数据进行统计管理
参股高速公路 项目的营运管理	（10）负责对参股高速公路项目股东会、董事会、监事会会议文件的接收
	（11）负责对上述会议文件的传递、会审，会审意见收集上报
	（12）负责本公司对上述会议文件会审结果的反馈
公司经营 业绩考核	（13）负责公司经营目标的分解落实
	（14）负责广东省交通集团对交通实业经营业绩考核

业务单元	工作职责
直属单位经营业绩考核	（15）负责组织对直属单位的年度考核指标预算的审查
	（16）负责组织对直属单位的经营业绩和经营管理情况考核
直属单位经营监管	（17）组织编制公司投资项目与下属二级公司的年度考核目标，并督促实施
	（18）负责组织对直属单位经营管理的定期检查、指导、监督
	（19）负责组织对公司投资项目与下属二级公司/经营管理状况进行定期分析
	（20）负责组织对直属单位的经营成本监管
	（21）负责组织对直属单位的与经营活动有关的合同监管
非高速公路项目经营管理	（22）负责组织对公司投资的非高速公路经营项目的经营目标、经济活动和存在的问题进行定期分析
	（23）负责对公司投资的非高速公路经营项目每年的资金回收计划进行制订和监控
	（24）负责公司投资的非高速公路经营项目资产移交组织
经营信息管理	（25）负责对营运、经营监管、业绩考核有关的信息进行收集整理
	（26）负责对公司经营状况的信息进行收集整理，组织编制经营管理分析的各种专题性报告
	（27）配合组织广东省交通集团、上级单位有关经营考核方面的政策、文件的传递，以及与经营考核有关的各种报表的报送
	（28）负责与经营、考核相关的各种登记和移交
其他业务	（29）负责公司与营运管理、业绩考核相关的制度建设和改进
	（30）负责组织公司营运管理、业绩考核系统人员继续教育工作
	（31）协助其他部门开展与营运管理、业绩考核相关和交叉的业务管理
	（32）对本部门归档文件的完整性和系统性负责
	（33）直线领导安排的其他工作

（4）实业投资—经营管理部—岗位工作职责（基于业务单元的岗位职责配置，按照岗位工作、岗位职权、岗位责任的模式配置，以收费管理岗位为例）（表12-2）。

表12-2 R经营管理部—收费管理岗——岗位工作职责

J21R02收费管理岗位——工作职责

【生效日期】2014-07-31

【编号/版本】J21R02/V2.0

【岗位名称】收费管理

【所属部门】经营管理部

【直线领导】经营管理部副部长（1）

【岗位描述】负责公司收费管理工作，指导直属单位收费管理的业务工作。

【职责阐述】

职责分类	岗位职责内容
岗位工作	（1）对公司及直属单位贯彻国家、广东省政府有关公路通行费征收管理的法令法规及相关政策进行监督
	（2）收集整理公司系统各单位年度、季度收费预算计划，以及日、月、年车流量数据报表、收费报表和稽查情况报表
	（3）掌握系统内高速公路的车流量和收入情况，并对发展趋势进行分析、预测
	（4）负责公司下属高速公路项目通行费测算的审核和上报
	（5）负责组织公司系统内高速公路通行费计划的实施和监督
	（6）负责审核直属单位高速公路委托合同及委托管理费用
	（7）检查、指导和督促公司下属高速公路营运公司的收费管理工作
	（8）负责对公司下属高速公路营运公司的收费管理考核
	（9）办理公司高速公路项目收费站址设置及车辆通行费标准等审查报批工作
	（10）负责收费员职业培训、技能鉴定相关管理工作
	（11）负责广东省联网有关工作
岗位职权	（1）有开展公司系统内营运公司收费管理的权力
	（2）有对负责系统内各运营公司收费管理进行业务指导、监督管理的权力
	（3）有办理公司高速公路项目收费站址的设置及车辆通行费标准的报批权力
	（4）有审核直属单位高速公路委托合同、托管理费用权力
岗位责任	（1）因对公司系统内高速公路的车流量和收入情况的发展趋势没有及时与有效进行分析、预测，影响工作的，负直接责任
	（2）因没有及时有效完成对公司下属高速公路项目通行费测算的审核和上报，影响工作的，负直接责任
	（3）因对公司系统内各运营公司收费管理的业务指导、监督管理不力，影响工作的，负直接责任
	（4）因未能及时办理公司高速公路项目收费站址的设置及车辆通行费标准的报批，影响工作的，负直接责任
	（5）因未能及时审核直属单位高速公路委托合同、委托管理费用的审核，影响工作的，负直接责任
	（6）不服从分管领导的工作安排，对部门/公司工作造成影响的，负有直接责任
	（7）负责本岗位形成文件的日常积累，并保证归档文件的完整性和质量要求，按时向本部门兼职档案员移交
	（8）本岗位工作出现了问题，因没有及时向分管领导汇报，拖延问题解决的，负有直接责任

（5）实业投资—经营管理部—职位说明书（基岗位职责要求编制配置，以收费管理岗位例），见表 12-3。

表 12-3　R 经营管理部—收费管理岗——职位说明书

D21R02 收费管理岗位——职位说明书

岗位名称	收费管理		职级范围		直线领导	副部长（1）
所属单位	公司本部				编号/版本	D21R02/V2.0
所属部门	经营管理部				生效日期	2014-07-31
任职基本要求						
专业要求	具有企业管理、营运管理、工程技术或相关的专业知识					
学历/学位	大学本科及其以上学历					
专业资格	具有工程师/经济师/会计师等中级及以上职称					
从业资格						
特殊要求	政治面貌	不限	性别	不限	其他	不限
岗位职责要求						
详见《经营管理部收费管理岗位工作职责》						
任职素质要求						
思想素质	（1）具有事业心和社会责任感，具有法制观念 （2）实事求是 （3）坚持原则、廉洁自律，能公平、公正、公开办事 （4）品行端正，遵纪守法、遵守社会公德，无任何犯罪或涉及个人道德、诚信的社会不良记录 （5）敬业爱岗，尽职尽责 （6）热爱企业、热爱本职工作					
知识素质	（1）具有较系统的企业管理、高速公路运营、路政、监控管理方面等专业知识 （2）熟悉高速公路运营管理的系统知识 （3）熟悉相关的法律法规知识 （4）熟练掌握计算机办公软件					
职业素质	（1）有在本岗位或相近工作岗位上从事三年相关的工作经历 （2）具有良好的学习能力，具有较好的独立工作能力 （3）熟悉高速公路营运、路政、监控管理现状，熟悉《广东省交通集团高速公路营运管理规范》 （4）熟悉高速公路收费管理各个环节的知识 （5）有良好的团队协作意识，有较强的业务组织能力					
身体素质	无不良嗜好，具有从事本专业工作需要的身心健康条件					

岗位建设方面，经统计可得出以下几点内容：

（1）公司领导层面共建立岗位 10 类，即董事长、副董事长、董事、监事会主席、监事、总经理、副总经理、三总师岗位（总工程师、总经济师、总会计师）。相应地建立了岗位领导职责和职位说明书，以及三副总师（副总工程师、副总经济师、副总会计师）、总经理助理等辅助岗位和岗位工作职责/职位说明书。

（2）公司本部共建立了 13 类职能部门/专业工作办公室的职能工作职责，即投资计划部、基建养护部、经营管理部、法律事务部、人力资源部、财务管理部、综合事务部、党群工作部、审计监察部、董事会办公室、安全生产监督管理办公室、资产处置办公室和工会办公室。

（3）公司本部共识别和设立了 86 个岗位，其中，投资计划部 7 个、基建养护部 8 个、经营管理部 11 个、法律事务部 3 个、人力资源部 9 个、财务管理部 13 个、综合事务部 9 个、党群工作部 8 个、审计监察部 5 个、董事会办公室两个、资产处置办公室 4 个、安全生产监督管理办公室 3 个、工会办公室 4 个。

相应地，各个岗位下面的业务都基于业务单元进行了模块化，每个岗位都建立了岗位职责和职位说明书。

4. 内部控制和风险管理管理层授权与职责分工

COSO 的 IC-IF 框架明确指出，在内部控制的职责配置上，不同的角色肩负的责任也有区别，如角色和职责，同时给出了董事会、经理层、内部审计人员、其他人员的角色定义，具体如下：

（1）董事会，经理层对董事会负责，董事会提供管理、指引和核查。

（2）经理层，总裁应最终负责并具有内部控制系统的"所有权"。在大公司，总裁通过督导高层管理人员检查其经营行为完成自身职责。在规模较小的公司，总裁常常身兼所有者和经理人双重角色，其影响也就更加直接。在任何情况下，对金字塔式的职责分布结构，每位经理人实际就是他所辖管职责范围内的总裁。

（3）内部审计人员，内审人员在评价、维护企业内部控制系统有效性方面起重要作用。

（4）其他人员，从某种程度上说，内部控制是企业中每个人的职责，因此应成为每个人工作职责中明示或暗示的部分。

COSO 的 ERM-IF 框架对职责和责任方面的描述中进一步指出：制定规程以确定一个特定的层级需要什么信息，以便有效地做出决策。

（1）董事会：①董事会知道管理当局在组织中建立有效的风险管理的程度；②知道并同意主体的风险容量；③审核风险组合观并对照风险容量对其进行考虑；④知悉最重大的风险以及管理当局是否在恰当地应对。

（2）管理当局：①CEO 最终对企业风险管理负责；②CEO 确保存在积极的内部环境，并且企业风险管理的所有构成要素都存在；③掌管组织中各单元的高级管理人员负责管理与他们所在的单元的目标相关的风险；④指导企业风险管理的应用，以确保应用与风险容限相一致；⑤每位管理人员都就 CEO 在企业风险管理中的那一部分对更高一个层级负责，而 CEO 最终对董事会负责。

（3）主体中的其他人员：①企业风险管理是每个人职位描述中的一个明显的或隐含的部分；②员工了解抵抗来自上级的参与不当行为的压力的需要，并且在正常的报告途径之外有可利用的报告这种情形的渠道；③所有员工的企业风险管理职能与责任都被很好地界定和有效地沟通。

（4）与主体互动的各方：①存在从与主体互动的各方获取相关信息并采取恰当措施的机制；②措施不仅包括致力于所报告的特定情形，而且包括调查问题的根本原因并对其进行修正；③对外包出去的活动，管理当局要执行一项计划以监控这些活动；④管理当局要考虑那些可能会增进企业风险管理的财务分析师、债券评级机构和新闻媒体的观察与见解。

为进一步明确上述职责，在实业投资不同层级的岗位职责配置中专门强调了内部控制/风险管理的职能。

（1）总经理岗位：内部控制与风险管理职责/职位说明书的描述（图 12-7）。

J01M01总经理岗位——工作职责/职位说明书：
岗位工作：
（10）……；
（11）负责领导在全公司范围内，建立内部控制与全面风险管理体系并确保有效运行；
（12）……；
岗位职权：
（8）……；
（9）有在公司范围内建立内部控制与全面风险管理体系的权力；
（10）……；
岗位责任：
（7）……；
（8）因公司经营管理违反基本管理制度，或内部控制体系不完善，产生风险或损失，影响工作或造成影响的，如属分管的，负有直接领导责任，否则负领导责任；
（9）……；
职位说明书：
<1>知识素质：
（1）具有系统扎实的企业管理知识，具有内部控制与全面风险管理的专业知识；
（2）……；

图 12-7　总经理岗位对内部控制和风险管理的职责配置

（2）副总经理岗位：内部控制与风险管理职责的描述（图 12-8）。

J02M01副总经理岗位——工作职责/职位说明书：

岗位工作：

（2）……；

（3）负责分管业务领域的内部控制与风险管理；

（4）……；

岗位职权：

（2）……；

（3）对所分管业务领域的工作，有指挥开展内部控制与风险管理的权力；

（4）……；

岗位责任：

（2）……；

（3）因分管领域的工作中内部控制不力，以致产生风险或损失，负有直接领导责任；

（4）……；

职位说明书：

<1>知识素质：

（1）具有系统扎实的企业管理知识；

（2）……；

图 12-8　副总经理岗位对内部控制和风险管理的职责配置

（3）总经济师岗位：内部控制与风险管理职责的描述（图 12-9）。

J02M03总经济师岗位——工作职责/职位说明书：

岗位工作：

（5）……；

（6）参与并指导公司内部控制与全面风险管理体系的建立和运行；

（7）……；

（8）……；

（9）负责动态监控公司的经营活动，当偏离原来设定的经营目标时，提出纠正措施；

（10）……；

岗位职权：

（5）……；

（6）有参与并指导公司开展内部控制与风险管理体系建设的权力；

（9）对公司的经营活动开展动态监控，当偏离原来设定经营目标时，有提出纠正措施的权力；

岗位责任：

（7）……；

（8）因负责动态监控公司的经营活动不力，当偏离原来设定的经营目标时，提出纠正措施，影响工作或造成影响的，负有直接领导责任；

（9）……；

职位说明书：

<1>知识素质：

（1）具有内部控制和全面风险管理的专业知识；

（2）……；

图 12-9　总经济师理岗位对内部控制和风险管理的职责配置

（4）总会计师岗位：内部控制与风险管理职责的描述（图12-10）。

J02M04总会计师岗位——工作职责/职位说明书：
岗位工作：
（4）……；
（5）负责并指导公司内部控制与全面风险管理体系的建立与运行；
（6）……；
（9）参与动态监控公司的经营活动，当偏离原来设定的经营目标时，提出纠正措施；
（10）……；
岗位职权：
（5）……；
（6）有负责并指导公司开展内部控制与风险管理体系建设的权力；
（11）有对重大的财务收支活动进行监控的权力，当预测到风险时，有及时采取防范的建议权；
（12）有参与对公司经营活动的动态监控，当偏离原来设定的经营目标时，有提出纠正措施的权力；
（13）……；
岗位责任：
（5）……；
（6）因公司内部控制与全面风险管理体系不健全或执行不力，给公司产生风险或损失的，负有直接责任；
（14）因参与公司经营活动的动态监控不力，当偏离原来设定的经营目标时，没有提出改进途径和方案，影响工作或造成影响的，负有直接领导责任；
（15）……；
职位说明书：
<1>知识素质：
（1）……；
（2）具有内部控制和全面风险管理的专业知识；
（3）……；

图 12-10　总会计师理岗位对内部控制和风险管理的职责配置

（5）其他层次岗位职责中的内部控制和风险管理职责表述。由于内部控制和风险管理框架是基于公司治理层面建设的，所以在经理班子层面进行了强调。在其他层面的岗位中，其职责是结合本岗位的具体业务开展的，因此本小节不再展开。

5. 人的因素与管理哲学——重构企业文化

COSO 的 IC-IF 指出，控制环境因素包括以下几点：员工的诚信度、道德观和能力；管理哲学和经营风格；管理层授权和职责分工、人员组织和发展方式；董事会的重视程度和提供的指导。

控制环境受企业文化和历史的影响，它影响员工的控制意识。具有有效控制的企业，尽力聘用有能力的员工，灌输诚信的企业文化和控制意识，设定一个积极的"最高基调"（完美行为规范）。

控制环境要素包括诚信和道德观、刺激和诱惑、提供并传递道德指引。尽管每个要素都很重要，但根据企业的不同，侧重的程度还是有所差异的。

而其 ERM-IF 对控制环境领域的描述则是，内部环境受到主体历史和文化的影响。它包含许多要素，包括主体的道德价值观、员工的胜任能力和开发、管理当局管理风险的理念以及如何分配权利和职责。董事会是内部环境的一个关键部分，它对其他的内部环境要素有重大影响。

人力资源准则包括雇用、定位、培训、评价、咨询、晋升、付酬和采取补偿措施在内的人力资源业务向员工传达有关诚信、道德行为和胜任能力的期望水平方面的信息。例如，强调教育背景、前期工作经验、过去的成就和有关诚信与道德行为的证据，以便雇用资质最好的个人的准则，表明了一个主体对胜任和可信任人员的承诺。当招录活动中包括正式的、深入的招聘面试以及有关该主体的历史、文化和经营风格方面的培训时，也是如此。

培训政策能够通过对未来职能与责任的沟通，以及包含诸如培训学校和研习班、模拟案例研究和扮演角色练习等活动，加强业绩和行为的期望水平。根据定期业绩评价所进行的调换与晋升，反映了主体对提升合格员工的承诺。雇用胜任的人员和提供一次性培训是不够的，教育过程是持续的。

可见，无论是 IC-IF 还是 ERM-IF，都强调了人的因素，包括诚信度、道德观和能力，以及管理哲学和经营风格、人力资源政策等，是培育良好的控制环境的基础。

正因为如此。实业投资开展了下列两项重要的工作。

1）企业文化重塑

2012~2013 年，实业投资完成了自己的企业文化重塑，明确了企业的核心理念和执行理念。通过设置企业的愿景、价值观，积极整合员工的价值观，设定企业的目标，引导员工的职业发展规划，并由此试图构建一个积极的企业"最高基调"。

实业投资文化理念体系总表见表 12-4，同时实业投资还开展了企业视觉系统（visual identity，VI）识别手册的编制，如图 12-11 所示。

表 12-4　实业投资文化理念体系总表

文化理念体系	核心理念	【广】企业愿景	广通八方，福泽万家
		【通】企业使命	和谐交通，美好生活
		【善】核心价值观	修德敬业，止于至善
		【道】企业精神	担当实干，拼搏奉献
	执行理念	经营之道	畅享交通，服务社会
		管理之道	大道至简，价值优先
		创新之道	先行先试，敢为人先
		安全之道	生命无价，责任如山
		环保之道	生态交通，科学发展

续表

文化理念 体系	执行理念	廉政之道	廉以修身，规行矩止
		用人之道	知人善用，德才兼备
		学习之道	勤学致用，慎思追源
	宣传口号	标语一	广通善道，粤畅悦享
		标语二	一家人，一盘棋，一个目标
		标语三	广开八方，通达天下，善在心中，道在脚下

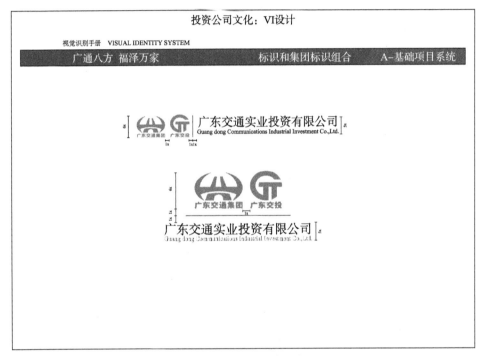

投资公司文化：VI设计

视觉识别手册　VISUAL IDENTITY SYSTEM

广通八方 福泽万家　　　　　　标识和集团标识组合　　　A–基础项目系统

广东交通实业投资有限公司
Guang dong Communications Industrial Investment Co.,Ltd.

广东交通实业投资有限公司
Guang dong Communications Industrial Investment Co.,Ltd.

图 12-11　VI 体系（部分示意图）

2）人力资源政策

就人力资源政策而言，COSO 的 ERM-IF 指出：人力资源政策和措施包括向员工传递关于预期的诚信度、道德行为和才能的信息。这些与雇用、指导、培训、评估、咨询、提升、补偿和矫正等行为相关。

企业的经营管理整体上可以划分为两大类：一类是对客观对象的管理，如资产管理、收费管理；另一类是对主体对象的管理，即对员工的管理。在这方面，实业投资除完善了劳动合同、培训教育等方面的制度建设外，还着重开展了薪酬管理（包括工资、福利）、业绩管理（包括公司经营业绩、岗位业绩）两大关切员工切身利益的制度的建设，先后几易其稿。

【实业投资薪酬管理制度】

V1.0	R	人力资源部	总经理	董事长	2013-**-**
版次	编制	审核	批准	生效日期	编号

实业投资薪酬管理规定

第一章　总则

第一条　交通实业投资有限公司（以下简称公司）的薪酬管理，依据《中华人民共和国劳动法》《广东省工资支付条例》《广东省省属企业薪酬管理办法》（试行）等国家和地方有关劳动人事的法律法规，参照广东省交通集团有限公司（以下简称省交通集团）《广东省交通集团直属全资及控股企业薪酬管理办法》（试行）等规定，结合公司的经营实际，特制定本规定。

第二条　本规定适用于除公司负责人之外的公司所有岗位员工，涵盖公司本部，下属全资及控股子公司、下属分公司（以下简称直属单位），参股子公司的外派人员。

第三条　薪酬是指公司以货币形式支付给员工的各种劳动报酬及相关收入，包括各种形式的工资、津贴、补贴、奖金、延长工作时间及特殊情况下支付的属于劳动报酬性的工资收入等，但不包括按照规定负担的各项社会保险费、住房公积金、劳动保障和安全生产监察行政部门规定的劳动保护费用、按照规定标准支付的独生子女补贴、计划生育奖，以及丧葬费、抚恤金等国家规定的福利费用和属于非劳动报酬性的收入。

第四条　公司薪酬管理应遵循以下原则：

（一）坚持效率优先、兼顾公平，维护公司和员工的合法权益；

（二）坚持分级管理与分类指导、公平分配与有效监管相结合；

（三）坚持"以责定岗，以岗定薪，岗变薪变"；

（四）坚持激励与约束相统一，薪酬与公司经营业绩和劳动成果挂钩，促进公司可持续发展；

（五）严格薪酬管理，合理控制公司人工成本（费用），推进公司收入分配规范化、制度化、透明化和市场化。

第二章　工资总额计划管理

第五条　工资总额，是指公司在一个经营年度内直接支付给本单位全部员工的劳动报酬总额。根据省交通集团的规定，公司的工资总额管理采取工资总额计划管理的方式接受省交通集团的调控。

【实业投资岗位业绩管理制度】

V1.0	R	人力资源部	总经理	董事长	2013-**-**
版次	编制	审核	批准	生效日期	编号

实业投资岗位业绩管理规定（第五版）

第一章　总则

第一条　为规范对广东交通实业投资有限公司（以下简称公司）本部及直属单位岗位业绩管理，根据《中华人民共和国劳动法》等法律法规、广东省交通集团有限公司（以下简称省交通集团）《全资、控股企业负责人经营业绩考核暂行办法》等规定，结合公司实际，特制定本规定。

第二条　管理范围：①直属单位负责人岗位业绩；②公司职能部门以及下属管理类岗位员工业绩；③直属单位职能部门及所属管理类岗位员工业绩；④生产类岗位员工业绩。见习岗位员工业绩不纳入此业绩管理体系。

第三条　工作期间岗位调动的员工以调动前后相应岗位的业绩管理方法分别管理和评估，基于前后岗位工作时间区间长短加权，直属单位负责人除外。

第四条　公司负责人岗位业绩管理分别依据省交通集团《全资、控股企业负责人经营业绩考核暂行办法》、公司《经营业绩管理规定》，不属于本规定管理的范围。

第五条　管理原则：

（一）客观性原则：业绩管理依据岗位职责，评估以统计数据和客观事实为基础；

（二）目标性原则：业绩管理以各种计划目标为基准；

（三）分层性原则：业绩管理由上级对下级进行管理，同时辅以反馈与申诉机制；

（四）沟通性原则：业绩管理过程中，不同层级需要进行充分沟通；

（五）时效性原则：业绩管理是对评估期内工作成果的综合评估，期外行为不影响当期结果；

（六）激励性原则：业绩管理坚持效率优先、兼顾公平，激励与约束挂钩，并通过结果的应用，体现到薪酬、职务、岗位调整以及职业生涯的规划等方面；

（七）周期性原则：业绩管理以每一公历年为一个考核周期。

第二章　组织机构与职责

第六条　公司设立业绩管理领导小组，领导小组下设岗位业绩管理工作小组，日常机构设在公司人力资源部。直属单位成立相应的业绩管理领导小组与岗位业绩管理工作小组。

【实业投资经营业绩管理制度】

V1.0	R	人力资源部	总经理	董事长	2013-**-**
版次	编制	审核	批准	生效日期	编号

实业投资经营业绩管理规定（第五版）

第一章　总则

第一条　为规范对广东交通实业投资有限公司（以下简称公司）直属单位的经营业绩考核管理,依照广东省交通集团有限公司(以下简称省交通集团)《全资、控股企业负责人经营业绩考核暂行办法》,结合直属单位的实际情况,特制定本规定。

第二条　考核对象：公司直属单位（全资、控股二级公司）。

第三条　考核原则：

（一）维护出资人权益,促进国有资本保值增值、促进企业长期稳定和可持续发展。

（二）坚持分类考核,客观评价企业经营业绩,考核指标实行逐年核定和纵向比较相结合、定量与定性相结合、考核结果与奖惩相结合。

（三）坚持效率优先、兼顾公平,建立责权利相统一、激励与约束挂钩的考核奖惩制度。

（四）以每一公历年为一个考核周期。

第四条　企业分类

根据企业的业务性质和所处行业不同等特点,公司所属直属单位分为高速公路项目建设企业、高速公路项目经营企业、高速公路营运管理企业、投资管理企业、一般竞争性企业五类。

第五条　考核等级

经营业绩考核分为优、良、中、低、差五个等级。

第二章　组织机构与职责

第六条　公司设立业绩管理领导小组,领导小组下设经营业绩管理工作小组,直属单位成立相应的业绩管理领导小组与经营业绩管理工作小组。

第七条　业绩管理领导小组机构与职责：

……

这三个管理规定之间密切相关，业绩管理是薪酬管理的基础，薪酬管理是业绩管理结果的体现之一。当然业绩管理结果还体现在职位、职级的升降及其他物质和精神奖励领域，见图 12-12 和图 12-13。

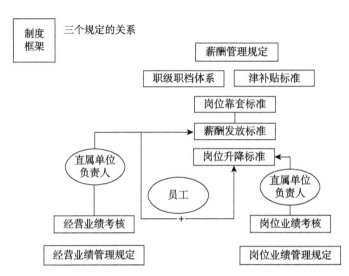

图 12-12　实业投资经营业绩、岗位业绩、薪酬管理三项制度之间的关系

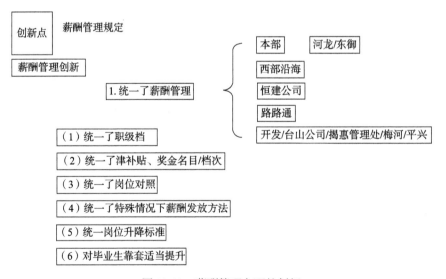

图 12-13　薪酬管理方面的创新

岗位业绩与经营业绩方面的创新如图 12-14 所示。

创新点　经营业绩管理规定

经营业绩管理创新　由经营管理部主持修编

1. 将公司这两年陆续颁发的业绩管理考核标准、方法进行了整理

（1）重新梳理了业绩领导小组和工作小组的职责

（2）将各类考核标准、程序-附表形式加入规定中

（a）企业经营业绩管理的创新方面

创新点　岗位业绩管理规定

经营业绩管理创新　由人力资源部主持修编

1. 统一了公司和直属单位岗位业绩管理方法

（1）重新梳理了岗位业绩工作小组的职责

（2）划分了管理类岗位和生产类岗位

（3）对各岗位的考核内容、权重进行了重新确定

（4）对管理类员工的综合考核考虑到了经营业绩和岗位业绩的加权

（b）员工岗位业绩管理的创新方面

图 12-14　岗位业绩与经营业绩方面的创新

6. 经营管理规范化：重新建设了企业管理制度体系

实业投资在外部专业团队的指导下，基于系统化的思维，对原有的各项制度进行了整理，这项工作在 2011 年完成并颁布实施，2014 年 7 月底，根据企业经营管理的实际需要，以及制度在执行过程中发现的问题，完成了全面的修编工作。实业投资新的制度体系如图 12-15 所示。

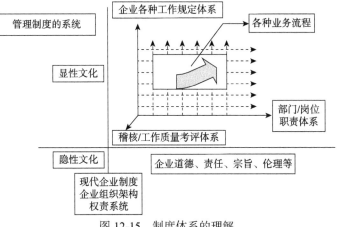

图 12-15　制度体系的理解

实业投资将制度建设提升到企业文化层面，并且是企业文化的核心，属于显性的企业文化。

企业是一个有各个部门、单元组成的，有特定层次、功能和目的的有机整体，内部各要素之间存在各种联系，企业外部有特定的环境和边界，企业是一个系统。

同样，企业管理制度是企业系统的镜像，本身也构成一个系统，这说明企业各个制度之间存在联系，而非简单的堆积和聚合。

实业投资基于系统思维将制度划分为三个层次：第一层是公司的最高规范，即《公司章程》，相当于宪法；第二层是整个企业的管理规范，即公司基本制度，相当于全国性的法律，如财务管理规定、会议管理规定和年度计划管理规定等；第三层是局部规范，包括实施细则、部门/岗位职责、管理流程和职位说明书，见图12-16。

图 12-16　实业投资制度封面（三册）

不同的制度在企业管理中所起的作用不同、目的也不同，有的是全局性的规范，有的只是一个局部流程的规范。

将制度建设与组织学习结合起来，管理层在制度建设过程中特别强调：制度的编制要考虑到可执行性，要考虑到谁来执行，执行的效果如何得到监控，等等。现有的管理模式如果发生变革，也必须说明变革的必要性。此外，制度的建设还要确保一定的前瞻性。.

12.2.2　实业投资的风险评估管理

COSO 的 IC-IF 指出：风险评估的前提条件是设立目标。只有先确立了目标，管理层才能针对目标确定风险并采取必要的行动管理风险。设立目标是管理过程重要的一部分。尽管其并非内部控制要素，但它是内部控制得以实施的先决条件。

COSO 的 ERM-IF 则进一步从风险种类、风险发生的可能性和影响、对待风险的视角及评估技术出发，对风险评估进行了描述。

对实业投资来说，以前没有从 COSO 架构的角度开展过风险评估，因此，本次导入内部控制和风险管理体系也从基础工作做起，需包括以下几点。

1. 风险管理组织的设立

风险管理是各个岗位的必要职责，与同时成立专门的风险管理机构并不冲突，根据 COSO 委员会的两个框架，有条件的企业可以设置相关的风险管理组织机构，如风险管理委员会等。但是无论是否设立这些专门组织，各岗位的内部控制和风险评估职责不能免除。

1）董事会

组织构成：全体董事。董事会是实业投资全面风险管理工作的最高决策机构，也是实业投资风险管理最终责任部门。

组织职责：①确定公司风险管理总体目标和原则，统一公司风险管理理念，督导公司风险管理文化的培养；②审议批准公司全面风险管理体系建设规划；③审议批准公司全面风险管理基本制度；④审议批准公司年度风险评估报告、年度全面风险管理报告和年度全面风险管理评价报告等相关文件；⑤其他风险管理事项。

2）风险管理委员会

组织构成：经营班子成员，风险控制委员会是实业投资风险管理的执行委员会，就实业投资全面风险管理的工作情况对董事会负责。

组织职责：①初步审议公司全面风险管理体系建设规划，监督和指导全面风险管理体系在公司的建设实施；②审议批准公司全面风险管理年度工作计划，并监督和指导风险管理职能部门落实执行；③初步审议批准公司全面风险管理基本制度；审议批准实业投资全面风险管理手册等具体制度；④初步审议公司年度风险评估报告、年度全面风险管理报告和年度全面风险管理评价报告等相关文件；⑤审议批准公司重大风险管理解决方案报告和重大风险管理解决方案落实情况报告；⑥指导公司全面风险管理监督改进工作；⑦办理董事会授权的其他风险管理事项。

3）风险管理办公室

组成构成：法律事务部，负责公司风险管理日常工作，负责公司全面风险管理的具体事务和协调工作。

组织职责：①拟定实业投资全面风险管理体系建设规划，协助和指导实业投资各风险管理责任部门开展全面风险管理工作；②拟定和更新全面风险管理制度与手册，统一和规范实业投资的风险管理行为；③拟定实业投资全面风险管理年度工作计划，并负责组织实施；④定期组织开展实业投资风险评估，编制年度风险评估报告；⑤组织相关责任部门制订重大风险策略解决方案；⑥组织相关责任部门开展重大风险管理解决方案落实情况的检查工作；⑦编制实业投资年度全面风险管理报告，通过风险管理委员会、董事会审议后报送集团公司；⑧参与实业投资重大经营活动相关的风险分析；⑨完成董事会、风险管理委员会交办的其他风险管理事项。

4）风险管理责任部门

组织机构：①风险负责人，各风险管理责任部门风险管理分管领导担任本部门风险负责人；各责任部门风险负责人由部门正职或副职担任。②风险管理员，各风险管理责任部门指派至少一人担任本部门风险管理委员会，具体负责与风险管理职能部门的工作交流和协作，以及部门内部风险管理工作的具体协调，包括本部门的风险辨别、风险评估、风险管理策略制定、重大风险管理解决方案制订，汇总整理各部门风险数据，提交风险管理职能部门；各责任部门指派风险管理员时，可设定专职岗，也可设定兼职岗。

组织职责：①参与实业投资风险评估工作；②根据风险评估结果，拟订本部门相关重大风险管理解决方案并组织落实；③开展本部门重大风险管理解决方案落实情况的检查和改进工作；④在实业投资各项重要经营管理活动中，结合本部门相关的具体业务情况，执行风险管理流程；⑤完成董事会、风险管理委员会交办的其他风险管理事项。

5）风险管理评价部门

组织构成：法律事务部/审计监察部。监督、评价公司各部门的风险管理工作。

组织职责：①负责对各风险管理责任部门能否按照实业投资相关规定开展风险管理工作及其工作效果进行评价，并编制年度风险管理评价报告；②完成董事会、风险管理委员会交办的其他风险管理事项。

2. 开展风险识别

根据 COSO 的 ERM-IF 框架要求，企业开展风险识别是一个持续反复的过程，实业投资也开展了这方面的工作，如 2011 年末实业投资开展的风险识别如图 12-17 所示。

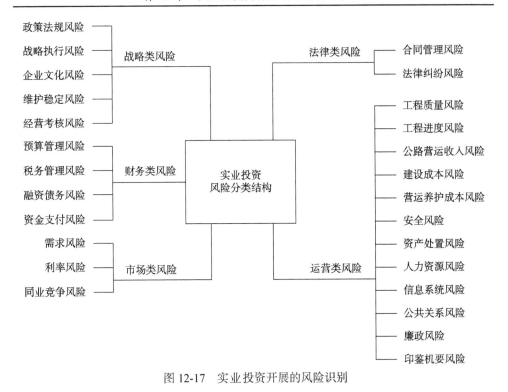

图 12-17　实业投资开展的风险识别

战 略 风 险

一、政策法规风险

（1）公路产业政策变更可能造成经营性收费高速公司收费期限和收费标准变更，影响公司未来长远发展。

（2）随着国家对二级公路收费的逐步取消，高速公路面临车辆分流压力，可能影响公司经营规划的实施。

（3）公司所承担的建设和运营项目多属于政府或集团指令性项目，多为偏远的基础性建设项目，投资大收益差，对应的补贴不到位，导致公司收益逐年恶化。

（4）政府实施各项减免、优惠和免费通行政策可能进一步增强，加大经营目标不可预见性，将给公司经营收益带来较大影响。

（5）由于国家实施高速公路节假日保畅通等政治任务，所制定的相关政策法规给公司通行费收入造成了一定的影响。

（6）随着国家二级公路收费资格的取消，公司部分收费资产将受到影响。

（7）因改、扩建期间道路服务水平下降，未来政府部门可能出台相关政策要求降低收费标准，从而导致公司营业收入减少。

（8）根据国家相关规定，土地闲置两年有被回收的可能，造成公司土地无偿被收回。

二、战略执行风险

（1）外部资源（包括资金、项目、人员等）不能及时到位，将影响实业投资战略执行的有效性，甚至危及企业的生存。

（2）公司已明确了战略实施的三个步骤，如果第一步财务重组的力度和时间不能够保障，对企业的不利影响将逐步发酵。

（3）公司作为业主单位在集团系统内的规模小，现有的路产资源数量和质量方面都有局限性，制约投资公司的业主发展步伐。

（4）公司在项目代建、运营委托管理业务方面积累了丰富的经验，如果后续这两个业务板块不能持续地跟进拓展，将对公司未来战略的实现造成影响。

（5）资产处置业务仅仅局限在实业投资内部，不能发挥公司资产处置的经验和优势，影响系统内资源的有效配置。

三、企业文化风险

（1）公司内部的风险理念与文化意识尚有不足，可能造成公司运作和经营过程中不确定性增加，影响经营目标的实现。

（2）公司文化培养与定位尚处于摸索期，企业文化不够鲜明，可能对企业经营形成正向激励和促进作用，影响公司的执行力。

（3）企业文化的宣传与贯彻和渗透不够，员工的责任感和使命感还有待加强，员工自身价值在职业生涯发展中未能较好体现，可能导致员工工作效率不高、积极性不强。

四、维护稳定风险

（1）为妥善处理员工待遇而采取有效心理疏导办法，可能造成员工队伍不稳定，影响企业正常秩序。

（2）在建项目或已通车路段沿线水土流失问题可能激起当地村民的不满，导致维稳工作难度加大。

五、经营考核风险

（1）考核目标设计不准确，与下属单位沟通不顺畅，可能导致下属单位考核目标方向出现偏差。

（2）公司员工的计划外生育，对公司年终经营考核评价产生不利影响。

财 务 风 险

一、预算管理风险

（1）缺乏对预算管理全过程的持续监控，特别是对预算控制有效性的监控力度不够，可能导致预算监控力不高。

（2）预算执行刚性不足，存在预算松弛现象，预算变更不能有效得到约束与控制，预算工作相关部门未有效对接，从而影响预算管理效果。

（3）预算考核力度和严肃性尚不能满足公司预算管理要求，削弱了预算在公司经营管理的重要作用。

二、税务管理

（1）公司在财务管理、税务整合方面未能充分给予集团公司有效建议和说明，导致公司节税平台未能起到作用。

（2）未遵循税务管理程序，按规定时间和程序及时申报税务资料，增加税费支出或遭致罚款。

（3）在合理利用税法实施税务筹划降低整体税负方面公司未形成有效规划和措施，可能无法提高公司税务效益。

三、融资债务风险

（1）公司未来进入还款高峰期，每年还本付息规模上升，资金压力较大。

（2）公司当前资产负债率高，资金质量逐渐恶化，导致公司融资能力的丧失。

（3）公司当前资金质量差、造血功能不足，仅能通过集团公司输血进行周转，一旦集团资金支持不足或者拨付周期长，可能对公司运营带来极大影响。

（4）投资规模过大，可能造成资本结构失衡，导致筹资成本过高或者出现债务危机，如果债权或股权融资渠道收紧，可能导致公司周转困难。

（5）由于公司整体经营效果较差，融资贷款能力不足，所以可能面临巨大的现金流缺口及资金周转危机。

四、资金支付风险

（1）资金管控活动中，内部管理制度漏洞导致监控不足和人员舞弊，可能造成资金被挪用、侵占、抽逃或遭受欺诈。

（2）大额资金划拨和支付审核权限等级设计不合理、执行不到位等，导致大额资金管理存在风险。

市 场 风 险

一、需求风险

（1）贸易出口减缓、制造加工业向外省转移，造成车流量减少。

（2）周边路网（路桥及铁路、轨道交通）变化，车流量减少，造成营运收入减少。

（3）受宏观调控政策影响，工程施工业务的市场需求波动明显。

二、利率风险

（1）国家财政金融政策紧缩，加息的可能性越来越大，导致公司还本付息的压力增加。

（2）利率的调升增加了公司各融资渠道借款的难度。

三、同业竞争风险

（1）集团业主单位同质化较高，在业务和资源分配上，几家业主单位会产生资源竞争，规模较小导致公司优势不足。

（2）由于公司国有企业的属性，市场化程度较弱，在基建和道路养护方面，向外拓展的能力和意识不足。

运 营 风 险

一、工程质量风险

（1）监理单位在施工中未能充分履行监理职责，可能造成监理与施工方串谋，造成工程频繁返工和工程质量下降，影响后期资产经营收益。

（2）工程竣工验收不规范，最终把关不严，可能导致工程交付使用后存在重大的质量安全隐患。

（3）赶工期现象增多，可能造成工程质量安全隐患，导致经营期内大修、养护基建工程频繁，影响路桥资产质量和运营。

（4）工程设计、施工方案有缺陷，造成工程质量不符合要求。

（5）由于采用新材料、新工艺，可能造成工程建成后续养护维修困难。

二、工程进度风险

（1）由于资金短缺、资金周转困难等，影响工程进度的正常开展。

（2）施工期间遇到阻工，可能造成进度滞后。

（3）施工期间遇到恶劣天气、溶洞等不良地质情况，可能造成进度滞后，导致参控股项目无法按期完成施工建设任务。

（4）大规模基础设施建设，导致部分主材、地材采购困难，影响工程进度。

（5）内部沟通不畅，导致变更审批滞后，影响工程进度。

三、公路运营收入风险

（1）公司部分路段维修、加固，限制通行，使通行费进一步下降，更加剧了其面临的资金缺口危机。

（2）公司参控股路段受"绿色通道"政策的影响，通行费进一步下降，加剧了公司面临的资金缺口危机。

（3）维修养护、交通事故和自然灾害等原因造成道路不能正常通行，影响公路营运收入。

（4）部分通行车辆利益收费系统漏洞串谋，通过交换卡片等进行逃费，从而导致公司营业收入减少。

（5）部分通行车辆利用节假日保畅通相关政策，集体拥挤冲岗以达到逃避缴费的目的，从而导致公司营业收入减少。

（6）油价及其他物价水平上涨，造成出行费用增加，导致小客车单次通行里程明显下降，使公司通行费减少。

（7）收费人员伙同外部不法分子作案，采用内外合作方式贪污通行费。

四、建设成本风险

（1）劳动用工、设备、原材料等价格上升，造成项目建设成本增加。

（2）征地拆迁费用的增加，造成项目建设成本大幅上升。

（3）设计不合理，地质调查不清楚及其他外部因素的影响，导致公路项目设计方案发生重大变更，造成建设成本增加。

（4）项目施工进度因自然灾害、资金不到位、施工统筹不科学等问题，建设工期拖延导致项目成本的增加。

五、营运养护成本风险

（1）专业技术力量及造价审核人员配备不足，可能造成对养护工程的方案及造价预算把关不严，造成工程养护成本不必要扩大。

（2）地方性大型基础设施施工，可能对地质造成超出预期的影响，从而对公路及附属设施带来直接的或潜在的危害，造成养护成本上升。

（3）养护工程招投标过程中，存在投标单位达不到中标条件非法中标、出现围标、串标哄抬标价等行为，可能造成养护工程成本难以控制。

（4）机电产品技术更新换代较快，可能造成两三年后无法采购相应配件进行维护，只能重新购买设备，造成维护成本过高。

（5）超载现象的存在，对高速公路结构物安全造成重大安全隐患，造成道路养护维修成本上升。

六、安全风险

（1）在建工程出现问题，威胁到施工人员的生命安全，影响公司的声誉，致使公司遭受经济损失。

（2）营运养护不到位，导致营运路段车辆通行及路段畅通出现问题，并且可能引发人员及车辆的安全问题。

（3）对高速公路结构物安全监管不到位，导致安全事故的发生，致使公司利益受损。

（4）因扩建及大修工程存在赶工期现象，可能忽视安全生产要求，发生安全责任事故，导致人员和财产损失。

（5）受自然灾害、通车年份较长、材料老化、温差变化、外力撞击和超重车流过多等因素影响，可能引发经营期内公路、桥涵、隧道及构建物等发生安全责任事故。

（6）个体安全意识淡薄，可能造成安全责任制度执行不力，从而导致安全事故发生，引发经济纠纷与诉讼，造成公司经济利益受损。

（7）对突发不可抗力事件的风险防范、应对措施和演练准备不足，一旦发生安全事故，可能导致公司人员及财产出现巨额损失。

（8）未按规范要求设置安全警示标志，引发交通事故，公司承担责任，导致公司利益受损。

七、资产处置风险

（1）由于公司预处置的项目规模小、数量多、项目类型多样，加大了资产处置的难度同时增加了处置成本。

（2）部分资产由于所属部门没有及时跟踪和积极处置，可能造成后期处理难度加大。

（3）项目处置过程中，具体经办人员的经验不足或者渎职、串谋，导致资产处置中公司受到损失。

（4）资产处置过程中聘请的中介机构，专业性不足或者未能恪守尽责，导致资产处置中公司受到损失。

（5）资产处置、保费方案的设计不合理、不科学，导致执行后给公司带来损失。

（6）资产评估结果不准确，导致固定资产价值低估，引起公司经济价值损失。

八、人力资源风险

（1）由于国有企业机制不够灵活，在引进优秀人才方面吸引力不够强，影响公司人才队伍的素质。

（2）人才绩效激励奖励机制不够完善，可能会影响发挥激励效果。

（3）因人设岗，人员不匹配，导致部分管理人员能力素质不符合岗位要求，造成工作失误或者企业内部管理绩效。

（4）公司员工培训机制未能有效针对岗位设置合理职业发展规范，培训不到位，可能造成培训流于形式达不到人才培养的长期目标。

九、信息系统风险

（1）信息系统可能遭受病毒、黑客攻击，以及计算机防控病毒软件未能及时更新，可能造成关键数据泄露或损坏。

（2）信息系统备份等突发应急预案工作不足且执行演练不到位，导致问题发生时无法恢复重要数据。

（3）关键业务的信息系统运行存在中断现象，影响业务正常进行。

十、公共关系风险

（1）公司包括下属参控股公司对媒体关系处理较为简单、不统一也不规范，容易造成被动影响，导致公司形象和声誉受损。

（2）由于媒体负面报道，公司突发事件新闻，造成新闻管理失控，可能造成公司形象受损。

（3）对高速公路突发事件（如冻雪冻雨和交通事故等自然灾害与人为灾害等）善后处理及媒体报道应对不当，对公司声誉造成损害。

（4）新闻媒体对高速公路行业收费、工程质量及超前建设等问题反复报道，致使高速公路行业舆论压力增加。

十一、廉政风险

（1）案件检查不到位、不得力，审计不及时，不能发现所有舞弊，使企业存在风险隐患。

（2）在工程招投标、物资采购等"三重一大"经营业务办理过程中可能存在相关人员徇私舞弊，造成公司经济和声誉损失。

（3）公司在投资及施工建设管理过程中可能存在道德腐化、经营舞弊和暗箱操作，导致中标价格失实及相关人员涉案。

十二、印鉴机要风险

（1）公章等印鉴遗失、被盗、使用不当等，或被不法分子利用，可能造成企业经济利益受损。

（2）涉密文件和科技档案等保密信息泄露，损害公司利益。

十三、管控执行风险

（1）内部审计过程受专业局限性和信息不对称的影响，可能造成审计人员未能有效发现内部控制中存在重大缺陷，从而影响内部审计目标的实现。

（2）内部控制管控水平的风险评价尚未形成系统化持续改进工作机制，可能导致内部控制评价利用率低，发挥作用低，难以达到外部监管机构合规要求。

（3）受国家尚未出台对参控股监事会管理具体指南的影响，可能造成下属公司监事会没有实际可操作的制度和程序，导致无法有效发挥监事会监督职能。

法 律 风 险

一、合同管理风险

（1）合同存在条款的漏洞或瑕疵（如法律适用、管辖地），给合同履行带来较大不确定性，造成合同纠纷发生。

（2）对方发生违约行为而怠于追究对方违约责任，导致权益丧失或损失。

（3）合同审查制度执行力不足，导致公司遭受财产损失。

（4）合同起草未充分进行研究和考虑，导致公司利益受到损害。

（5）合同未经有效审批，或合同签订人未经授权签署合同，可能导致合同签订不合理，产生合同纠纷，影响公司利益。

（6）公司未按要求履行合同，导致合同出现违约，造成公司利益遭受损失。

二、法律纠纷风险

（1）档案资料管理不善，可能导致发生纠纷时关键证据丢失，承担举证困难的责任。

（2）法律纠纷没有得到妥善处理，造成合同项目停滞，可能影响公司正常的生产运营，给公司利益带来损失。

（3）合同履行过程中，对合同的变更、履行过程对风险缺乏及时有效的跟踪监控措施，可能导致合同诉讼与纠纷风险。

（4）下属建设施工项目企业通过劳务外包协议用工，外包方未对农民工办理保险，容易造成相关劳动纠纷，引发法律纠纷。

（5）对下属企业重大案件的指导协调处理不力，导致诉讼不能达到预期效果。

对上述风险的分类如表 12-5 所示，各类风险的重要性及影响程度还可通过图 12-18 表示。

表 12-5　风险评估的量化结论

排序	一级风险	二级风险	编号	可能性	影响程度	风险重要性
1	财务风险	融资债务风险	8	4.16	4.30	4.24
2	战略风险	战略执行风险	2	3.98	4.20	4.11
3	战略风险	政策法规风险	1	4.00	3.96	3.98
4	运营风险	建设成本风险	16	3.72	4.11	3.96
5	运营风险	营运养护成本风险	17	3.40	3.21	3.29
6	运营风险	工程质量风险	13	2.78	3.31	3.11
7	运营风险	资产处理风险	14	2.11	3.37	2.93
8	市场风险	利率风险	10	2.39	3.02	2.79
9	市场风险	同业竞争风险	12	2.69	2.66	2.67
10	运营风险	工程进度风险	11	2.49	2.78	2.67
11	市场风险	需求风险	21	2.58	2.64	2.62
12	运营风险	安全风险	22	2.45	2.71	2.61
13	运营风险	廉政风险	15	2.93	2.33	2.59
14	运营风险	公共关系风险	18	2.16	2.74	2.52
15	运营风险	公路运营收入风险	19	2.49	2.49	2.49
16	法律风险	法律纠纷风险	27	2.23	2.52	2.41
17	运营风险	信息系统风险	3	2.36	2.31	2.33
18	战略风险	企业文化风险	4	2.45	2.24	2.33
19	战略风险	维护稳定风险	9	1.50	2.73	2.32
20	财务风险	资金支付风险	5	2.08	2.41	2.28
21	战略风险	经营考核风险	25	1.85	2.53	2.28
22	运营风险	控制执行风险	6	2.23	2.30	2.27
23	财务风险	预算管理风险	20	2.37	2.20	2.27
24	运营风险	人力资源风险	23	1.62	2.60	2.26
25	法律风险	合同管理风险	26	1.68	2.51	2.22
26	运营风险	印鉴机要风险	24	1.28	2.56	2.14
27	财务风险	税务管理	7	1.98	2.02	2.00

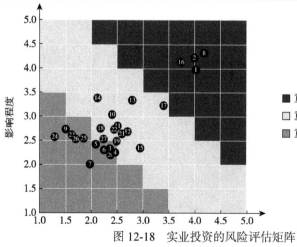

图 12-18　实业投资的风险评估矩阵

12.2.3　实业投资的控制活动展开

在控制活动方面，实业投资建立了专门的《全面风险管理暂行规定》。
【风险管理规定】

版次	属性	编制/修订	审核	批准	生效日期	编号

广东交通实业投资有限公司全面风险管理暂行规定

第一章　　总则

第一条　为建立有效的全面风险管理体制和机制，规范广东交通实业投资有限公司（以下简称投资公司）风险管理工作，根据《中央企业全面风险管理指引》，以及广东省交通集团有限公司（以下简称集团）《广东省交通集团有限公司全面风险管理办法》等相关制度指引，结合公司实际，制定本规定。

第二条　本规定适用于投资公司，下属二级公司参照执行。

第三条　本规定中所称"风险"是指公司在经营发展过程中，各种不确定性对实现战略目标和经营目标的影响。

第四条　本规定中所称全面风险管理，是指围绕战略目标，通过在管理的各环节和经营过程中执行风险管理基本流程，培育良好的风险管理文化，建立健全全面风险管理体系，为实现风险管理的总体目标提供保证的过程和方法。

第五条　投资公司旨在通过全面风险管理保障其战略、经营目标的实现，其主要目标包括：

（一）确保将风险控制在与公司总体目标相适应并可承受的范围内；

（二）有效识别并控制公司面临的诸如战略、经营、财务、法律等方面的重大风险，促进公司战略目标的顺利实现；

（三）促进公司的风险管理工作持续改进，风险管理水平不断提高，从而确保公司运营稳定，提高管理效率；

（四）形成良好的风险管理文化，强化全体员工的风险管理意识。

第六条　投资公司全面风险管理工作遵循以下原则。

（一）战略导向原则：全面风险管理是为公司发展战略服务的，其管理目标和管理活动均以公司发展战略为导向，为公司战略目标的实现提供支持；

（二）全员参与原则：全面风险管理是公司全体员工的工作职责，每一个员工都需充分认识到自身的风险管理责任，履行全面风险管理工作职责，自觉防范和控制风险；

（三）全方位管理原则：全面风险管理是公司各个层面和环节的工作与任务，

公司各个部门应将全面风险管理落实到业务层面和部门层面，实现全方位管理；

（四）充分整合原则：全面风险管理体系应与公司其他管理体系充分整合，对现有的组织职能、制度流程和信息系统进行梳理，加入风险管理要素，使风险管理落实到日常管理工作中去；

（五）风险收益均衡原则：全面风险管理要根据公司的整体战略，在重点采取承担、规避、转移、控制等手段管理风险的同时，根据各部门的风险承受度，积极探索有效的风险管理开发策略。

实业投资同时起草了《全面风险管理手册》，见图 12-19。

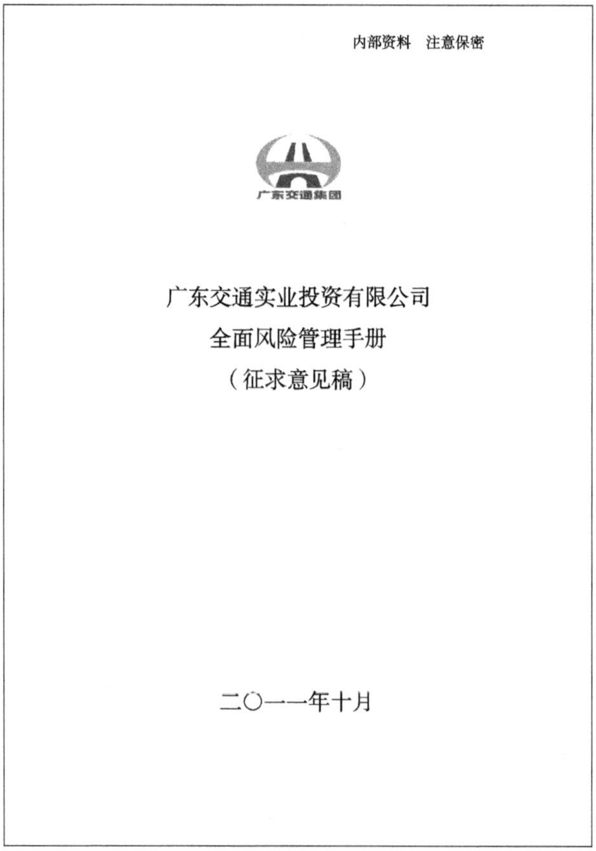

内部资料　注意保密

广东交通实业投资有限公司
全面风险管理手册
（征求意见稿）

二〇一一年十月

图 12-19　风险管理规定

12.2.4　实业投资的信息与沟通及监督管理

1. 信息与沟通管理

（1）信息化系统的构建与应用，主要包括办公 OA 系统，财务 ERP 系统，建设项目公司导入 HCS 系统，以及运营公司导入电子收费系统。这些系统基本上都是省交通集团统一构建的平台。

实业投资还注重信息化的有效性和规范性，如大量采用表格管理，使信息的采集和整理规范化、及时化。

（2）沟通管理，主要通过如下手段展开：①企业文化的导入，战略的编制和实施，使员工明确和理解公司的经营理念、价值观及发展目标，这些共同构成企业沟通管理的基础；②通过不定期、定期的专项检查和评估，对本部部门、下属各直属单位进行问题、意见收集，发挥沟通功能；③在薪酬与业绩管理方面，专门建立了申诉和反馈沟通渠道；④实业投资发挥职代会、总经理办公会议、党政联席会议等正式会议的沟通功能，通过会议开展横向和纵向沟通；⑤通过司务公开、各项公示等方式进行面上沟通；⑥实业投资建有门户网站、电子公告板（bulletion board system，BBS）留言板，成为公司员工及时发布信息、反馈意见的平台；⑦实业投资建有企业内刊《征途》，成为员工发表观点、合理化建议、了解公司经营方针政策、公司先进事迹的沟通平台。

2. 监督管理

监督管理是 COSO 的 IC-IF 及 ERM-IF 的重要因素。IC-IF 指出：内部控制系统需要被监控。这一过程通过持续性的监控行为、独立的评估或两者的结合来实现。持续性的监控行为包括日常管理和监管行为，以及其他人在履行职责时发生的行为。独立评估的范围和频率主要依赖于风险评估与持续性监控程序的有效性。

IC-IF 框架还特别指出：持续性的监控活动是植于企业日常、重复发生的活动中的。与独立评估对应的程序相比，监控性程序在实时基础上实施，动态地应对环境的变化，并在企业中根深蒂固而显得更加有效。

ERM-IF 框架指出：对企业风险管理进行监控——随时对其构成要素的存在和运行进行评估。这些是通过持续的监控活动、个别评价或者两者相结合来完成的。一个主体的企业风险管理随着时间而变化。曾经有效的风险应对可能会变得不相关；控制活动可能会变得不太有效，或者不再被执行；主体的目标也可能变化。这些可能是新员工的到来、主体结构或方向的变化或者引入新流程所造成的。面对这些变化，管理当局需要确定企业风险管理的运行是否持续有效。

监控可以以两种方式进行，即持续的监控活动或者个别监控的作用。它们来自定期的管理活动，可能包括差异分析、对来自不同渠道的信息进行比较，以及应对非预期的突发事件。

持续监控活动一般由直线式的经营管理人员或职能式的辅助管理人员来执行，以便对他们所接收信息的含义予以深入考虑。下文给出了一些持续监控的例子。

实业投资在监控管理领域也是将持续监控与评估结合起来，持续监控根植于日常业务管理的开展，主要包括以下几点：①制度监控。各项基本规定中都设有特定管理的目标、基准，这是日常业务开展的标杆，基于标杆开展纠偏管理；②设置完备的管理流程，通过在相关流程中设置风险控制点，以这些控制点的实施进行纠偏控制；③设定目标，通过全面预算计划管理，将战略目标阶段化，如项目投资建设的进度目标、高速公路收费的年度目标、养护年度目标、各项成本的年度目标以及薪酬总额年度目标，并且给予这些目标编制预算，以这些预算作为年度的经营目标，作为控制的四大目标之一，通过日常的监控手段进行纠偏；④各类综合性、专题性会议控制，在会议上汇报、讨论目标偏差情况，实施纠偏决策；⑤通过现场检查、督导进行纠偏控制。

独立评估包括下列内容：①实业投资的专项内部审计、专项党政纪律监察的活动；②广东省交通集团等上级主管部门的专项监督控制；③年度的社会财务审计监督。

管理流程中的控制点设置示意图如图 12-20 所示。

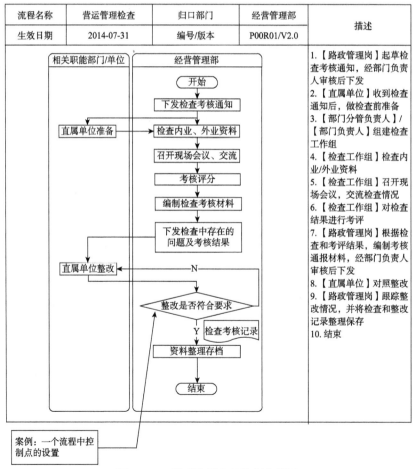

图 12-20　管理流程中的控制点设置

12.3　本章小结

在上文的调研和对 COSO 委员会的 IC-IF 框架及 ERM-IF 框架解读的基础上，以实业投资为案例，阐述了该公司开展内部控制体系和风险管理的一些初步工作。应该清醒地认识到，建立一个风险管理委员会，在一些关键岗位中添加内部控制职责、开展一次风险识别和风险评价并不难。这也不是 IC-IF 框架及 ERM-IF 框架的精髓所在。两个框架更加强调的是意识、能力的建设和培植，这些意识、能力根植于内部控制的环境、风险评估、控制活动、信息与沟通、监控等各个环节上，内部控制和风险管理是一项持续性的活动。正因为如此，实业投资注重风险文化和风险管理的基础工作开展，这些工作是非常艰巨的，其效果也需要时间的检验。但是只有将这些基础性的工作做扎实，才能谈得上构建真正有效的内部控制体系建设和全面风险管理。否则，单纯地导入这些框架，只能是事倍功半，达不到预想的效果。

第13章 总 结

本书为广东省交通运输厅资助项目，针对交通企业的内部控制体系构建问题开展了研究。结合研究，以实业投资为案例，对交通企业如何构建内部控制体系进行了案例分析。

1. 本书的主要研究结论

（1）内部控制理论和实践在以美国为代表的市场经济发达国家开展得比较早，从历史发展的沿革来看，内部控制理论每一次发展的背后都有其现实的实践需求，甚至是惨痛的教训。以内部控制整体框架以及企业风险管理整体框架为代表的一系列权威规范的发布，标志着目前内部控制和风险管理领域已经发展到整体框架阶段。必将引起企业内部控制和风险管理实践的深刻变革。相比西方国家，我国无论是理论界还是实践领域，对内部控制和风险管理的研究与应用都比较落后。这种后果是企业内部控制薄弱，风险频繁发生，给国家、投资者造成损失。我国政府主管部门已经意识到与国际接轨的需求，先后颁布了类似的规范，以期引导我国企业尤其是大型国有企业和上市公司先行开展这方面的体系建设，防范风险，减少损失，但是仍然处于起步阶段。

（2）通过对广东省交通集团下属的部分企业的两次大规模的调查问卷发现，整体上，广东省交通企业在内部控制和风险管理方面非常薄弱，从内部控制的文化、风险管理意识等企业环境上；从内部控制的活动过程上，从内部控制和风险管理的技术手段上都非常欠缺。大多数企业的员工甚至都没有听说过COSO的两个框架。在这种大氛围下，开展内部控制和风险管理体系导入困难重重，也难以指望在短期内有显著效果。

（3）基于问卷调查，本书构建了内部控制关键成功因素法挖掘模型。这种模型反映了广大员工在实践中对内部控制和风险管理的需求感知，模型揭示了广东省交通企业在 IC-IF 框架下五个要素中各自最关键的因素，这些因素是企业着手构建内部控制体系首先需要考虑的内容。

（4）基于问卷调查，本书构建了交通企业各类风险之间的 CSM 传导模型，分析了企业风险传导中不同风险间的相互作用关系，并给出了路径图。模型研究结果显示，在高速公路类别的企业风险传导过程中，市场风险对战略风险有显著的影响；法律风险、市场风险及战略风险均对营运风险有显著影响，其中法律风险对营运风险影响最大，战略风险次之；市场风险和营运风险对财务风险影响显著。这个模型结论印证了 ERM-IF 框架所提出的风险之间相互关联的论点，为这类企业开展风险管理、分割风险联系奠定了基础。

（5）基于问卷调查，本书构建了交通企业内部控制能力的直觉模糊集测评模型。对照 COSO 的 IC-IF 框架要求，对广东省交通集团下属部分企业的内部控制能力状态进行了定量测评。结果显示，粤高速的综合评价指数最大，说明它的内部控制能力现状最接近受访的七家单位内部控制的正理想解，即内部控制的最佳水平。其次是西部沿海和南粤物流，而恒建公司、省汽运和台山公司之间的差异不大，但三者与正理想解都存在较大的差距，说明其内部控制水平亟待提升。

通过衡量七家单位的得分矩阵与正理想解（内部控制最佳水平）的差距，只能够了解到各个单位与正理想解的差距情况，不能定量地判断各个单位内部控制能力的具体水平。

为了能够更加全面和具体地了解七家企业的内部控制管理现状，笔者及其研究团队还设计了其他问题进行更加细致化的调查，问题的形式是客观选择题，同样覆盖了控制环境、风险评估、信息与沟通、监控四个层面，同时增加了受访者对内部控制和风险管理的认知调查，并且将监控的内容糅合到控制环境中，相应地得出了定量的结论。

（6）基于问卷调查，笔者及其研究团队进一步探讨了交通企业在资产管理、财务管理、内审管理、工程管理和信息管理几个领域的内部控制体系建设问题，给出了相应的建议。

（7）笔者及其研究团队研究的依托平台是实业投资，团队成员基本上都是来自实业投资各个业务部门的骨干，因此结合理论研究，开展了实业投资内部控制和全面风险管理系统的建设。结题报告最后简要地总结了这部分的成果。这些工作都是基础性的，笔者及其研究团队在公司的内部控制体系建设实践中，也意识到工作的艰巨性和长期性，这也正如 COSO 框架所揭示的那样。目前，这项工作仍在进行过程中。

2. 取得的主要创新点

（1）对交通领域企业的内部控制和风险管理进行了理论研究，将原先仅基于企业底层和财务手段的内部控制系统提升到公司治理层面，探讨和得出新内部控制系统与公司治理的对应关系及相互支撑机制的理论和方法。

（2）对广东省交通集团下属交通企业开展了大面积的问卷调查，第一次系统性地获得了这些企业在内部控制和风险管理方面的现状、问题和需求。

（3）构建了内部控制成功关键因素分析的直觉模糊集模型，基于调研数据，发现和分析了针对交通企业内部控制系统建设关注的关键因素。

（4）构建了风险相互影响和传导机制的 CSM，基于调研数据，发现和分析了交通企业尤其是高速公路企业主要风险之间的传导关系。

（5）构建了交通企业内部控制能力综合直觉模糊集测评模型，基于调研数据，对广东省交通集团下属七家单位的内部控制能力进行了定量评价，分别指出了各个企业的差距所在。

（6）基于问卷调查和理论研究，以实业投资为平台，开展了交通企业内部控制体系的构建实践，初步建立了实业投资的内部控制系统，并付诸实践中检验和完善。

3. 进一步的研究展望

本书属于理论和应用研究，研究的不足主要是研究面尚不太广，没有覆盖到广东省交通集团范围以外的社会企业，因此研究结论只适用于广东省交通集团范围内的企业；另外有，本书主要基于 COSO 的 IC-IF 框架探讨内部控制体系的构建，对 ERM-IF 框架的应用探讨深度不够，这也是本书立项的侧重点选择的结果，由于 IC-IF 包含于 ERM-IF 之中，而且 ERM-IF 更深刻，所以研究可以拓展。另外在交通企业的选择中，虽然包含了道路客运企业，但是样本点不够（只有一个），大部分的探讨进一步集中在高速公路产业链上的企业（可统称为高速公路企业）等，这些都可以构成未来进一步的研究，本书认为，未来可从以下几点开展进一步的研究和应用探索。

（1）将研究视野拓展到广东省交通集团范围外的企业，包括广州、深圳以及其他地区的市属国资委管辖的交通企业及民间企业。

（2）将研究进一步拓展到道路客运企业领域。这一领域交通企业的风险类别和管控模式与高速公路企业有很大的差异性，需要开展针对性研究。

（3）探讨内部控制、风险管理狭义系统和广义系统之间的衔接问题，目前很多企业导入内部控制系统过于机械式的照搬，也就是对照 COSO 的 ERM-IF 建立风险管理手册。但是 COSO 委员会的两个框架始终强调的是五要素/八要素的一体化，即整体架构。本书发现，几乎所有交通企业内部控制环境都非常薄弱，在这种大背景下，简单地导入狭义的内部控制和风险管理系统，可能效果不佳，因为没有系统生存的土壤，甚至可能失败。本书基于实业投资平台开展的内部控制系统构建就是面向广义系统开展的，应该说效果明显。狭义系统应该建立在广义系统之上，而不应构筑在什么都欠缺的泥土之上，但是两个系统之间的衔接方式尚需进一步探讨。

参 考 文 献

鲍建青. 2009. 国有企业内部控制制度的完善: 基于 COSO 内部控制整体框架的启示. 中国集体经济, (31): 56-57.

波特 M. 2005. 竞争战略. 陈小悦译. 北京: 华夏出版社.

曹廷求, 钱先航. 2011. 公司治理与风险管理: 基于治理风险视角的分析. 会计研究, (7): 21-25.

曹伟, 桂友泉. 2002. 内部审计与内部控制. 审计研究, (1): 27-30.

曹元福. 2010. 企业内部控制与风险管理. 经济研究参考, (58): 21-23.

陈楚宣. 2005a. 企业全面预算管理风险审计刍议. 中国总会计师, (28): 80-81.

陈楚宣. 2005b. 施工企业资金管理模式研究. 中国总会计师, (22): 45-47.

陈楚宣. 2006. 施工企业内部控制系统研究. 暨南大学硕士学位论文.

陈海春. 2009. 论高速公路公司财务内部控制. 经济研究导刊, (26): 142-143.

陈汉文, 张宜霞. 2008. 企业内部控制的有效性及其评价方法. 审计研究, (3): 15-17.

陈静. 1999. 上市公司财务恶化预测的实证分析. 会计研究, (4): 31-38.

陈俊, 王曙光. 2008. 企业内部控制体系的构建——基于对 COSO 和 COCO 内部控制体系的整合性探析. 审计与经济研究, (5): 22-25.

陈可喜. 2012. 财务风险与内部控制. 上海: 立信会计出版社.

陈胜蓝. 2009. 美国内部控制经验研究进展及其对我国的启示. 内蒙古财经学院学报, (6): 57-62.

陈晓, 陈治鸿. 2000. 中国上市公司的财务困境预测. 中国会计与财务研究, (9): 25-32.

陈新环. 2008. 建立国有企业内部控制规范路径探析. 会计, (3): 13-14.

陈志斌. 2007. 现金流创值管理论. 南京: 南京大学出版社.

陈志军. 2000. 风险管理与内部控制的关系. 工业会计, (5): 4-5.

程新生. 2004. 公司治理、内部控制、组织结构互动关系研究. 会计研究, (4): 14-18.

程新生. 2008. 内部控制理论与实务. 北京: 清华大学出版社, 北京交通大学出版社.

池国华. 2010. 基于管理视角的企业内部控制评价系统模式. 会计研究, (10): 32-36.

储安全. 2009. 结合西方的审计独立性看如何完善和提高企业内部控制制度. 苏州大学学报 (工科版), 29 (5): 87-88.

槌田敦, 朴昌根. 1990. 资源物理学的历史与现状, 大自然探索, 32 (2): 56-61.

崔毅, 杨卫, 邵希娟. 2001. 从亚洲金融风暴反观企业风险的传导机理. 南方金融, (10): 27-29.

戴胜利. 2008. 企业营销风险传导机理研究. 武汉理工大学学报, (3): 313-315.

戴胜利. 2009. 企业营销风险传导机理与实证研究. 武汉理工大学博士学位论文.

党伟. 2010. 浅析高速公路企业经营中的风险问题. 财经界, (2): 76-78.

邓春华. 2003. 简论企业内控制度的经济学基础分析. 中南财经政法大学学报, (3): 74-77.

邓明然, 夏喆. 2006a. 基于耦合的企业风险传导模型探讨. 经济与管理研究, (8): 66-68.

邓明然, 夏喆. 2006b. 企业风险传导及其载体研究. 财会通讯 (学术版), (1): 20-23.

董月超. 2009. 从 COSO 框架报告看内部控制与风险管理的异同. 审计研究, (4): 94-96.

杜滨, 李若山. 2000. 企业内部控制与单位负责人的法律责任. 财务与会计, (4): 5-7.

方红星. 2002. 内部控制审计与组织效率. 会计研究, 7: 41-44.

付军明, 巴可伟, 曲波, 等. 2010. 高速公路的风险分析与对策研究. 中外公路, (1): 44-47.

傅湘玲, 赖茂生. 2004. IA 在企业信息管理中的应用. 图书情报工作, (6): 22-27.

高幸, 韩佩宏. 2007. 改进层次分析法在 ABS 高速公路风险评估中的应用. 公路工程, (32): 64-69.

耿广英. 2007. 内部控制评审及其程序与方法. 工业审计与会计, (2): 25-26.

龚艳冰, 丁德臣, 何建敏. 2009. 一种基于直觉模糊集相似度的多属性决策方法. 控制与决策, (9): 1398-1401.

谷祺, 张相洲. 2003. 内部控制的三维系统观. 会计研究, (11): 10-13.

国务院国有资产监督管理委员会. 2006-06-20. 关于印发《中央企业全面风险管理指引》的通知. http://www.sasac.gov.cn.

韩伟, 李杰. 2007. 基于熵权法的财务危机预警指标选择研究. 北京交通大学学报 (社会科学版), 6 (4): 65-68.

韩晓燕. 2009. 我国《企业内部控制基本规范》与美国 SOX 法案, COSO 报告的分析比较. 工业审计与会计, (3): 30-33.

何莲. 2009. 交通运输企业内部控制的现状与对策. 当代经济, (10): 50-52.

何文炯. 2005. 风险管理. 北京: 中国财政经济出版社.

侯艳红. 2011. 如何完善交通运输企业资产管理. 经融经济, (8): 147-148.

胡坚红. 2011. 企业风险管理与控制企业内部风险措施探析. 经营管理者, (4): 90.

胡凯, 赵息. 2003. 现代企业控制权矛盾与会计控制目标实现. 会计研究, (5): 32-36.

胡霞, 任佩瑜. 2003. 基于管理熵的企业战略管理评价体系. 经济管理, (12): 22-23.

霍国庆. 2002. 企业战略信息管理的理论模型. 南开管理评论, (1): 22-26.

江文波. 2004. 企业风险传导机制研究. 华南理工大学硕士学位论文.

姜秀华, 孙铮. 2001. 治理弱化与财务危机: 一个预测模型. 南开管理评论, (5): 19-25.

姜毅. 2009. 企业内部控制基本规范与 COSO 企业风险管理之比较. 经济研究导刊, (29): 192-194.

金彧昉. 2005. COSO 报告下的内部控制新发展: 从中航油事件看企业风险管理. 会计研究, (2): 20-27.

金彧昉, 李若山, 徐明磊. 2005. COSO 报告下的内部控制新发展——从中航油事件看企业风险管理. 会计研究, (2): 34-40.

康健. 2009. 基于物元分析的虚拟服务企业风险评估模型研究. 科技管理研究, (4): 183-185.

孔杰, 王洪伟. 2008. 2007 中国上市公司风险管理调查与分析——基于 COSO ERM 整合框架. 国家学院学报, (3): 44-45.

兰志雄. 2007. 高速公路项目投资风险量化分析. 交通科技, (2): 120-122.

雷英杰, 王宝树, 王毅. 2007. 基于直觉模糊推理的威胁评估方法. 电子与信息学报, 29 (9): 2077-2031.

李登峰. 2002. 模糊多目标多人决策与对策. 北京: 国防工业出版社.

李佳斌, 王伟. 2003. 人工神经网络在企业风险评估中的应用. 技术经济与管理研究, (3): 50-51.

李连华. 2005. 公司治理结构与内部控制的链接与互动. 会计研究, (2): 20-21.

李茂能. 2006. 结构方程模式软件 AMOS 之简介及其在测验编制上之应用. 台北：心理出版社股份有限公司.

李明辉. 2007. 论小企业内部控制：COSO 的经验及其对我国的启示. 中央财经大学学报,（7）：40-46.

李若山. 2005. 审计失败与 COSO 报告：谈企业创新与内部控制变化. 审计与经济研究,（3）：35-41.

李三喜, 徐荣才. 2007. 3C 框架：全面风险管理标准. 北京：中国市场出版社.

李小衡. 2007. COSO 内部控制整体框架：内容、理论贡献和借鉴. 北京工商大学学报（社会科学版）,（3）：30-33.

李晓丹, 黄秋冬. 2007. 美国内部控制审计最新发展及对中国的启示. 中南财经政法大学研究生学报,（3）：87-90.

李晓慧, 何玉润. 2012. 内部控制与风险管理：理论、实务与案例. 北京：中国人民大学出版社.

李永强. 2010. 基于受托责任的内部控制研究. 中国管理信息化, 13（1）：40-43.

刘国红. 2009. 基于内部控制目标、要素评价体系的建立与思考. 时代金融,（12）：29-31.

刘明, 周俊, 曹海平. 2011. 基于脆性熵理论的"E-PID"控制算法的研究. 数字技术与应用, 8（53）：26-28.

刘明辉, 张宜霞. 2002. 内部控制的经济学思考. 会计研究,（8）：54-56.

刘霜宏. 2010. COSO 框架下的企业内部控制与风险管理. 全国商情：经济理论研究,（4）：46-47.

刘霄仑. 2010. 风险控制理论的再思考：基于对 COSO 内部控制理念的分析. 会计研究,（3）：12-15.

刘晓君. 2005a. BOT 项目融资中的政府定位思考. 西安建筑科技大学学报（社会科学版）,（1）：42-45.

刘晓君. 2005b. 基础设施项目运用 TBT 融资方式的风险管理. 建筑经济,（1）：63-65.

刘志勇. 2009. 关于货币资金内部控制制度设计的思考. 辽宁经济,（12）：78.

刘自敏. 2010. 董事责任的企业内部控制驱动研究. 工业技术经济, 29（1）：142-146.

龙志伟. 2003. 公司治理中的内部控制问题研究. 天津财经大学硕士学位论文.

卢有杰, 卢家仪. 1998. 项目风险管理. 北京：清华大学出版社.

鲁晨光. 1997. 投资组合和信息价值新理论用于预测评价和优化. 预测, 1（2）：67-69.

陆从相, 李立新, 浦毅. 2008. 基于模糊物元的评价方法. 广西轻工业,（10）：93-94.

罗景峰. 2011. 智能算法求解效果评价的物元模型. 微电子学与计算机,（4）：18-25.

罗新华, 隋敏. 2008. 我国上市公司治理结构对内部控制的实证研究. 东岳论丛,（4）：63-67.

吕春江. 2010. 对交通运输企业资产管理问题的思考. China's Foreign Trade,（12）：76.

梅可玉. 2004. 论自组织临界性与复杂系统的演化行为. 自然辩证法研究, 20（4）：6-9.

南京大学会计与财务研究院课题组. 2010. 论中国企业内部控制评价制度的现实模式：基于 112 个企业案例的研究. 会计研究,（6）：30-35.

潘爱玲, 吴有红. 2004. 企业集团内部控制的要素构成及产权关系分析. 经济与管理研究,（1）：48-51.

潘秀丽. 2001. 对内部控制若干问题的研究. 会计研究,（6）：22-25.

庞素琳. 2003. 神经网络信用评价模型及其在上市公司财务困境预警研究中的应用. 中山大学博士学位论文.

邱皓政, 林碧芳. 2009. 结构方程模型的原理与应用. 北京：中国轻工业出版社.

邱均平，段宇锋. 2000. 论知识管理与竞争情报. 图书情报工作，（4）：11-14.

邱奇彦. 2009. 论内部控制规范本原的理性回归. 财会月刊，（10）：5-6.

邱玉莲，朱琴. 2006. 基于支持向量机的财务预警方法. 统计与决策，（16）：153-155.

商迎秋. 2011. 企业战略风险识别模型构建. 技术经济与管理研究，（1）：4-6.

上海证券交易所研究中心. 2004. 中国公司治理报告（2004年）：董事会独立性与有效性. 上海：复旦大学出版社.

尚新丽，崔波. 2005. 信息管理和知识管理辨析. 情报理论与实践，28（6）：574-576.

沈俊，邓明然. 2006. 基于热传导原理的企业风险传导研究. 当代经济管理，28（3）：23-26.

师巍. 2016. 我国内部控制研究评述. 现代会计，（4）：8-11.

石本仁. 2002. 公司治理中的会计角色. 会计研究，（4）：24-31.

石友蓉. 2006. 风险传导机理与风险能量理论. 武汉理工大学学报（信息与管理工程版），（9）：48-52.

时淑会，邱永涵. 2011. 高速公路企业全面风险管理体系研究. 交通运输，（2）：133-135.

宋华岭，王今. 2000. 广义与狭义管理熵理论. 管理工程学报，（1）：42-43.

宋建波. 2012. 内部控制与风险管理. 北京：中国人民大学出版社.

宋建波，周华. 2001. 战略财务管理：理论整合与应用初探. 财会通讯，（6）：10-12.

宋杰鲲，张在旭，张宇. 2006. 一种基于支持向量机的企业财务危机预警模型. 全国数学技术应用科学学术论坛，北京.

孙永尧. 2012. 企业内部控制设计与应用. 北京：经济管理出版社.

孙禹，徐克林，秦玮. 2011. 基于广义回归神经网络的工程公司风险评估. 工业工程，（3）：119-123.

谭春桥，张强. 2006. 基于直觉模糊距离的群决策专家意见聚合分析. 数学的实践与认识，（2）：119-124.

谭庆琏，张庆寿，周生业，等. 1994. 投资业务与风险管理全书. 北京：中国金融出版社.

童才亮，路军. 2010a. 内部控制与风险管理视角下的内部审计. 交通财会，（1）：82-85.

童才亮，路军. 2010b. 施工企业财务风险管理机制的实现. 现代审计与会计，（1）：28-29.

万树平. 2010. 直觉模糊多属性决策方法综述. 控制与决策，（11）：1601-1606.

汪达开. 1996. 热力学第二定律的建立及其方法论特点的剖析. 南京师范大学报（自然科学版），（4）：81-84.

王春晖，曾胜男. 2007. 交通资产管理的形成与发展综述. 道路交通与安全，（5）：44-48.

王桂莲，任建武. 2008. 创新内部控制观念推进交通企业风险控制. 吉林交通科技，（2）：71-72.

王海兵，伍中信，李文君，等. 2011. 企业内部控制的人本解读与框架重构. 会计研究，（7）：29-33.

王宏. 2008. 基于国际视野与科学发展的我国内部控制框架体系研究. 大连：东北财经大学出版社.

王开荣，杨红. 2010. 基于直觉模糊集的多属性决策方法. 模糊系统与数学，（6）：114-118.

王克祥. 2008. 成长型中小企业内部控制环境研究——基于 COSO 风险管理框架的分析. 中国商界，（9）：75-76.

王平心，杨冬花. 2005. 基于熵值法的我国上市公司财务预警系统研究. 商业研究，（15）：86-88.

王珊. 2012. 铁路运输企业内部控制现状与发展. 时代金融，（6）：71-74.

王文娟. 2010. 企业风险评估初探. 西部财会，（5）：61-62.

王晓东. 2006. 我国内部控制演进及其发展趋势. 商业经济，（12）：27-28.

王学龙. 2003. 公司治理结构与民营企业内部控制的构建. 职业时空,（6）: 21-23.

王毅, 雷英杰, 路艳丽. 2007. 基于直觉模糊集的多属性模糊决策方法. 系统工程与电子技术,
（12）: 2060-2063.

王羽, 肖盛燮. 2006. 物元模糊综合评价项目在风险分析中的运用. 重庆交通学院学报,（4）:
118-112.

王煜洲. 2009. 基于物元分析的公路客运站建设风险评估. 铁道运输与经济,（8）: 53-56.

王月宏. 2009. 公路项目运营可持续性物元/层次分析评价法. 企业技术开发,（7）: 58-61.

王越蒙. 2007. 内部控制框架的新发展: 企业风险管理框架科技资讯,（35）: 181.

王造鸿, 吴国萍. 2010. 美国内部控制评价制度及其对我国的启示. 税务与经济,（1）: 39-42.

王湛. 2001. 内部控制外部化的思考. 会计研究,（11）: 29-32.

王作功, 贾元华, 徐丽营. 2006. 我国高速公路投资风险评估研究. 交通运输系统工程与信息,
6（4）: 90-94.

韦海斌. 2006. 简析高速公路企业的风险及对策. 交通财会,（6）: 24-27.

文进坤. 2009. 基于风险传导模型的供应链风险评估方法研究. 中南大学硕士学位论文.

吴明隆. 2010. 结构方程模型: AMOS 的操作与应用. 第 2 版. 重庆: 重庆大学出版社.

吴世农, 黄世忠. 1986. 企业破产的分析指标和预测模型. 中国经济问题,（6）: 23-27.

吴世农, 卢贤义. 2001. 我国上市公司财务困境的预测模型研究. 经济研究,（6）: 36-50.

吴水澎. 2007. 萨班斯法案, COSO 风险管理综合框架及其启示. 财会学习,（2）: 23-27.

吴水澎, 陈汉文, 邵贤弟. 2000a. 企业内部控制理论的发展与启示. 会计研究,（5）: 2-8.

吴水澎, 陈汉文, 邵贤弟. 2000b. 论改进我国企业内部控制: 由 "亚细亚" 失败引发的思考. 会
计研究,（9）: 43-48.

吴炎太, 林斌, 孙烨. 2009. 基于生命周期的信息系统内部控制风险管理研究. 审计研究,（6）:
87-92.

武荣桢, 赵鸥, 姜瑾. 2009. 我国高速公路企业风险管理框架构建. 交通企业管理,（5）: 70-71.

夏英, 周树民, 易程. 2006. 基于直觉模糊集的群决策问题的模型及解法. 统计与决策.（2）:
19-20.

夏喆. 2007. 企业风险传导机理与评价研究. 武汉理工大学博士学位论文.

夏喆, 邓明然. 2006. 企业风险传导规律研究. 财会月刊（理论版）,（11）: 13-14.

夏喆, 邓明然. 2007. 企业风险传导的动因分析. 理论月刊,（2）: 164-167.

谢科苑. 2004. 企业风险管理. 武汉: 武汉理工大学出版社.

谢晓燕, 鲁珍, 陈秀芳. 2009. 内部控制理论及实践的历史演进及发展. 内蒙古农业大学学报,
（48）: 87-89.

辛旭. 2009a. 论企业内部审计与内部控制的关系. 江苏商论,（36）: 257-258.

辛旭. 2009b. 社保资金审计现状分析及对策研究. 经济问题,（10）: 109-111.

修国义, 齐攀. 2007. 基于物元分析的虚拟企业风险评估模型. 管理百科,（3）: 47-49.

徐春艳, 干宏程. 2009. 浅谈公路交通资产管理. 城市道路与防洪,（8）: 173-175.

徐计. 2008. 基于贝叶斯网络的数据挖掘研究. 天津师范大学硕士学位论文.

徐建新, 周玮. 2007. 企业风险管理的几个基本概念. 中国金融,（17）: 34-38.

徐金辉. 2012. 企业内部控制与风险管理. 中国管理信息化,（8）: 30.

徐佩. 2001. 研发团队有效性的层次物元评价模型及应用. 价值工程, 30（8）: 173-174.

徐娅雯. 2008. COSO 框架下的企业风险评估体系研究. 江苏大学硕士学位论文.

徐元玲，陈祚，王蓉. 2009. 基于新 COSO 框架下我国企业内部控制探讨. 会计之友，（3）：52-53.

亚新科集团内控管理程序修正课题组. 2001. 现代企业内控制度、概念界定与设计思维. 会计研究，（11）：19-28.

阎达五，杨有红. 2001. 内部控制框架的构建. 会计研究，（2）：2-9.

阎华红. 1999. 中国企业风险与防范. 北京：工商出版社.

阎娟娟，孙红梅，刘金花. 2006. 支持向量机的上市公司财务危机预警模型. 统计与决策，6：158-159.

杨帆. 2011. 基于 ERM 的交通运输企业内部控制系统初探. 交通财会，（4）：15-21.

杨福强. 2006. 基于公司治理的内部控制系统. 现代会计，（2）：33-35.

杨克智，索玲玲. 2009. 论企业战略、风险与内部控制的关系. 中国总会计师，（7）：21.

杨琦，杨云峰. 2009. 高速公路资产管理体制改革研究. 中国公路学报，（2）：105-110.

杨清香. 2007. COSO 报告的演进与启示. 财会月刊，（8）：12-17.

杨淑娥，黄礼. 2005. 基于 BP 神经网络的上市公司财务预警模型. 系统工程理论与实践，25（1）：12-18.

杨卫. 2011. 浅析如何构建和完善企业内部控制体系. 经营管理者，（2）：268，273.

杨有红，胡燕. 2004. 试论公司治理与内部控制的对接. 会计研究，（10）：14-18.

叶东森. 2005. 企业风险由外向内传导机制研究. 华南理工大学硕士学位论文.

叶厚元，邓明然. 2004. 企业风险传导的六种方式及其特征. 管理现代化，（6）：38-40.

叶厚元，尚永伟. 2007. 基于不同时期的企业风险传导分类研究. 企业研究，9：5-7.

叶厚元，洪菲. 2010. 不同生命周期阶段的企业风险传导强度模型. 湖北理工大学学报（信息与管理工程版），32（3）：437-441.

叶建木. 2009. 企业财务风险传导路径及传导效应. 财会月刊（综合），1：88-89.

叶建木，邓明然，王洪云. 2005. 企业风险传导机理研究. 理论月刊，（3）：156-158.

余海. 2011. 加强企业资产管理策略分析. 科技传播，（2）：12-13.

袁春生，祝建军. 2007. 经理人市场竞争、经理人激励与上市公司财务舞弊的关系. 会计月刊，（20）：15-17.

袁建国，袁春生. 2007. 企业内部控制制度的新思路：公司治理视角. 财会通讯（学术版），（9）：63-65.

翟运开. 2008. 以知识为载体的企业间合作创新风险传导及其防控. 科学管理研究，（2）：78-82.

张川，沈红波，高新梓. 2009. 内部控制的有效性、审计师评价与企业绩效. 审计研究，（6）：79-86.

张纪康. 1999. 企业经营风险管理. 上海：立信会计出版社.

张俊民. 2001. 企业内部会计控制目标构造及其分层设计. 会计研究，33（5）：107-109.

张玲. 2000. 财务危机预警分析判别模型. 数量经济技术经济研究，（3）：49-51.

张善轩. 1999. 企业风险管理. 广州：广东经济出版社.

张晓莉. 2009. 城市轨道交通企业全面风险管理研究. 城市轨道交通研究，（10）：1-4.

张雄. 2006. 金融危机形成与传染机制研究. 商业研究，（9）：111-113.

张学文，赵文桐. 2001. 质疑某些大气熵的计算. 沙漠与绿洲气象，24（4）：7-8.

张友棠. 2004. 财务预警系统管理研究. 财会通讯，（1）：63-67.

张友棠，黄阳. 2011. 基于行业环境风险识别的企业财务预警控制系统研究. 会计研究，（3）：

9-14.

张长胜，侯君邦，秦学昌. 2012. 企业内部控制. 北京：北京大学出版社.

张正益. 2009. 基于灰色系统理论的企业市场风险传导测评模型. 武汉理工大学学报，（23）：179-182.

张志檩. 2009. 企业资产管理漫谈. 数字石油和化工，（8）：21-27.

赵佳丽. 2011. 企业内部风险管理. 经营管理，（9）：100-102.

赵杰，郑石桥. 2007. 内部控制架构评述与构建. 中央财经大学学报，（7）：33-36.

赵瑾. 2010. 高速公路企业内部控制探讨. 交通财会，（8）：21-27.

赵颖. 2010. 浅谈高速公路内部控制制度. 决策探索，（4）：56-59.

周伏平. 2003. 企业风险管理. 沈阳：辽宁教育出版社.

周丽莉，丁东洋. 2011. 基于 MCMC 模拟的贝叶斯分层信用风险评估模型. 统计与信息论坛，（12）：26-31.

周首华，杨济华，王平. 1996. 论财务危机的预警分析——F 分数模式. 会计研究，（8）：8-11.

周玮，李莉. 2008. 商业银行内部风险评估方法研究. 经济理论与经济管理，（4）：44-48.

周晓光. 2009. 基于熵权的模糊物元决策. 系统管理学报，（4）：444-458.

周晓光，高学东，武森. 2009. 基于理想解的 Vague 物元决策方法及其应用. 北京科技大学学报，（1）：123-127.

朱海珅，闫贤贤. 2010. 董事会治理结构对企业内部控制影响的实证研究——来自中国上市公司的数据. 经济与管理，24（1）：55-59.

朱辉. 2005. 浅论高速公路经营企业的风险因素及对策. 交通科技，2（1）：112-113.

朱静怡，朱淑珍. 2001. 金融风险的传导机制及防御对策分析. 东华大学学报，10：26-30.

朱荣恩. 2002. 内部控制评价. 北京：中国时代经济出版社.

朱荣恩，应唯，吴承刚，等. 2004. 关于企业内部会计控制应用效果的问卷调查. 会计研究，（10）：19-24.

邹慧妮. 2006. 浅谈高速公路公司的内部控制. 大众科技，（4）：110-111.

AICPA. 2006. Internal control，a special report by committee on audition procedure of AICPA. New York.

Allesina S, Azzi A, Battini D, et al. 2012. Performance measurement in supply chains: new network analysis and entropic indexes. International Journal of Production Research, 8(48): 2297-2321.

Altamuro J, Beatty A. 2010. How does internal control regulation affect financial reporting. Journal of Accounting and Economics, (49): 58-74.

Altman E I. 1968. Financial ratios, discriminant analysis and the prediction of corporate bankruptcy. Journal of Finance, 23 (9): 1001-1016.

Altman E I, Haldeman R G, Narayanan P. 1977. ZETA analysis: a new model to identify bankruptcy risk of corporations. Journal of Banking and Finance, (1): 29-54.

Anna N Z. 2008. Enterprise financial management quality control. International Conference on Management Science & Engineering (15th).

Armour M. 2000. Internal control: governance framework and business risk assessment at reed elsevier. Auditing, (Z): 78-97.

Atanassov K. 1986. Intuitionistic fuzzy sets. Fuzzy Sets and Systems, 20 (1): 87-96.

Augustine N R. 1995. Managing the crisis you tried to prevent. Harvard Business Review, 73 (6): 1-35.

Aziz A M, Humayon A D. 2006. Predicting corporate bankruptcy: where we stand? Journal of

Corporate Governance, 6 (1): 18-33.

Bagozzi R P, Yi Y. 1988. On the evaluation of structural equation models. Academic of Marketing Science, 16: 437-454.

Baig T, Goldfajn I. 1998. Financial market contagion in the Asian crisis. IMF Working Paper, WP/98/155.

Beaver W H. 1966. Financial rations as predictors of failure. Journal of Accounting Research, 4: 71-111.

Bernstein P L. 1996. Against the Gods-the Remarkable Story of Risk. Chichester: John Wiley & Sons.

Bifkin J, Howard T. 1980. Entropy, A New World View. New York: The Viking Press.

Bifkin J, Howard T. 1981. Entropy, A New World View. Bantam ed. New York: Bantam Books.

Brancato C, Toncello M, Hexter E. 2006. The role of U. S. corporate boards in enterprise risk management. SSRN Electronic Journal, (1): 66-75.

Brillouin L. 1956. Science and Information Theory. New York: Dover Publications.

Brown R. 1905. A History of Accounting and Accountants. Edinburgh: Jack.

Carminchael D R. 1972. The auditor's reporting obligation. Auditing Research Monograph, 1: 94.

Castelluccio M. 2012. COSO releases framework for public comment. Strategic Finance, (1): 5-12.

Cereola S J, Cereola R J. 2011. Breach of data at TJX. Issues in Accounting Education, (3): 17-22.

Chen S M, Tan J M. 1994. Handling multicriteria fuzzy decision-making problem based on vague set. Fuzzy Sets and System, 67 (2): 163-172.

Cortesi A, Tettamanzi P, Corno F. 2009. Empirical evidence on internal control systems and corporate governance in Italy. Journal of Management & Governance, 13 (1): 75-100.

COSO. 1994. The eommittee of sponsoring organization of Treadway committee Internal Control. Integrated of Framework.

COSO. 2017-02-10. Enterprise Risk Management-Integrated Framework. http://www.coso.org/pages/ guidance. aspx.

de Loach J W. 2005. Enterprise risk management: practical implementation ideas. The MIS Super Strategies Conference, April, New York.

Dension D, Holmes C, Mallick B, et al. 2002. Bayesian Methods for Nonlinear Classification and Regression. NewYork: Wiley.

Deumes R, Robert Knechel W. 2008. Economic incentives for voluntary reporting on internal risk management and control systems. Auditing Journal of Practice &Theory, (27): 35-66.

Donnet M L, Weatherspoon D D, Moss C B. 2010. Moss measuring food product differentiation by quality ratings: a cross-entropy analysis of specialty. Coffeee-Auctions Journal of Agricultural Economics, 9 (23): 122-137.

Edmister R O. 1972. An empirical test of financial ratios analysis for small business failure predictions. Journal of Financial and Quantitative Analysis, 7 (2): 1477-1493.

Errath W, Grunbichler A. 2008. Enterprise risk management-a view from the insurance industry. The Social Science Research, (5): 156-177.

Federation of European Risk Management Association. 2004. A risk management standard. Auditing and Finance for Thcoming, (3): 29-33.

Frizpatrick. 1932. A Comparison of Ratios of Successful Industrial Enterprises with Those of Failed Firms. New York: Certified Public Accountant.

Fitzsimons A P, Thompson J W. 2003. Final rules on management's reports on internal control and on influencing the conduct of audits. Accounting & Finance, (6): 43-49.

Garvin D A. 1993. Building a learning organization. Harvard Business Review, 71 (3): 78-91.

Gay C D, Heath R L. 2004. Working with technical experts in the risk management infrastructure. Public Relations Review, (3): 211-224.

Goh B W, Li D. 2011. Internal controls and conditional conservatism. The Accounting Review, (3): 975-1005.

Hollein M N. 2012. COSO's exposure drafts. Financial Executive, September.

Hong D H, Choi C H. 2000. Multicriteria fuzzy decision-making problem based on vague set theory. Fuzzy Sets and System, 114 (1): 103-113.

Hsieh T, Wang M H L. 2001. Finding critical financial ratios for Taiwan's property development firms in recession. Logistics Information Management, 14 (5~6): 401-412.

Kadam A, Lenk P. 2008. Bayesian inference for issuer heterogeneity in credit rating migration. Journal of Banking and Finance, 32 (10): 2267-2274.

Kaminsky G, Reinhart C. 2000. On crises, contagion, and confusion. Journal of International Economics, 6 (51): 145-168.

Karow J C. 2001. Operational risk-the next frontier. Philadelphia: Risk Management Journal, (2): 68-98.

Klam B K, Watson M W. 2009. SOX404 reported internal control weakness. Journal of Information Systems, (2): 5-11.

Klinke A, Renn O. 2002. A new approach to risk evaluation and management: risk-based, precaution-based, and discourse-based strategies. Risk Analysis, (6): 1071-1093.

KPMG. 2003-03. Sarbanes-Oxley Section404: management assessment of internal control and the proposed auditing. http://www. docin. com/p-96226771. html.

Kurta D. 2017-02. The influence of board composition on enterprise risk management implementation. http://www. mendeley. com/researchpapers.

Landsittel D L, Rittenberg L E. 2010. COSO working with the academic community. Accounting Horizons, (3): 12-19.

Lau A. 1987. A five-state financial distress prediction model. Journal of Accounting Research, 25(1): 127-138.

Lee T. 1971. The historical development of internal control from the earliest times to the end of the seventeenth century. Journal of Accounting Research, 9 (1): 150-157.

Lehmann C M. 2010. Internal controls: a compendium of short cases. Issues in Accounting Education, (4): 741-754.

Li P. 2012. Intuitionistic fuzzy decision-making methods based on grey incidence analysis and D-S theory of evidence. Grey Systems: Theory and Application, 2 (1): 54-62.

Lin L, Yuan X H, Xia Z Q. 2007. Multi criteria fuzzy decision-making methods based on intuitionistic fuzzysets. Journal of Computer and System Sciences, 73: 84-88.

Loghry J D, Veach C B. 2009. Enterprise risk assessments. Professional Safety, 54 (2): 31.

Marc Rosenblum S B. 2005. Operational risk: the new focal point for asset manager. Journal of International Money and Finance, (5): 233-258.

Matten D. 1996. Environmental risk management incommercial enterprises. The Geneva Paperson Risk and Insurance, (21): 360-382.

McGlaarey P. 2003. Assessing the effectiveness of internal control over financial reporting in accordance with Section 404 of the Sarbanes-Oxley Act of 2002. Certified Public Accountants March.

Medova E. 2002. Operational risk measures and bayesian simulation methods for capital allocation. University of Cambridge, Judge Institute of Management Studies.

Min J H, Lee Y C. 2005. Bankruptcy prediction using support vector machine with optimal choice of kernel function parameters. Expert Systems with Applications, (5): 603-614.

Min S H, Lee J, Han I. 2006. Hybrid genetical gorithms and support vector machines for bankruptcy prediction. Expert Systems with Applications, (31): 652-660.

Mottershead N, Marsh P, Taylor R. 2005. Managing risk to protect and grow share holder value. Ernst & Young.

Nakahar Y, Leea J. 2001. Understanding enterprise risk management: an emerging model for building share holder value//Laux C. Integrating Corporate Risk Management. Berlin: Springer.

Nocco B W, Stulz R. 2006. Enterprise risk management: theory and practice. Journal of Applied Corporate Finance, (4): 45-61.

Odom M D, Sharda R. 1990. A neural network model for bankruptcy prediction. Inproceeding of the Intenational Joint Conference on Neural Networks, 6 (2): 136-138.

Ohlson J A. 1980. Financial ratios and the probabilistic prediction of bankruptcy. Journal of Accounting Research, 18 (1): 109-131.

Petrovits C, Shakespeare C, Shih A. 2011. The causes and consequences of internal control problems in nonprofit organizations. The Accounting Review, (1): 325-357.

Polk R, Plank R E, Reid D A. 1996. Technical risk and new product success: an empirical testin high technology business markets. Industrial Marketing Management, (25): 531-543.

Prigogine I. 1969. On the use of pseudopotentials in the quantum theory of atoms and molecules. Journal of Monetary Economics, 16 (4): 283-342.

Quinlan J R. 1979. Discovering rules by induction from large collections of examples//Michie D. Expert Systems in the Microelectronic Age. Edinburgh: Edinburgh University Press.

Quinn J B. 1980. Strategies for change: logical in strumentalism//Bentley Y N, Clarlce S. An Evaluation Framework for Information at High Education Institutions. Berlin: Springer.

Rezaee Z, Olibe K O, Minmier G. 2003. Improving corporate governance: the role of audit committee disclosures. Managerial Auditing Journal, 18: 530-537.

Ross A, Westerfield R W, Jaffe J F. 1999. Corporate Finance. 2nd ed. Homewood: Pearson.

Sandow S, Zhou X L. 2007. Data-efficient model building for financial applications. The Journal of Risk Finance, 8 (2): 133-155.

Schrodinger E. 1944. What is life? The Physical Aspect of the Living Cell. Based on lectures delivered under the auspices of the Dublin Institute for Advanced Studies at Trinity College, Dublin.

Shannon C E, Weaver W. 1948. The Mathematical Theory of Communication. Evanston: University of Illinois Press.

Shin K S, Lee T S, Kim H J. 2005. An application of support vector machines in bankruptcy prediction model. Expert Systems with Applications, (1): 127-135.

Slovic P, Finucane M L, Peters E, et al. 2004. Risk as analysis and risk as feelings: some thoughts about affect, reason, risk, and rationality. Risk Analysis, (24): 311-322.

Stein B. 2005. ERM: Don't do business without it. Journal of Applied Corporate Finance, (1): 135-156.

Stroh P J. 2005. Enterprise risk management at United Health Group. Strategic Finance, (6): 32-38.

Tam K Y, Kiang M Y. 1992. Management applications of neural networks: the case of bank failure predictions. Management Science, 38 (7): 926-947.

The New Australian Bank. 2004. Risk management and risk management guidelines. JAS-ANZ Report, (2): 25-32.

Vijayakumar A N, dr Nagaraja N. 2012. Internal control systems: effectiveness of internal audit in risk management at public sector enterprises. BVIMR Management Edge, (1): 1-8.

Weber W E. 1988. Explaining the demand for free bank notes. Journal of Monetary Economics,

21（1）：47-71.

Xu Z S. 2007. Multi-person multi-attribute decision-making models under intuitionistic fuzzy environment. Fuzzy Operational and Decision-Making，6（3）：221-236.

Zadeh L A. 1965. Fuzzy sets. Information and Control，8（3）：338-353.

Zarkada-Fraser A，Fraser C. 2002. Risk perception by UK firms towards the Russian market. International Journal of Project Management，（20）：99-105.

Zmijewski M E. 1984. Methodological issuse related to the estimation of financial distress prediction models. Journal of Accounting Researeh，22（1）：59-82.

附　　录

附录 1　第一次调研问卷:交通企业内部控制与风险管理现状调查

广东省交通厅课题:《交通企业内控机制分析与构建研究》调研问卷

调研企业:□□□□□□□□□□

【说明】

(1)本次调研目的在于对广东省高速公路企业内部控制和风险管理的现状与问题进行测评,调研结果仅用于科研。

(2)除非问卷列明为多项选择外,每个问题都是单项选择,请基于您的理解,在被选项处打"√"。

(3)为判断问卷的效度,本调研问卷设置了校验项,有些问题有重复提问,如果您对某个问题不清楚,可以不填,但如果您是专业人员,请尽量按照您的专业经验给出判断,谢谢您的参与和对□□课题研究的大力支持!

一、人力资源背景

1. 您的工作岗位:

 A. 企业领导层　　　　　　　　　B. 职能部门层(正副经理)

 C. 主管层(主管/主办/部门助理)　D. 业务层

2. 您的教育程度:

 A. 小学/初中　　　　　　　　　　C. 高中(或中技)

 D. 大学专本科　　　　　　　　　　D. 研究生及其以上

3. 您的平均月收入:

 A. 3 000 元以下　　　　　　　　　B. 3 000~4 000 元

 C. 4 000~5 000 元　　　　　　　　D. 5 000 元以上

4. 您的职务类别:

 A. 工程技术　　　　　　　　　　　B. 行政管理

 C. 财务/审计管理　　　　　　　　　D. 其他

5. 您从事本份工作的时间：

A. 3 年以下　　　　　　　　　　B. 3~5 年

C. 6~8 年　　　　　　　　　　　D. 8 年以上

6. 您的专业职称：

A. 无　　　　　　　　　　　　　B. 助级

C. 中级　　　　　　　　　　　　D. 副高级　　　　E. 正高级

二、企业内部控制与风险管理认知

7. 您曾经接受过内部控制/企业风险管理（以下简称内控）相关理论知识培训吗？

A. 没有　　　　　　　　　　　　B. 有，但没什么用

C. 有，但效果一般　　　　　　　D. 有，效果很好

8. 如果您接受了内控理论培训，有几次？

A. 1 次　　　　B. 2 次　　　　C. 3 次　　　　D. 3 次以上

9. 如果您接受了内控理论培训，是什么培训？

A. 没有　　　　　　　　　　　　B. 参加交通系统外部的上课培训

C. 参加交通系统内部的上课培训　D. 参加本企业组织的上课培训

E. 兼有上述方式，或其他方式

10. 如果您接受了内控理论培训，最近一次是什么时候？

A. 半年内　　　　B. 一年内　　　　C. 两年内　　　　D. 两年前

11. 您认为企业内控的内容是？

A. 说不清　　　　　　　　　　　B. 会计控制

C. 底层业务控制　　　　　　　　D. 各层级的管理控制

12. 您认为企业内控的工作层面是？

A. 底层的业务层面　　　　　　　B. 中层的管理层面

C. 高层的决策层面　　　　　　　D. 各层面都有

13. 您认为企业内控的特点是？

A. 是一种区别于其他管理方法的、专门的控制方法和体系

B. 不是专门的方法体系，而是融合在各种管理方法和体系中

C. 只是一种管理的理念和要求

D. 说不清

14. 您认为企业内部控制与企业风险管理的关系是？

A. 是两种不同的方法和体系　　　B. 内部控制是风险管理的重要环节

C. 内部控制等同于风险管理　　　D. 说不清

15. 您认为你们企业对内控的主观重视程度是？

A. 不重视，没提过　　　　　　　B. 比较重视，但是没有具体的措施

C. 重视，已经初步采取措施　　　D. 重视，有比较完善的措施

16. 您认为你们企业目前的内控状态是?

    A. 较差   B. 一般   C. 比较有效   D. 有效

17. 最近几年你们单位有没有开展针对内控管理的措施?

    A. 没有   B. 有,但只是个别措施

    C. 有,是比较系统的内控导入

    D. 有,有完善的内控系统导入和有效的实施

18. 你们单位最近几年开展系统地导入内控管理系统,是什么时候?

    A. 没有   B. 1 年前   C. 2 年前   D. 3 年前

19. 如果你们单位最近几年开展系统地导入内控管理系统,您认为你们企业的内控管理变化是?

    A. 没有效果   B. 效果不显著   C. 效果比较好   D. 效果很好

20. 如果您认为你们企业的内控管理效果不好,原因是?

    A. 领导层重视不够   B. 领导层缺乏内控专业技能

    C. 员工缺乏内控专业技能   D. 其他原因

21. 您认为你们企业这几年中出现过内控管理不力导致的风险事故吗?

    A. 没有   B. 偶尔有,不严重

    C. 经常有,比较严重   D. 经常有,非常严重

22. 您认为企业内控管理重要吗?

    A. 不重要   B. 一般,没特别重要的地方

    C. 比较重要   D. 非常重要

23. 您听说过 COSO 委员会吗?

    A. 没听说   B. 仅仅听说过

    C. 听说过,并且知道其在企业内部控制领域的工作

24. 您了解 1992 年 COSO 发布的 IC-IF 框架吗?

    A. 不了解   B. 大概了解   C. 比较了解   D. 很了解

25. 您了解 2004 年 COSO 发布的 ERM-IF 框架吗?

    A. 不了解   B. 大概了解   C. 比较了解   D. 很了解

26. 您了解中国财政部、中国证监会、审计署、中国银监会和中国保监会于 2008 年颁布的《企业内部控制基本规范》吗?

    A. 不了解   B. 大概了解   C. 比较了解   D. 很了解

27. 您了解财政部、中国证监会、审计署、中国银监会和中国保监会于 2010 年颁布的《企业内部控制配套指引》吗?

    A. 不了解   B. 大概了解   C. 比较了解   D. 很了解

27a. 请您按重要性程度由高到低的顺序,排列下列影响企业内部控制能力的评价指标:A. 内部控制环境、B. 风险评估、C. 控制活动、D. 信息沟通、E. 内

部监督。

(　　) → (　　) → (　　) → (　　) → (　　)

三、控制环境

28. 组织架构：企业现有公司治理是否满足公司的风险管控？

　　A. 不满足，没有变革的迹象　　　　B. 不满足，但正在谋求变革

　　C. 比较满足　　　　　　　　　　　D. 满足

29. 组织架构：如企业现有公司治理无法满足公司的风险管控，原因是（可多选）？

　　A. 董事会未发挥重大风险事项的决策控制职能

　　B. 董事会/经理班子权责配置不清

　　C. 经理班子未发挥重大风险事项的决策分析与汇报职能

　　D. 监事会未发挥风险管理监督职能

　　E. 管理者的能力与道德问题

30. 子分公司管理：对子分公司的管理力度？

　　A. 无子分公司　　　　　　　　　　B. 没得到有效管理

　　C. 管理一般　　　　　　　　　　　D. 得到有效的管理

31. 子分公司管理：子分公司存在治理结构是否不完善，组织机构是否健全、决策人员管理风险能力？

　　A. 无子分公司　　　　　　　　　　B. 低，且严重

　　C. 较低，但不严重　　　　　　　　D. 较高，风险得到较有效管理

32. 权责分配：你们企业有无建立系统/成文的岗位责任制？

　　A. 没有

　　B. 覆盖部分岗位

　　C. 覆盖全部岗位，但是没有系统的书面岗位说明书

　　D. 覆盖全部岗位，有系统的书面岗位说明书

33. 权责分配：您认为你们企业的岗位责任配置清晰吗？

　　A. 不清晰　　　　　　　　　　　　B. 主要岗位清晰，其余岗位模糊

　　C. 全部岗位比较清晰　　　　　　　D. 全部岗位清晰

34. 权责分配：您认为你们企业的岗位责任配置上权责对应吗？

　　A. 职权授予与职责承担没有有效对等

　　B. 主要岗位对等，其余不对等

　　C. 比较对等

　　D. 能很好对等

35. 制度建设：你们企业有无建立系统并正式颁布的管理制度？

　　A. 没有　　　　　　　　　　　　　B. 有，但是不系统

C. 比较系统完整　　　　　　　　　D. 系统、完整

36. 制度建设：你们企业管理制度有无有效的更新和修订机制？

A. 没有　　　　　　　　　　　B. 有，但是没有有效执行

C. 有，能够及时有效更新和完善

37. 制度建设：您认为你们企业制度有无得到有效的执行和监督？

A. 没有　　　　B. 一般　　　　C. 比较有效　　　　D. 有效

38. 你们企业在员工的职位描述中是否明确了风险管理职能？

A. 是，实际操作性强　　　　　　B. 是，但实际操作性很小

C. 是，但实际操作性不显著　　　　D. 没有

39. 内部审计：你们企业建立了内部审计部门或专职内审岗位吗？

A. 没有

B. 有内审岗位，但是无内审部门

C. 有内审部门，与财务部门合在一起

D. 有专设的内审部门

40. 企业文化：你们企业开展过企业文化建设吗？

A. 没有　　　　B. 有，但是贯彻不够　　　　C. 有，能得到认同

41. 企业文化：您感受得到你们企业的文化氛围吗？

A. 没有　　　　B. 有一些　　　　C. 有，但是不浓厚　D. 有，浓厚

42. 您认为你们企业董事会和管理层高度重视建立具有风险意识的企业文化，同时已经建立了明确的风险管理制度和体系，并已经顺利实施程度如何：

A. 低　　　　　　B. 一般　　　　　　C. 较高　　　　　　D. 高

43. 如果您认为该实施程度较高或高，原因是什么？

A. 有高素质人才　B. 管理团队优秀　C. 制度完善　　D. 其他因素

44. 如果您认为该实施程度较低或风险管理欠缺，原因是什么？

45. 发展战略：你们企业开展过发展战略规划吗？

A. 没有　　　　　　　　　　　B. 没有，正在计划

C. 有，没有有效实施　　　　　　D. 有，得到有效实施

46. 发展战略：您认为您能准确了解企业的发展战略吗？

A. 不能　　　　B. 了解一些　　　　C. 比较了解　　　　D. 非常了解

47. 发展战略：你们企业的发展战略中包含风险管控规划吗？

A. 不了解　　　　　　　　　　B. 没有

C. 有，但只是简单描述　　　　　D. 有，详细且可操作

47a. 企业现有奖惩制度对内部控制执行力度的影响：

A. 很小　　　　B. 影响小　　　　C. 一般

D. 影响大　　　　E. 影响很大

四、风险评估

48. 你们企业是否经常发生各类风险？

　　A. 偶尔发生　　　　　B. 有时发生　　　　　C. 经常发生

49. 你们企业面临的主要风险是哪一类？

　　A. 行业共性风险　　　　　　　　　B. 企业自身经营风险

50. 你们企业面临的自身经营风险主要是哪几类（可选 3 项）？

　　A. 市场风险　　　　B. 操作风险　　　　C. 法律/合规性风险

　　D. 信用风险　　　　E. 环境风险　　　　F. 资产、资金、流动性风险

　　G. 项目风险

51. 您能记得几件最近 3 年内企业因风险暴露产生损失的事情吗？

　　A. 0 件　　　　　　B. 1~2 件　　　　　C. 3~4 件　　　　　D. 5 件及以上

52. 您能记得最近 3 年内企业因风险暴露产生损失中，最大的损失大概是多少吗？

　　A. 无　　　　　　　　　　　　B. 损失≤100 万元

　　C. 100 万≤损失≤200 万元　　　　D. 200 万≤损失≤500 万元

　　E. 500 万元≤损失

53. 您能记得最近 3 年内企业因风险暴露产生损失中，是什么环节的风险（可多选）？

　　A. 材料、设备采购、存储环节

　　B. 工程施工的技术、质量、成本、安全控制等环节

　　C. 融资与信贷环节

　　D. 资产处置与维护环节

　　E. 市场开拓、项目合作与并购环节

　　F. 灾害

　　G. 其他环节

54. 您认为你们企业在经营过程中的潜在风险处于什么水平？

　　A. 不清楚　　　　　B. 低　　　　　C. 较高　　　　　D. 高风险水平

55. 在您的岗位上，风险管理是：

　　A. 几乎感知不到风险，无须管理

　　B. 有时感知到一些风险，管理难度不大

　　C. 经常感知到风险，能得到及时的管理，但不是主要的工作

　　D. 经常感知到风险，风险管理为重要岗位工作

56. 在您参加的部门层面的会议，或公司层面的会议中，对内部控制和风险管理问题：

　　A. 从没提过

    B. 有时提过，不是重点

    C. 经常提到，要求开展风险管理

    D. 专门召开过风险管控方面的专题会议

57. 风险识别：您或者你单位用过如下哪些风险识别技术（可多选）？

    A. 风险清单法   B. 现场调查法   C. 问卷调查法

    D. 流程图分析法   E. 财务报表分析法   F. 事故树法

    G. 其他方法

58. 风险分析：在风险分析中，您或者你单位采用过哪些方法？

    A. 风险坐标法 B. 关键风险指标法 C. 定性分析法 D. 其他方法

59. 据您所知，你们企业员工是否已经掌握风险管理的相关方法和工具，用于辨识、评估和管理风险？

    A. 大部分员工熟练掌握   B. 大部分员工基本了解

    C. 仅限风险管理部门员工熟练掌握 D. 大部分员工不了解

五、控制活动

60. 流程管理：你们企业有无建立系统的关键业务流程？

    A. 没有   B. 有，但是不系统   C. 有，系统

61. 资金管理：是否感知到企业存在未经适当审批或越权审批现象？

    A. 不清楚   B. 没有   C. 偶尔有   D. 经常有

62. 财务预算管理：您所在单位是否有预算职能委员会/机构？

    A. 无

    B. 有决策层面的预算委员会

    C. 有职能层面的预算与计划部门

    D. 有决策层面的委员会和职能层面的职能部门

63. 财务预算管理：是否感知到存在财务预算管理不善？

    A. 无财务预算管理

    B. 有，制定过程不严肃，不细致，与实际不吻合

    C. 有，与实际比较吻合

    D. 有，能与实际吻合

64. 预算管理：你们单位的预算计划每年是否中途调整？

    A. 不调整   B. 偶尔调整

    C. 每年中期调整一次   D. 几乎频繁调整

65. 预算考核：你们单位有无预算计划执行考核？

    A. 无   B. 有，但是形式化

    C. 有，比较严肃   D. 有，非常严肃

66. 债务管理：是否感知到债务管理不善？
　　A. 不清楚
　　B. 债务管理不善
　　C. 债务管理较好
　　D. 债务得到有力的管理

67. 票据/记录/文档管理：是否感知到存在票据/记录/文档管理不善？
　　A. 不清楚
　　B. 没有，或不严重
　　C. 偶尔有，严重
　　D. 经常有，严重

68. 材料/设备管理：是否感知到存在材料/设备管理不善？
　　A. 不清楚
　　B. 没有或不严重
　　C. 偶尔有且严重
　　D. 经常有，严重

69. 合同管理：是否感知到存在合同管理不善？
　　A. 不清楚
　　B. 没有，或不严重
　　C. 偶尔有，严重
　　D. 经常有，严重

70. 项目招投标管理：是否感知到存在项目管理违法违规现象？
　　A. 不清楚
　　B. 没有，或不严重
　　C. 偶尔有，严重
　　D. 经常有，严重

71. 项目成本管理：是否感知到存在项目成本管理不善？
　　A. 不清楚
　　B. 没有，或不严重
　　C. 偶尔有，严重
　　D. 经常有，严重

72. 项目过程管理：是否感知到存在项目过程管理不善？
　　A. 不清楚
　　B. 没有，或不严重
　　C. 偶尔有，严重
　　D. 经常有，严重

73. 投资项目论证管理：是否感知到存在投资项目论证管理不善？
　　A. 不清楚
　　B. 没有，或不严重
　　C. 偶尔有，严重
　　D. 经常有，严重

73a. 企业对内部控制系统进行评估、完善的频率：
　　A. 随时　　　B. 半年左右　　　C. 1 年左右　　　D. 很少

73b. 企业对内部控制系统进行评估、完善的程度：
　　A. 随意、走过场　B. 一般、不系统　C. 较认真　　D. 认真、系统

73c. 目前企业建立起的内部控制体系是否完善：
　　A. 几乎没有　　　B. 不太完善　　　C. 比较完善　　　D. 完善

73d. 目前企业是否对内部控制评价过程中发现的缺陷及时报告：
　　A. 完全没有　　　B. 不太及时　　　C. 一般　　　　D. 较及时

六、信息沟通

74. 据您所知，企业高层每隔多长时间向员工通报风险管理状况？
　　A. 1~3 个月　　　B. 3~6 个月　　　C. 半年及以上　　D. 不清楚

75. 在你们企业，员工是否需要定期向上级提交与其岗位相关的风险状况报告？

　　A. 所有部门员工都需要　　　　　　B. 仅限风险管理部门员工需要

　　C. 所有部门都不需要　　　　　　　D. 不清楚

76. 您认为在实际项目业务中，管理层在做决策时经常对员工强调风险管理的重要性如何：

　　A. 没有强调过，或不重要　　　　　B. 无所谓

　　C. 比较重要　　　　　　　　　　　D. 重要

77. 在您看来，你们企业在风险管理工作方面建立了风险辨识、评估、应对、监控、管理改进的工作流程，并在企业内部持续运转程度如何：

　　A. 高　　　　B. 较高　　　　　　C. 一般　　　　　D. 低

78. 在您看来，你们企业高层管理者在实际业务中会对项目风险进行识别和评估，并且对主要风险发生的可能性及潜在后果进行量化分析情况如何：

　　A. 好　　　　　　　　　　　　　　B. 较好（仅限大、中型项目）

　　C. 一般　　　　　　　　　　　　　D. 低

79. 您认为企业管理层在进行风险决策时，能通过分析不同决策产生的不同后果，制定最有效的风险应对策略吗？

　　A. 是，效果良好　　　　　　　　　B. 是，但不显著

　　C. 风险考量较少，考虑到此方面管理　D. 风险考量较少，但不重视

80. 在你们企业，当有风险事件发生时，员工据企业已制定的风险对策应对情况如何？

　　A. 应对自如　　　　B. 按章应对　　　　C. 难以招架　　　　D. 没有概念

81. 在您看来，在未来对贵公司发展有重大影响的风险有（可多项选择）：

　　A. 市场风险　B. 财务风险　C. 安全风险　D. 政策风险　E. 法律风险

　　F. 道德风险　G. 自然灾害　H. 环境保护　I. 其他（请填写）

七、权重判断（注：评分分值 5 为完全赞成，4 为赞同，3 为不太确定，2 为不太同意，1 为完全反对。请在相应的位置打"√"即可）

项目		具体内容	5	4	3	2	1
控制环境	企业文化	公司建立有正式健全的员工行为守则					
		公司定期让所有员工确认了解这些守则					
		公司对违反企业员工行为守则和相关管理制度的员工给予处分					
		公司对爱岗敬业、诚实守信的员工给予了鼓励和奖励					
		管理层和高级管理人员在《企业员工守则》的执行方面起到了表率作用					
		公司的薪酬和晋升并非仅仅依据短期业绩目标的实现情况，还要考虑诚信和道德价值观					
		公司有专人回答关于行为守则中的问题并定期修改更新					

续表

项目		具体内容	5	4	3	2	1
控制环境	治理结构	董事会独立于管理层，能够对管理层的计划决策提出探究性的问题					
		董事会下设了审计委员会、薪酬委员会等委员会					
		董事具备足够的知识、行业经验及时间来有效地履职					
		公司的 CFO、首席会计官或者内部审计师每个季度至少与外部审计师会谈一次					
		审计委员会每年审核内部和外部审计师的活动范围					
		定期向董事会提供企业重要信息（如财务报表、重大合同或谈判等）					
		公司出现重大问题，及时向董事会报告					
		监事会和审计委员会对公司 CEO 和内部审计主管的任命、解聘与薪酬均有所监督					
		董事会和审计委员会针对发现的重大问题采取行动，并在必要时进行专门调查					
	机构设置和责权分配	公司高级管理层具有极高的威信					
		关键职能上的人员较稳定，不存在大幅度流动或者意外离职					
		管理层对会计职能很重视，关心财务报告的可靠性					
		高级管理层定期视察子公司或者分部的经营活动					
		集团或分部管理层经常召开会议					
		关键管理人员有明确的责任界定					
		关键管理人员具备履行其职责所需的知识、经验和培训					
		有足够数量的员工，员工不必过多的加班或者履行过多的责任					
		公司各个员工的工作内容有正式的书面描述					
		公司严格按员工所具有的知识和技能安排工作					
		员工拥有的权限足够使其能完成所承担的工作					
		公司定期安排员工进行业务培训					
		每个员工均有明确的职权和职责					
		员工熟知各自部门、岗位的内部控制规定					
		公司对员工所担任的工作有书面的职务和控制内容的说明					
		在员工执行其职务工作时，公司在信息、培训、资金、预算和人员等方面给予支持和帮助					
	人力资源	公司在人员选拔、培训、晋升及报酬方面建立了公平的政策和程序，并定期审批和修改					
		聘用员工时，对候选人的背景进行适当的核查					
		员工了解其所在部门相关的业务目标以及各自的职责					
		对员工违背公司政策和程序的行为，公司根据具体的违反行为做出相应的处理					
		将诚信和道德价值观作为业绩评价的标准					
		公司设有详细而清楚的晋升和加薪标准					

续表

项目		具体内容	5	4	3	2	1
控制环境	内部审计	公司建立内部审计部门，保证内部审计机构设置、人员配备和工作的独立性					
		内部审计机构结合内部审计监督，对内部控制的有效性进行监督检查					
		内部审计机构对监督检查中发现的内部控制缺陷按照企业内部审计工作程序进行报告					
		内部审计机构对监督检查中发现的内部控制重大缺陷，有权利直接向董事会及其审计委员会、监事会报告					
	法律	公司建立了健全的法律顾问制度和重大法律纠纷案件备案制度					
		公司所有员工包括管理人员定期参加法律知识培训或讲座					
风险评估	设置目标	公司有明确的企业宗旨、目标和战略，并对此有详细明确的描述					
		企业宗旨、目标和战略能被全体员工及董事会所熟知，并且员工及董事会能够就此进行讨论沟通，对其产生一定的反馈					
		企业的战略计划支持企业宗旨目标					
		企业经营计划和预算与企业宗旨、目标和战略计划是一致的					
		企业重要经营活动与企业宗旨目标相关，定期审核其相关性					
		企业的各项重要活动（采购、资金处理、技术开发等）定期都制定明确目标					
		管理人员参与所在部门相关的业务目标的制定工作					
		对于新的经营计划进行必要的经营风险因素分析工作					
	风险识别	在风险评估过程中，能够识别和考虑来自外部因素的风险（供应渠道、技术变革以及经济、政治、自然环境）					
		在风险评估过程中，能够识别和考虑来自内部因素的风险（人力资源、融资、劳动关系等）					
		管理人员对各项经营环节中存在的风险能够进行分析识别					
		高级管理层定期就最近可能对公司造成影响的风险召开会议进行讨论					
	风险分析	企业能按照风险发生的可能性及其影响程度对识别的风险进行分析和排序，确定关注重点和优先控制的风险					
		企业有专业人员组成的风险分析团队，能够按照严格规范的程序开展工作，确保风险分析结果的准确性					
	风险应对	管理层定期召开会议，讨论已识别出风险的变化并制订相关行动计划					
		最高管理层对公司近期可能产生的变化（经营环境的变化、新产品开发、公司重组等）进行识别和监控，制订必要的应对措施					
信息与沟通	信息搜集、传递与共享	管理人员能够及时获取与公司目标相关的外部信息（市场环境、竞争者等）和内部信息（服务质量报告、产品线毛利率等）					
		员工能够得到足够详细的信息，以便高效地履行其职责					
		公司能根据战略计划和经营计划的变更相应改变信息系统，使其更好地为之服务					
		公司有自己的信息系统，对其有适当的资源投入（人力和技术力量等）					
		企业能够利用信息技术促进信息的集成与共享，充分发挥信息技术在信息与沟通中的作用					

续表

项目		具体内容	5	4	3	2	1
信息与沟通	信息搜集、传递与共享	公司对客户、供应商等建立了良好的沟通反馈渠道					
		公司内部信息能够畅通传递					
	反舞弊机制	公司建立了供员工报告怀疑的不当行为的完善沟通渠道，保护举报人不被报复					
		公司为员工提供了向上级传递信息的渠道					
		员工很乐意并且会向高级管理层反映问题、提出意见和建议					
		管理层能够接受员工有关提高生产力、质量等的改进意见					
监控	持续监控	内部审计部门定期对公司各岗位执行控制制度的情况进行检查					
		定期将会计系统记录的数量和实务资产进行比较					
		管理层对内部和外部审计师有关加强内部控制的建议进行审核，对适合的建议予以实施					
		定期检查员工是否了解和遵循公司的行为准则					
		参与内部审计活动的人员具备相应的学识和对相应业务控制过程有充分的了解					
	个别评价	由具备必要技能的人员对公司内部控制体系进行评价					
		用于评价内部控制体系的方法是适当的合乎逻辑的					
	报告缺陷	公司建立了获取和报告内部控制缺陷的机制					
		发现的缺陷可以向高级管理人员或者特定职能人员报告					
		对发现的缺陷，公司能对问题的根本原因进行调查，采取必要的矫正措施，并且监督其行动					

82. 您认为对企业的风险管理和内部控制还存在的最大隐患是什么：

问卷至此结束，如果您还有哪些想法或建议，请写在下面的空处：

再次感谢您对本调查问卷的大力支持以及真诚的合作！

广东省交通厅内部控制课题组

附录2 第二次调查问卷：风险传导结构方程建模

广东省交通厅课题：《交通企业内控机制分析与构建研究》调研问卷

调研企业：□□□□□□□□□□

【说明】

本次调查是为了研究高速公路企业风险间的相互传导、相互影响关系，答案没有对与错，若某个问题未能完全表达您的意见时，请选择最接近您看法的答案，问卷结果仅供科研之用。真诚地希望您能够根据自己的真实看法和实际经验回答相关问题，您的参与对我们的研究非常重要，真诚地感谢您地支持与合作！

1. 您从事高速公路工作的年限是（   ）。

    A. 0~5年   B. 5~10年   C. 10~15年   D. 15年以上

2. 您认为政策法规风险（是指中央及地方政府所出台的高速公路行业相关政策法规的不确定性给公司发展带来的影响）对高速公路企业的影响程度为（   ）。

    A. 影响很小 B. 影响小 C. 影响一般 D. 影响大 E. 影响很大

3. 您认为战略执行风险（是公司在依据自身战略规划的实施过程中，影响战略目标实现的进度及效果的各种不确定性）对高速公路企业的影响程度为（   ）。

    A. 影响很小 B. 影响小   C. 影响一般 D. 影响大 E. 影响很大

4. 您认为企业文化风险（如企业内部的风险理念与意识不足等）对高速公路企业的影响程度为（   ）。

    A. 影响很小 B. 影响小   C. 影响一般 D. 影响大 E. 影响很大

5. 您认为人力资源风险（来自企业招聘、培训、雇员薪酬满意度或职业发展等方面的不足以及企业人员的不道德行为等）对高速公路企业的影响程度为（   ）。

    A. 影响很小 B. 影响小   C. 影响一般 D. 影响大 E. 影响很大

6. 您认为工程质量风险对高速公路企业的影响程度为（   ）。

    A. 影响很小 B. 影响小   C. 影响一般 D. 影响大 E. 影响很大

7. 您认为工程进度风险对高速公路企业的影响程度为（   ）。

    A. 影响很小 B. 影响小   C. 影响一般 D. 影响大 E. 影响很大

8. 您认为营运收入风险（包括高速公路收费收入和企业其他收入）对高速公路企业的影响程度为（   ）。

    A. 影响很小 B. 影响小   C. 影响一般 D. 影响大 E. 影响很大

9. 您认为安全风险（包括施工安全、营运安全等）对高速公路企业的影响程度为（   ）。

A. 影响很小　B. 影响小　　C. 影响一般　D. 影响大　E. 影响很大

10. 您认为融资债务风险对高速公路企业的影响程度为（　　）。

　　A. 影响很小　B. 影响小　　C. 影响一般　D. 影响大　E. 影响很大

11. 您认为投资风险对高速公路企业的影响程度为（　　）。

　　A. 影响很小　B. 影响小　　C. 影响一般　D. 影响大　E. 影响很大

12. 您认为成本风险（包括高速公路建设成本、养护成本及企业营运成本）对高速公路企业的影响程度为（　　）。

　　A. 影响很小　B. 影响小　　C. 影响一般　D. 影响大　E. 影响很大

13. 您认为收益分配风险（是指税后利润在投资者和企业留用之间的划分）对高速公路企业的影响程度为（　　）。

　　A. 影响很小　B. 影响小　　C. 影响一般　D. 影响大　E. 影响很大

14. 您认为合同风险（指在合同订立、生效、履行、变更等过程中，受各种不确定性影响，产生的风险）对高速公路企业的影响程度为（　　）。

　　A. 影响很小　B. 影响小　　C. 影响一般　D. 影响大　E. 影响很大

15. 您认为法律纠纷风险对高速公路企业的影响程度为（　　）。

　　A. 影响很小　B. 影响小　　C. 影响一般　D. 影响大　E. 影响很大

16. 您认为需求风险对高速公路企业的影响程度为（　　）。

　　A. 影响很小　B. 影响小　　C. 影响一般　D. 影响大　E. 影响很大

17. 您认为竞争风险（包括同业竞争及与铁路、海运等交通运输行业的竞争）对高速公路企业的影响程度为（　　）。

　　A. 影响很小　B. 影响小　　C. 影响一般　D. 影响大　E. 影响很大